문장으로 끝내는

HSK
단어장

6급

시사중국어사

초판발행	2022년 1월 20일
1판 2쇄	2024년 2월 1일

저자	최은정
편집	최미진, 연윤영, 엄수연, 高霞
펴낸이	엄태상
디자인	권진희
조판	이서영
콘텐츠 제작	김선웅, 장형진
마케팅본부	이승욱, 왕성석, 노원준, 조성민, 이선민
경영기획	조성근, 최성훈, 김다미, 최수진, 오희연
물류	정종진, 윤덕현, 신승진, 구윤주

펴낸곳	시사중국어사(시사북스)
주소	서울시 종로구 자하문로 300 시사빌딩
주문 및 문의	1588-1582
팩스	0502-989-9592
홈페이지	http://www.sisabooks.com
이메일	book_chinese@sisadream.com
등록일자	1988년 2월 12일
등록번호	제300 - 2014 - 89호

ISBN 979-11-5720-204-1 14720
979-11-5720-181-5(set)

HSK를 가르친 지 어느덧 15년! 언젠가 이 일을 그만두기 전에 반드시 출간하려고 했던 책은 HSK 종합서도 모의고사집도 아닌 바로 이 〈문장으로 끝내는 HSK 단어장〉이었다.

외국어를 잘하는 방법은 간단하다. 문장을 소리 내어 많이 암기하면 된다. 쉽게 말해서 내가 표현하고 싶은 말이나 글이 있을 때 문장 전체를 끄집어내어 말하고 쓰면 된다.

외국어를 잘 못하게 되는 이유 또한 간단하다. 무작정 단어를 한국어로 많이 암기하려고 한다든지, 표현하고 싶은 말이나 글을 한국어로 떠올린 다음, 상황이나 품사에 대한 고려 없이 단어를 짜깁기하기 때문이다. 예를 들어 '당신의 이름은 무엇인가요?'를 '你叫什么名字?'라고 묻지 않고, 한국어 어순대로 단어를 나열하여 '你的名字是什么?'라고 묻는 것이 대표적이다.

중국어를 처음 시작하는 기초 단계에서는 문장 암기가 비교적 수월하지만 학습 단계가 높아지면서 문장보다는 단어에 집착하게 되고, 그러면서 회화나 작문 실력은 어느 수준에서 정체 현상을 보이게 된다. 자연히 중국어 자체에 대한 흥미는 떨어지게 되고, HSK와 같은 시험 성적을 위해 중국어는 재미없게 공부해야 하는 대상이 되어 버린다.

'문장을 통한 HSK 단어 암기'로, HSK의 성적 향상은 물론 회화와 작문 실력의 동반 상승으로 처음 중국어를 배울 때의 흥미를 다시 되찾을 거라 믿어 의심치 않는다.

저자 최은정

단어를 개별 암기하면
안 되는 이유

1 '漂亮', '美丽', '美观', '美好', '美妙', '优美' …
모두 똑같이 '아름답다'?

중국어는 문체, 감정 색채, 무게감, 주변 단어 등 여러 가지 상황에 따라 같은 뜻을 나타내는 단어들이 무수히 많다. 한국어에 비해 훨씬 많은 단어가 있으므로 중국어 단어를 각각 한국어 뜻으로만 암기하여 공부하면 똑같은 뜻을 가진 단어를 계속 접하게 되는데, 이런 방식의 학습은 어떤 상황에서 어떤 중국어 표현을 써야 하는지 구분하기 어렵게 된다.

2 비효율적인 단어집 암기! Z까지 가본 적이 있는가?

A~Z로 나열된 단어집 암기는 의미적 배경 없이 단어를 무작정 암기하는 것이기 때문에 잘 외워지지 않고 꾸준히 학습하기도 힘들다. 더욱이 예제가 제시된 단어장은 하나의 단어마다 한 문장이 제시되므로 그 급수의 단어 개수만큼 많은 예제를 외우는 것 또한 현실적이지 않다. 결국 중도에 포기하게 되는 경우가 대부분이다.

3 콩차이니즈라고 들어봤나?

영어에만 콩글리시가 있는 것이 아니다. 암기한 단어를 아무리 중국어 어순에 맞게 배열한다고 해도, 중국인이 쓰지 않는 표현이면 콩차이니즈가 되어 버린다. 중국인이 실생활에서 정말 사용하는 문장을 암기해야만 진정한 중국어를 구사한다고 말할 수 있다.

문장 암기만이 가능한
일석5조의 엄청난 효과

1 실제 HSK 시험 전문 성우가 녹음한 음원으로 듣기 감각 향상
2 문장 통암기로 회화 실력 향상
3 문장 쓰기 연습으로 작문 실력 향상
4 문장 속에서 단어의 품사와 용법까지 저절로 습득
5 각 급수의 단어를 평균 1/3~1/4개의 문장으로 완성

HSK 급수	단어 개수	문장 개수	완성
1-2급	300단어	75문장	300단어를 75문장으로 마스터
3급	300단어	100문장	300단어를 100문장으로 마스터
4급	600단어	200문장	600단어를 200문장으로 마스터
5급	1300단어	320문장	1300단어를 320문장으로 마스터
6급	2500단어	640문장	2500단어를 640문장으로 마스터

단계별로
이렇게 학습하세요!

1 단계 녹음 반복 **듣기**
실제 HSK 시험 전문 성우의 녹음을 반복해서
듣고 먼저 귀에 익히도록 한다.

2 단계 끊어 따라 **읽기**
녹음을 들으며, 끊어 따라 읽기 연습을 한다.

★ 음원 트랙 하나에 8개 문장을 들려주며, 총 세 번 반복됩니다. 첫 번째는 보통 속도로
들려주며 듣기에 집중합니다. 두 번째와 세 번째는 끊어 읽기를 들려주며 따라 읽을
수 있도록 중간 멈춤이 되어 있습니다.

3 단계 연결하여 **말하기**
끊어 읽기가 익숙해지면 문장 전체를 연결하여
말하기 연습을 한다.

4 단계 단어 **쓰기**
말이 자연스럽게 나오면 한자 쓰기 연습을 한다.
이때 잘 써지지 않는 한자는 반복해서 써 보도록 한다.

★ 한국어 문장은 중국어 문장을 말하거나 써 내기 위해 내용을 떠올리게 하는 힌트입
니다. 절대 한국어 문장의 내용이나 문장 자체를 암기하지 마세요.

⭐ 학습 자료

● **베이징 현지 실제 HSK 시험 전문 성우가 녹음한 MP3 음원**
→ 시사중국어사 홈페이지(sisabooks.com)에서 MP3 다운로드
*password: sisahsk6 (MP3 다운로드 시 패스워드를 입력하세요.)

● **최은정 저자 동영상 강의**
→ 시사인강 중국어 홈페이지(onlinesisa.com)에서 유료 시청

목차

1 **Unit마다 16개 문장으로 평균 65개의 6급 필수 단어를 학습합니다.**

❶ Unit 학습 단어 개수와 학습 누적 단어 명시
❷ 문장 누적 번호
❸ 문장마다 세 번씩 읽고 확인하는 체크 박스
❹ 6급 필수 단어 노란색 음영 표시
❺ 알아두면 유용한 추가 설명 제시
❻ 베이징 현지 실제 HSK 시험 전문 성우가 녹음한 MP3 음원

☆ 품사 약어표

명 명사	동 동사	형 형용사	조동 조동사	전 전치사	접 접속사	이합 이합동사
대 대사	부 부사	조 조사	수 수사	양 양사	감 감탄사	성어 사자성어

2

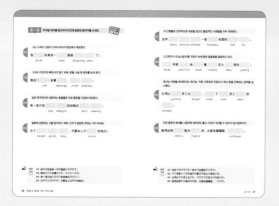

문장에 들어가는
6급 필수 단어를 직접 써 봅니다.

3

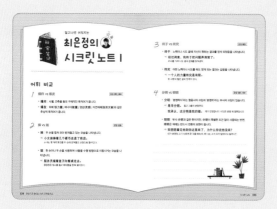

어휘의 쓰임새를 확인하고,
6급 이합동사를 정리해 봅니다.

4

6급 미니 모의고사 2회분 수록

5

6급 필수 어휘
2,500개 수록

학습 플랜

HSK 6급 필수 어휘 2,500개를 6급 수준에 맞춘 640개 문장으로 만들어 20일 또는 40일만에 학습할 수 있도록 구성하였습니다.

6급 20일만에 끝내기 학습 플랜

Day1 Unit01-02	Day2 Unit03-04	Day3 Unit05-06	Day4 Unit07-08	Day5 Unit09-10
문장 001-032	문장 033-064	문장 065-096	문장 097-128	문장 129-160
월 / 일	/	/	/	/

Day6 Unit11-12	Day7 Unit13-14	Day8 Unit15-16	Day9 Unit17-18	Day10 Unit19-20
문장 161-192	문장 193-224	문장 225-256	문장 257-288	문장 289-320
/	/	/	/	/

Day11 Unit21-22	Day12 Unit23-24	Day13 Unit25-26	Day14 Unit27-28	Day15 Unit29-30
문장 321-352	문장 353-384	문장 385-416	문장 417-448	문장 449-480
/	/	/	/	/

Day16 Unit31-32	Day17 Unit33-34	Day18 Unit35-36	Day19 Unit37-38	Day20 Unit39-40
문장 481-512	문장 513-544	문장 545-576	문장 577-608	문장 609-640
/	/	/	/	/

40일만에 끝내기 학습 플랜

Day 1 Unit 01	Day 2 Unit 02	Day 3 Unit 03	Day 4 Unit 04	Day 5 Unit 05
문장 001-016	문장 017-032	문장 033-048	문장 049-064	문장 065-080
월/ 일	/	/	/	/

Day 6 Unit 06	Day 7 Unit 07	Day 8 Unit 08	Day 9 Unit 09	Day 10 Unit 10
문장 081-096	문장 097-112	문장 113-128	문장 129-144	문장 145-160
/	/	/	/	/

Day 11 Unit 11	Day 12 Unit 12	Day 13 Unit 13	Day 14 Unit 14	Day 15 Unit 15
문장 161-176	문장 177-192	문장 193-208	문장 209-224	문장 225-240
/	/	/	/	/

Day 16 Unit 16	Day 17 Unit 17	Day 18 Unit 18	Day 19 Unit 19	Day 20 Unit 20
문장 241-256	문장 257-272	문장 273-288	문장 289-304	문장 305-320
/	/	/	/	/

Day 21 Unit 21	Day 22 Unit 22	Day 23 Unit 23	Day 24 Unit 24	Day 25 Unit 25
문장 321-336	문장 337-352	문장 353-368	문장 369-384	문장 385-400
/	/	/	/	/

Day 26 Unit 26	Day 27 Unit 27	Day 28 Unit 28	Day 29 Unit 29	Day 30 Unit 30
문장 401-416	문장 417-432	문장 433-448	문장 449-464	문장 465-480
/	/	/	/	/

Day 31 Unit 31	Day 32 Unit 32	Day 33 Unit 33	Day 34 Unit 34	Day 35 Unit 35
문장 481-496	문장 497-512	문장 513-528	문장 529-544	문장 545-560
/	/	/	/	/

Day 36 Unit 36	Day 37 Unit 37	Day 38 Unit 38	Day 39 Unit 39	Day 40 Unit 40
문장 561-576	문장 577-592	문장 593-608	문장 609-624	문장 625-640
/	/	/	/	/

문장으로 **끝**내는

HSK
단어장

6급

Unit 01

001 ☑ 严禁 私自 曝光 他人的 隐私。

Yánjìn sīzì bàoguāng tārén de yǐnsī.

타인의 사생활을 제멋대로 폭로하는 것을 엄격하게 금합니다.

- **严禁** yánjìn 图 엄금하다, 엄격하게 금지하다
  * 严禁 + 동사목적어
- **私自** sīzì 图 자기의 생각대로, 제멋대로
- **曝光** bàoguāng 图 폭로하다, 폭로되다
- **隐私** yǐnsī 图 사생활, 프라이버시

002 爆炸后, 原先 雄伟的 宫殿 变成了 废墟。

Bàozhà hòu, yuánxiān xióngwěi de gōngdiàn biànchéng le fèixū.

폭발 후, 원래 웅장했던 궁전은 폐허로 변했다.

- **爆炸** bàozhà 图 ① 폭발하다 ② 급증하다
- **原先** yuánxiān 图 원래, 본래
- **雄伟** xióngwěi 图 웅장하다, 어마어마하다
- **宫殿** gōngdiàn 图 궁전
- **废墟** fèixū 图 폐허

003 他在竞选中贿赂投票的群众, 真是卑鄙。

Tā zài jìngxuǎn zhōng huìlù tóupiào de qúnzhòng, zhēnshì bēibǐ.

그는 경선에서 투표하는 대중에게 뇌물을 주었는데, 정말 비열하다.

- **竞选** jìngxuǎn 图 경선, 선거 图 경선하다,
  선거 운동을 하다
- **贿赂** huìlù 图 뇌물 图 뇌물을 주다
- **投票** tóupiào 图 투표 图 투표하다
- **群众** qúnzhòng 图 군중, 민중, 대중
- **卑鄙** bēibǐ 图 비열하다, 졸렬하다

004 我们要在洪水爆发前修建一座坚固的堤坝。

Wǒmen yào zài hóngshuǐ bàofā qián xiūjiàn yí zuò jiāngù de dībà.

우리는 홍수가 터지기 전에 하나의 견고한 제방을 건설하려고 한다.

- **洪水** hóngshuǐ 图 홍수
- **爆发** bàofā 图 ① 폭발하다 ② 발발하다, 갑자기 터져 나오다
- **修建** xiūjiàn 图 건설하다, 시공하다, 부설하다 * 修建 + 건축물(건물, 다리 등), 길(도로, 기찻길 등)
- **坚固** jiāngù 图 견고하다, 튼튼하다
- **堤坝** dībà 图 댐, 둑, 제방

005

现代人对别人悲惨遭遇的麻木让人感到悲哀。

Xiàndàirén duì biérén bēicǎn zāoyù de mámù ràng rén gǎndào bēi'āi.

현대인의 다른 사람의 비참한 처지에 대한 무감각함은 사람을 슬프게 한다.

- **悲惨** bēicǎn 형 비참하다
- **遭遇** zāoyù 명 (불행한) 처지, 경우 동 (불행한 일을) 만나다, 부닥치다
- **麻木** mámù 형 둔하다, 무감각하다 동 마비되다
- **悲哀** bēi'āi 형 슬프다, 비참하다

006

我那几句幼稚的话冒犯了她，让她感觉受到了侮辱。

Wǒ nà jǐ jù yòuzhì de huà màofàn le tā, ràng tā gǎnjué shòudào le wǔrǔ.

나의 그 몇 마디 유치한 말이 그녀에게 실례를 범했고, 그녀가 모욕을 받았다고 느끼게 했다.

- **幼稚** yòuzhì 형 ① 나이가 어리다 ② 유치하다, 미숙하다
- **冒犯** màofàn 동 무례한 짓을 하다, 실례하다
- **侮辱** wǔrǔ 명 모욕 동 모욕하다

007

因为涉及到机密，案件拖延了很长时间才审理完毕。

Yīnwèi shèjí dào jīmì, ànjiàn tuōyán le hěn cháng shíjiān cái shěnlǐ wánbì.

기밀에 관련되었기 때문에, 사건은 긴 시간 동안 끌고서야 심리가 끝났다.

- **涉及** shèjí 동 언급하다, 관련되다
- **机密** jīmì 명 기밀
- **案件** ànjiàn 명 사건
- **拖延** tuōyán 동 끌다, 연기하다, 늦추다
- **审理** shěnlǐ 명 심리 동 심리하다[법률 용어]
- **完毕** wánbì 동 끝나다, 끝내다, 종료하다

008

教育普及后，涌现出了很多文凭和学术修养很高的人才。

Jiàoyù pǔjí hòu, yǒngxiàn chū le hěn duō wénpíng hé xuéshù xiūyǎng hěn gāo de réncái.

교육이 보급된 후, 졸업 증서와 학술적 교양이 매우 높은 많은 인재들이 대량으로 나타났다.

- **普及** pǔjí 동 ① 보급되다, 퍼지다 ② 보편화시키다, 대중화시키다
- **涌现** yǒngxiàn 동 (사람이나 사물이) 대량으로 나타나다, 생겨나다
- **文凭** wénpíng 명 졸업 증서, 졸업장
- **修养** xiūyǎng 명 교양

009 我想报答你对我无微不至的关照。

Wǒ xiǎng bàodá nǐ duì wǒ wúwēibúzhì de guānzhào.

나는 당신의 나에 대한 세심한 보살핌에 보답하고 싶습니다.

- 报答 bàodá 동 보답하다
- 无微不至 wúwēibúzhì 성어 (관심이나 보살핌이) 매우 세밀하고 두루 미치다
- 关照 guānzhào 동 돌보다

010 贤惠的嫂子一直是哥哥最忠诚的伴侣。

Xiánhuì de sǎozi yìzhí shì gēge zuì zhōngchéng de bànlǚ.

현모양처인 새언니는 줄곧 오빠의 가장 충실한 동반자이다.

- 贤惠 xiánhuì 형 (아내가) 어질고 총명하다, 현모양처이다
- 嫂子 sǎozi 명 형수, 올케, 새언니
- 忠诚 zhōngchéng 형 충성스럽다, 충실하다, 성실하다
- 伴侣 bànlǚ 명 반려자, 동반자, 배우자

011 司法部门拟定的草案颁布后才能生效。

Sīfǎ bùmén nǐdìng de cǎo'àn bānbù hòu cái néng shēngxiào.

사법부가 세운 초안은 공포 후에야 효력이 발생할 수 있다.

- 司法 sīfǎ 명 사법
- 拟定 nǐdìng 동 초안을 세우다, 입안하다
- 草案 cǎo'àn 명 초안
- 颁布 bānbù 동 반포하다, 공포하다
- 生效 shēngxiào 이합 효력이 발생하다, 효과를 내다

012 哥哥一向见义勇为，不愧是我们的榜样。

Gēge yíxiàng jiànyìyǒngwéi, búkuì shì wǒmen de bǎngyàng.

형은 줄곧 정의를 보면 용감하게 뛰어드니, 우리의 본보기로 손색이 없다.

- 一向 yíxiàng 부 (이전부터 지금까지) 줄곧, 내내
- 见义勇为 jiànyìyǒngwéi 성어 정의를 보고 용감하게 뛰어들다
- 不愧 búkuì 동 부끄럽지 않다, ~답다, 손색없다 ＊不愧是 / 不愧为 ~에 손색없다, 역시 ~이다
- 榜样 bǎngyàng 명 본보기, 모범, 귀감

013

既然当初设立了目标，现在就不能半途而废。

Jìrán dāngchū shèlì le mùbiāo, xiànzài jiù bù néng bàntú'érfèi.

기왕 처음에 목표를 세웠으니, 지금 중도에 그만두어서는 안 된다.

- **当初** dāngchū 명 당초, 처음
- **设立** shèlì 동 세우다, 설립하다
- **半途而废** bàntú'érfèi 성어 중도에서 그만두다

014

这对明星夫妇在戏中扮演了皇帝和皇后的角色。

Zhè duì míngxīng fūfù zài xì zhōng bànyǎn le huángdì hé huánghòu de juésè.

이 스타부부는 극 중에서 황제와 황후의 배역을 맡아 연기했다.

- **夫妇** fūfù 명 부부
- **扮演** bànyǎn 동 ~의 역을 맡아 하다
  *扮演角色 배역을 맡다
- **皇帝** huángdì 명 황제
- **皇后** huánghòu 동 황후

Point
전치사 在는 뒤에 장소나 시간이 오며, 만약 다른 표현이 올 때는 그에 맞는 방위사와 함께 써야 합니다.
예) 在竞选中 / 在洪水爆发前 / 在戏中
在와 방위사로 이루어진 전치사구가 문장 맨 앞에 올 때 在는 생략할 수 있습니다.
예) (在)教育普及后……

015

这个关于生肖起源的童话的结局有若干不同的版本。

Zhège guānyú shēngxiào qǐyuán de tónghuà de jiéjú yǒu ruògān bùtóng de bǎnběn.

띠의 기원에 관한 이 동화의 결말에는 몇몇 다른 버전이 있다.

- **生肖** shēngxiào 명 띠 *我是属猴的. 나는 원숭이띠다.
- **起源** qǐyuán 명 기원 동 기원하다 *起源于 ~에서 기원하다
- **童话** tónghuà 명 동화
- **结局** jiéjú 명 결말, 결과
- **若干** ruògān 형 약간의, 조금의, 소량의
- **版本** bǎnběn 명 버전

016

虽然妈妈脸上有些斑和皱纹，但皮肤滋润，气色很好。

Suīrán māma liǎn shàng yǒu xiē bān hé zhòuwén, dàn pífū zīrùn, qìsè hěn hǎo.

비록 엄마의 얼굴에는 약간의 반점과 주름이 있지만, 그러나 피부가 촉촉하고 혈색이 좋다.

- **斑** bān 명 얼룩, 반점
- **皱纹** zhòuwén 명 주름
- **滋润** zīrùn 형 촉촉하다 동 촉촉하게 하다, 적시다
- **气色** qìsè 명 얼굴빛, 기색, 안색, 혈색

写一写 우리말 해석을 참고하여 빈칸에 알맞은 중국어를 쓰세요.

001 타인의 사생활을 제멋대로 폭로하는 것을 엄격하게 금합니다.

_____ _____ _____ 他人的 _____ 。

yánjìn　　sīzì　　bàoguāng　　　　yǐnsī

002 폭발 후, 원래 웅장했던 궁전은 폐허로 변했다.

_____ 后, _____ 的 _____ 变成了 _____ 。

bàozhà　　yuánxiān　xióngwěi　　gōngdiàn　　　　fèixū

003 그는 경선에서 투표하는 대중에게 뇌물을 주었는데, 정말 비열하다.

他在 _____ 中 _____ 的 _____ , 真是 _____ 。

jìngxuǎn　　huìlù　　tóupiào　　qúnzhòng　　　　bēibǐ

004 우리는 홍수가 터지기 전에 하나의 견고한 제방을 건설하려고 한다.

我们要在 _____ 前 _____ 一座 _____ 的 _____ 。

hóngshuǐ　bàofā　　xiūjiàn　　　jiāngù　　　dībà

 빠른 정답

001 严禁私自曝光他人的隐私。
002 爆炸后，原先雄伟的宫殿变成了废墟。
003 他在竞选中贿赂投票的群众，真是卑鄙。
004 我们要在洪水爆发前修建一座坚固的堤坝。

005

현대인의 다른 사람의 비참한 처지에 대한 무감각함은 사람을 슬프다고 느끼게 한다.

现代人对别人　　　　的　　　　让人感到　　　　。

bēicǎn　　zāoyù　　　mámù　　　　　bēi'āi

006

나의 그 몇 마디 유치한 말이 그녀에게 실례를 범했고, 그녀가 모욕을 받았다고 느끼게 했다.

我那几句　　　　的话　　　　了她，让她感觉受到了　　　　。

yòuzhì　　　màofàn　　　　　　　wǔrǔ

007

기밀에 관련되었기 때문에, 사건은 긴 시간 동안 끌고서야 심리가 끝났다.

因为　　　到　　　　，　　　　　了很长时间才　　　

shèjí　　　jīmì　　　ànjiàn　tuōyán　　　　　shěnlǐ

　　　。

wánbì

008

교육이 보급된 후, 졸업 증서와 학술적 교양이 매우 높은 많은 인재들이 대량으로 나타났다.

教育　　　后，　　　　出了很多　　　　和学术　　　　很高的人才。

pǔjí　　　yǒngxiàn　　　　wénpíng　　　xiūyǎng

빠른
정답

005 现代人对别人悲惨遭遇的麻木让人感到悲哀。

006 我那几句幼稚的话冒犯了她，让她感觉受到了侮辱。

007 因为涉及到机密，案件拖延了很长时间才审理完毕。

008 教育普及后，涌现出了很多文凭和学术修养很高的人才。

009 나는 당신의 나에 대한 세심한 보살핌에 보답하고 싶습니다.

我想 ⬚⬚ 你对我 ⬚⬚⬚ 的 ⬚⬚ 。

     bàodá   wúwēibúzhì   guānzhào

010 현모양처인 새언니는 줄곧 오빠의 가장 충실한 동반자이다.

⬚⬚ 的 ⬚⬚ 一直是哥哥最 ⬚⬚ 的 ⬚⬚ 。

xiánhuì   sǎozi   zhōngchéng   bànlǚ

011 사법부가 세운 초안은 공포 후에야 효력이 발생할 수 있다.

⬚⬚ 部门 ⬚⬚ 的 ⬚⬚ ⬚⬚ 后才能 ⬚⬚ 。

sīfǎ   nǐdìng   cǎo'àn   bānbù   shēngxiào

012 형은 줄곧 정의를 보면 용감하게 뛰어드니, 우리의 본보기로 손색이 없다.

哥哥 ⬚⬚ ⬚⬚ , ⬚⬚ 是我们的 ⬚⬚ 。

    yíxiàng jiànyìyǒngwéi   búkuì   bǎngyàng

빠른
정답

009 我想报答你对我无微不至的关照。

010 贤惠的嫂子一直是哥哥最忠诚的伴侣。

011 司法部门拟定的草案颁布后才能生效。

012 哥哥一向见义勇为, 不愧是我们的榜样。

013

기왕 처음에 목표를 세웠으니, 지금 중도에 그만두어서는 안 된다.

既然 ＿＿＿ ＿＿＿ 了目标，现在就不能 ＿＿＿＿＿ 。
　　　dāngchū　shèlì　　　　　　　　　　bàntú'érfèi

014

이 스타부부는 극 중에서 황제와 황후의 배역을 맡아 연기했다.

这对明星 ＿＿＿ 在戏中 ＿＿＿ 了 ＿＿＿ 和 ＿＿＿ 的角色。
　　　　　fūfù　　　　　　bànyǎn　　huángdì　huánghòu

015

띠의 기원에 관한 이 동화의 결말에는 몇몇 다른 버전이 있다.

这个关于 ＿＿＿ ＿＿＿ 的 ＿＿＿ 的 ＿＿＿ 有 ＿＿＿ 不同的
　　　　shēngxiào　qǐyuán　　tónghuà　　jiéjú　　　ruògān

＿＿＿ 。
bǎnběn

016

비록 엄마의 얼굴에는 약간의 반점과 주름이 있지만, 그러나 피부가 촉촉하고 혈색이 좋다.

虽然妈妈脸上有些 ＿＿＿ 和 ＿＿＿ ，但皮肤 ＿＿＿ ， ＿＿＿ 很好。
　　　　　　　　　bān　　zhòuwén　　　　　　zīrùn　　qìsè

빠른
정답

013 既然当初设立了目标，现在就不能半途而废。
014 这对明星夫妇在戏中扮演了皇帝和皇后的角色。
015 这个关于生肖起源的童话的结局有若干不同的版本。
016 虽然妈妈脸上有些斑和皱纹，但皮肤滋润，气色很好。

Unit 02

017 ☑ 他间谍的身份一暴露就被当场逮捕了。

Tā jiàndié de shēnfen yí bàolù jiù bèi dāngchǎng dàibǔ le.

그는 스파이 신분이 드러나자마자 현장에서 체포됐다.

- 间谍 jiàndié 명 스파이, 간첩
- 暴露 bàolù 동 폭로하다, 드러나다
- 当场 dāngchǎng 부 현장에서, 그 자리에서
- 逮捕 dàibǔ 동 체포하다

018 她出门之际会看备忘录，以免丢三落四。

Tā chūmén zhījì huì kàn bèiwànglù, yǐmiǎn diūsānlàsì.

그녀는 이것저것 빠뜨리지 않기 위해, 문을 나설 때 메모를 보게 된다.

- 之际 zhījì 명 ~무렵, ~즈음, ~때
- 备忘录 bèiwànglù 명 비망록, 메모
- 以免 yǐmiǎn 접 ~하지 않도록, ~하지 않기 위해서 ＊A以免B B하지 않기 위해 A하다
- 丢三落四 diūsānlàsì 성어 잘 빠뜨리다, 이것저것 잘 잊어버리다, 건망증이 심하다

019 有一些只在北极生存的动物正濒临灭亡。

Yǒu yìxiē zhǐ zài běijí shēngcún de dòngwù zhèng bīnlín mièwáng.

일부 북극에서만 생존하는 동물들은 마침 멸망할 지경에 이르렀다.

- 北极 běijí 명 북극
- 生存 shēngcún 명 생존 동 생존하다
- 濒临 bīnlín 동 임박하다, ~한 지경에 이르다
- 灭亡 mièwáng 동 멸망하다, 멸망시키다

020 为了防止感染疾病，不要去人口稠密的地方。

Wèile fángzhǐ gǎnrǎn jíbìng, búyào qù rénkǒu chóumì de dìfang.

질병에 감염되는 것을 방지하기 위해, 인구가 밀집한 곳에는 가지 마세요.

- 防止 fángzhǐ 동 방지하다 ＊防止 + 부정적 내용
- 感染 gǎnrǎn 동 ① 감염시키다, 감염되다 ② 영향을 주다
- 疾病 jíbìng 명 질병
- 稠密 chóumì 형 조밀하다, 빽빽하다

021

这本刊物时常刊登一些轰动全国的非法案例。

Zhè běn kānwù shícháng kāndēng yìxiē hōngdòng quánguó de fēifǎ ànlì.

이 간행물은 전국적으로 파문을 일으킨 불법적인 사례들을 자주 게재한다.

- **刊物** kānwù 몡 간행물
- **时常** shícháng 틧 항상, 자주
- **刊登** kāndēng 동 (신문, 잡지 등에) 게재하다, 싣다

- **轰动** hōngdòng 몡 센세이션, 돌풍 동 센세이션을 불러일으키다, 떠들썩하게 하다
- **非法** fēifǎ 형 불법적인, 비합법적인
- **案例** ànlì 몡 사례, 케이스

022

考古学家小心翼翼地挖掘着埋葬在土坑里的古董。

Kǎogǔxuéjiā xiǎoxīnyìyì de wājué zhe máizàng zài tǔ kēng lǐ de gǔdǒng.

고고학자가 조심스럽게 흙 구덩이 속에 묻힌 골동품을 발굴하고 있다.

- **考古** kǎogǔ 몡 고고학
- **小心翼翼** xiǎoxīnyìyì 성어 매우 조심하다
- **挖掘** wājué 동 발굴하다, 찾아내다
  *挖掘文物 문물을 발굴하다 /
  挖掘潜力 잠재력을 찾아내다

- **埋葬** máizàng 동 매장하다, 묻다
- **坑** kēng 몡 구멍, 구덩이
- **古董** gǔdǒng 몡 골동(품)

023

公司以关怀员工为宗旨，实施了安置员工家属的政策。

Gōngsī yǐ guānhuái yuángōng wéi zōngzhǐ, shíshī le ānzhì yuángōng jiāshǔ de zhèngcè.

회사는 직원을 배려한다는 취지로, 직원 가족에게 직장이나 학교 등을 안배하는 정책을 실시했다.

- **关怀** guānhuái 몡 관심, 배려 동 관심을 가지다, 배려하다, 보살피다
- **宗旨** zōngzhǐ 몡 주지, 취지
- **实施** shíshī 동 실시하다

- **安置** ānzhì 동 배치하다, 안배하다, 배정하다, (사람이나 사물을) 제 위치에 놓다
- **家属** jiāshǔ 몡 가족
- **政策** zhèngcè 몡 정책

024

使用这种枕头既对颈椎好，又能改善睡眠，一举两得。

Shǐyòng zhè zhǒng zhěntou jì duì jǐngzhuī hǎo, yòu néng gǎishàn shuìmián, yìjǔliǎngdé.

이런 종류의 베개를 사용하면 경추에도 좋고 수면도 개선할 수 있어서 일거양득이다.

- **枕头** zhěntou 몡 베개
- **颈椎** jǐngzhuī 몡 경추
- **一举两得** yìjǔliǎngdé 성어 일거양득, 한 가지 일을 하여 두 가지 이익을 얻다

> 📝 **Point**
> - 既A又B: A하기도 하고 B하기도 하다
>   → A보다 B를 강조
> - 又A又B: A하기도 하고 B하기도 하다
>   → A와 B가 동등

025

接连几场冰雹把庄稼都糟蹋坏了。

Jiēlián jǐ chǎng bīngbáo bǎ zhuāngjia dōu zāotà huài le.

몇 차례 연이은 우박이 농작물을 모두 망쳐버렸다.

- **接连** jiēlián 동 잇달다, 연속하다
- **冰雹** bīngbáo 명 우박
- **庄稼** zhuāngjia 명 농작물
- **糟蹋** zāotà 동 못쓰게 하다, 망치다, 파괴하다

026

这件别致的工艺品是祖父赠送给我的。

Zhè jiàn biézhì de gōngyìpǐn shì zǔfù zèngsòng gěi wǒ de.

이 독특한 공예품은 할아버지께서 나에게 선물한 것이다.

- **别致** biézhì 형 독특하다, 특이하다, 색다르다
- **工艺品** gōngyìpǐn 명 공예품
- **祖父** zǔfù 명 조부, 할아버지
- **赠送** zèngsòng 동 증정하다, 선사하다, 선물하다

027

实事求是地说，她不化妆的模样看起来很别扭。

Shíshìqiúshì de shuō, tā bú huàzhuāng de múyàng kànqǐlái hěn bièniu.

사실대로 말하면, 그녀가 화장하지 않은 모습은 보기에 거북하다.

- **实事求是** shíshìqiúshì 성어 실사구시, 사실에 입각해서 진리를 탐구하다
- **化妆** huàzhuāng 이합 화장하다
- **模样** múyàng 명 ① 모양, 형상, 모습 ② 용모, 생김새
- **别扭** bièniu 형 ① 어색하다, 거북하다, 불편하다 ② (말이나 글이) 매끄럽지 못하다

028

考试成绩大致被分为甲、乙、丙、丁四个等级。

Kǎoshì chéngjì dàzhì bèi fēnwéi jiǎ、yǐ、bǐng、dīng sì ge děngjí.

시험 성적은 대체로 갑, 을, 병, 정 네 개의 등급으로 나눈다.

- **大致** dàzhì 형 대략적인, 대체적인 부 대체로, 대략
- **丙** bǐng 명 병
- **丁** dīng 명 정
- **等级** děngjí 명 등급, 계급

029

☐ 她起床后一如既往地先铺床，然后扎辫子、换衣裳。

☐ Tā qǐchuáng hòu yìrújìwǎng de xiān pū chuáng, ránhòu zā biànzi、huàn yīshang.

☐ 그녀는 기상 후 늘 그랬듯 먼저 이불을 펴고(정리하고), 그런 후에 머리를 땋고 옷을 갈아 입는다.

- **一如既往** yìrújìwǎng [성어] 예전과 다름없다
- **铺** pū [동] 깔다, 펴다
- **扎** zā [동] 묶다, 매다 | zhā [동] (침이나 가시 등으로) 찌르다
- **辫子** biànzi [명] 땋은 머리 *扎辫子 머리를 땋다
- **衣裳** yīshang [명] 옷, 의복

030

☐ 大家过奖了，我只是做了力所能及的事，实在不敢当。

☐ Dàjiā guòjiǎng le, wǒ zhǐ shì zuò le lìsuǒnéngjí de shì, shízài bùgǎndāng.

☐ 모두들 과찬이에요. 저는 단지 할 수 있는 일을 한 것 뿐인데, 정말 몸 둘 바를 모르겠어요.

- **过奖** guòjiǎng [동] ① 지나치게 칭찬하다 ② 과찬이십니다
- **力所能及** lìsuǒnéngjí [성어] 스스로 할 만한 능력이 있다
- **不敢当** bùgǎndāng 감당하기 어렵다, 황송합니다, 천만의 말씀이십니다

031

☐ 这本通俗的著作着重教我们用辩证的思维看待问题。

☐ Zhè běn tōngsú de zhùzuò zhuózhòng jiāo wǒmen yòng biànzhèng de sīwéi kàndài wèntí.

☐ 이 대중 저서는 우리에게 변증하는 사유를 사용하여 문제를 대하는 것을 가르치는 데 중점을 두었다.

- **通俗** tōngsú [형] 평이하다, 이해하기 쉽다
- **著作** zhùzuò [명] 저작, 저서
- **着重** zhuózhòng [동] 힘을 주다, 강조하다, 치중하다, 역점을 두다
- **辩证** biànzhèng [동] 논증하다, 변증하다
- **思维** sīwéi [명] 사유 [동] 사유하다
- **看待** kàndài [동] 대하다, 다루다, 취급하다

032

☐ 根据导航上的经纬度可以推论出我们的舰艇在赤道附近。

☐ Gēnjù dǎoháng shàng de jīngwěidù kěyǐ tuīlùn chū wǒmen de jiàntǐng zài chìdào fùjìn.

☐ 항법 상의 경도와 위도에 근거하여 우리의 함정이 적도 부근에 있음을 추론해낼 수 있다.

- **导航** dǎoháng [동] 항공이나 항해를 유도하다
- **经纬** jīngwěi [명] 경도와 위도
- **推论** tuīlùn [명] 추론 [동] 추론하다
- **舰艇** jiàntǐng [명] 함정, 함선
- **赤道** chìdào [명] 적도

017

그는 스파이 신분이 드러나자마자 현장에서 체포됐다.

他 ＿＿＿ 的身份一 ＿＿＿ 就被 ＿＿＿ ＿＿＿ 了。
　　jiàndié　　　　bàolù　　　dāngchǎng　dàibǔ

018

그녀는 이것저것 빠뜨리지 않기 위해, 문을 나설 때 메모를 보게 된다.

她出门 ＿＿＿ 会看 ＿＿＿ , ＿＿＿ ＿＿＿ 。
　　　zhījì　　　bèiwànglù　　yǐmiǎn　diūsānlàsì

019

일부 북극에서만 생존하는 동물들은 마침 멸망할 지경에 이르렀다.

有一些只在 ＿＿＿ ＿＿＿ 的动物正 ＿＿＿ ＿＿＿ 。
　　　　　běijí　shēngcún　　　　bīnlín　mièwáng

020

질병에 감염되는 것을 방지하기 위해, 인구가 밀집한 곳에는 가지 마세요.

为了 ＿＿＿ ＿＿＿ ＿＿＿ , 不要去人口 ＿＿＿ 的地方。
　　fángzhǐ　gǎnrǎn　jíbìng　　　　　chóumì

빠른
정답

017 他间谍的身份一暴露就被当场逮捕了。

018 她出门之际会看备忘录，以免丢三落四。

019 有一些只在北极生存的动物正濒临灭亡。

020 为了防止感染疾病，不要去人口稠密的地方。

021

이 간행물은 전국적으로 파문을 일으킨 불법적인 사례들을 자주 게재한다.

这本 ____ ____ ____ 一些 ____ 全国的 ____ ____。

kānwù shícháng kāndēng 　　hōngdòng 　　fēifǎ 　ànlì

022

고고학자가 조심스럽게 흙 구덩이 속에 묻힌 골동품을 발굴하고 있다.

____ 学家 ____ 地 ____ 着 ____ 在土 ____ 里的 ____。

kǎogǔ xiǎoxīnyìyì wājué 　máizàng 　kēng 　gǔdǒng

023

회사는 직원을 배려한다는 취지로, 직원 가족에게 직장이나 학교 등을 안배하는 정책을 실시했다.

公司以 ____ 员工为 ____，____ 了 ____ 员工 ____ 的

guānhuái 　zōngzhǐ 　shíshī 　ānzhì 　jiāshǔ

____。

zhèngcè

024

이런 종류의 베개를 사용하면 경추에도 좋고 수면도 개선할 수 있어서 일거양득이다.

使用这种 ____ 既对 ____ 好，又能改善睡眠，____。

zhěntou 　jǐngzhuī 　　　　　　yìjǔliǎngdé

🔓 빠른
정답

021 这本刊物时常刊登一些轰动全国的非法案例。

022 考古学家小心翼翼地挖掘着埋葬在土坑里的古董。

023 公司以关怀员工为宗旨，实施了安置员工家属的政策。

024 使用这种枕头既对颈椎好，又能改善睡眠，一举两得。

025 몇 차례 연이은 우박이 농작물을 모두 망쳐버렸다.

　　　　几场　　　把　　　都　　　坏了。
jiēlián　　　bīngbáo　　zhuāngjia　　zāotà

026 이 독특한 공예품은 할아버지께서 나에게 선물한 것이다.

这件　　　的　　　是　　　　　给我的。
biézhì　　gōngyìpǐn　　zǔfù　zèngsòng

027 사실대로 말하면, 그녀가 화장하지 않은 모습은 보기에 거북하다.

　　　　　地说, 她不　　　的　　　看起来很　　　。
shíshìqiúshì　　　　huàzhuāng　múyàng　　　　　bièniu

028 시험 성적은 대체로 갑, 을, 병, 정 네 개의 등급으로 나눈다.

考试成绩　　　被分为甲、乙、　　、　　四个　　　。
dàzhì　　　　　　bǐng　dīng　　děngjí

025 接连几场冰雹把庄稼都糟蹋坏了。
026 这件别致的工艺品是祖父赠送给我的。
027 实事求是地说, 她不化妆的模样看起来很别扭。
028 考试成绩大致被分为甲、乙、丙、丁四个等级。

029

그녀는 기상 후 늘 그랬듯 먼저 이불을 펴고(정리하고), 그런 후에 머리를 땋고 옷을 갈아입는다.

她起床后 ＿＿＿＿＿ 地先 ＿＿ 床，然后 ＿＿＿＿、换 ＿＿＿。

yìrújìwǎng　　　pū　　　zā　biànzi　　yīshang

030

모두들 과찬이에요. 저는 단지 할 수 있는 일을 한 것 뿐인데, 정말 몸 둘 바를 모르겠어요.

大家 ＿＿＿ 了，我只是做了 ＿＿＿＿＿ 的事，实在 ＿＿＿＿。

guòjiǎng　　　　　lìsuǒnéngjí　　　bùgǎndāng

031

이 대중 저서는 우리에게 변증하는 사유를 사용하여 문제를 대하는 것을 가르치는 데 중점을 두었다.

这本 ＿＿＿ 的 ＿＿＿＿ ＿＿＿ 教我们用 ＿＿＿ 的 ＿＿＿ ＿＿＿

tōngsú　zhùzuò zhuózhòng　　biànzhèng　sīwéi　kàndài

问题。

032

항법 상의 경도와 위도에 근거하여 우리의 함정이 적도 부근에 있음을 추론해낼 수 있다.

根据 ＿＿＿ 上的 ＿＿＿ 度可以 ＿＿＿ 出我们的 ＿＿＿ 在 ＿＿＿

dǎoháng　　jīngwěi　　　tuīlùn　　　jiàntǐng　chìdào

附近。

빠른
정답

029 她起床后一如既往地先铺床，然后扎辫子、换衣裳。

030 大家过奖了，我只是做了力所能及的事，实在不敢当。

031 这本通俗的著作着重教我们用辩证的思维看待问题。

032 根据导航上的经纬度可以推论出我们的舰艇在赤道附近。

Unit

03

033 ✓ 我出神地盯着眼前辉煌的城堡。

Wǒ chūshén de dīng zhe yǎnqián huīhuáng de chéngbǎo.

나는 넋이 나가 눈 앞의 휘황찬란한 성을 응시하고 있다.

- **出神** chūshén 이합 정신이 나가다, 넋을 잃다
- **辉煌** huīhuáng 형 휘황찬란하다, 눈부시다
- **盯** dīng 동 주시하다, 응시하다
- **城堡** chéngbǎo 명 성, 성루

034 政府治理干旱取得了显著的成效。

Zhèngfǔ zhìlǐ gānhàn qǔdé le xiǎnzhù de chéngxiào.

정부는 가뭄을 정비하여 두드러진 성과를 거두었다.

- **治理** zhìlǐ 동 ① (국가, 기관 등을) 다스리다, 통치하다 ② (환경, 자연재해 등을) 처리하다, 정비하다
- **显著** xiǎnzhù 형 현저하다, 뚜렷하다, 두드러지다
- **成效** chéngxiào 명 성과, 효과, 효능
- **干旱** gānhàn 명 가뭄 형 가물다

035 这位斯文的绅士说话时流露着诚挚的目光。

Zhè wèi sīwén de shēnshì shuōhuà shí liúlù zhe chéngzhì de mùguāng.

이 점잖은 신사는 말할 때 성실하고 진지한 눈빛을 드러내고 있다.

- **斯文** sīwén 형 ① 우아하다, 고상하다 ② 점잖다, 품위가 있다
- **绅士** shēnshì 명 신사
- **流露** liúlù 동 (의사, 감정을) 무의식 중에 나타내다, 흘리다, 내비치다
- **诚挚** chéngzhì 형 성실하고 진지하다
- **目光** mùguāng 명 ① 식견, 시야 ② 눈빛, 눈길

036 我国即将作为东道主承办下一届跨国会议。

Wǒ guó jíjiāng zuòwéi dōngdàozhǔ chéngbàn xià yí jiè kuà guó huìyì.

우리나라는 곧 주최국으로서 다음 회 다국적 회의를 주관하게 될 것이다.

- **即将** jíjiāng 부 곧, 머지않아
- **承办** chéngbàn 동 맡아 처리하다, 주관하다
- **东道主** dōngdàozhǔ 명 주인, 주최국, 호스트
- **跨** kuà 동 (다리를 벌려) 뛰어넘다, 큰 걸음으로 걷다

我们乘船欣赏了海滨令人赞叹的壮丽风光。

Wǒmen chéng chuán xīnshǎng le hǎibīn lìng rén zàntàn de zhuànglì fēngguāng.

우리는 배를 타고 해변의 감탄을 자아내는 웅장하고 아름다운 풍경을 감상했다.

- 乘 chéng 통 타다
- 海滨 hǎibīn 명 해안, 해변
- 赞叹 zàntàn 통 감탄하여 찬양하다
- 壮丽 zhuànglì 형 웅장하고 아름답다
- 风光 fēngguāng 명 풍경, 경치

他给疲倦的岳母盛了一碗粥，双手捧着端了过去。

Tā gěi píjuàn de yuèmǔ chéng le yì wǎn zhōu, shuāngshǒu pěng zhe duān le guòqù.

그는 지친 장모에게 죽 한 그릇을 담아, 두 손으로 받쳐들고 가져 갔다.

- 疲倦 píjuàn 통 지치다, 나른해지다
- 岳母 yuèmǔ 명 장모
- 盛 chéng 통 (밥, 요리 등을) 그릇에 담다 | shèng 형 흥성하다, 번성하다
- 粥 zhōu 명 죽
- 捧 pěng 통 두 손으로 받쳐들다
- 端 duān 명 (사물의) 끝 통 들어 나르다

他承包土地并建造住宅，让无所依托的流浪儿童居住。

Tā chéngbāo tǔdì bìng jiànzào zhùzhái, ràng wú suǒ yītuō de liúlàng értóng jūzhù.

그는 토지를 맡아 주택을 지어서 의지할 곳 없이 떠도는 아동들이 거주하도록 한다.

- 承包 chéngbāo 통 청부 맡다
- 住宅 zhùzhái 명 주택
- 依托 yītuō 명 의지할 곳, 의지 통 의지하다, 의탁하다, 차용하다, 빙자하다
  *有所依托 의지할 곳이 있다
- 流浪 liúlàng 통 방랑하다, 떠돌다 *流浪猫 길고양이
- 居住 jūzhù 통 거주하다

在金融危机的剧烈冲击下，经济开始停滞甚至衰退。

Zài jīnróng wēijī de jùliè chōngjī xià, jīngjì kāishǐ tíngzhì shènzhì shuāituì.

금융 위기의 심각한 충격 아래, 경제는 정체되고 심지어 쇠퇴하기 시작했다.

- 金融 jīnróng 명 금융
- 危机 wēijī 명 위기
- 剧烈 jùliè 형 격렬하다, (자극이나 통증이) 심하다
- 冲击 chōngjī 명 충격, 쇼크 통 ① (흐르는 물 등이) 세차게 부딪히다, 충돌하다 ② 심각하게 영향을 주다
- 停滞 tíngzhì 통 정체하다, 침체하다
- 衰退 shuāituì 통 쇠퇴하다, 쇠약해지다

041

大家齐心协力在河畔搭起了帐篷。

Dàjiā qíxīnxiélì zài hépàn dāqǐ le zhàngpeng.

모두가 협력해서 강가에 텐트를 치기 시작했다.

- **齐心协力** qíxīnxiélì 성어 한마음 한 뜻으로 협력하다
- **畔** pàn 명 (강, 호수, 도로 등의) 가장자리, 부근, 옆
- **搭** dā 동 ① (천막 등을) 치다, 세우다 ② (다리 등을) 놓다
- **帐篷** zhàngpeng 명 장막, 천막, 텐트

042

我焦急地等候着权威部门给我答复。

Wǒ jiāojí de děnghòu zhe quánwēi bùmén gěi wǒ dáfù.

나는 초조하게 권위 있는 부서가 나에게 회답하는 것을 기다리고 있다.

- **焦急** jiāojí 형 초조하다, 애타다
- **等候** děnghòu 동 기다리다 *等候区 대기실
- **权威** quánwēi 명 권위(자) 형 권위적인
- **答复** dáfù 명 회답 동 회답하다

043

经过磨合，他和新搭档日益亲密起来。

Jīngguò móhé, tā hé xīn dādàng rìyì qīnmì qǐlái.

호흡을 맞추는 시간을 거쳐, 그와 새로운 파트너는 나날이 친밀해지기 시작했다.

- **磨合** móhé 동 적응하다, 호흡을 맞추다, 길들이다
- **搭档** dādàng 명 협력자, 콤비, 파트너
- **日益** rìyì 부 날로, 나날이
- **亲密** qīnmì 형 친밀하다, 사이가 좋다

044

涮火锅时荤素搭配得恰到好处才能吃得过瘾。

Shuàn huǒguō shí hūn sù dāpèi de qiàdàohǎochù cái néng chī de guòyǐn.

샤부샤부를 먹을 때는 고기와 야채가 알맞게 배합되어야 실컷 먹을 수 있다.

- **涮火锅** shuàn huǒguō 샤부샤부를 먹다, 살짝 데쳐서 먹다
- **荤** hūn 명 육류로 만든 요리, 고기 요리 *素 야채나 과일류의 음식, 채식 / 素食 채식, 채식하다
- **搭配** dāpèi 명 말의 배열 동 배합하다, 조합하다
- **恰到好处** qiàdàohǎochù 성어 꼭 알맞다, 꼭 들어맞다
- **过瘾** guòyǐn 이합 ① 만족하다, 유감없다, 실컷 하다, 충족시키다 ② 중독이 되다

我们经过了持久的斗争才勉强实现了人民的解放。

Wǒmen jīngguò le chíjiǔ de dòuzhēng cái miǎnqiǎng shíxiàn le rénmín de jiěfàng.

우리는 오래 지속된 투쟁을 거치고서야 가까스로 인민의 해방을 실현했다.

- **持久** chíjiǔ 동 오래 지속되다
- **斗争** dòuzhēng 명 투쟁 동 투쟁하다, 분투하다
- **勉强** miǎnqiǎng 형 마지못하다, 내키지 않다 부 간신히, 가까스로, 억지로
- **解放** jiěfàng 동 해방하다, 속박에서 벗어나다

爸爸对工作一丝不苟，从没因疏忽而出现过失误。

Bàba duì gōngzuò yìsībùgǒu, cóng méi yīn shūhū ér chūxiàn guo shīwù.

아빠는 업무에 대해 조금도 빈틈이 없어서, 여태껏 부주의로 인해 실수가 발생한 적이 없다.

- **一丝不苟** yìsībùgǒu 성어 조금도 소홀히 하지 않다, 조금도 빈틈이 없다
- **疏忽** shūhū 동 소홀히 하다, 부주의하다
- **失误** shīwù 명 실수 동 실수를 하다

> ✍️ **Point**
> - 从没=从来没(有)=从未: 여태껏 ~않다
> - 因A而B: A때문에 B하다

我们不能怠慢持有请柬，应邀来参加宴会的同志。

Wǒmen bù néng dàimàn chíyǒu qǐngjiǎn, yìngyāo lái cānjiā yànhuì de tóngzhì.

우리는 초대장을 들고 초대에 응해 연회에 참가하러 온 동지들을 푸대접해서는 안 된다.

- **怠慢** dàimàn 동 ① 태만히 하다, 등한시하다 ② 냉대하다, 푸대접하다
- **请柬** qǐngjiǎn 명 초대장, 초청장, 청첩장
- **应邀** yìngyāo 동 (초대나 초청에) 응하다
- **同志** tóngzhì 명 동지

经统计，参加学位论文答辩的师生总和共计三百人。

Jīng tǒngjì, cānjiā xuéwèi lùnwén dábiàn de shīshēng zǒnghé gòngjì sānbǎi rén.

통계를 거쳐보니, 학위 논문 답변에 참가한 교수와 학생의 총수는 합계하여 300명이다.

- **统计** tǒngjì 명 통계 동 통계하다
- **学位** xuéwèi 명 학위
- **答辩** dábiàn 명 답변 동 답변하다
- **总和** zǒnghé 명 총계, 총수
- **共计** gòngjì 동 합계하다, 도합하다

033 나는 넋이 나가 눈 앞의 휘황찬란한 성을 응시하고 있다.

我 ＿＿＿ 地 ＿＿＿ 着眼前 ＿＿＿ 的 ＿＿＿ 。

chūshén　　dīng　　　huīhuáng　　chéngbǎo

034 정부는 가뭄을 정비하여 두드러진 성과를 거두었다.

政府 ＿＿＿ ＿＿＿ 取得了 ＿＿＿ 的 ＿＿＿ 。

zhìlǐ　gānhàn　　　xiǎnzhù　　chéngxiào

035 이 점잖은 신사는 말할 때 성실하고 진지한 눈빛을 드러내고 있다.

这位 ＿＿＿ 的 ＿＿＿ 说话时 ＿＿＿ 着 ＿＿＿ 的 ＿＿＿ 。

sīwén　　shēnshì　　　liúlù　　chéngzhì　　mùguāng

036 우리나라는 곧 주최국으로서 다음 회 다국적 회의를 주관하게 될 것이다.

我国 ＿＿＿ 作为 ＿＿＿ ＿＿＿ 下一届 ＿＿＿ 国会议。

jíjiāng　　　dōngdàozhǔ　chéngbàn　　　kuà

빠른
정답

033 我出神地盯着眼前辉煌的城堡。
034 政府治理干旱取得了显著的成效。
035 这位斯文的绅士说话时流露着诚挚的目光。
036 我国即将作为东道主承办下一届跨国会议。

037

우리는 배를 타고 해변의 감탄을 자아내는 웅장하고 아름다운 풍경을 감상했다.

我们　　　　船欣赏了　　　　令人　　　　的　　　　。
　　chéng　　　　hǎibīn　　zàntàn　zhuànglì fēngguāng

038

그는 지친 장모에게 죽 한 그릇을 담아, 두 손으로 받쳐들고 가져 갔다.

他给　　　的　　　　　了一碗　　　，双手　　　着
　　píjuàn　yuèmǔ　chéng　　　zhōu　　　pěng

　　　了过去。
duān

039

그는 토지를 맡아 주택을 지어서 의지할 곳 없이 떠도는 아동들이 거주하도록 한다.

他　　　土地并建造　　　，让无所　　　的　　　儿童
chéngbāo　　　　zhùzhái　　yītuō　　liúlàng

　　　。
jūzhù

040

금융 위기의 심각한 충격 아래, 경제는 정체되고 심지어 쇠퇴하기 시작했다.

在　　　　　的　　　　　　下，经济开始　　　甚至
　jīnróng　wēijī　　jùliè　chōngjī　　　　tíngzhǐ

　　　。
shuāituì

041

모두가 협력해서 강가에 텐트를 쳤다.

大家 _____ 在河 _____ 起了 _____ 。
　　　qíxīnxiélì　　　pàn　dā　　zhàngpeng

042

나는 초조하게 권위 있는 부서가 나에게 회답하는 것을 기다리고 있다.

我 _____ 地 _____ 着 _____ 部门给我 _____ 。
　　jiāojí　　děnghòu　　quánwēi　　　　dáfù

043

호흡을 맞추는 시간을 거쳐, 그와 새로운 파트너는 나날이 친밀해지기 시작했다.

经过 _____ ，他和新 _____ _____ _____ 起来。
　　　móhé　　　　　dādàng　rìyì　qīnmì

044

샤부샤부를 먹을 때는 고기와 야채가 알맞게 배합되어야 실컷 먹을 수 있다.

_____ _____ 时 _____ 素 _____ 得 _____ 才能吃得 _____ 。
shuàn　huǒguō　　hūn　　dāpèi　qiàdàohǎochù　　　guòyǐn

🔓 빠른
　　정답

041 大家齐心协力在河畔搭起了帐篷。

042 我焦急地等候着权威部门给我答复。

043 经过磨合，他和新搭档日益亲密起来。

044 涮火锅时荤素搭配得恰到好处才能吃得过瘾。

045 우리는 오래 지속된 투쟁을 거치고서야 가까스로 인민의 해방을 실현했다.

我们经过了 ＿＿＿ 的 ＿＿＿ 才 ＿＿＿ 实现了人民的 ＿＿＿ 。
　　　　　chíjiǔ　　dòuzhēng　miǎnqiǎng　　　　　jiěfàng

046 아빠는 업무에 대해 조금도 빈틈이 없어서, 여태껏 부주의로 인해 실수가 발생한 적이 없다.

爸爸对工作 ＿＿＿ ，从没因 ＿＿＿ 而出现过 ＿＿＿ 。
　　　　yìsībùgǒu　　　　shūhū　　　　shīwù

047 우리는 초대장을 들고 초대에 응해 연회에 참가하러 온 동지들을 푸대접해서는 안 된다.

我们不能 ＿＿＿ 持有 ＿＿＿ ， ＿＿＿ 来参加宴会的 ＿＿＿ 。
　　　　dàimàn　　qǐngjiǎn　yìngyāo　　　　　tóngzhì

048 통계를 거쳐보니, 학위 논문 답변에 참가한 교수와 학생의 총수는 합계하여 300명이다.

经 ＿＿＿ ，参加 ＿＿＿ 论文 ＿＿＿ 的师生 ＿＿＿ 三百人。
　　tǒngjì　　　　xuéwèi　　dábiàn　　　zǒnghé　gòngjì

빠른
정답
　045 我们经过了持久的斗争才勉强实现了人民的解放。
　046 爸爸对工作一丝不苟，从没因疏忽而出现过失误。
　047 我们不能怠慢持有请柬，应邀来参加宴会的同志。
　048 经统计，参加学位论文答辩的师生总和共计三百人。

Unit 04

049 ✓ 就近的山脉下蕴藏着值得开采的矿产。

Jiùjìn de shānmài xià yùncáng zhe zhíde kāicǎi de kuàngchǎn.

근방의 산맥 아래에는 채굴할 가치가 있는 광산물이 매장되어 있다.

- 就近 jiùjìn 형 가까운 곳의, 근방의, 근처의
- 山脉 shānmài 명 산맥
- 蕴藏 yùncáng 동 묻히다, 간직하다, 매장되다, 잠재하다
- 开采 kāicǎi 동 (지하 자원을) 채굴하다
- 矿产 kuàngchǎn 명 광산(물)

050 泛滥的洪水淹没了桥梁和起伏的丘陵。

Fànlàn de hóngshuǐ yānmò le qiáoliáng hé qǐfú de qiūlíng.

범람한 홍수가 교량과 기복이 있는 언덕을 침몰시켰다.

- 泛滥 fànlàn 동 ① 범람하다 ② 나쁜 것이 제한 없이 유행하다
- 洪水 hóngshuǐ 명 홍수
- 淹没 yānmò 동 물에 잠기다, 물에 빠지다, 침몰하다
- 桥梁 qiáoliáng 명 교량, 다리
- 起伏 qǐfú 명 (산, 관계, 감정, 병 등의) 기복, 변화 동 기복이 있다
- 丘陵 qiūlíng 명 언덕, 구릉

051 为了发现化石，我们勘探了方圆数公里的土地。

Wèile fāxiàn huàshí, wǒmen kāntàn le fāngyuán shù gōnglǐ de tǔdì.

화석을 발견하기 위해 우리는 사방으로 수 킬로미터의 토지를 탐사했다.

- 化石 huàshí 명 화석
- 勘探 kāntàn 명 탐사 동 (지하자원을) 탐사하다
- 方圆 fāngyuán 명 ① 사각과 원형 ② 둘레, 사방

052 连年在外地工作的我，很渴望能听到家乡的方言。

Liánnián zài wàidì gōngzuò de wǒ, hěn kěwàng néng tīngdào jiāxiāng de fāngyán.

여러 해 계속 외지에서 일한 나는 고향의 방언을 듣게 될 수 있기를 매우 갈망한다.

- 连年 liánnián 명 여러 해 계속
- 渴望 kěwàng 명 갈망 동 갈망하다
  *渴望+동사(구)목적어
- 方言 fāngyán 명 방언

053

在文艺论坛上可以自主讨论属于文学范畴的话题。
Zài wényì lùntán shàng kěyǐ zìzhǔ tǎolùn shǔyú wénxué fànchóu de huàtí.

문예 논단에서는 문학 범주에 속한 화제를 자율적으로 토론할 수 있다.

- **文艺** wényì 명 문예, 문학과 예술
- **论坛** lùntán 명 논단, 언론계, 평론계
- **自主** zìzhǔ 형 자주적이다, 자율적이다
- **范畴** fànchóu 명 범주, 범위

054

计划生育方针刚实行的时候，曾遭到抗议和阻挠。
Jìhuà shēngyù fāngzhēn gāng shíxíng de shíhou, céng zāodào kàngyì hé zǔnáo.

계획 출산(산아 제한) 방침은 막 실행되었을 때, 일찍이 항의와 저지를 당했다.

- **生育** shēngyù 명 출산 동 출산하다
- **方针** fāngzhēn 명 방침
- **实行** shíxíng 동 실행하다
- **抗议** kàngyì 명 항의 동 항의하다
- **阻挠** zǔnáo 명 저지, 방해, 억제 동 저지하다, 방해하다, 억제하다

055

经常联络才能维持感情，反之会疏远甚至出现隔阂。
Jīngcháng liánluò cái néng wéichí gǎnqíng, fǎnzhī huì shūyuǎn shènzhì chūxiàn géhé.

자주 연락해야 감정을 유지할 수 있고, 반대로 하면 소원해지고 심지어 서먹함이 생길 수 있다.

- **联络** liánluò 명 연락 동 연락하다
- **维持** wéichí 동 유지하다 *维持生命 생명을 유지하다 / 维持秩序 질서를 유지하다
- **反之** fǎnzhī 접 이와 반대로, 반대로 하면
- **疏远** shūyuǎn 동 소원하다, 소원하게 되다
- **隔阂** géhé 명 간격, 틈, 장벽 형 서먹서먹하다

056

经过锲而不舍的努力，我国的航空科技有了飞跃发展。
Jīngguò qiè'érbùshě de nǔlì, wǒ guó de hángkōng kējì yǒu le fēiyuè fāzhǎn.

꾸준한 노력을 거쳐, 우리나라의 항공 과학 기술은 비약적인 발전을 이루었다.

- **锲而不舍** qiè'érbùshě 성어 인내심을 갖고 일을 계속하다, 한번 마음만 먹으면 끝까지 해낸다
- **航空** hángkōng 명 항공
- **飞跃** fēiyuè 명 비약 동 비약하다

057

小鸟在蔚蓝的天空中盘旋飞翔。

Xiǎoniǎo zài wèilán de tiānkōng zhōng pánxuán fēixiáng.

작은 새가 쪽빛 하늘에서 빙빙 돌며 비상한다.

- **蔚蓝** wèilán 상 쪽빛이다, 새파랗다, 짙푸르다
- **盘旋** pánxuán 동 선회하다, 빙빙 돌다
- **飞翔** fēixiáng 동 비상하다, 날다

> **Point**
> 상태사란 형용사에 이미 수식 성분이 포함되어 있어 더 이상 부사의 수식을 받지 못하는 품사입니다. 대표적으로 AB(A는 비유나 수식, B는 형용사) 형태의 상태사가 있으며, ABAB식으로 중첩하여 쓰기도 합니다.
>
> 예) **蔚蓝** 쑥빛처럼 푸르다　　**雪白** 눈처럼 하얗다
> 　　**火红** 불처럼 빨갛다　　**笔直** 펜처럼 곧다
> 　　**冰凉** 얼음처럼 차갑다

058

这位体面的绅士既懂礼节，又有风度。

Zhè wèi tǐmiàn de shēnshì jì dǒng lǐjié, yòu yǒu fēngdù.

이 준수한 외모의 신사는 예의도 알고 매너도 있다.

- **体面** tǐmiàn 명 체면 형 ① 떳떳하다, 체면이 서다 ② (얼굴 또는 모양이) 아름답다, 보기 좋다
- **绅士** shēnshì 명 신사
- **礼节** lǐjié 명 예절
- **风度** fēngdù 명 품격, 기품, 매너

059

懂得分辨是非是一种难能可贵的品质。

Dǒngde fēnbiàn shìfēi shì yì zhǒng nánnéngkěguì de pǐnzhì.

옳고 그름을 분별할 줄 아는 것은 일종의 어렵고 귀한 품성이다.

- **分辨** fēnbiàn 명 분별, 구분 동 분별하다, 구분하다
- **是非** shìfēi 명 ① 시비, 옳음과 그름 ② 말다툼, 시비
- **难能可贵** nánnéngkěguì 성어 어려운 일을 해내어 대견스럽다, 매우 기특하다
- **品质** pǐnzhì 명 ① 품질 ② 품성, 인품

060

故意歪曲事实诽谤别人，会损坏别人的名誉。

Gùyì wāiqū shìshí fěibàng biérén, huì sǔnhuài biérén de míngyù.

고의로 사실을 왜곡하고 다른 사람을 비방하면 다른 사람의 명예를 훼손할 수 있다.

- **歪曲** wāiqū 동 왜곡하다
- **诽谤** fěibàng 동 비방하다
- **损坏** sǔnhuài 동 훼손시키다, 손상시키다
- **名誉** míngyù 명 명예

061

两国在会晤中废除了以前签署的不平等条款。

Liǎng guó zài huìwù zhōng fèichú le yǐqián qiānshǔ de bù píngděng tiáokuǎn.

양국은 회견 중에 이전에 서명했던 불평등한 조항을 폐지했다.

* **会晤** huìwù 동 만나다, 회견하다
* **废除** fèichú 동 (법, 제도, 조약 등을) 폐지하다
* **签署** qiānshǔ 동 (중요한 문서에 정식으로) 서명하다
* **条款** tiáokuǎn 명 (문서나 계약 등의) 조항, 조목

062

任何国家都不要妄想干涉和分裂我国的主权。

Rènhé guójiā dōu búyào wàngxiǎng gānshè hé fēnliè wǒ guó de zhǔquán.

어떠한 국가이든 우리나라의 주권을 간섭하고 분열시키려고 망상하지 마십시오.

* **妄想** wàngxiǎng 명 망상 동 망상하다
* **干涉** gānshè 명 간섭 동 간섭하다
* **分裂** fēnliè 명 분열 동 분열하다, 분열시키다
* **主权** zhǔquán 명 주권

063

一些植物表面分泌的液体的实质是对付敌人的武器。

Yìxiē zhíwù biǎomiàn fēnmì de yètǐ de shízhì shì duìfu dírén de wǔqì.

일부 식물 표면이 분비하는 액체의 본질은 적에게 대처하는 무기이다.

* **分泌** fēnmì 동 분비하다
* **液体** yètǐ 명 액체
* **实质** shízhì 명 실질, 본질
* **对付** duìfu 동 ① 대응하다, 대처하다 ② 그럭저럭하다, 대충대충하다
* **武器** wǔqì 명 무기

064

国家复兴以后，各地都呈现出繁华、欣欣向荣的景象。

Guójiā fùxīng yǐhòu, gèdì dōu chéngxiàn chū fánhuá、xīnxīnxiàngróng de jǐngxiàng.

국가 부흥 이후, 각지에는 번화하고 활기차게 발전하는 모습이 나타났다.

* **复兴** fùxīng 명 부흥 동 부흥하다, 부흥시키다
* **呈现** chéngxiàn 동 나타내다, 나타나다 *呈现颜色 색상이 나타나다 / 呈现趋势 추세가 나타나다
* **繁华** fánhuá 형 번화하다
* **欣欣向荣** xīnxīnxiàngróng 성어 초목이 무성하다, 활기에 차 발전하다, 번영하다

写一写 우리말 해석을 참고하여 빈칸에 알맞은 중국어를 쓰세요.

049

근방의 산맥 아래에는 채굴할 가치가 있는 광산물이 매장되어 있다.

⬚⬚ 的 ⬚⬚ 下 ⬚⬚ 着值得 ⬚⬚ 的 ⬚⬚ 。

jiùjìn　　shānmài　　yùncáng　　　　kāicǎi　　kuàngchǎn

050

범람한 홍수가 교량과 기복이 있는 언덕을 침몰시켰다.

⬚⬚ 的 ⬚⬚ 了 ⬚⬚ 和 ⬚⬚ 的 ⬚⬚ 。

fànlàn　　hóngshuǐ　yānmò　qiáoliáng　　qǐfú　　qiūlíng

051

화석을 발견하기 위해 우리는 사방으로 수 킬로미터의 토지를 탐사했다.

为了发现 ⬚⬚ ，我们 ⬚⬚ 了 ⬚⬚ 数公里的土地。

huàshí　　kāntàn　　fāngyuán

052

여러 해 계속 외지에서 일한 나는 고향의 방언을 듣게 될 수 있기를 매우 갈망한다.

⬚⬚ 在外地工作的我，很 ⬚⬚ 能听到家乡的 ⬚⬚ 。

liánnián　　　　　　kěwàng　　　　　　fāngyán

 빠른
정답

049 就近的山脉下蕴藏着值得开采的矿产。

050 泛滥的洪水淹没了桥梁和起伏的丘陵。

051 为了发现化石，我们勘探了方圆数公里的土地。

052 连年在外地工作的我，很渴望能听到家乡的方言。

053 문예 논단에서는 문학 범주에 속한 화제를 자율적으로 토론할 수 있다.

在 ＿＿＿ ＿＿＿ 上可以 ＿＿＿ 讨论属于文学 ＿＿＿ 的话题。
　　 wényì　lùntán　　　zìzhǔ　　　　　　fànchóu

054 계획 출산(산아 제한) 방침은 막 실행되었을 때, 일찍이 항의와 저지를 당했다.

计划 ＿＿＿＿＿＿ 刚 ＿＿＿ 的时候，曾遭到 ＿＿＿ 和 ＿＿＿ 。
　　 shēngyù fāngzhēn　shíxíng　　　　　kàngyì　　zǔnáo

055 자주 연락해야 감정을 유지할 수 있고, 반대로 하면 소원해지고 심지어 서먹함이 생길 수 있다.

经常 ＿＿＿ 才能 ＿＿＿ 感情， ＿＿＿ 会 ＿＿＿ 甚至出现 ＿＿＿ 。
　　 liánluò　　wéichí　　fǎnzhī　shūyuǎn　　　géhé

056 꾸준한 노력을 거쳐, 우리나라의 항공 과학 기술은 비약적인 발전을 이루었다.

经过 ＿＿＿＿＿ 的努力，我国的 ＿＿＿ 科技有了 ＿＿＿ 发展。
　　 qiè'érbùshě　　　　hángkōng　　fēiyuè

057

작은 새가 쪽빛 하늘에서 빙빙 돌며 비상한다.

小鸟在 _____ 的天空中 _____ _____ 。

            wèilán   pánxuán fēixiáng

058

이 준수한 외모의 신사는 예의도 알고 매너도 있다.

这位 _____ 的 _____ 既懂 _____ ，又有 _____ 。

      tǐmiàn   shēnshì   lǐjié   fēngdù

059

옳고 그름을 분별할 줄 아는 것은 일종의 어렵고 귀한 품성이다.

懂得 _____ _____ 是一种 _____ 的 _____ 。

    fēnbiàn   shìfēi   nánnéngkěguì   pǐnzhì

060

고의로 사실을 왜곡하고 다른 사람을 비방하면 다른 사람의 명예를 훼손할 수 있다.

故意 _____ 事实 _____ 别人，会 _____ 别人的 _____ 。

    wāiqū   fěibàng   sǔnhuài   míngyù

빠른
정답

057 小鸟在蔚蓝的天空中盘旋飞翔。
058 这位体面的绅士既懂礼节，又有风度。
059 懂得分辨是非是一种难能可贵的品质。
060 故意歪曲事实诽谤别人，会损坏别人的名誉。

061

양국은 회견 중에 이전에 서명했던 불평등한 조항을 폐지했다.

两国在 _____ 中 _____ 了以前 _____ 的不平等 _____。

　　　huìwù　　　fèichú　　　　qiānshǔ　　　　　tiáokuǎn

062

어떠한 국가이든 우리나라의 주권을 간섭하고 분열시키려고 망상하지 마십시오.

任何国家都不要 _____ _____ 和 _____ 我国的 _____。

　　　wàngxiǎng gānshè　　　fēnliè　　　zhǔquán

063

일부 식물 표면이 분비하는 액체의 본질은 적에게 대처하는 무기이다.

一些植物表面 _____ 的 _____ 的 _____ 是 _____ 敌人的 _____。

　　　fēnmì　　　yètǐ　　　shízhì　　　duìfu　　　　wǔqì

064

국가 부흥 이후, 각지에는 번화하고 활기차게 발전하는 모습이 나타났다.

国家 _____ 以后，各地都 _____ 出 _____、_____ 的景象。

　　　fùxīng　　　　chéngxiàn　　fánhuá　　xīnxīnxiàngróng

05

065 ☑ 她一贯 容忍和迁就 霸道的丈夫。

Tā yíguàn róngrěn hé qiānjiù bàdào de zhàngfu.

그녀는 일관되게 포악한 남편을 용인하고 (그에게) 끌려간다.

- **一贯** yíguàn 혱 한결같은, 일관된
- **容忍** róngrěn 동 참고 용서하다, 용인하다
- **迁就** qiānjiù 동 ① 옮겨가다 ② 끌려가다 ③ (무원칙적으로) 타협하다
- **霸道** bàdào 혱 포악하다

066 妈妈盛情地款待了专程来拜访她的侄子。

Māma shèngqíng de kuǎndài le zhuānchéng lái bàifǎng tā de zhízi.

엄마는 그녀를 일부러 찾아뵈러 온 조카를 극진하게 환대했다.

- **盛情** shèngqíng 몡 두터운 정, 친절 閈 극진하게, 친절하게
- **款待** kuǎndài 동 환대하다, 정성껏 대접하다
- **专程** zhuānchéng 閈 특별히, 일부러
- **拜访** bàifǎng 동 방문하다, 찾아뵙다
- **侄子** zhízi 몡 조카

067 你今天采购器材的支出，公司都能报销。

Nǐ jīntiān cǎigòu qìcái de zhīchū, gōngsī dōu néng bàoxiāo.

당신이 오늘 기자재를 구입한 지출은 회사가 모두 비용 처리할 수 있습니다.

- **采购** cǎigòu 동 사들이다, 구입하다
- **器材** qìcái 몡 기자재
- **支出** zhīchū 몡 지출 동 지출하다
- **报销** bàoxiāo 동 (공무로 쓴 돈을) 비용 청구하다, 비용 처리하다

068 她在艰难的处境中熬了很久，到了崩溃的边缘。

Tā zài jiānnán de chǔjìng zhōng áo le hěn jiǔ, dào le bēngkuì de biānyuán.

그녀는 어려운 처지에서 오랫동안 견뎠고, 무너질 위기에 이르렀다.

- **艰难** jiānnán 혱 어렵다, 힘들다
- **处境** chǔjìng 몡 (좋지 않은) 처지, 상황
- **熬** áo 동 ① 오랫동안 끓이다, 달이다 ② (고통이나 어려움을) 참고 견디다
- **崩溃** bēngkuì 동 붕괴하다, 무너지다
- **边缘** biānyuán 몡 ① 가, 가장자리 ② 위기, 더 이상 여지가 없는 상태

069

大伙儿都发觉他俩之间有超越友情的暧昧关系。

Dàhuǒr dōu fājué tā liǎ zhījiān yǒu chāoyuè yǒuqíng de àimèi guānxi.

모두들 그 두 사람 간에 우정을 넘어서는 애매한 관계가 있음을 알아차렸다.

- **大伙儿** dàhuǒr 명 모두들, 여러 사람
- **发觉** fājué 동 발견하다, 알아차리다, 깨닫다
- **超越** chāoyuè 동 뛰어넘다, 넘어서다, 초월하다
- **暧昧** àimèi 형 애매하다, 애매모호하다

070

为了施展抱负，我决定参加推翻旧政权的革命。

Wèile shīzhǎn bàofù, wǒ juédìng cānjiā tuīfān jiù zhèngquán de gémìng.

포부를 펼치기 위해, 나는 낡은 정권을 뒤집는 혁명에 참가하기로 결정했다.

- **施展** shīzhǎn 동 (재능이나 수완 등을) 발휘하다, 펼치다, 보이다
- **抱负** bàofù 명 포부
- **推翻** tuīfān 동 전복시키다, 뒤집다, 번복하다
- **政权** zhèngquán 명 정권
- **革命** gémìng 명 혁명 형 혁명적이다 이합 혁명하다

071

入睡后，爷爷饱经沧桑的脸上呈现出安详的神态。

Rùshuì hòu, yéye bǎojīngcāngsāng de liǎn shàng chéngxiàn chū ānxiáng de shéntài.

잠든 후, 할아버지의 세상 온갖 변천을 다 겪은 얼굴에 편안한 표정과 태도가 드러났다.

- **饱经沧桑** bǎojīngcāngsāng 성어 세상사의 온갖 변천을 다 겪다
- **呈现** chéngxiàn 동 나타내다, 드러나다, 보이다
- **安详** ānxiáng 형 편안하다, 침착하다, 점잖다
- **神态** shéntài 명 표정과 태도, 기색과 자태

072

这个不伶俐的孩子不但发育迟缓，还得了慢性病。

Zhège bù línglì de háizi búdàn fāyù chíhuǎn, hái dé le mànxìng bìng.

이 영리하지 못한 아이는 발육이 느릴 뿐만 아니라, 만성병에도 걸렸다.

- **伶俐** línglì 형 영리하다, 총명하다
- **发育** fāyù 명 발육 동 발육하다
- **迟缓** chíhuǎn 형 느리다, 완만하다, 더디다
- **慢性** mànxìng 형 만성의

073

原始的文献被销毁后只剩下备份了。

Yuánshǐ de wénxiàn bèi xiāohuǐ hòu zhǐ shèngxià bèifèn le.

최초 문헌이 소각된 후 겨우 예비분만 남았다.

- **原始** yuánshǐ 형 ① 최초의, 오리지날의 ② 원시의
- **文献** wénxiàn 명 문헌
- **销毁** xiāohuǐ 동 소각하다, 불살라 버리다
- **备份** bèifèn 명 예비(분)

074

在战役中投降等于背叛自己的同胞。

Zài zhànyì zhōng tóuxiáng děngyú bèipàn zìjǐ de tóngbāo.

전투에서 투항하는 것은 자신의 동포를 배반하는 것과 같다.

- **战役** zhànyì 명 ① 전투 ② 목표, 임무
- **投降** tóuxiáng 명 투항 동 투항하다
- **背叛** bèipàn 동 배반하다
- **同胞** tóngbāo 명 동포, 한민족

075

失去了掩护的军队陷入了被动的局面。

Shīqù le yǎnhù de jūnduì xiànrù le bèidòng de júmiàn.

엄호를 잃은 군대는 피동적인 국면에 빠졌다.

- **掩护** yǎnhù 동 엄호하다, 몰래 보호하다
- **军队** jūnduì 명 군대
- **陷入** xiànrù 동 ① (불리한 상황에) 빠지다 ② 몰두하다, 열중하다, 깊이 빠져들다
- **被动** bèidòng 형 피동적이다, 수동적이다
- **局面** júmiàn 명 국면, 양상, 형세

076

政府呼吁抵制家庭暴力，捍卫妇女的权利。

Zhèngfǔ hūyù dǐzhì jiātíng bàolì, hànwèi fùnǚ de quánlì.

정부는 가정 폭력을 배척하고, 여성의 권리를 수호하자고 호소한다.

- **呼吁** hūyù 동 호소하다 *呼吁＋동사목적어
- **抵制** dǐzhì 동 제압하다, 배척하다, 막아 내다
- **暴力** bàolì 명 폭력
- **捍卫** hànwèi 동 지키다, 수호하다, 방위하다

077

他有一条腿瘸了，倘若不拄拐杖就只能蹦着走。

Tā yǒu yì tiáo tuǐ qué le, tǎngruò bù zhǔ guǎizhàng jiù zhǐ néng bèng zhe zǒu.

그는 한 쪽 다리를 절어서, 만약 지팡이로 몸을 지탱하지 않으면 뛰면서 걸을 수밖에 없다.

- **瘸** qué 동 (다리를) 절다
- **倘若** tǎngruò 접 만약 ~한다면
- **拄** zhǔ 동 (지팡이 등으로) 몸을 지탱하다
- **拐杖** guǎizhàng 명 지팡이
- **蹦** bèng 동 뛰어오르다, 껑충 뛰다

078

弟弟记性好得要命，背诵长篇稿件是他的专长。

Dìdi jìxing hǎo de yàomìng, bèisòng chángpiān gǎojiàn shì tā de zhuāncháng.

남동생은 기억력이 극도로 좋아서 장편 원고를 암송하는 것이 그의 특기이다.

- **记性** jìxing 명 기억(력)
- **要命** yàomìng 형 심하다, 죽을 지경이다 이합 ① 목숨을 빼앗다 ② 남을 곤란하게 하다, 질리게 하다
- **背诵** bèisòng 동 암송하다, 외다
- **稿件** gǎojiàn 명 원고
- **专长** zhuāncháng 명 전문 기술, 특기

079

她向来动作笨拙，四肢不协调，但依然对跳舞上瘾。

Tā xiànglái dòngzuò bènzhuō, sìzhī bù xiétiáo, dàn yīrán duì tiàowǔ shàngyǐn.

그녀는 줄곧 동작이 굼뜨고 팔다리가 조화롭지 않지만, 그러나 여전히 춤추는 것에 중독되어 있다.

- **向来** xiànglái 부 여태까지, 줄곧
- **笨拙** bènzhuō 형 ① 서툴다 ② 굼뜨다
- **四肢** sìzhī 명 사지, 팔다리
- **协调** xiétiáo 형 어울리다, 조화롭다 동 (의견을) 조정하다, 조화하다
- **上瘾** shàngyǐn 이합 버릇이 되다, 중독되다
  *对…上瘾 ~에 중독되다

080

我一直想瞻仰一下那位天文学泰斗，今天终于荣幸地见到了他本人。

Wǒ yìzhí xiǎng zhānyǎng yíxià nà wèi tiānwénxué tàidǒu, jīntiān zhōngyú róngxìng de jiàndào le tā běnrén.

나는 계속 그 천문학 권위자를 찾아 뵙고 싶었는데, 오늘 마침내 영광스럽게도 그 본인을 보게 되었다.

- **瞻仰** zhānyǎng 동 ① 우러러보다 ② 삼가 뵈다, 참배하다
- **天文** tiānwén 명 천문
- **泰斗** tàidǒu 명 권위자, 대가, 일인자
- **荣幸** róngxìng 형 영광스럽다
- **本人** běnrén 명 본인

写一写 우리말 해석을 참고하여 빈칸에 알맞은 중국어를 쓰세요.

065 그녀는 일관되게 포악한 남편을 용인하고 (그에게) 끌려간다.

她 ＿＿＿＿ 和 ＿＿＿＿ 的丈夫。

yíguàn　　róngrěn　　qiānjiù　　bàdào

066 엄마는 그녀를 일부러 찾아뵈러 온 조카를 극진하게 환대했다.

妈妈 ＿＿＿＿ 地 ＿＿＿＿ 了 ＿＿＿＿ 来 ＿＿＿＿ 她的 ＿＿＿＿ 。

shèngqíng　　kuǎndài　　zhuānchéng　　bàifǎng　　zhízi

067 당신이 오늘 기자재를 구입한 지출은 회사가 모두 비용 처리할 수 있습니다.

你今天 ＿＿＿＿ 的 ＿＿＿＿ ，公司都能 ＿＿＿＿ 。

cǎigòu　　qìcái　　zhīchū　　bàoxiāo

068 그녀는 어려운 처지에서 오랫동안 견뎠고, 무너질 위기에 이르렀다.

她在 ＿＿＿＿ 的 ＿＿＿＿ 中 ＿＿＿＿ 了很久，到了 ＿＿＿＿ 的 ＿＿＿＿ 。

jiānnán　　chǔjìng　　áo　　bēngkuì　　biānyuán

 빠른
정답

065 她一贯容忍和迁就霸道的丈夫。
066 妈妈盛情地款待了专程来拜访她的侄子。
067 你今天采购器材的支出，公司都能报销。
068 她在艰难的处境中熬了很久，到了崩溃的边缘。

069

모두들 그 두 사람 간에 우정을 넘어서는 애매한 관계가 있음을 알아차렸다.

<u>　　</u> 都 <u>　　</u> 他俩之间有 <u>　　</u> 友情的 <u>　　</u> 关系。

dàhuǒr　　　fājué　　　　　　　　chāoyuè　　　　　　àimèi

070

포부를 펼치기 위해, 나는 낡은 정권을 뒤집는 혁명에 참가하기로 결정했다.

为了 <u>　　　　　</u>, 我决定参加 <u>　　</u> 旧 <u>　　　</u> 的 <u>　　　</u>。

shīzhǎn　bàofù　　　　　　tuīfān　zhèngquán　gémìng

071

잠든 후, 할아버지의 세상 온갖 변천을 다 겪은 얼굴에 편안한 표정과 태도가 드러났다.

入睡后, 爷爷 <u>　　　　</u> 的脸上 <u>　　</u> 出 <u>　　</u> 的 <u>　　</u>。

bǎojīngcāngsāng　　　chéngxiàn　　ānxiáng　　shéntài

072

이 영리하지 못한 아이는 발육이 느릴 뿐만 아니라, 만성병에도 걸렸다.

这个不 <u>　　</u> 的孩子不但 <u>　　　</u>, 还得了 <u>　　</u> 病。

línglì　　　　　fāyù　chíhuǎn　　　mànxìng

빠른
정답
069 大伙儿都发觉他俩之间有超越友情的暧昧关系。
070 为了施展抱负, 我决定参加推翻旧政权的革命。
071 入睡后, 爷爷饱经沧桑的脸上呈现出安详的神态。
072 这个不伶俐的孩子不但发育迟缓, 还得了慢性病。

073 최초 문헌이 소각된 후 겨우 예비분만 남았다.

☐☐☐ 的 ☐☐☐ 被 ☐☐☐ 后只剩下 ☐☐☐ 了。
　yuánshǐ　　wénxiàn　　xiāohuǐ　　　　bèifèn

074 전투에서 투항하는 것은 자신의 동포를 배반하는 것과 같다.

在 ☐☐☐ 中 ☐☐☐ 等于 ☐☐☐ 自己的 ☐☐☐。
　　zhànyì　　tóuxiáng　　bèipàn　　　tóngbāo

075 엄호를 잃은 군대는 피동적인 국면에 빠졌다.

失去了 ☐☐☐ 的 ☐☐☐ 了 ☐☐☐ 的 ☐☐☐。
　　　　yǎnhù　　jūnduì　　xiànrù　　bèidòng　　júmiàn

076 정부는 가정 폭력을 배척하고, 여성의 권리를 수호하자고 호소한다.

政府 ☐☐☐ 家庭 ☐☐☐ , ☐☐☐ 妇女的权利。
　　hūyù　　dǐzhì　　　bàolì　　hànwèi

빠른
정답
073 原始的文献被销毁后只剩下备份了。
074 在战役中投降等于背叛自己的同胞。
075 失去了掩护的军队陷入了被动的局面。
076 政府呼吁抵制家庭暴力，捍卫妇女的权利。

077

그는 한 쪽 다리를 절어서, 만약 지팡이로 몸을 지탱하지 않으면 뛰면서 걸을 수밖에 없다.

他有一条腿 ___ 了，___ 不 ___ ___ 就只能 ___ 着走。

qué　tǎngruò　zhǔ　guǎizhàng　bèng

078

남동생은 기억력이 극도로 좋아서 장편 원고를 암송하는 것이 그의 특기이다.

弟弟 ___ 好得 ___ ，___ 长篇 ___ 是他的 ___ 。

jìxing　yàomìng　bèisòng　gǎojiàn　zhuāncháng

079

그녀는 줄곧 동작이 굼뜨고 팔다리가 조화롭지 않지만, 그러나 여전히 춤추는 것에 중독되어 있다.

她 ___ 动作 ___ ，___ 不 ___ ，但依然对跳舞 ___ 。

xiànglái　bènzhuō　sìzhī　xiétiáo　shàngyǐn

080

나는 계속 그 천문학 권위자를 찾아 뵙고 싶었는데, 오늘 마침내 영광스럽게도 그 본인을 보게 되었다.

我一直想 ___ 一下那位 ___ 学 ___ ，今天终于 ___ 地见

zhānyǎng　tiānwén　tàidǒu　róngxìng

到了他 ___ 。

běnrén

081 ☑ **这里的地势给卫星的发射提供了便利。**
□ zhèlǐ de dìshì gěi wèixīng de fāshè tígōng le biànlì.
□ 이곳의 지세는 위성의 발사에 편리함을 제공했다.

- **地势** dìshì 몡 지세, 땅의 형세
- **卫星** wèixīng 몡 위성
- **发射** fāshè 됭 발사하다
- **便利** biànlì 혱 편리하다

082 □ **在遭受变故后，他一度丧失了希望。**
□ Zài zāoshòu biàngù hòu, tā yídù sàngshī le xīwàng.
□ 변고를 당한 후, 그는 한동안 희망을 잃었다.

- **遭受** zāoshòu 됭 (불행이나 손해를) 만나다, 입다, 당하다
- **变故** biàngù 몡 (뜻밖에 발생한) 사고, 변고, 재난
- **一度** yídù ① 일 회, 한 차례, 한 번 ② 한때, 한동안
- **丧失** sàngshī 됭 상실하다, 잃(어버리)다

083 □ **董事长简要地向下属交代了一下工作。**
□ Dǒngshìzhǎng jiǎnyào de xiàng xiàshǔ jiāodài le yíxià gōngzuò.
□ 회장은 간단명료하게 아랫사람에게 업무를 인계했다.

- **董事长** dǒngshìzhǎng 몡 회장, 이사장
- **简要** jiǎnyào 혱 간단명료하다
- **下属** xiàshǔ 몡 부하, 아랫사람
- **交代** jiāodài 됭 ① 사무를 인계하다 ② 당부하다, 부탁하다 ③ (사정이나 의견을) 설명하다

084 □ **园林的走廊上悬挂着一串随风摇摆的灯笼。**
□ Yuánlín de zǒuláng shàng xuánguà zhe yí chuàn suífēng yáobǎi de dēnglong.
□ 정원의 회랑에는 한 줄의 바람에 따라 흔들리는 등이 걸려 있다.

- **园林** yuánlín 몡 원림, 정원
- **走廊** zǒuláng 몡 복도, 회랑
- **悬挂** xuánguà 됭 걸다, 매달다
- **串** chuàn 얭 (한 줄로 꿴) 줄, 꿰미 됭 (끈으로) 꿰다
- **摇摆** yáobǎi 됭 ① 흔들거리다 ② (의지나 감정이) 동요하다
- **灯笼** dēnglong 몡 등롱, 초롱

085

封建制度终究在历史的变迁中被淘汰了。

Fēngjiàn zhìdù zhōngjiū zài lìshǐ de biànqiān zhōng bèi táotài le.

봉건제도는 결국 역사의 변천 속에 도태되었다.

- **封建** fēngjiàn 명 봉건 (제도) 형 봉건적이다
- **终究** zhōngjiū 부 결국, 어쨌든
- **变迁** biànqiān 명 변천 동 변천하다 *时代变迁 시대적 변천 / 历史变迁 역사적 변천
- **淘汰** táotài 동 도태하다

086

我抵达终点，刹车时才惊奇地发现轮胎扁了。

Wǒ dǐdá zhōngdiǎn, shāchē shí cái jīngqí de fāxiàn lúntāi biǎn le.

나는 종착지에 도착하여 브레이크를 걸었을 때서야 놀랍게도 타이어가 납작해진 것을 발견했다.

- **抵达** dǐdá 동 도달하다, 도착하다
- **终点** zhōngdiǎn 명 종점, 종착지, 결승점
- **刹车** shāchē 명 브레이크 이합 브레이크를 걸다
- **惊奇** jīngqí 형 놀랍고도 이상하다, 이상하여 놀라다
- **轮胎** lúntāi 명 타이어
- **扁** biǎn 형 평평하다, 납작하다

087

他明明错了却不做检讨，还理直气壮地为自己辩解。

Tā míngmíng cuò le què bú zuò jiǎntǎo, hái lǐzhíqìzhuàng de wèi zìjǐ biànjiě.

그는 명백히 잘못했지만 반성하지 않고, 당당하게 자신을 위해 변명했다.

- **明明** míngmíng 부 명백히, 분명히
- **检讨** jiǎntǎo 명 반성 동 반성하다
- **理直气壮** lǐzhíqìzhuàng 성어 떳떳하다, 이유가 충분하여 하는 말이 당당하다
- **辩解** biànjiě 동 변명하다

088

食品不用保鲜膜密封的话，势必会很快腐烂变质。

Shípǐn búyòng bǎoxiān mó mìfēng dehuà, shìbì huì hěn kuài fǔlàn biànzhì.

식품은 랩을 사용하지 않고 밀봉하면 반드시 매우 빠르게 부식하고 변질하게 된다.

- **膜** mó 명 막 *保鲜膜 랩
- **密封** mìfēng 동 밀봉하다, 밀폐하다
- **势必** shìbì 부 꼭, 반드시, 필연코
- **腐烂** fǔlàn 동 썩다, 부식하다
- **变质** biànzhì 명 변질 이합 변질하다

089 农民辛勤的播种和灌溉换来了丰收。

Nóngmín xīnqín de bōzhǒng hé guàngài huànlái le fēngshōu.

농민의 근면한 파종과 관개작업이 풍작으로 돌아왔다.

- 辛勤 xīnqín 형 부지런하다, 근면하다
- 播种 bōzhǒng 이합 파종하다, 씨를 뿌리다
- 灌溉 guàngài 동 (농지에) 물을 대다, 관개하다
- 丰收 fēngshōu 명 풍작

090 船舶在波涛汹涌的海上航行是很危险的。

Chuánbó zài bōtāo xiōngyǒng de hǎi shàng hángxíng shì hěn wēixiǎn de.

선박이 파도가 세찬 바다 위에서 항해하는 것은 매우 위험한 것이다.

- 船舶 chuánbó 명 배, 선박
- 波涛 bōtāo 명 파도
- 汹涌 xiōngyǒng 동 (물이) 세차게 치솟다, 용솟음치다
- 航行 hángxíng 동 운항하다, 항해하다

091 我们的祖先在这片肥沃的土壤上开辟了耕地。

Wǒmen de zǔxiān zài zhè piàn féiwò de tǔrǎng shàng kāipì le gēngdì.

우리들의 조상은 이 비옥한 토양 위에 경지를 개척했다.

- 祖先 zǔxiān 명 선조, 조상
- 肥沃 féiwò 형 비옥하다
- 土壤 tǔrǎng 명 토양 *改良土壤 토지를 개량하다
- 开辟 kāipì 동 열다, 개척하다 *开辟道路 길을 열다 / 开辟新天地 새로운 영역을 개척하다
- 耕地 gēngdì 명 경지 이합 토지를 갈다

092 他和歹徒英勇搏斗的事迹已经家喻户晓了。

Tā hé dǎitú yīngyǒng bódòu de shìjì yǐjīng jiāyùhùxiǎo le.

그가 악당과 용맹하게 사투한 행적은 이미 누구나 다 안다.

- 歹徒 dǎitú 명 악인, 악당
- 英勇 yīngyǒng 형 용맹하다
- 搏斗 bódòu 명 격투, 사투 동 격투하다, 사투하다
- 事迹 shìjì 명 사적, 행적
- 家喻户晓 jiāyùhùxiǎo 성어 집집마다 알다, 누구나 알다

这次博览会展示了各国在航天技术上的突破。

Zhè cì bólǎnhuì zhǎnshì le gèguó zài hángtiān jìshù shàng de tūpò.

이번 박람회는 각국의 우주 비행 기술 상에서의 돌파를 펼쳐 보였다.

- **博览会** bólǎnhuì 몡 박람회, 엑스포
- **展示** zhǎnshì 동 분명하게 드러내 보이다, 펼쳐 보이다
- **航天** hángtiān 몡 우주 비행
- **突破** tūpò 동 돌파하다, 타파하다 *突破局限 한계를 타파하다 / 突破难关 난관을 돌파하다 / 突破自我 자기를 극복하다

鉴于职位和级别不同，大家得到的补贴也不同。

Jiànyú zhíwèi hé jíbié bùtóng, dàjiā dédào de bǔtiē yě bùtóng.

직위와 계급이 다른 것을 감안하여, 모두가 받게 되는 수당도 다르다.

- **鉴于** jiànyú ~에 비추어 보아, ~을 감안하여
- **职位** zhíwèi 몡 직위
- **级别** jíbié 몡 등급, 계급, 순위
- **补贴** bǔtiē 몡 보조금, 수당

很多成功人士都是在反思中捕捉到了灵感和机遇。

Hěn duō chénggōng rénshì dōu shì zài fǎnsī zhōng bǔzhuō dào le línggǎn hé jīyù.

많은 성공한 인사들 모두가 반성하는 중에 영감과 기회를 잡았다.

- **人士** rénshì 몡 인사
- **反思** fǎnsī 몡 반성 동 반성하다, (지난 일을) 돌이켜 사색하다
- **捕捉** bǔzhuō 동 (붙)잡다, 포착하다
- **灵感** línggǎn 몡 영감
- **机遇** jīyù 몡 좋은 기회, 찬스 =机会=时机

裁判一吹哨，田径选手们就争先恐后地跑了起来。

Cáipàn yì chuī shào, tiánjìng xuǎnshǒumen jiù zhēngxiānkǒnghòu de pǎo le qǐlái.

심판이 호루라기를 불자마자, 육상 선수들은 앞을 다투어 달리기 시작했다.

- **裁判** cáipàn 몡 재판, 심판 동 재판하다, 심판하다
- **哨** shào 몡 ① 호루라기 ② 휘파람
- **田径** tiánjìng 몡 육상 경기
- **选手** xuǎnshǒu 몡 선수
- **争先恐后** zhēngxiānkǒnghòu 성어 뒤질세라 앞을 다투다

写一写 우리말 해석을 참고하여 빈칸에 알맞은 중국어를 쓰세요.

081 이곳의 지세는 위성의 발사에 편리함을 제공했다.

这里的 ＿＿＿ 给 ＿＿＿ 的 ＿＿＿ 提供了 ＿＿＿ 。

       dìshì   wèixīng   fāshè   biànlì

082 변고를 당한 후, 그는 한동안 희망을 잃었다.

在 ＿＿＿ ＿＿＿ 后，他 ＿＿＿ ＿＿＿ 了希望。

   zāoshòu   biàngù   yídù   sàngshī

083 회장은 간단명료하게 아랫사람에게 업무를 인계했다.

＿＿＿ ＿＿＿ 地向 ＿＿＿ ＿＿＿ 了一下工作。

dǒngshìzhǎng jiǎnyào   xiàshǔ   jiāodài

084 정원의 회랑에는 한 줄의 바람에 따라 흔들리는 등이 걸려있다.

＿＿＿ 的 ＿＿＿ 上 ＿＿＿ 着一 ＿＿＿ 随风 ＿＿＿ 的 ＿＿＿ 。

yuánlín   zǒuláng   xuánguà   chuàn   yáobǎi   dēnglong

 빠른 정답 081 这里的地势给卫星的发射提供了便利。
082 在遭受变故后，他一度丧失了希望。
083 董事长简要地向下属交代了一下工作。
084 园林的走廊上悬挂着一串随风摇摆的灯笼。

085

봉건제도는 결국 역사의 변천 속에 도태되었다.

_____ 制度 _____ 在历史的 _____ 中被 _____ 了。

fēngjiàn　　zhōngjiū　　　biànqiān　　　tàotài

086

나는 종착지에 도착하여 브레이크를 걸었을 때서야 놀랍게도 타이어가 납작해진 것을 발견했다.

我 _____ _____ , _____ 时才 _____ 地发现 _____ _____ 了。

dǐdá　zhōngdiǎn　shāchē　　jīngqí　　　lúntāi　　biǎn

087

그는 명백히 잘못했지만 반성하지 않고, 당당하게 자신을 위해 변명했다.

他 _____ 错了却不做 _____ , 还 _____ 地为自己 _____ 。

míngmíng　　　　jiǎntǎo　　lǐzhíqìzhuàng　　　　biànjiě

088

식품은 랩을 사용하지 않고 밀봉하면 반드시 매우 빠르게 부식하고 변질하게 된다.

食品不用保鲜 _____ _____ 的话, _____ 会很快 _____ _____ 。

mó　mìfēng　　　shìbì　　　fǔlàn　biànzhì

빠른
정답

085 封建制度终究在历史的变迁中被淘汰了。

086 我抵达终点，刹车时才惊奇地发现轮胎扁了。

087 他明明错了却不做检讨，还理直气壮地为自己辩解。

088 食品不用保鲜膜密封的话，势必会很快腐烂变质。

089

농민의 근면한 파종과 관개작업이 풍작으로 돌아왔다.

农民 ⬚⬚⬚⬚ 的 ⬚⬚⬚⬚ 和 ⬚⬚⬚⬚ 换来了 ⬚⬚⬚⬚ 。

xīnqín　　bōzhǒng　　guàngài　　　fēngshōu

090

선박이 파도가 세찬 바다 위에서 항해하는 것은 매우 위험한 것이다.

⬚⬚⬚⬚ 在 ⬚⬚⬚⬚ ⬚⬚⬚⬚ 的海上 ⬚⬚⬚⬚ 是很危险的。

chuánbó　　bōtāo　xiōngyǒng　　　hángxíng

091

우리들의 조상은 이 비옥한 토양 위에 경지를 개척했다.

我们的 ⬚⬚⬚⬚ 在这片 ⬚⬚⬚⬚ 的 ⬚⬚⬚⬚ 上 ⬚⬚⬚⬚ 了 ⬚⬚⬚⬚ 。

zǔxiān　　　　féiwò　　tǔrǎng　　kāipì　　gēngdì

092

그가 악당과 용맹하게 사투한 행적은 이미 누구나 다 안다.

他和 ⬚⬚⬚⬚ ⬚⬚⬚⬚ ⬚⬚⬚⬚ 的 ⬚⬚⬚⬚ 已经 ⬚⬚⬚⬚ 了。

dǎitú　yīngyǒng　bódòu　　shìjì　　jiāyùhùxiǎo

빠른
정답

089 农民辛勤的播种和灌溉换来了丰收。
090 船舶在波涛汹涌的海上航行是很危险的。
091 我们的祖先在这片肥沃的土壤上开辟了耕地。
092 他和歹徒英勇搏斗的事迹已经家喻户晓了。

093

이번 박람회는 각국의 우주 비행 기술 상에서의 돌파를 펼쳐 보였다.

这次 ⬜ ⬜ 了各国在 ⬜ 技术上的 ⬜ 。
　　bólǎnhuì　zhǎnshì　　　hángtiān　　　　tūpò

094

직위와 계급이 다른 것을 감안하여, 모두가 받게 되는 수당도 다르다.

⬜ ⬜ 和 ⬜ 不同，大家得到的 ⬜ 也不同。
jiànyú　zhíwèi　　jíbié　　　　　　　bǔtiē

095

많은 성공한 인사들 모두가 반성하는 중에 영감과 기회를 잡았다.

很多成功 ⬜ 都是在 ⬜ 中 ⬜ 到了 ⬜ 和 ⬜ 。
　　　rénshì　　　fǎnsī　bǔzhuō　　línggǎn　　jīyù

096

심판이 호루라기를 불자마자, 육상 선수들은 앞을 다투어 달리기 시작했다.

⬜ 一吹 ⬜ ，⬜ 们就 ⬜ 地跑了起来。
cáipàn　　　shào　　tiánjìng　xuǎnshǒu　zhēngxiānkǒnghòu

빠른
정답
093 这次博览会展示了各国在航天技术上的突破。
094 鉴于职位和级别不同，大家得到的补贴也不同。
095 很多成功人士都是在反思中捕捉到了灵感和机遇。
096 裁判一吹哨，田径选手们就争先恐后地跑了起来。

Unit 07

097 ☑ 买彩票无非是他的一种乐趣而已。

Mǎi cǎipiào wúfēi shì tā de yì zhǒng lèqù éryǐ.

복권을 사는 것은 단지 그의 일종의 재미일 뿐이다.

- **彩票** cǎipiào 몡 복권
- **无非** wúfēi 단지 ~에 지나지 않다
- **乐趣** lèqù 몡 즐거움, 재미
- **而已** éryǐ 조 ~일 뿐이다, ~일 따름이다

098 ☐ 一战后，各国参照条约划分了殖民地。

Yīzhàn hòu, gèguó cānzhào tiáoyuē huàfēn le zhímíndì.

제1차 세계 대전 후, 각국은 조약을 참조하여 식민지를 분할했다.

- **参照** cānzhào 통 참조하다
- **条约** tiáoyuē 몡 조약
- **划分** huàfēn 통 (전체를 여러 부분으로) 나누다, 구분하다, 분할하다
- **殖民地** zhímíndì 몡 식민지

099 ☐ 他歧视残疾人的举动受到了外界的批判。

Tā qíshì cánjírén de jǔdòng shòudào le wàijiè de pīpàn.

그가 장애인을 경시한 행동은 외부의 비판을 받았다.

- **歧视** qíshì 몡 경시, 차별 대우 통 경시하다, 차별 대우하다
- **残疾** cánjí 몡 장애(인), 불구(자)
- **举动** jǔdòng 몡 거동, 행동, 동작
- **外界** wàijiè 몡 외부
- **批判** pīpàn 몡 비판 통 비판하다

100 ☐ 我们应该着手采集一些用户反馈的信息。

Wǒmen yīnggāi zhuóshǒu cǎijí yìxiē yònghù fǎnkuì de xìnxī.

우리는 일부 사용자들이 피드백한 정보를 수집하는 데 착수해야 한다.

- **着手** zhuóshǒu 통 착수하다, 시작하다
- **采集** cǎijí 통 채집하다, 수집하다
- **用户** yònghù 몡 사용자, 이용자, 가입자
- **反馈** fǎnkuì 몡 피드백 통 (정보나 반응이) 되돌아오다, 피드백하다

101

☐ 他试图通过裁员来解决公司的财政赤字危机。

☐ Tā shìtú tōngguò cáiyuán lái jiějué gōngsī de cáizhèng chìzì wēijī.

☐ 그는 정리해고를 통해 회사의 재정 적자 위기를 해결하려고 시도한다.

- **试图** shìtú 동 시도하다
- **裁员** cáiyuán 이합 인원을 정리하다, 감원하다, 정리해고하다
- **财政** cáizhèng 명 재정
- **赤字** chìzì 명 적자
- **危机** wēijī 명 위기

102

☐ 我们会采纳一些可以协助我们增加客户的提议。

☐ Wǒmen huì cǎinà yìxiē kěyǐ xiézhù wǒmen zēngjiā kèhù de tíyì.

☐ 우리는 일부 우리가 고객을 증가시키는 데 협조할 수 있는 제의를 받아들일 것이다.

- **采纳** cǎinà 동 받아들이다 *采纳意见 의견을 받아들이다 / 采纳建议 건의를 받아들이다
- **协助** xiézhù 동 협조하다
- **客户** kèhù 명 고객, 거래처
- **提议** tíyì 명 제의 동 제의하다

103

☐ 股东们协商后决定聘请财务顾问来管理公司开支。

☐ Gǔdōngmen xiéshāng hòu juédìng pìnqǐng cáiwù gùwèn lái guǎnlǐ gōngsī kāizhī.

☐ 주주들은 협상 후 재무 고문을 초빙하여 회사 지출을 관리하기로 결정했다.

- **股东** gǔdōng 명 주주
- **协商** xiéshāng 명 협상 동 협상하다
- **财务** cáiwù 명 재무
- **顾问** gùwèn 명 고문
- **开支** kāizhī 명 지출, 비용 동 지출하다, 지불하다

104

☐ 台风在沿海地区登陆的时间和专家预计的毫无偏差。

☐ Táifēng zài yánhǎi dìqū dēnglù de shíjiān hé zhuānjiā yùjì de háowú piānchā.

☐ 태풍이 연해 지역에 상륙한 시간은 전문가가 예상한 것과 조금도 오차가 없다.

- **台风** táifēng 명 태풍
- **沿海** yánhǎi 명 연해, 바닷가 근처 지방
- **登陆** dēnglù 이합 상륙하다
- **预计** yùjì 동 예상하다, 전망하다
- **毫无** háowú 조금도 ~이 없다
- **偏差** piānchā 명 편차, 오차

105 何必执着于野心？不妨知足常乐。

Hébì zhízhuó yú yěxīn? Bùfáng zhīzúchánglè.

구태여 야망에 집착할 필요 있나요? 만족함을 알고 즐거움을 누리는 것도 괜찮아요.

- **执着** zhízhuó 형 집요하다, 끈질기다 동 집착하다, 고집하다, 고수하다 *执着于 ~에 집착하다
- **野心** yěxīn 명 야심, 야망
- **不妨** bùfáng 무방하다, 괜찮다
- **知足常乐** zhīzúchánglè 성어 만족함을 알면 항상 즐겁다

106 大家的敌视和舆论攻击让她不堪忍受。

Dàjiā de díshì hé yúlùn gōngjī ràng tā bùkān rěnshòu.

모두의 적대시와 여론 공격은 그녀를 견딜 수 없게 만들었다.

- **敌视** díshì 동 적대시하다
- **舆论** yúlùn 명 여론
- **攻击** gōngjī 명 공격, 비난 동 공격하다, 비난하다
- **不堪** bùkān 동 ① 견딜 수 없다, 참을 수 없다 ② ~할 수 없다
- **忍受** rěnshòu 동 견디어 내다, 참다, 이겨 내다

107 侦探根据线索做出的推理还原了犯罪真相。

Zhēntàn gēnjù xiànsuǒ zuò chū de tuīlǐ huányuán le fànzuì zhēnxiàng.

탐정이 단서를 근거로 해낸 추리가 범죄의 진상을 복원했다.

- **侦探** zhēntàn 명 탐정, 간첩, 스파이 동 정탐하다, 염탐하다
- **线索** xiànsuǒ 명 실마리, 단서
- **推理** tuīlǐ 명 추리 동 추리하다
- **还原** huányuán 동 환원하다, 원상복구하다, 복원하다
- **真相** zhēnxiàng 명 진상

108 他不顾阻拦，毅然扑进火焰中救出了孩子。

Tā búgù zǔlán, yìrán pū jìn huǒyàn zhōng jiù chū le háizi.

그는 만류에도 아랑곳하지 않고, 결연히 화염 속으로 뛰어들어가 아이를 구해냈다.

- **不顾** búgù 동 돌보지 않다, 고려하지 않다, 꺼리지 않다, 상관하지 않다
- **阻拦** zǔlán 명 저지, 제지, 억제 동 저지하다, 제지하다, 억제하다
- **毅然** yìrán 부 의연히, 결연히, 단호히
- **扑** pū 동 뛰어들다, 돌진하다, 달려들다
- **火焰** huǒyàn 명 불꽃, 화염

109 将军本想打个胜仗，不料却中了敌人的埋伏。
Jiāngjūn běnxiǎng dǎ ge shèngzhàng, búliào què zhòng le dírén de máifú.
장군은 본래 이기는 전쟁을 하고 싶었지만, 뜻밖에도 적의 매복을 당했다.

- **将军** jiāngjūn 몡 장군
- **打仗** dǎzhàng 이합 전쟁하다, 싸우다
- **不料** búliào 囝 뜻밖에, 의외로
- **埋伏** máifú 몡 매복, 잠복 동 매복하다, 잠복하다

110 古代官方的消息是通过贴布告传达到民间的。
Gǔdài guānfāng de xiāoxi shì tōngguò tiē bùgào chuándá dào mínjiān de.
고대 정부의 소식은 공고를 붙이는 것을 통해 민간으로 전달되었다.

- **官方** guānfāng 몡 정부 당국, 정부측
- **布告** bùgào 몡 공고, 게시 동 공고하다, 게시하다
- **传达** chuándá 동 전하다, 전달하다
- **民间** mínjiān 몡 민간

111 他这次雇佣来加工皮革挎包的工人不止十个。
Tā zhè cì gùyōng lái jiāgōng pígé kuàbāo de gōngrén bùzhǐ shí ge.
그가 이번에 고용해 와서 가죽 숄더백을 가공할 노동자는 10명이 넘는다.

- **雇佣** gùyōng 몡 고용 동 고용하다
- **加工** jiāgōng 동 가공하다
- **皮革** pígé 몡 피혁, 가죽
- **挎** kuà 동 ① 팔에 걸다, 팔에 끼다 ② 어깨에 매다
- **不止** bùzhǐ 동 ~에 그치지 않다, ~을 넘다

112 石油和天然气储备正逐年减少，愈来愈供不应求。
Shíyóu hé tiānránqì chǔbèi zhèng zhúnián jiǎnshǎo, yùláiyù gōngbúyìngqiú.
석유와 천연 가스의 비축이 해마다 감소하고 있어서, 갈수록 공급이 수요를 따르지 못한다.

- **石油** shíyóu 몡 석유
- **天然气** tiānránqì 몡 천연 가스
- **储备** chǔbèi 몡 비축한 물건, 예비품 동 (물자를) 비축하다
- **逐年** zhúnián 囝 해마다, 매년
- **愈** yù 囝 더욱더 =越 *愈来愈 A 갈수록 A하다 / 愈A愈B A할수록 B하다
- **供不应求** gōngbúyìngqiú 성어 공급이 수요를 따르지 못하다

写一写　우리말 해석을 참고하여 빈칸에 알맞은 중국어를 쓰세요.

097

복권을 사는 것은 단지 그의 일종의 재미일 뿐이다.

买 ＿＿＿＿＿＿ 是他的一种 ＿＿＿＿ ＿＿＿＿ 。
　　cǎipiào　wúfēi　　　　　lèqù　　éryǐ

098

제1차 세계 대전 후, 각국은 조약을 참조하여 식민지를 분할했다.

一战后，各国 ＿＿＿＿ ＿＿＿＿ 了 ＿＿＿＿ 。
　　　　　　cānzhào　tiáoyuē　huàfēn　zhímíndì

099

그가 장애인을 경시한 행동은 외부의 비판을 받았다.

他 ＿＿＿＿ ＿＿＿＿ 人的 ＿＿＿＿ 受到了 ＿＿＿＿ 的 ＿＿＿＿ 。
　　qíshì　cánjí　　　　jǔdòng　　　wàijiè　　pīpàn

100

우리는 일부 사용자들이 피드백한 정보를 수집하는 데 착수해야 한다.

我们应该 ＿＿＿＿ ＿＿＿＿ 一些 ＿＿＿＿ ＿＿＿＿ 的信息。
　　　　zhuóshǒu　cǎijí　　　yònghù　fǎnkuì

빠른 정답
097 买**彩票无非**是他的一种**乐趣而已**。
098 一战后，各国**参照条约划分**了**殖民地**。
099 他**歧视残疾**人的**举动**受到了**外界**的**批判**。
100 我们应该**着手采集**一些**用户反馈**的信息。

그는 정리해고를 통해 회사의 재정 적자 위기를 해결하려고 시도한다.

101 他 ___ 通过 ___ 来解决公司的 ___ ___ ___ 。

shìtú　　cáiyuán　　　　　cáizhèng　chìzì　wēijī

우리는 일부 우리가 고객을 증가시키는 데 협조할 수 있는 제의를 받아들일 것이다.

102 我们会 ___ 一些可以 ___ 我们增加 ___ 的 ___ 。

cǎinà　　xiézhù　　　kèhù　　tíyì

주주들은 협상 후 재무 고문을 초빙하여 회사 지출을 관리하기로 결정했다.

103 ___ 们 ___ 后决定聘请 ___ ___ 来管理公司 ___ 。

gǔdōng　xiéshāng　　　cáiwù　gùwèn　　　kāizhī

태풍이 연해 지역에 상륙한 시간은 전문가가 예상한 것과 조금도 오차가 없다.

104 ___ 在 ___ 地区 ___ 的时间和专家 ___ 的

táifēng　yánhǎi　dēnglù　　　yùjì　háowú

___ 。

piānchā

105

구태여 야망에 집착할 필요 있나요? 만족함을 알고 즐거움을 누리는 것도 괜찮아요.

何必 _____ 于 _____ ? _____ 。

zhízhuó　　yěxīn　　bùfáng　　zhīzúchánglè

106

모두의 적대시와 여론 공격은 그녀를 견딜 수 없게 만들었다.

大家的 _____ 和 _____ 让她 _____ _____ 。

díshì　　yúlùn　　gōngjī　　bùkān　　rěnshòu

107

탐정이 단서를 근거로 해낸 추리가 범죄의 진상을 복원했다.

_____ 根据 _____ 做出的 _____ _____ 了犯罪 _____ 。

zhēntàn　　xiànsuǒ　　tuīlǐ　　huányuán　　zhēnxiàng

108

그는 만류에도 아랑곳하지 않고, 결연히 화염 속으로 뛰어들어가 아이를 구해냈다.

他 _____ _____ , _____ _____ 进 _____ 中救出了孩子。

búgù　　zǔlán　　yìrán　　pū　　huǒyàn

🔓 **빠른 정답**

105 何必执着于野心？不妨知足常乐。
106 大家的敌视和舆论攻击让她不堪忍受。
107 侦探根据线索做出的推理还原了犯罪真相。
108 他不顾阻拦，毅然扑进火焰中救出了孩子。

109 장군은 본래 이기는 전쟁을 하고 싶었지만, 뜻밖에도 적의 매복을 당했다.

◯◯ 本想 ◯◯ 个胜 ◯◯ , ◯◯ 却中了敌人的 ◯◯ 。

jiāngjūn　　　dǎ　　　zhàng　　búliào　　　　　máifú

110 고대 정부의 소식은 공고를 붙이는 것을 통해 민간으로 전달되었다.

古代 ◯◯ 的消息是通过贴 ◯◯ 到 ◯◯ 的。

　　guānfāng　　　　　bùgào　chuándá　mínjiān

111 그가 이번에 고용해 와서 가죽 숄더백을 가공할 노동자는 10명이 넘는다.

他这次 ◯◯ 来 ◯◯ ◯◯ 包的工人 ◯◯ 十个。

　　gùyōng　jiāgōng　pígé　kuà　　　bùzhǐ

112 석유와 천연 가스의 비축이 해마다 감소하고 있어서, 갈수록 공급이 수요를 따르지 못한다.

◯◯ 和 ◯◯ 正 ◯◯ 减少, ◯◯ 来 ◯◯

shíyóu　tiānránqì　chǔbèi　zhúnián　　yù　　yù

◯◯ 。

gōngbúyìngqiú

빠른
정답

109 将军本想打个胜仗, 不料却中了敌人的埋伏。
110 古代官方的消息是通过贴布告传达到民间的。
111 他这次雇佣来加工皮革挎包的工人不止十个。
112 石油和天然气储备正逐年减少, 愈来愈供不应求。

Unit 08

113 ☑ 将军迈着坚定的步伐，气势十足。
☐ Jiāngjūn mài zhe jiāndìng de bùfá, qìshì shízú.
☐ 장군은 꿋꿋한 발걸음을 내딛으며 기세가 넘쳐흐른다.

- **将军** jiāngjūn 몡 장군
- **迈** mài 툉 큰 걸음으로 걷다, 성큼성큼 나아가다
- **坚定** jiāndìng 혱 (입장, 의지, 주장 등이) 확고하다, 꿋꿋하다, 굳다 툉 확고히 하다, 굳히다
- **步伐** bùfá 몡 발걸음, 걸음걸이
- **气势** qìshì 몡 기세, 형세
- **十足** shízú 혱 충분하다, 넘쳐흐르다 *信心十足 자신만만하다 / 魅力十足 매력이 넘치다

114 ☐ 他租赁的房子宽敞明亮，布局美观。
☐ Tā zūlìn de fángzi kuānchang míngliàng, bùjú měiguān.
☐ 그가 세낸 집은 넓고 환하며 배치가 보기 좋다.

- **租赁** zūlìn 툉 ① (토지나 집 등을) 빌려 쓰다, 세내다 ② 빌려주다, 세를 놓다
- **宽敞** kuānchang 혱 넓다, 널찍하다
- **布局** bùjú 몡 구성, 배치, 안배
- **美观** měiguān 혱 (장식, 외관 등이) 보기 좋다, 아름답다 몡 미관

115 ☐ 过度酗酒对身体的危害是不言而喻的。
☐ Guòdù xùjiǔ duì shēntǐ de wēihài shì bùyán'éryù de.
☐ 과도한 폭음의 신체에 대한 해로움은 말하지 않아도 알 수 있는 것이다.

- **过度** guòdù 혱 지나치다, 과도하다
- **酗酒** xùjiǔ 툉 술주정하다, 취해서 난폭하게 굴다
- **不言而喻** bùyán'éryù 성어 말하지 않아도 안다, 말할 필요도 없다

116 ☐ 外面那些成心捣乱的家伙真让人不得安宁。
☐ Wàimiàn nàxiē chéngxīn dǎoluàn de jiāhuo zhēn ràng rén bùdé ānníng.
☐ 바깥에서 고의로 소란을 피우는 그런 놈들은 정말 사람을 평안할 수 없게 한다.

- **成心** chéngxīn 혱 고의적이다 뷔 고의로
- **捣乱** dǎoluàn 툉 소란을 피우다, 성가시게 굴다
- **家伙** jiāhuo 몡 녀석, 자식, 놈
- **安宁** ānníng 혱 안정되다, 평안하다

117
听到熟悉的故乡口音，他不由得热泪盈眶。

Tīngdào shúxī de gùxiāng kǒuyīn, tā bùyóude rèlèiyíngkuàng.

익숙한 고향 말투를 듣고, 그는 자기도 모르게 눈물이 눈시울에 가득 찼다.

- **故乡** gùxiāng 몡 고향
- **口音** kǒuyīn 몡 말씨, (발음의) 사투리
- **不由得** bùyóude ~하지 않을 수 없다, 저도 모르게 ~하다
- **热泪盈眶** rèlèiyíngkuàng 성어 뜨거운 눈물이 눈시울에 가득하다, 매우 슬퍼하거나 감동하다

118
古代的奴隶经常受到贵族残忍的虐待和迫害。

Gǔdài de núlì jīngcháng shòudào guìzú cánrěn de nüèdài hé pòhài.

고대의 노예는 종종 귀족의 잔인한 학대와 박해를 받았다.

- **奴隶** núlì 몡 노예
- **贵族** guìzú 몡 귀족
- **残忍** cánrěn 혱 잔인하다
- **虐待** nüèdài 몡 학대 동 학대하다
- **迫害** pòhài 몡 박해 동 박해하다

119
他凭不可埋没的才干成为了教授的得力助手。

Tā píng bùkě máimò de cáigàn chéngwéi le jiàoshòu de délì zhùshǒu.

그는 감출 수 없는 재능으로 교수의 유능한 조수가 되었다.

- **埋没** máimò 동 ① 매몰하다, 묻다, 묻히다 ② 재능을 발휘하지 못하게 하다
- **才干** cáigàn 몡 재능, 재주
- **得力** délì 혱 ① 효과가 있다 ② 유능하다
- **助手** zhùshǒu 몡 조수

120
你见多识广，有件事情要依赖你帮我参谋一下。

Nǐ jiànduōshíguǎng, yǒu jiàn shìqing yào yīlài nǐ bāng wǒ cānmóu yíxià.

너는 경험이 많고 식견이 넓으니, 나를 도와 조언을 좀 해서 너에게 의지해야 할 일이 있어.

- **见多识广** jiànduōshíguǎng 성어 보고 들은 것이 많고 식견이 넓다
- **依赖** yīlài 동 의지하다, 기대다
- **参谋** cānmóu 몡 자문, 카운슬러 동 조언하다, 권고하다

121

潜水 装备就搁在船舱的角落里。

Qiánshuǐ zhuāngbèi jiù gē zài chuáncāng de jiǎoluò lǐ.

잠수 장비는 배 선실 구석 안에 놓여있다.

- 潜水 qiánshuǐ 동 잠수하다
- 装备 zhuāngbèi 명 장비
- 搁 gē 동 놓다, 두다
- 舱 cāng 명 (비행기의) 객실, (배의) 선실
- 角落 jiǎoluò 명 구석, 모퉁이, 구석진 곳

122

无比 残酷的现实给了我沉重的打击。

Wúbǐ cánkù de xiànshí gěi le wǒ chénzhòng de dǎjī.

비할 바 없이 잔혹한 현실은 나에게 무거운 타격을 주었다.

- 无比 wúbǐ 형 비할 바 없다, 아주 뛰어나다
- 残酷 cánkù 형 잔혹하다, 참혹하다, 비참하다
- 沉重 chénzhòng 형 (무게, 기분, 부담 등이) 무겁다
- 打击 dǎjī 명 타격, 충격 동 공격하다, 타격을 주다

123

床单上残留着搓洗不掉的墨水的痕迹。

Chuángdān shàng cánliú zhe cuōxǐ bú diào de mòshuǐ de hénjì.

침대 시트 위에 문질러 씻어낼 수 없는 잉크의 흔적이 남아 있다.

- 床单 chuángdān 명 침대보, 침대 시트
- 残留 cánliú 동 잔류하다, 남아 있다
- 搓 cuō 동 비비다, 문지르다
- 墨水(儿) mòshuǐ(r) 명 먹물, 잉크
- 痕迹 hénjì 명 흔적, 자취

124

太阳在晴朗的天空中散发着灿烂的光芒。

Tàiyáng zài qínglǎng de tiānkōng zhōng sànfā zhe cànlàn de guāngmáng.

태양이 맑은 하늘에서 찬란한 빛을 발산하고 있다.

- 晴朗 qínglǎng 형 구름 한 점 없이 쾌청하다, 맑다
- 散发 sànfā 동 발산하다, 내뿜다
- 灿烂 cànlàn 형 찬란하다, 눈부시다
- 光芒 guāngmáng 명 빛, 빛살

125
因为冲动，他未经许可就擅自脱离了队伍。

Yīnwèi chōngdòng, tā wèi jīng xǔkě jiù shànzì tuōlí le duìwu.

충동으로 인해 그는 허가를 거치지 않고 제멋대로 대열을 이탈했다.

- **冲动** chōngdòng 몡 충동 동 흥분하다, 격해지다
- **许可** xǔkě 몡 허가 동 허가하다
- **擅自** shànzì 분 제멋대로, 독단적으로
- **脱离** tuōlí 동 ① 벗어나다, 이탈하다, 떠나다 ② 관계를 끊다
- **队伍** duìwu 몡 ① 대오, 대열 ② 군대, 부대

126
这位民主人士从侧面阐述了独裁的局限性。

Zhè wèi mínzhǔ rénshì cóng cèmiàn chǎnshù le dúcái de júxiànxìng.

이 민주주의 인사는 다른 면으로 독재의 한계성을 논술했다.

- **民主** mínzhǔ 몡 민주, 민주주의 혱 민주적이다
- **人士** rénshì 몡 인사
- **侧面** cèmiàn 몡 ① 옆면, 측면 ② 다른 면
- **阐述** chǎnshù 동 (비교적 심오한 문제를) 명백히 논술하다
- **独裁** dúcái 몡 독재 동 독재하다
- **局限** júxiàn 몡 제한, 한계 동 국한하다, 국한되다

127
我们把电源插座设置在房间的哪个方位更好?

Wǒmen bǎ diànyuán chāzuò shèzhì zài fángjiān de nǎ ge fāngwèi gèng hǎo?

우리는 전원 콘센트를 방의 어느 방향에 설치하는 것이 더 좋을까요?

- **电源** diànyuán 몡 전원
- **插座** chāzuò 몡 콘센트
- **设置** shèzhì 동 설치하다, 장치하다
- **方位** fāngwèi 몡 방위, 방향

128
即便时间仓促，我们也要有条不紊地执行任务。

Jíbiàn shíjiān cāngcù, wǒmen yě yào yǒutiáobùwěn de zhíxíng rènwù.

설사 시간이 촉박하더라도, 우리는 그래도 조리있게 임무를 수행해야 한다.

- **即便** jíbiàn 졥 설사 ~하더라도
- **仓促** cāngcù 혱 황급하다, 촉박하다, 급작스럽다
- **有条不紊** yǒutiáobùwěn 성어 조리 정연하다, 질서 정연하다
- **执行** zhíxíng 동 집행하다, 수행하다

写一写 우리말 해석을 참고하여 빈칸에 알맞은 중국어를 쓰세요.

113 장군은 꿋꿋한 발걸음을 내딛으며 기세가 넘쳐흐른다.

＿＿＿＿ ＿＿＿＿ 着 ＿＿＿＿ 的 ＿＿＿＿，＿＿＿＿ ＿＿＿＿。

jiāngjūn　mài　jiāndìng　bùfá　qìshì　shízú

114 그가 세낸 집은 넓고 환하며 배치가 보기 좋다.

他 ＿＿＿＿ 的房子 ＿＿＿＿ 明亮，＿＿＿＿ ＿＿＿＿。

zūlìn　　kuānchang　　bùjú　měiguān

115 과도한 폭음의 신체에 대한 해로움은 말하지 않아도 알 수 있는 것이다.

＿＿＿＿ ＿＿＿＿ 对身体的危害是 ＿＿＿＿ 的。

guòdù　xùjiǔ　　bùyán'éryù

116 바깥에서 고의로 소란을 피우는 그런 놈들은 정말 사람을 평안할 수 없게 한다.

外面那些 ＿＿＿＿ ＿＿＿＿ 的 ＿＿＿＿ 真让人不得 ＿＿＿＿。

chéngxīn　dǎoluàn　jiāhuo　　ānníng

 빠른
정답

113 将军迈着坚定的步伐，气势十足。
114 他租赁的房子宽敞明亮，布局美观。
115 过度酗酒对身体的危害是不言而喻的。
116 外面那些成心捣乱的家伙真让人不得安宁。

117 익숙한 고향 말투를 듣고, 그는 자기도 모르게 눈물이 눈시울에 가득 찼다.

听到熟悉的 ⬜⬜ ⬜⬜，他 ⬜⬜⬜ ⬜⬜⬜⬜。

gùxiāng　kǒuyīn　　bùyóude　rèlèiyíngkuàng

118 고대의 노예는 종종 귀족의 잔인한 학대와 박해를 받았다.

古代的 ⬜⬜ 经常受到 ⬜⬜ 的 ⬜⬜ 和 ⬜⬜。

núlì　　guìzú　　cánrěn　nüèdài　pòhài

119 그는 감출 수 없는 재능으로 교수의 유능한 조수가 되었다.

他凭不可 ⬜⬜ 的 ⬜⬜ 成为了教授的 ⬜⬜ ⬜⬜。

máimò　cáigàn　　　délì　zhùshǒu

120 너는 경험이 많고 식견이 넓으니, 나를 도와 조언을 좀 해서 너에게 의지해야 할 일이 있어.

你 ⬜⬜⬜⬜，有件事情要 ⬜⬜ 你帮我 ⬜⬜ 一下。

jiànduōshíguǎng　　yīlài　　cānmóu

121

잠수 장비는 배 선실 구석 안에 놓여있다.

____ ____ 就 ____ 在船 ____ 的 ____ 里。

qiánshuǐ zhuāngbèi　gē　cāng　jiǎoluò

122

비할 바 없이 잔혹한 현실은 나에게 무거운 타격을 주었다.

____ ____ 的现实给了我 ____ 的 ____ 。

wúbǐ　cánkù　chénzhòng　dǎjī

123

침대 시트 위에 문질러 씻어낼 수 없는 잉크의 흔적이 남아 있다.

____ 上 ____ 着 ____ 洗不掉的 ____ 的 ____ 。

chuángdān　cánliú　cuō　mòshuǐ　hénjì

124

태양이 맑은 하늘에서 찬란한 빛을 발산하고 있다.

太阳在 ____ 的天空中 ____ 着 ____ 的 ____ 。

qínglǎng　sànfā　cànlàn　guāngmáng

125

충동으로 인해 그는 허가를 거치지 않고 제멋대로 대열을 이탈했다.

因为 ____ ，他未经 ____ 就 ____ 了 ____ 。

chōngdòng   xǔkě   shànzì   tuōlí   duìwǔ

126

이 민주주의 인사는 다른 면으로 독재의 한계성을 논술했다.

这位 ____ 从 ____ 了 ____ 的 ____ 性。

mínzhǔ   rénshì   cèmiàn   chǎnshù   dúcái   júxiàn

127

우리는 전원 콘센트를 방의 어느 방향에 설치하는 것이 더 좋을까요?

我们把 ____ ____ ____ 在房间的哪个 ____ 更好？

diànyuán   chāzuò   shèzhì   fāngwèi

128

설사 시간이 촉박하더라도, 우리는 그래도 조리있게 임무를 수행해야 한다.

____ 时间 ____ ，我们也要 ____ 地 ____ 任务。

jíbiàn   cāngcù   yǒutiáobùwěn   zhíxíng

Unit 09

129 他公然挑衅元首的行为让人诧异。

Tā gōngrán tiǎoxìn yuánshǒu de xíngwéi ràng rén chàyì.

그가 공공연하게 원수에게 도발하는 행위는 사람을 의아하게 한다.

- 公然 gōngrán 뷔 공공연히
- 挑衅 tiǎoxìn 명 도전, 도발 동 (트집을 잡아) 도전하다, 도발하다
- 元首 yuánshǒu 명 원수
- 诧异 chàyì 동 의아하게 여기다, 이상하게 생각하다

130 我侄子一闻到柴油的气味就会呕吐。

Wǒ zhízi yì wéndào cháiyóu de qìwèi jiù huì ǒutù.

내 조카는 경유 냄새를 맡기만 하면 구토한다.

- 侄子 zhízi 명 조카
- 柴油 cháiyóu 명 경유, 디젤유
- 气味 qìwèi 명 냄새
- 呕吐 ǒutù 명 구토 동 구토하다

131 患者在家人的搀扶下姑且能挪动几步。

Huànzhě zài jiārén de chānfú xià gūqiě néng nuódòng jǐ bù.

환자는 가족의 부축 하에 잠시 몇 걸음을 이동할 수 있다.

- 患者 huànzhě 명 환자
- 搀 chān 동 부축하다, 붙잡다
- 姑且 gūqiě 뷔 잠시, 우선
- 挪 nuó 동 옮기다, 움직이다, 운반하다

132 制服对手要靠明智的策略和周密的计划。

Zhìfú duìshǒu yào kào míngzhì de cèlüè hé zhōumì de jìhuà.

상대를 제압하려면 현명한 책략과 빈틈없는 계획에 의거해야 한다.

- 制服 zhìfú 명 제복 동 제압하다, 진압하다
- 明智 míngzhì 형 현명하다
- 策略 cèlüè 명 책략, 전술
- 周密 zhōumì 형 주도면밀하다, 세심하다, 빈틈없다

133 这位书法家拥有来自不同年龄层次的徒弟。
Zhè wèi shūfǎjiā yōngyǒu láizì bùtóng niánlíng céngcì de túdì.
이 서예가는 다른 연령층에서 온 제자들을 데리고 있다.

- 书法 shūfǎ 몡 서예
- 拥有 yōngyǒu 통 가지다, 소유하다, 보유하다 ＊拥有＋추상적/구체적 사물/사람
- 层次 céngcì 몡 ① (말이나 글에서) 내용의 순서 ② 등급
- 徒弟 túdì 몡 제자, 견습공

134 出身于不同阶层的人在教养方面有差别吗?
Chūshēn yú bùtóng jiēcéng de rén zài jiàoyǎng fāngmiàn yǒu chābié ma?
다른 계층 출신의 사람은 교양 방면에서 차이가 있나요?

- 出身 chūshēn 몡 출신 통 출신이다 ＊出身于 ~출신이다
- 阶层 jiēcéng 몡 계층
- 教养 jiàoyǎng 몡 교양
- 差别 chābié 몡 차이, 격차

135 嘴馋的弟弟迫不及待地想吃我做的可口的拿手菜。
Zuǐ chán de dìdi pòbùjídài de xiǎng chī wǒ zuò de kěkǒu de náshǒu cài.
식탐이 많은 남동생은 한시도 참지 못하고 내가 맛있게 잘 만드는 요리를 먹고 싶어한다.

- 馋 chán 혱 게걸스럽다, 식욕이 많다
- 迫不及待 pòbùjídài 성어 한시도 지체할 수 없다
- 可口 kěkǒu 혱 맛있다, 입에 맞다
- 拿手 náshǒu 혱 (어떤 기술에) 뛰어나다

136 这里岔路很多, 曲折而颠簸, 历来有很多车辆失事。
Zhèlǐ chàlù hěn duō, qūzhé ér diānbǒ, lìlái yǒu hěn duō chēliàng shīshì.
이 곳은 갈림길이 많고, 구불구불하여 (차가) 흔들거려서, 여태까지 많은 차량이 사고가 났다.

- 岔 chà 몡 갈림길, 분기점
- 曲折 qūzhé 혱 ① 굽다, 구불구불하다 ② 곡절이 많다 몡 (우여)곡절, 복잡하게 얽힌 사정
- 颠簸 diānbǒ 통 (뒤)흔들리다, 요동하다
- 历来 lìlái 몦 예로부터, 여태까지
- 失事 shīshì 몡 사고 이합 불행한 사고가 일어나다, 사고를 일으키다

137

□ 他倡导年轻人不要盲目跟随潮流。

□ Tā chàngdǎo niánqīngrén búyào mángmù gēnsuí cháoliú.

□ 그는 젊은이들이 시대의 조류를 맹목적으로 따라가지 말아야 한다고 제창한다.

- 倡导 chàngdǎo 동 제창하다, 발의하다
- 盲目 mángmù 형 맹목적인
- 跟随 gēnsuí 동 뒤따르다, 동행하다, 따라가다
- 潮流 cháoliú 명 조류, 시대의 추세

138

□ 这次消防演习的场面十分令人震撼。

□ Zhè cì xiāofáng yǎnxí de chǎngmiàn shífēn lìng rén zhènhàn.

□ 이번 소방 훈련의 장면은 매우 사람들의 마음을 울렸다.

- 消防 xiāofáng 명 소방
- 演习 yǎnxí 명 연습, 훈련 동 연습하다, 훈련하다
- 场面 chǎngmiàn 명 ① (연극, 영화, 소설 등의) 신(scene), 장면 ② 장면, 광경, 정황
- 震撼 zhènhàn 동 진동하다, 뒤흔들다

139

□ 在公共场所进行示威活动会扰乱治安。

□ Zài gōnggòng chǎngsuǒ jìnxíng shìwēi huódòng huì rǎoluàn zhì'ān.

□ 공공장소에서 시위 활동을 진행하는 것은 치안을 어지럽힐 수 있다.

- 场所 chǎngsuǒ 명 장소
- 示威 shìwēi 명 시위, 데모 동 시위하다
- 扰乱 rǎoluàn 동 어지럽히다, 혼란하게 하다, 교란하다
- 治安 zhì'ān 명 치안

140

□ 敞开胸怀吧，不要总计较过去的恩怨。

□ Chǎngkāi xiōnghuái ba, búyào zǒng jìjiào guòqù de ēnyuàn.

□ 가슴을 열어요. 늘상 과거의 은혜와 원한만 따지지 마세요.

- 敞开 chǎngkāi 동 ① (문이나 창문을) 활짝 열다, (가슴이나 입을) 벌리다 ② (생각 등을) 털어놓다
- 胸怀 xiōnghuái 명 가슴, 포부, 도량, 생각
- 计较 jìjiào 동 ① 따지다, 문제 삼다 ② 언쟁하다, 승강이하다
- 恩怨 ēnyuàn 명 은혜와 원한

141 公司强制要求他偿还预先拿走的经费。
Gōngsī qiángzhì yāoqiú tā chánghuán yùxiān názǒu de jīngfèi.
회사는 그에게 사전에 가져간 경비를 상환할 것을 강압적으로 요구한다.

- 强制 qiángzhì 동 강제하다, 강압하다, 강요하다
- 偿还 chánghuán 동 돌려주다, 상환하다
- 预先 yùxiān 부 미리, 사전에
- 经费 jīngfèi 명 경비

142 被解雇后他的生活到了靠救济来支撑的地步。
Bèi jiěgù hòu tā de shēnghuó dào le kào jiùjì lái zhīchēng de dìbù.
해고를 당한 후 그의 생활은 구호에 기대어 버티는 지경에 이르렀다.

- 解雇 jiěgù 동 해고하다
- 救济 jiùjì 동 구제하다, 구호하다
- 支撑 zhīchēng 동 버티다, 지탱하다
- 地步 dìbù 명 (좋지 않은) 지경, 처지, 상태

143 响应"禁止砍伐森林"这一倡议的人与日俱增。
Xiǎngyìng "jìnzhǐ kǎnfá sēnlín" zhè yī chàngyì de rén yǔrìjùzēng.
'삼림을 벌채하는 것을 금지한다'라는 이 발의에 호응하는 사람이 날이 갈수록 많아진다.

- 响应 xiǎngyìng 명 호응, 응답 동 호응하다, 응답하다
- 砍伐 kǎnfá 동 나무를 베다, 벌채하다
- 倡议 chàngyì 명 제안, 제의, 발의 동 제안하다, 제의하다, 발의하다
- 与日俱增 yǔrìjùzēng 성어 날이 갈수록 많아지다

144 这种款式新颖、价格实惠的羽绒服近来很畅销。
Zhè zhǒng kuǎnshì xīnyǐng、jiàgé shíhuì de yǔróngfú jìnlái hěn chàngxiāo.
이런 스타일의 새롭고 가격이 실속 있는 다운재킷은 근래 잘 팔린다.

- 款式 kuǎnshì 명 격식, 양식, 스타일, 디자인
- 新颖 xīnyǐng 형 참신하다, 새롭고 독특하다
- 实惠 shíhuì 명 실리, 실익, 실속 형 실속이 있다, 실용적이다
- 羽绒服 yǔróngfú 명 다운재킷, 파카
- 近来 jìnlái 명 근래, 요즘
- 畅销 chàngxiāo 형 매상이 좋다, 잘 팔리다

写一写 우리말 해석을 참고하여 빈칸에 알맞은 중국어를 쓰세요.

129

그가 공공연하게 원수에게 도발하는 행위는 사람을 의아하게 한다.

他 _____ _____ 的行为让人 _____ 。

　　gōngrán　tiǎoxìn　yuánshǒu　　　chàyì

130

내 조카는 경유 냄새를 맡기만 하면 구토한다.

我 _____ 一闻到 _____ 的 _____ 就会 _____ 。

　zhízi　　　cháiyóu　　qìwèi　　　ǒutù

131

환자는 가족의 부축 하에 잠시 몇 걸음을 이동할 수 있다.

_____ 在家人的 _____ 扶下 _____ 能 _____ 动几步。

huànzhě　　　chān　　gūqiě　　nuó

132

상대를 제압하려면 현명한 책략과 빈틈없는 계획에 의거해야 한다.

_____ 对手要靠 _____ 的 _____ 和 _____ 的计划。

zhìfú　　　míngzhì　　cèlüè　　zhōumì

 빠른 정답

129 他公然挑衅元首的行为让人诧异。

130 我侄子一闻到柴油的气味就会呕吐。

131 患者在家人的搀扶下姑且能挪动几步。

132 制服对手要靠明智的策略和周密的计划。

133

이 서예가는 다른 연령층에서 온 제자들을 데리고 있다.

这位 ＿＿＿ 家 ＿＿＿ 来自不同年龄 ＿＿＿ 的 ＿＿＿ 。

shūfǎ　　　yōngyǒu　　　　　　céngcì　　　túdì

134

다른 계층 출신의 사람은 교양 방면에서 차이가 있나요?

＿＿＿ 于不同 ＿＿＿ 的人在 ＿＿＿ 方面有 ＿＿＿ 吗?

chūshēn　　　jiēcéng　　　jiàoyǎng　　　chābié

135

식탐이 많은 남동생은 한시도 참지 못하고 내가 맛있게 잘 만드는 요리를 먹고 싶어한다.

嘴 ＿＿＿ 的弟弟 ＿＿＿ 地想吃我做的 ＿＿＿ 的 ＿＿＿ 菜。

　　chán　　　pòbùjídài　　　　　kěkǒu　　náshǒu

136

이 곳은 갈림길이 많고, 구불구불하여 (차가) 흔들거려서, 여태까지 많은 차량이 사고가 났다.

这里 ＿＿＿ 路很多, ＿＿＿ 而 ＿＿＿ , ＿＿＿ 有很多车辆 ＿＿＿ 。

　　chà　　　qūzhé　diānbǒ　lìlái　　　shīshì

빠른
정답

133 这位书法家拥有来自不同年龄层次的徒弟。

134 出身于不同阶层的人在教养方面有差别吗?

135 嘴馋的弟弟迫不及待地想吃我做的可口的拿手菜。

136 这里岔路很多, 曲折而颠簸, 历来有很多车辆失事。

137

그는 젊은이들이 시대의 조류를 맹목적으로 따라가지 말아야 한다고 제창한다.

他 ____ 年轻人不要 ____ ____ ____ 。

chàngdǎo   mángmù   gēnsuí   cháoliú

138

이번 소방 훈련의 장면은 매우 사람들의 마음을 울렸다.

这次 ____ 的 ____ 十分令人 ____ 。

xiāofáng   yǎnxí   chǎngmiàn   zhènhàn

139

공공장소에서 시위 활동을 진행하는 것은 치안을 어지럽힐 수 있다.

在公共 ____ 进行 ____ 活动会 ____ ____ 。

chǎngsuǒ   shìwēi   rǎoluàn   zhì'ān

140

가슴을 열어요. 늘상 과거의 은혜와 원한만 따지지 마세요.

____ 吧，不要总 ____ 过去的 ____ 。

chǎngkāi   xiōnghuái   jìjiào   ēnyuàn

빠른
정답

137 他倡导年轻人不要盲目跟随潮流。

138 这次消防演习的场面十分令人震撼。

139 在公共场所进行示威活动会扰乱治安。

140 敞开胸怀吧，不要总计较过去的恩怨。

141 회사는 그에게 사전에 가져간 경비를 상환할 것을 강압적으로 요구한다.

公司 ____ 要求他 ____ ____ 拿走的 ____ 。
　　 qiángzhì 　 chánghuán yùxiān 　　 jīngfèi

142 해고를 당한 후 그의 생활은 구호에 기대어 버티는 지경에 이르렀다.

被 ____ 后他的生活到了靠 ____ 来 ____ 的 ____ 。
　 jiěgù 　　　　　　 jiùjì　 zhīchēng　 dìbù

143 '삼림을 벌채하는 것을 금지한다'라는 이 발의에 호응하는 사람이 날이 갈수록 많아진다.

____ "禁止 ____ 森林"这一 ____ 的人 ____ 。
xiǎngyìng 　　 kǎnfá 　　　 chàngyì 　　 yǔrìjùzēng

144 이런 스타일의 새롭고 가격이 실속 있는 다운재킷은 근래 잘 팔린다.

这种 ____ ____ 、价格 ____ 的 ____ ____ 很 ____ 。
　　 kuǎnshì xīnyǐng 　 shíhuì 　 yǔróngfú jìnlái chàngxiāo

빠른
정답　141 公司强制要求他偿还预先拿走的经费。
　142 被解雇后他的生活到了靠救济来支撑的地步。
　143 响应"禁止砍伐森林"这一倡议的人与日俱增。
　144 这种款式新颖、价格实惠的羽绒服近来很畅销。

Unit 10

145 ☑ 每逢上下班高峰期，交通就会堵塞。

☐ Měi féng shàngxiàbān gāofēngqī, jiāotōng jiù huì dǔsè.

☐ 매번 출퇴근 러시아워를 만나면, 교통이 막히게 된다.

- 逢 féng 동 만나다, 마주치다
- 高峰 gāofēng 명 ① 고봉 ② 최고점, 절정, 클라이맥스
- 堵塞 dǔsè 동 막히다, 가로막다

146 ☐ 灾难让这个原本不富裕的家庭雪上加霜。

☐ Zāinàn ràng zhège yuánběn bú fùyù de jiātíng xuěshàngjiāshuāng.

☐ 재난은 원래 부유하지 않은 이 가정을 설상가상이 되게 했다.

- 灾难 zāinàn 명 재난
- 富裕 fùyù 형 부유하다
- 雪上加霜 xuěshàngjiāshuāng 성어 설상가상이다, 엎친 데 덮치다

147 ☐ 艺术家眯起眼来凝视他刚刚雕刻完的雕塑。

☐ Yìshùjiā mī qǐ yǎn lái níngshì tā gānggāng diāokè wán de diāosù.

☐ 예술가는 실눈을 뜨고 그가 막 조각을 끝낸 조소를 응시했다.

- 眯 mī 동 실눈을 뜨다, 눈을 가늘게 뜨다
- 凝视 níngshì 동 응시하다, 뚫어지게 쳐다보다
- 雕刻 diāokè 명 조각 동 조각하다
- 雕塑 diāosù 명 조각과 소조

148 ☐ 河流上游正在修建颇为宏伟的水利工程。

☐ Héliú shàngyóu zhèngzài xiūjiàn pōwéi hóngwěi de shuǐlì gōngchéng.

☐ 강줄기 상류는 마침 매우 거창한 수리공사를 시공하고 있는 중이다.

- 上游 shàngyóu 명 ① (강의) 상류 ② 상위(권), 앞선 목표나 수준
- 修建 xiūjiàn 동 건설하다, 시공하다, 부설하다
- 颇(为) pō(wéi) 부 대단히, 매우, 몹시
- 宏伟 hóngwěi 형 ① (사업, 규모, 임무, 계획 등이) 위대하다, 거창하다, 웅대하다 ② (건축물이) 장엄하다, 웅장하다
- 水利 shuǐlì 명 수리

149

□ **女娃娃的头下垫着一件粉色衣服充当枕头。**

□ Nǚ wáwa de tóu xià diàn zhe yí jiàn fěnsè yīfu chōngdāng zhěntou.

□ 여자 아기의 머리 아래에 분홍색 옷 한 벌이 받쳐져서 베개 역할을 하고 있다.

- **娃娃** wáwa 몡 ① 아기 ② 인형
- **垫** diàn 몡 깔개, 까는 물건 동 받치다, 괴다
- **粉色** fěnsè 몡 분홍색
- **充当** chōngdāng 동 충당하다, (직무를) 맡다, 담당하다
- **枕头** zhěntou 몡 베개

150

□ **这位华侨终身在国外生活，以至连母语都不会说。**

□ Zhè wèi huáqiáo zhōngshēn zài guówài shēnghuó, yǐzhì lián mǔyǔ dōu bú huì shuō.

□ 이 화교는 평생을 외국에서 생활하여, 모국어조차 말할 수 없게 되었다.

- **华侨** huáqiáo 몡 화교[외국에 거주하는 중국인]
- **终身** zhōngshēn 몡 종신, 일생, 평생
- **以至** yǐzhì 접 ~로 하여, ~때문에 *A以至B A로 인해 B라는 결과에 이르다
- **母语** mǔyǔ 몡 모국어

151

□ **不同价格对应的商品档次也不同，这是理所当然的。**

□ Bùtóng jiàgé duìyìng de shāngpǐn dàngcì yě bùtóng, zhè shì lǐsuǒdāngrán de.

□ 서로 다른 가격에 대응하는 상품은 등급도 다른데, 이것은 당연한 것이다.

- **对应** duìyìng 몡 대응 동 대응하다
- **档次** dàngcì 몡 등급
- **理所当然** lǐsuǒdāngrán 성어 도리로 보아 당연하다

152

□ **为了压制敌人，我们向其阵地投掷了威力很大的导弹。**

□ Wèile yāzhì dírén, wǒmen xiàng qí zhèndì tóuzhì le wēilì hěn dà de dǎodàn.

□ 적을 제압하기 위해, 우리는 그들의 진영을 향해 위력이 매우 큰 유도탄을 투척했다.

- **压制** yāzhì 몡 억압, 제압 동 억압하다, 제압하다
- **阵地** zhèndì 몡 ① 진지, 진영 ② 일하는 곳, 활동의 장, 캠프
- **投掷** tóuzhì 동 투척하다, 던지다
- **威力** wēilì 몡 위력
- **导弹** dǎodàn 몡 유도탄, 미사일

153

☐ 拔苗助长的心态是致使我们失败的根源。

☐ Bámiáozhùzhǎng de xīntài shì zhìshǐ wǒmen shībài de gēnyuán.

☐ 급하게 서두르는 심리 상태는 우리를 실패하게 만드는 근본 원인이다.

- **拔苗助长** bámiáozhùzhǎng 성어 급하게 일을 서두르다 오히려 그르치다
- **心态** xīntài 명 심리 상태
- **致使** zhìshǐ 동 (부정적인) 결과가 되다 ＊ 致使＋명사＋동사
- **根源** gēnyuán 명 근원, 근본원인 동 비롯되다 ＊ 根源于 ~에서 비롯되다

154

☐ 弟弟掰了一块面包，津津有味地咀嚼起来了。

☐ Dìdi bāi le yí kuài miànbāo, jīnjīnyǒuwèi de jǔjué qǐlái le.

☐ 남동생은 빵 한 덩이를 쪼개서 맛있게 씹기 시작했다.

- **掰** bāi 동 (손으로) 물건을 쪼개다, 뜯다, 까다, 비틀어 떼어내다
- **津津有味** jīnjīnyǒuwèi 성어 ① 흥미진진하다 ② 맛있다
- **咀嚼** jǔjué 동 ① (음식물을) 씹다 ② (의미를) 음미하다

155

☐ 扒开树梢的刹那，我看到一个椭圆的鸽子窝。

☐ Bā kāi shù shāo de chànà, wǒ kàndào yí ge tuǒyuán de gēzi wō.

☐ 나뭇가지 끝을 뜯어내는 찰나, 나는 타원형의 비둘기 둥지 하나를 보게 되었다.

- **扒** bā 동 ① (붙)잡다 ② 파다, 긁어내다 ③ 헐다, 허물다 ④ (껍질 등을) 벗기다 ⑤ 쪼개다, 분리하다
- **梢** shāo 명 (물건의) 끝부분
- **刹那** chànà 명 찰나, 순간
- **椭圆** tuǒyuán 명 타원
- **鸽子** gēzi 명 비둘기
- **窝** wō 명 둥지, 우리

156

☐ 在动荡的年代，盗窃和抢劫案件也层出不穷。

☐ Zài dòngdàng de niándài, dàoqiè hé qiǎngjié ànjiàn yě céngchūbùqióng.

☐ 동요하는 시대에 절도와 약탈 사건도 끊임없이 나타났다.

- **动荡** dòngdàng 동 동요하다, 술렁이다, 요동치다
- **盗窃** dàoqiè 동 도둑질하다, 절도하다
- **抢劫** qiǎngjié 동 약탈하다, 강탈하다, 빼앗다
- **案件** ànjiàn 명 사건, 사안
- **层出不穷** céngchūbùqióng 성어 차례로 나타나서 끝이 없다

157

我给疲惫的爸爸按摩了一下肩膀部位僵硬的肌肉。

Wǒ gěi píbèi de bàba ànmó le yíxià jiānbǎng bùwèi jiāngyìng de jīròu.

나는 지친 아버지를 위해 어깨 부위의 경직된 근육을 잠시 안마해드렸다.

- **疲惫** píbèi 동 ① 완전히 지쳐버리다 ② 지치게 하다
- **按摩** ànmó 명 안마 동 안마하다
- **部位** bùwèi 명 ① (인체의) 부위 ② 위치
- **僵硬** jiāngyìng 형 (몸이) 뻣뻣하다, 경직되어 있다

158

长期被剥削压迫的工人们自发地掀起了罢工运动。

Chángqī bèi bōxuē yāpò de gōngrénmen zìfā de xiānqǐ le bàgōng yùndòng.

장기간 착취와 억압을 당한 노동자들은 자발적으로 파업 운동을 일으켰다.

- **剥削** bōxuē 명 착취 동 착취하다
- **压迫** yāpò 명 압박, 억압 동 압박하다, 억압하다
- **自发** zìfā 형 자발적인, 자연 발생적인
- **掀起** xiānqǐ 동 ① 들어올리다, 열어젖히다 ② 물결치다, 불러일으키다
- **罢工** bàgōng 이합 파업하다

159

他巴不得你我断绝关系，所以千方百计地挑拨我们。

Tā bābudé nǐ wǒ duànjué guānxi, suǒyǐ qiānfāngbǎijì de tiǎobō wǒmen.

그는 너와 내가 관계를 끊기를 간절히 바라고, 그래서 온갖 방법으로 우리를 이간질한다.

- **巴不得** bābudé 갈망하다, 간절히 바라다 ＊巴不得+동사목적어
- **断绝** duànjué 동 단절하다, 끊다
- **千方百计** qiānfāngbǎijì 성어 온갖 방법을 다하다
- **挑拨** tiǎobō 동 충동질하다, 이간질하다, 분쟁을 일으키다

160

经过磋商，双方在互相信赖的基础上达成了书面协议。

Jīngguò cuōshāng, shuāngfāng zài hùxiāng xìnlài de jīchǔ shàng dáchéng le shūmiàn xiéyì.

교섭을 거쳐 쌍방은 상호 신뢰의 기초 위에 서면 협의에 도달했다.

- **磋商** cuōshāng 명 협의, 교섭, 절충 동 협의하다, 교섭하다, 절충하다
- **信赖** xìnlài 명 신뢰 동 신뢰하다
- **达成** dáchéng 동 달성하다, 도달하다
- **书面** shūmiàn 명 서면
- **协议** xiéyì 명 협의 동 협의하다

145

매번 출퇴근 러시아워를 만나면, 교통이 막히게 된다.

每 　　　 上下班 　　　　 期，交通就会 　　　　 。
　　 féng　　　　 gāofēng　　　　　　　　　 dǔsè

146

재난은 원래 부유하지 않은 이 가정을 설상가상이 되게 했다.

　　　　 让这个原本不 　　　　 的家庭 　　　　　　 。
zāinàn　　　　　　　　 fùyù　　 xuěshàngjiāshuāng

147

예술가는 실눈을 뜨고 그가 막 조각을 끝낸 조소를 응시했다.

艺术家 　　　 起眼来 　　　　 他刚刚 　　　 完的 　　　　 。
　　　 mī　　　　 níngshì　　　　 diāokè　　　 diāosù

148

강줄기 상류는 마침 매우 거창한 수리공사를 시공하고 있는 중이다.

河流 　　　 正在 　　　　 为 　　　 的 　　　 工程。
　 shàngyóu　　 xiūjiàn　 pō　 hóngwěi　 shuǐlì

**빠른
정답**
145 每逢上下班高峰期，交通就会堵塞。
146 灾难让这个原本不富裕的家庭雪上加霜。
147 艺术家眯起眼来凝视他刚刚雕刻完的雕塑。
148 河流上游正在修建颇为宏伟的水利工程。

149

여자 아기의 머리 아래에 분홍색 옷 한 벌이 받쳐져서 베개 역할을 하고 있다.

女 ____ 的头下 ____ 着一件 ____ 衣服 ____ 。
　　wáwa　　　　diàn　　　　fěnsè　　chōngdāng　zhěntou

150

이 화교는 평생을 외국에서 생활하여, 모국어조차 말할 수 없게 되었다.

这位 ____ ____ 在国外生活， ____ 连 ____ 都不会说。
　　huáqiáo zhōngshēn　　　　yǐzhì　　mǔyǔ

151

서로 다른 가격에 대응하는 상품은 등급도 다른데, 이것은 당연한 것이다.

不同价格 ____ 的商品 ____ 也不同，这是 ____ 的。
　　　　duìyìng　　　dàngcì　　　　lǐsuǒdāngrán

152

적을 제압하기 위해, 우리는 그들의 진영을 향해 위력이 매우 큰 유도탄을 투척했다.

为了 ____ 敌人，我们向其 ____ 了 ____ 很大的 ____ 。
　　yāzhì　　　　zhèndì　tóuzhì　wēilì　　dǎodàn

빠른
정답

149　女娃娃的头下垫着一件粉色衣服充当枕头。
150　这位华侨终身在国外生活，以至连母语都不会说。
151　不同价格对应的商品档次也不同，这是理所当然的。
152　为了压制敌人，我们向其阵地投掷了威力很大的导弹。

153

급하게 서두르는 심리 상태는 우리를 실패하게 만드는 근본 원인이다.

_____ 的 _____ 是 _____ 我们失败的 _____。

bámiáozhùzhǎng　xīntài　　zhìshǐ　　　　　gēnyuán

154

남동생은 빵 한 덩이를 쪼개서 맛있게 씹기 시작했다.

弟弟 _____ 了一块面包，_____ 地 _____ 起来了。

　　　bāi　　　　　jīnjīnyǒuwèi　jǔjué

155

나뭇가지 끝을 뜯어내는 찰나, 나는 타원형의 비둘기 둥지 하나를 보게 되었다.

_____ 开树 _____ 的 _____，我看到一个 _____ 的 _____。

bā　　　shāo　　　chànà　　　　　　　tuǒyuán　gēzi　　wō

156

동요하는 시대에 절도와 약탈 사건도 끊임없이 나타났다.

在 _____ 的年代，_____ 和 _____ 也 _____。

dòngdàng　　　　dàoqiè　　qiǎngjié　ànjiàn　céngchūbùqióng

빠른
정답

153 拔苗助长的心态是致使我们失败的根源。
154 弟弟掰了一块面包，津津有味地咀嚼起来了。
155 扒开树梢的刹那，我看到一个椭圆的鸽子窝。
156 在动荡的年代，盗窃和抢劫案件也层出不穷。

157 나는 지친 아버지를 위해 어깨 부위의 경직된 근육을 잠시 안마해드렸다.

我给 ___ 的爸爸 ___ 了一下肩膀 ___ ___ 的肌肉。
　　　 píbèi　　　　 ànmó　　　　　　 bùwèi　 jiāngyìng

158 장기간 착취와 억압을 당한 노동자들은 자발적으로 파업 운동을 일으켰다.

长期被 ___ ___ 的工人们 ___ 地 ___ 了 ___ 运动。
　　　 bōxuē　 yāpò　　　　　 zìfā　　 xiānqǐ　　 bàgōng

159 그는 너와 내가 관계를 끊기를 간절히 바라고, 그래서 온갖 방법으로 우리를 이간질한다.

他 ___ 你我 ___ 关系，所以 ___ 地 ___ 我们。
　 bābudé　　 duànjué　　　　 qiānfāngbǎijì　 tiǎobō

160 교섭을 거쳐 쌍방은 상호 신뢰의 기초 위에 서면 협의에 도달했다.

经过 ___ ，双方在互相 ___ 的基础上 ___ 了 ___
　　 cuōshāng　　　　　　 xìnlài　　　　 dáchéng　 shūmiàn
___ 。
xiéyì

---

157 我给疲惫的爸爸按摩了一下肩膀部位僵硬的肌肉。

158 长期被剥削压迫的工人们自发地掀起了罢工运动。

159 他巴不得你我断绝关系，所以千方百计地挑拨我们。

160 经过磋商，双方在互相信赖的基础上达成了书面协议。

161 ☑ 这枚 镶嵌着耀眼钻石的戒指非常昂贵。
Zhè méi xiāngqiàn zhe yàoyǎn zuànshí de jièzhi fēicháng ángguì.
이 눈부신 다이아몬드가 박혀 있는 반지는 매우 비싸다.

- 枚 méi 양 매, 장, 개[형체가 작고 동글납작한 물건을 세는 단위]
- 镶嵌 xiāngqiàn 동 끼워 넣다, 박다, 상감하다
- 耀眼 yàoyǎn 형 눈부시다
- 钻石 zuànshí 명 다이아몬드
- 昂贵 ángguì 형 비싸다

162 老师用严厉的眼神暗示我不要东张西望。
Lǎoshī yòng yánlì de yǎnshén ànshì wǒ búyào dōngzhāngxīwàng.
선생님은 매서운 눈빛으로 나에게 두리번거리지 말라고 암시했다.

- 严厉 yánlì 형 호되다, 매섭다
- 眼神 yǎnshén 명 눈빛, 눈매
- 暗示 ànshì 명 암시 동 암시하다
- 东张西望 dōngzhāngxīwàng 성어 여기저기 바라보다, 두리번거리다

163 公安局查获了一批未经质量把关的烟花爆竹。
Gōng'ānjú cháhuò le yì pī wèi jīng zhìliàng bǎguān de yānhuā bàozhú.
공안국은 한 무더기의 품질 검사를 거치지 않은 불꽃놀이 폭죽을 수사하여 압수했다.

- 公安局 gōng'ānjú 명 공안국, 경찰국
- 查获 cháhuò 동 수사하여 압수하다, 수색해내다
- 把关 bǎguān 이합 ① 관문을 지키다, 책임을 지다 ② 엄밀히 점검하다, 검사하다
- 烟花爆竹 yānhuā bàozhú 불꽃놀이 폭죽

164 爷爷从容镇定地用气功劈开了一块砖。
Yéye cóngróng zhèndìng de yòng qìgōng pī kāi le yí kuài zhuān.
할아버지는 침착하고 차분하게 기공을 사용해서 벽돌 하나를 쪼갰다.

- 从容 cóngróng 형 ① (태도가) 느긋하다, 조용하다, 침착하다 ② (시간이나 경제적으로) 여유 있다, 넉넉하다
- 镇定 zhèndìng 형 침착하다, 냉정하다, 차분하다 동 진정시키다, 마음을 가라앉히다
- 气功 qìgōng 명 기공
- 劈 pī 동 ① 쪼개다 ② 갈라지다, 터지다
- 砖 zhuān 명 벽돌, 벽돌 모양의 물건

165 按照习俗，长辈应该给来拜年的孩子压岁钱。

Ànzhào xísú, zhǎngbèi yīnggāi gěi lái bàinián de háizi yāsuìqián.

풍습에 따라 연장자는 세배하러 온 아이에게 세뱃돈을 주어야 한다.

- **习俗** xísú 몡 풍속, 풍습, 관습
- **拜年** bàinián 이합 세배하다, 새해 인사를 드리다
- **压岁钱** yāsuìqián 몡 세뱃돈

166 他拼命巴结人家的样子让人恶心，我想揍他。

Tā pīnmìng bājie rénjia de yàngzi ràng rén ěxin, wǒ xiǎng zòu tā.

그가 필사적으로 다른 사람에게 아첨하는 모습은 사람을 구역질 나게 해서 나는 그를 때리고 싶다.

- **拼命** pīnmìng 이합 ① 목숨을 내던지다, 목숨을 버리다 ② 필사적으로 하다
- **巴结** bājie 동 아첨하다, 아부하다, 비위를 맞추다
- **人家** rénjiā 몡 인가, 사람이 사는 집 |
  rénjia 때 ① 다른 사람, 타인, 남 ＝别人 ② 그 사람, 그들 ＝他(们), 她(们) ③ 나 ＝我
- **恶心** ěxin 동 구역질이 나다, 혐오감을 일으키다
- **揍** zòu 동 (남을) 때리다

167 歹徒粗鲁地把人质捆绑起来，并逼迫他给钱。

Dǎitú cūlǔ de bǎ rénzhì kǔnbǎng qǐlái, bìng bīpò tā gěi qián.

악당은 거칠게 인질을 묶기 시작했고, 또한 돈을 내놓으라고 그를 핍박했다.

- **歹徒** dǎitú 몡 악인, 악당
- **粗鲁** cūlǔ 혱 (성격이나 행동이) 우악스럽다, 거칠다
- **人质** rénzhì 몡 인질
- **捆绑** kǔnbǎng 동 (사람을) 줄로 묶다
- **逼迫** bīpò 동 핍박하다

168 根据标题和序言能大体了解一本书的体裁和内容。

Gēnjù biāotí hé xùyán néng dàtǐ liǎojiě yì běn shū de tǐcái hé nèiróng.

제목과 머리말에 근거하여 책 한 권의 장르와 내용을 대체로 이해할 수 있다.

- **标题** biāotí 몡 표제, 제목
- **序言** xùyán 몡 서문, 전문, 머리말
- **大体** dàtǐ 부 대체로, 대략
- **体裁** tǐcái 몡 장르, (문학 작품의) 표현 양식

169

我断定凶手是不得已才触犯法律的。

Wǒ duàndìng xiōngshǒu shì bùdéyǐ cái chùfàn fǎlǜ de.

나는 살인범이 부득이하게 법률을 위반한 것이라고 단정한다.

- **断定** duàndìng 동 단정하다
- **凶手** xiōngshǒu 명 살인자, 살인범
- **不得已** bùdéyǐ 형 부득이하다, 마지못하다
- **触犯** chùfàn 동 (법 등에) 저촉되다, 위반하다, 범하다

170

愤怒的波浪把海边的岩石拍打得粉碎。

Fènnù de bōlàng bǎ hǎibiān de yánshí pāidǎ de fěnsuì.

분노한 파도가 해변의 암석을 산산조각이 나도록 때렸다.

- **愤怒** fènnù 명 분노 동 분노하다
- **波浪** bōlàng 명 파도, 물결
- **岩石** yánshí 명 암석
- **粉碎** fěnsuì 동 가루로 만들다, 분쇄하다, 부수다, 갈다

171

事故发生后我们力求想出补救的对策。

Shìgù fāshēng hòu wǒmen lìqiú xiǎng chū bǔjiù de duìcè.

사고가 발생한 후에 우리는 구제할 대책을 생각해 내려고 힘써 노력했다.

- **事故** shìgù 명 사고
- **力求** lìqiú 동 힘써 노력하다, 되도록 힘쓰다
- **补救** bǔjiù 동 ① 구제하다 ② (부족한 것을) 보완하다
- **对策** duìcè 명 대책

172

孕育和哺乳子女对母亲来说意味着要吃苦。

Yùnyù hé bǔrǔ zǐnǚ duì mǔqīn láishuō yìwèizhe yào chīkǔ.

자녀를 낳고 젖을 먹이는 것은 어머니에게 있어서 고생해야 한다는 것을 의미한다.

- **孕育** yùnyù 동 ① 낳아 기르다 ② 배양하다, 내포하다
- **哺乳** bǔrǔ 동 젖을 먹이다, 젖을 먹여 키우다
- **意味着** yìwèizhe 의미하다, 뜻하다
- **吃苦** chīkǔ 이합 고통을 맛보다, 고생하다

173

看到无精打采的学生们，老师不禁叹了口气。

Kàndào wújīngdǎcǎi de xuéshēngmen, lǎoshī bùjīn tàn le kǒuqì.

의기소침한 학생들을 보고, 선생님은 자신도 모르게 한숨을 쉬었다.

- **无精打采** wújīngdǎcǎi 성어 의기소침하다, 풀이 죽다
- **不禁** bùjīn 참지 못하다, 자기도 모르게
- **叹气** tànqì 이합 탄식하다, 한숨짓다 *叹(一)口气 한숨을 쉬다

174

有福气的姐姐称心如意地过着别人向往的生活。

Yǒu fúqi de jiějie chènxīnrúyì de guò zhe biérén xiàngwǎng de shēnghuó.

복이 있는 언니는 자신의 생각대로 다른 사람들이 동경하는 생활을 지내고 있다.

- **福气** fúqi 명 복, 행운 형 행복하다, 복이 있다
- **称心如意** chènxīnrúyì 성어 마음에 꼭 들다, 생각대로 되다
- **向往** xiàngwǎng 명 동경, 지향 동 동경하다, 지향하다

175

由于成本递增的缘故，这一季度公司亏损不少。

Yóuyú chéngběn dìzēng de yuángù, zhè yī jìdù gōngsī kuīsǔn bù shǎo.

원가가 점차 늘어난 원인 때문에, 이번 분기에 회사 적자가 적지 않다.

- **成本** chéngběn 명 원가, 생산비
- **递增** dìzēng 동 점차 늘다
- **缘故** yuángù 명 원고, 원인, 이유
- **季度** jìdù 명 분기
- **亏损** kuīsǔn 명 적자, 결손 동 적자 나다, 결손 나다

176

我看着这栋华丽的别墅，联想到了奢侈的生活。

Wǒ kàn zhe zhè dòng huálì de biéshù, liánxiǎng dào le shēchǐ de shēnghuó.

나는 이 화려한 별장을 보면서 사치스러운 생활이 연상되었다.

- **栋** dòng 양 동, 채[집, 건물 등을 세는 단위]
- **华丽** huálì 형 화려하다
- **别墅** biéshù 명 별장
- **联想** liánxiǎng 명 연상 동 연상하다
- **奢侈** shēchǐ 형 사치스럽다

写一写 우리말 해석을 참고하여 빈칸에 알맞은 중국어를 쓰세요.

161

이 눈부신 다이아몬드가 박혀 있는 반지는 매우 비싸다.

这 ___ ___ 着 ___ ___ 的戒指非常 ___ 。
　　méi　xiāngqiàn　yàoyǎn　zuànshí　　　　ángguì

162

선생님은 매서운 눈빛으로 나에게 두리번거리지 말라고 암시했다.

老师用 ___ 的 ___ ___ 我不要 ___ 。
　　　yánlì　　yǎnshén　ànshì　　dōngzhāngxīwàng

163

공안국은 한 무더기의 품질 검사를 거치지 않은 불꽃놀이 폭죽을 수사하여 압수했다.

___ ___ 了一批未经质量 ___ 的 ___ 。
gōng'ānjú　cháhuò　　　　　　bǎguān　yānhuā bàozhú

164

할아버지는 침착하고 차분하게 기공을 사용해서 벽돌 하나를 쪼갰다.

爷爷 ___ ___ 地用 ___ ___ 开了一块 ___ 。
　　cóngróng zhèndìng　qìgōng　pī　　zhuān

 빠른
정답
　161 这枚镶嵌着耀眼钻石的戒指非常昂贵。
　162 老师用严厉的眼神暗示我不要东张西望。
　163 公安局查获了一批未经质量把关的烟花爆竹。
　164 爷爷从容镇定地用气功劈开了一块砖。

165

풍습에 따라 연장자는 세배하러 온 아이에게 세뱃돈을 주어야 한다.

按照 _____ ，长辈应该给来 _____ 的孩子 _____ 。
　　　　　xísú　　　　　　　　　　bàinián　　　　yāsuìqián

166

그가 필사적으로 다른 사람에게 아첨하는 모습은 사람을 구역질 나게 해서 나는 그를 때리고 싶다.

他 _____ _____ _____ 的样子让人 _____ ，我想 _____ 他。
　　pīnmìng　　bājie　　rénjia　　　　　　ěxin　　　　　　zòu

167

악당은 거칠게 인질을 묶기 시작했고, 또한 돈을 내놓으라고 그를 핍박했다.

_____ _____ 地把 _____ _____ 起来，并 _____ 他给钱。
dǎitú　　cūlǔ　　　　　rénzhì　kǔnbǎng　　　　　　bīpò

168

제목과 머리말에 근거하여 책 한 권의 장르와 내용을 대체로 이해할 수 있다.

根据 _____ 和 _____ 能 _____ 了解一本书的 _____ 和内容。
　　biāotí　　　xùyán　　　dàtǐ　　　　　　　　tǐcái

빠른
정답

165 按照习俗，长辈应该给来拜年的孩子压岁钱。
166 他拼命巴结人家的样子让人恶心，我想揍他。
167 歹徒粗鲁地把人质捆绑起来，并逼迫他给钱。
168 根据标题和序言能大体了解一本书的体裁和内容。

Unit 11　99

169

나는 살인범이 부득이하게 법률을 위반한 것이라고 단정한다.

我 ＿＿＿ ＿＿＿ 是 ＿＿＿ 才 ＿＿＿ 法律的。

duàndìng　xiōngshǒu　　bùdéyǐ　　　chùfàn

170

분노한 파도가 해변의 암석을 산산조각이 나도록 때렸다.

＿＿＿ 的 ＿＿＿ 把海边的 ＿＿＿ 拍打得 ＿＿＿。

fènnù　　　bōlàng　　　　yánshí　　　　fěnsuì

171

사고가 발생한 후에 우리는 구제할 대책을 생각해 내려고 힘써 노력했다.

＿＿＿ 发生后我们 ＿＿＿ 想出 ＿＿＿ 的 ＿＿＿。

shìgù　　　　　　　lìqiú　　　bǔjiù　　　duìcè

172

자녀를 낳고 젖을 먹이는 것은 어머니에게 있어서 고생해야 한다는 것을 의미한다.

＿＿＿ 和 ＿＿＿ 子女对母亲来说 ＿＿＿ 要 ＿＿＿。

yùnyù　　　bǔrǔ　　　　　　　　yìwèizhe　　chīkǔ

빠른
정답

169 我断定凶手是不得已才触犯法律的。

170 愤怒的波浪把海边的岩石拍打得粉碎。

171 事故发生后我们力求想出补救的对策。

172 孕育和哺乳子女对母亲来说意味着要吃苦。

173

의기소침한 학생들을 보고, 선생님은 자신도 모르게 한숨을 쉬었다.

看到 _____ 的学生们, 老师 _____ 了口 _____ 。

wújīngdǎcǎi　　　　　　　　　bùjīn　tàn　　qì

174

복이 있는 언니는 자신의 생각대로 다른 사람들이 동경하는 생활을 지내고 있다.

有 _____ 的姐姐 _____ 地过着别人 _____ 的生活。

fúqi　　　chènxīnrúyì　　　　xiàngwǎng

175

원가가 점차 늘어난 원인 때문에, 이번 분기에 회사 적자가 적지 않다.

由于 _____ 的 _____ , 这一 _____ 公司 _____ 不少。

chéngběn dìzēng　yuángù　　　jìdù　　kuīsǔn

176

나는 이 화려한 별장을 보면서 사치스러운 생활이 연상되었다.

我看着这 _____ 的 _____ , _____ 到了 _____ 的生活。

dòng　huálì　biéshù　liánxiǎng　shēchǐ

빠른
정답

173 看到无精打采的学生们，老师不禁叹了口气。
174 有福气的姐姐称心如意地过着别人向往的生活。
175 由于成本递增的缘故，这一季度公司亏损不少。
176 我看着这栋华丽的别墅，联想到了奢侈的生活。

Unit 12

177 ☑ **衷心祝愿我们共和国能世代昌盛。**

□ Zhōngxīn zhùyuàn wǒmen gònghéguó néng shìdài chāngshèng.

□ 우리 공화국이 대대로 번창하기를 진심으로 기원합니다.

- **衷心** zhōngxīn 몡 충심, 진심 혱 충심어린, 진심인
- **共和国** gònghéguó 몡 공화국
- **世代** shìdài 몡 ① 세대 ② 대대
- **昌盛** chāngshèng 혱 번창하다, 번성하다, 왕성하다

178 □ **屏幕上恐怖的画面吓得他浑身颤抖。**

□ Píngmù shàng kǒngbù de huàmiàn xià de tā húnshēn chàndǒu.

□ 스크린 상의 공포스러운 화면은 무서워서 그가 온몸을 부들부들 떨 정도였다.

- **屏幕** píngmù 몡 스크린
- **恐怖** kǒngbù 몡 공포, 테러 혱 무섭다, 두렵다
- **浑身** húnshēn 몡 온몸, 전신
- **颤抖** chàndǒu 동 부들부들 떨다

179 □ **他是大家公认的策划推销方案的天才。**

□ Tā shì dàjiā gōngrèn de cèhuà tuīxiāo fāng'àn de tiāncái.

□ 그는 모두가 공인하는 홍보 방안을 기획하는 천재이다.

- **公认** gōngrèn 동 공인하다
- **策划** cèhuà 몡 기획 동 기획하다
- **推销** tuīxiāo 동 널리 팔다, 홍보하다, 마케팅하다
- **天才** tiāncái 몡 ① 타고난 재능 ② 천재

180 □ **你未经考核就提拔他，未免也太草率啦。**

□ Nǐ wèi jīng kǎohé jiù tíbá tā, wèimiǎn yě tài cǎoshuài la.

□ 당신이 심사를 거치지 않고 그를 발탁하는 것은 아무래도 너무 경솔해요.

- **考核** kǎohé 몡 심사 동 심사하다
- **提拔** tíbá 동 등용하다, 발탁하다
- **未免** wèimiǎn 부 아무래도 ~이다, 좀 ~하다
  [부정적인 어감을 완곡하게 표현함]
- **草率** cǎoshuài 혱 경솔하다, 섣부르다
- **啦** la 조 了와 啊의 음이 합쳐진 어기조사

> **Point**
> • 未经=没有经过=从未: (어떤 과정을)
> 거치지 않다, 아직 ~하지 않다

181

在风暴的摧残下，那枝花的花瓣一眨眼就掉了。

Zài fēngbào de cuīcán xià, nà zhī huā de huābàn yì zhǎ yǎn jiù diào le.

폭풍우의 강타에 그 가지 꽃의 꽃잎은 눈 깜짝할 사이에 떨어졌다.

- **风暴** fēngbào 명 폭풍(우)
- **摧残** cuīcán 명 손상, 학대 동 ① 심한 손상을 주다, 학대하다 ② 모욕을 주다, 굴욕을 주다
- **枝** zhī 양 가지, 줄기[가지를 세는 단위]
- **花瓣** huābàn 명 꽃잎
- **眨** zhǎ 동 (눈을) 깜빡이다 ＊一眨眼 눈 깜짝할 사이

182

妹妹看上去开朗、外向，其实内心孤独、脆弱。

Mèimei kàn shàngqù kāilǎng、wàixiàng, qíshí nèixīn gūdú、cuìruò.

여동생은 쾌활하고 외향적으로 보이지만, 사실 마음 속은 외롭고 여리다.

- **开朗** kāilǎng 형 낙관적이다, 명랑하다, 쾌활하다
- **外向** wàixiàng 형 외향적이다
- **孤独** gūdú 형 고독하다, 외롭다
- **脆弱** cuìruò 형 연약하다, 나약하다, 여리다

183

面对挫折她从不绝望，现在终于迎来转折，苦尽甘来了。

Miànduì cuòzhé tā cóngbù juéwàng, xiànzài zhōngyú yínglái zhuǎnzhé, kǔjìngānlái le.

좌절을 만나도 그녀는 여태껏 절망하지 않았고, 지금 마침내 전환점을 맞아 고생 끝에 낙이 왔다.

- **挫折** cuòzhé 명 좌절 동 좌절하다, 좌절시키다
- **绝望** juéwàng 명 절망 이합 절망하다
- **转折** zhuǎnzhé 동 바뀌다, 전환하다
- **苦尽甘来** kǔjìngānlái 성어 고진감래, 고생 끝에 낙이 온다

> **⚜ Point**
> ・从不=从来不: 지금까지 ~않다

184

鞋带缠绕成了一个疙瘩，怎么也解不开，他气得捏紧了拳头。

Xiédài chánrào chéng le yí ge gēda, zěnme yě jiěbùkāi, tā qì de niē jǐn le quántou.

신발끈이 둘둘 말려 한 덩어리가 되었고, 어떻게 해도 풀 수가 없어서, 그는 화가 나서 주먹을 꽉 쥐었다.

- **缠绕** chánrào 동 ① 둘둘 감다, 휘감다 ② 달라붙다, 성가시게 굴다
- **疙瘩** gēda 명 ① 뾰루지, 여드름 ② 둥글거나 뭉쳐진 덩어리 ③ (마음 속의) 응어리
- **捏** niē 동 손가락으로 집다, 쥐다
- **拳头** quántou 명 주먹

185

人们都崇敬和拥护这位有威望的领袖。

Rénmen dōu chóngjìng hé yōnghù zhè wèi yǒu wēiwàng de lǐngxiù.

사람들은 모두 이 신망 있는 지도자를 존경하고 지지한다.

- **崇敬** chóngjìng 동 숭배하고 존경하다
- **拥护** yōnghù 동 옹호하다, 지지하다
- **威望** wēiwàng 명 위엄과 명망, 신망
- **领袖** lǐngxiù 명 지도자, 영도인

186

姐姐滔滔不绝地说着自己崇拜的偶像。

Jiějie tāotāobùjué de shuō zhe zìjǐ chóngbài de ǒuxiàng.

언니(누나)는 끊임없이 자신이 숭배하는 우상을 말하고 있다.

- **滔滔不绝** tāotāobùjué 성어 끊임없이 말하다
- **崇拜** chóngbài 동 숭배하다
- **偶像** ǒuxiàng 명 우상

187

工人用锋利的斧子把木头削成了木屑。

Gōngrén yòng fēnglì de fǔzi bǎ mùtou xiāo chéng le mùxiè.

일꾼이 날카로운 도끼를 사용하여 목재를 톱밥으로 벗겨냈다.

- **锋利** fēnglì 형 ① 끝이 날카롭다 ② (언론이나 문장이) 예리하다
- **削** xiāo 동 (껍질을) 벗기다, 깎다
- **屑** xiè 명 부스러기, 찌꺼기

188

时间紧迫，偏偏他动作这么慢，真让人恼火。

Shíjiān jǐnpò, piānpiān tā dòngzuò zhème màn, zhēn ràng rén nǎohuǒ.

시간이 긴박한데 유독 그만 동작이 이렇게 느리니. 정말 사람을 화나게 한다.

- **紧迫** jǐnpò 형 긴박하다, 급박하다
- **偏偏** piānpiān 부 ① 기어코, 한사코 ② 공교롭게, 뜻밖에 ③ 유독, 단지 ~만
- **恼火** nǎohuǒ 동 노하다, 성내다, 화내다

189

为了筹备好这次典礼，我们耗费了很多心血。

Wèile chóubèi hǎo zhè cì diǎnlǐ, wǒmen hàofèi le hěn duō xīnxuè.

이번 행사를 잘 준비하기 위해, 우리는 많은 심혈을 들였다.

- **筹备** chóubèi 동 사전에 기획 준비하다
- **典礼** diǎnlǐ 명 의식, 행사
- **耗费** hàofèi 동 들이다, 소모하다
- **心血** xīnxuè 명 심혈 *付出心血 심혈을 기울이다

190

别把不同科目的试卷重叠在一起，免得混淆。

Bié bǎ bù tóng kēmù de shìjuàn chóngdié zài yìqǐ, miǎnde hùnxiáo.

뒤섞이지 않도록, 다른 과목의 시험지를 함께 겹치지 마세요.

- **科目** kēmù 명 과목
- **重叠** chóngdié 동 중첩되다, 겹치다
- **免得** miǎnde 접 ~하지 않도록 *A免得B B하지 않도록 A하다
- **混淆** hùnxiáo 동 ① 뒤섞이다, 헷갈리다 ② 뒤섞다, 헷갈리게 하다

191

情绪高涨的弟弟折腾了一天，却照样精力充沛。

Qíngxù gāozhǎng de dìdi zhēteng le yì tiān, què zhàoyàng jīnglì chōngpèi.

기분이 고조된 남동생은 하루를 뒤척였지만, 오히려 여전히 활력이 넘친다.

- **高涨** gāozhǎng 형 드높다, 고조되다 동 (물가나 수치 등이) 뛰어오르다, 급증하다
- **折腾** zhēteng 동 ① 잠자리에서 뒤치락거리다 ② 괴롭히다, 들볶다
- **照样** zhàoyàng 동 예전대로 하다, 그대로 하다 부 여전히, 그대로
- **充沛** chōngpèi 형 넘쳐흐르다, 왕성하다 *精力充沛 활력이 넘치다 / 体力充沛 체력이 왕성하다

192

这段充实的创业岁月对我来说是一个难得的机会。

Zhè duàn chōngshí de chuàngyè suìyuè duì wǒ láishuō shì yí ge nándé de jīhuì.

이 알찼던 창업의 세월은 나에게 있어서 하나의 얻기 힘든 기회였다.

- **充实** chōngshí 형 알차다, 충실하다 동 알차게 하다, 충실하게 하다
- **创业** chuàngyè 이합 창업하다
- **岁月** suìyuè 명 세월
- **难得** nándé 형 얻기 어렵다

写一写 우리말 해석을 참고하여 빈칸에 알맞은 중국어를 쓰세요.

177

우리 공화국이 대대로 번창하기를 진심으로 기원합니다.

_____ 祝愿我们 _____ 能 _____ _____ 。
zhōngxīn   gònghéguó   shìdài chāngshèng

178

스크린 상의 공포스러운 화면은 무서워서 그가 온몸을 부들부들 떨 정도였다.

_____ 上 _____ 的画面吓得他 _____ _____ 。
píngmù   kǒngbù   húnshēn   chàndǒu

179

그는 모두가 공인하는 홍보 방안을 기획하는 천재이다.

他是大家 _____ 的 _____ _____ 方案的 _____ 。
gōngrèn   cèhuà tuīxiāo   tiāncái

180

당신이 심사를 거치지 않고 그를 발탁하는 것은 아무래도 너무 경솔해요.

你未经 _____ 就 _____ 他， _____ 也太 _____ 。
kǎohé   tíbá   wèimiǎn   cǎoshuài la

 빠른
정답

177 衷心祝愿我们共和国能世代昌盛。
178 屏幕上恐怖的画面吓得他浑身颤抖。
179 他是大家公认的策划推销方案的天才。
180 你未经考核就提拔他，未免也太草率啦。

106 문장으로 끝내는 HSK 단어장 6급

181

폭풍우의 강타에 그 가지 꽃의 꽃잎은 눈 깜짝할 사이에 떨어졌다.

在 _____ 的 _____ 下，那 _____ 花的 _____ 一 _____ 眼就掉了。
　　fēngbào　cuīcán　　　zhī　　huābàn　　zhǎ

182

여동생은 쾌활하고 외향적으로 보이지만, 사실 마음 속은 외롭고 여리다.

妹妹看上去 _____、_____，其实内心 _____、_____。
　　　　kāilǎng　wàixiàng　　　　gūdú　　cuìruò

183

좌절을 만나도 그녀는 여태껏 절망하지 않았고, 지금 마침내 전환점을 맞아 고생 끝에 낙이 왔다.

面对 _____ 她从不 _____，现在终于迎来 _____，_____ 了。
　cuòzhé　　juéwàng　　　　　zhuǎnzhé　　kǔjìngānlái

184

신발끈이 둘둘 말려 한 덩어리가 되었고, 어떻게 해도 풀 수가 없어서, 그는 화가 나서 주먹을 꽉 쥐었다.

鞋带 _____ 成了一个 _____，怎么也解不开，他气得 _____ 紧了
　chánrào　　　gēda　　　　　　　　　niē

_____。
quántou

빠른
정답

181 在风暴的摧残下，那枝花的花瓣一眨眼就掉了。
182 妹妹看上去开朗、外向，其实内心孤独、脆弱。
183 面对挫折她从不绝望，现在终于迎来转折，苦尽甘来了。
184 鞋带缠绕成了一个疙瘩，怎么也解不开，他气得捏紧了拳头。

185 사람들은 모두 이 신망 있는 지도자를 존경하고 지지한다.

人们都 ⬜ 和 ⬜ 这位有 ⬜ 的 ⬜ 。
　　　chóngjìng　　yōnghù　　　　wēiwàng　　lǐngxiù

186 언니(누나)는 끊임없이 자신이 숭배하는 우상을 말하고 있다.

姐姐 ⬜ 地说着自己 ⬜ 的 ⬜ 。
　　tāotāobùjué　　　　　chóngbài　　ǒuxiàng

187 일꾼이 날카로운 도끼를 사용하여 목재를 톱밥으로 벗겨냈다.

工人用 ⬜ 的斧子把木头 ⬜ 成了木 ⬜ 。
　　　fēnglì　　　　　　xiāo　　　　xiè

188 시간이 긴박한데 유독 그만 동작이 이렇게 느리니, 정말 사람을 화나게 한다.

时间 ⬜ , ⬜ 他动作这么慢，真让人 ⬜ 。
　　jǐnpò　　piānpiān　　　　　　　　nǎohuǒ

빠른
정답

185 人们都崇敬和拥护这位有威望的领袖。
186 姐姐滔滔不绝地说着自己崇拜的偶像。
187 工人用锋利的斧子把木头削成了木屑。
188 时间紧迫，偏偏他动作这么慢，真让人恼火。

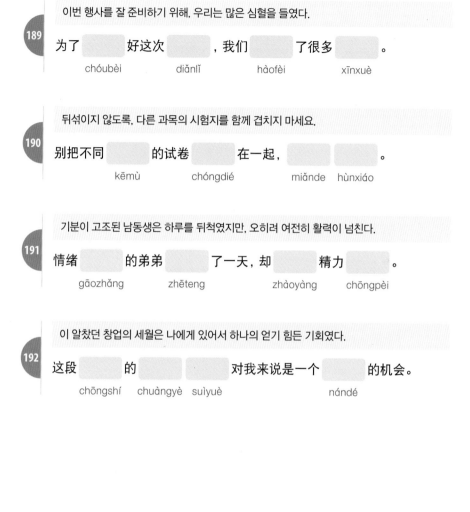

189 이번 행사를 잘 준비하기 위해, 우리는 많은 심혈을 들였다.

为了 ⬜⬜ 好这次 ⬜⬜ ，我们 ⬜⬜ 了很多 ⬜⬜ 。

　　 chóubèi 　　　 diǎnlǐ 　　　 hàofèi 　　　 xīnxuè

190 뒤섞이지 않도록, 다른 과목의 시험지를 함께 겹치지 마세요.

别把不同 ⬜⬜ 的试卷 ⬜⬜ 在一起， ⬜⬜ ⬜⬜ 。

　　　 kēmù 　　　 chóngdié 　　　 miǎnde hùnxiáo

191 기분이 고조된 남동생은 하루를 뒤척였지만, 오히려 여전히 활력이 넘친다.

情绪 ⬜⬜ 的弟弟 ⬜⬜ 了一天，却 ⬜⬜ 精力 ⬜⬜ 。

　 gāozhǎng 　　 zhēteng 　　　 zhàoyàng 　　 chōngpèi

192 이 알찼던 창업의 세월은 나에게 있어서 하나의 얻기 힘든 기회였다.

这段 ⬜⬜ 的 ⬜⬜ ⬜⬜ 对我来说是一个 ⬜⬜ 的机会。

　 chōngshí chuàngyè suìyuè 　　　　　 nándé

 빠른
정답

189 为了筹备好这次典礼，我们耗费了很多心血。

190 别把不同科目的试卷重叠在一起，免得混淆。

191 情绪高涨的弟弟折腾了一天，却照样精力充沛。

192 这段充实的创业岁月对我来说是一个难得的机会。

Unit 13

193 ☑ 她神气的口气听上去分明是在吹牛。
Tā shénqì de kǒuqì tīng shàngqù fēnmíng shì zài chuīniú.
그녀의 으스대는 말투는 듣자 하니 분명히 허풍을 떨고 있다.

- **神气** shénqì 몡 표정, 기색, 안색 혱 기운이 있다, 생기가 있다 동 으스대다, 뽐내다
- **口气** kǒuqì 몡 ① 입김 ② 말하는 기세 ③ 말투
- **分明** fēnmíng 혱 분명하다 튀 분명히
- **吹牛** chuīniú 이합 허풍을 떨다

194 领事馆周边的立交桥上车辆川流不息。
Lǐngshìguǎn zhōubiān de lìjiāoqiáo shàng chēliàng chuānliúbùxī.
영사관 주변의 입체교차로 위에는 차량이 끊임없이 오간다.

- **领事馆** lǐngshìguǎn 몡 영사관
- **周边** zhōubiān 몡 주변
- **立交桥** lìjiāoqiáo 몡 입체교차로, 인터체인지
- **川流不息** chuānliúbùxī 성어 강물이 쉼 없이 흐르다, (사람과 차들이) 끊임없이 오가다

195 顽固的爷爷嚷着要掏出全部存款来买债券。
Wángù de yéye rǎng zhe yào tāo chū quánbù cúnkuǎn lái mǎi zhàiquàn.
완고한 할아버지는 고함을 치며 모든 예금을 꺼내어 채권을 사려고 한다.

- **顽固** wángù 혱 완고하다, 고집스럽다
- **嚷** rǎng 동 부르짖다, 고함치다
- **掏** tāo 동 꺼내다, 끄집어내다
- **债券** zhàiquàn 몡 채권

196 她感到恐惧，以致忘了喘气，愣在了原地。
Tā gǎndào kǒngjù, yǐzhì wàng le chuǎnqì, lèng zài le yuándì.
그녀는 두려움을 느끼고는 숨쉬는 것을 잊고 제자리에서 멍해지게 되었다.

- **恐惧** kǒngjù 혱 무섭다, 두렵다 동 겁먹다, 두려워하다
- **以致** yǐzhì 젭 ~을 초래하다[부정적 결과에 쓰임] *A以致B A로 인해 B라는 결과를 초래하다
- **喘气** chuǎnqì 이합 ① 헐떡거리다, 숨차다, 숨쉬다 ② 잠깐 쉬다, 한숨 돌리다
- **愣** lèng 동 멍해지다, 어리둥절하다

197 我们会通过视频 直播这次穿越 峡谷的过程。
Wǒmen huì tōngguò shìpín zhíbō zhè cì chuānyuè xiágǔ de guòchéng.
우리는 동영상을 통해 이번에 협곡을 통과하는 과정을 생중계할 것이다.

- 视频 shìpín 몡 동영상
- 直播 zhíbō 몡 생방송 图 생중계하다
- 穿越 chuānyuè 图 (산, 들판 등을) 넘다, 지나가다, 통과하다
- 峡谷 xiágǔ 몡 골짜기, 협곡

198 我无法掩饰对迎面走来的发传单的人的反感。
Wǒ wúfǎ yǎnshì duì yíngmiàn zǒu lái de fā chuándān de rén de fǎngǎn.
나는 맞은편에서 걸어오는 전단지를 배포하는 사람에 대한 반감을 숨길 수가 없다.

- 掩饰 yǎnshì 图 (결점이나 실수 등을) 덮어 숨기다, 속이다
- 迎面 yíngmiàn 이합 얼굴을 마주하다, 얼굴을 향하다 몡 정면, 맞은편
- 传单 chuándān 몡 전단(지) *发传单 전단지를 배포하다
- 反感 fǎngǎn 몡 반감 图 반감을 가지다

199 慈祥的爷爷毫不吝啬地把手艺 传授给了后代。
Cíxiáng de yéye háobù lìnsè de bǎ shǒuyì chuánshòu gěi le hòudài.
자상한 할아버지는 조금도 인색하지 않게 수공 기술을 후대에게 전수해 주었다.

- 慈祥 cíxiáng 톙 자상하다, 인자하다
- 吝啬 lìnsè 톙 인색하다
- 手艺 shǒuyì 몡 수예, 수공 기술, 손재간
- 传授 chuánshòu 图 전수하다, 가르치다
- 后代 hòudài 몡 후대, 후세, 후손

200 对宇宙的探测为天文学家创立新学说 奠定了基础。
Duì yǔzhòu de tàncè wèi tiānwénxuéjiā chuànglì xīn xuéshuō diàndìng le jīchǔ.
우주에 대한 탐사는 천문학자들이 새로운 학설을 세우기 위한 기초를 다져 주었다.

- 宇宙 yǔzhòu 몡 우주
- 探测 tàncè 몡 탐측, 탐사, 탐지 图 탐측하다, 탐사하다, 탐지하다
- 天文 tiānwén 몡 천문
- 创立 chuànglì 图 창립하다
- 学说 xuéshuō 몡 학설
- 奠定 diàndìng 图 (기초를) 다지다, 닦다

201
□ 爸爸兴致勃勃地听着一盘相声磁带。
□ Bàba xìngzhìbóbó de tīng zhe yì pán xiàngsheng cídài.
□ 아빠는 흥미진진하게 만담 테이프 하나를 듣고 있다.

- 兴致勃勃 xìngzhìbóbó 성어 흥미진진하다
- 相声 xiàngsheng 명 만담
- 磁带 cídài 명 카세트테이프

202
□ 他动作敏捷地把剑刺进了敌人的胸膛。
□ Tā dòngzuò mǐnjié de bǎ jiàn cì jìn le dírén de xiōngtáng.
□ 그는 동작이 민첩하게 검을 적의 가슴으로 찔러 넣었다.

- 敏捷 mǐnjié 형 민첩하다
- 剑 jiàn 명 검
- 刺 cì 동 (뾰족한 것으로) 찌르다
- 胸膛 xiōngtáng 명 가슴

203
□ 他纯粹是在折磨你，你咋不能觉醒呢？
□ Tā chúncuì shì zài zhémó nǐ, nǐ zǎ bù néng juéxǐng ne?
□ 그는 순전히 너를 괴롭히고 있는데, 너는 어째서 정신을 차릴 수가 없는 거니?

- 纯粹 chúncuì 형 순수하다 부 순전히, 전적으로, 완전히
- 折磨 zhémó 동 고통스럽게 하다, 학대하다, 괴롭히다
- 咋 zǎ 대 왜, 어째서, 어떻게 =怎么
- 觉醒 juéxǐng 명 각성 동 각성하다, 정신을 차리다

204
□ 经历了漫长的时光后，她的心灵依旧纯洁。
□ Jīnglì le màncháng de shíguāng hòu, tā de xīnlíng yījiù chúnjié.
□ 긴 시간을 거친 후, 그녀의 영혼은 여전히 순결하다.

- 漫长 màncháng 형 (시간이나 길이) 멀다, 길다
- 时光 shíguāng 명 ① 시간, 세월 ② 시기, 때, 시절
- 心灵 xīnlíng 명 정신, 영혼, 마음
- 依旧 yījiù 형 여전하다, 예전대로다 부 여전히
- 纯洁 chúnjié 형 순결하다

205 几株等待盛开的花蕾零星地点缀着茂盛的草丛。

Jǐ zhū děngdài shèngkāi de huālěi língxīng de diǎnzhuì zhe màoshèng de cǎocóng.

몇 포기의 만발하기를 기다리는 꽃봉오리가 무성한 풀덤불을 드문드문 장식하고 있다.

- 株 zhū 양 포기, 그루
- 盛开 shèngkāi 동 (꽃이) 만발하다, 활짝 피다
- 花蕾 huālěi 명 꽃봉오리, 꽃망울
- 零星 língxīng 형 ① 자질구레하다, 소량이다 ② 산발적이다, 드문드문하다
- 点缀 diǎnzhuì 동 단장하다, 장식하다, 돋보이게 하다
- 茂盛 màoshèng 형 우거지다, 무성하다
- 丛 cóng 명 숲, 덤불

206 在混乱的活动现场，应该按孩子优先的次序入场。

Zài hùnluàn de huódòng xiànchǎng, yīnggāi àn háizi yōuxiān de cìxù rùchǎng.

혼란스러운 행사 현장에서는 아이 우선의 순서에 따라 입장해야 한다.

- 混乱 hùnluàn 형 혼란하다
- 现场 xiànchǎng 형 현장
- 优先 yōuxiān 명 우선 동 우선하다
- 次序 cìxù 명 차례, 순서

207 爷爷逝世前把收藏的文物无偿捐给了慈善机构。

Yéye shìshì qián bǎ shōucáng de wénwù wúcháng juāngěi le císhàn jīgòu.

할아버지는 세상을 떠나시기 전 소장하신 문물을 자선 기구에 무상으로 기증했다.

- 逝世 shìshì 동 서거하다, 세상을 뜨다
- 收藏 shōucáng 동 소장하다, 수집하여 보관하다
- 文物 wénwù 명 문물
- 无偿 wúcháng 형 무상의
- 慈善 císhàn 명 자선
- 机构 jīgòu 명 기구

208 妻子瘫痪后，丈夫不但没抛弃她，还默默伺候她。

Qīzi tānhuàn hòu, zhàngfu búdàn méi pāoqì tā, hái mòmò cìhou tā.

아내가 마비된 후에 남편은 그녀를 버리지 않았을 뿐만 아니라, 또한 묵묵하게 그녀를 돌보았다.

- 瘫痪 tānhuàn 명 마비, 중풍 동 마비되다, 중풍 들다
- 抛弃 pāoqì 동 버리고 돌보지 않다, 포기하다
- 默默 mòmò 형 묵묵하다, 아무 말이 없다
- 伺候 cìhou 동 시중을 들다, 돌보다

写一写 우리말 해석을 참고하여 빈칸에 알맞은 중국어를 쓰세요.

193

그녀의 으스대는 말투는 듣자 하니 분명히 허풍을 떨고 있다.

她 ＿＿ 的 ＿＿ 听上去 ＿＿ 是在 ＿＿ 。

　shénqì　　kǒuqì　　　　fēnmíng　　chuīniú

194

영사관 주변의 입체교차로 위에는 차량이 끊임없이 오간다.

＿＿＿＿ ＿＿＿ 的 ＿＿＿＿ 上车辆 ＿＿＿＿ 。

lǐngshìguǎn zhōubiān　lìjiāoqiáo　　　chuānliúbùxī

195

완고한 할아버지는 고함을 치며 모든 예금을 꺼내어 채권을 사려고 한다.

＿＿ 的爷爷 ＿＿ 着要 ＿＿ 出全部存款来买 ＿＿ 。

wángù　　　rǎng　　tāo　　　　　zhàiquàn

196

그녀는 두려움을 느끼고는 숨쉬는 것을 잊고 제자리에서 멍해지게 되었다.

她感到 ＿＿ , ＿＿ 忘了 ＿＿ , ＿＿ 在了原地。

　kǒngjù　　yǐzhì　　chuǎnqì　　lèng

빠른
정답

193 她神气的口气听上去分明是在吹牛。

194 领事馆周边的立交桥上车辆川流不息。

195 顽固的爷爷嚷着要掏出全部存款来买债券。

196 她感到恐惧，以致忘了喘气，愣在了原地。

우리는 동영상을 통해 이번에 협곡을 통과하는 과정을 생중계할 것이다.

197

我们会通过 ＿＿＿ ＿＿＿ 这次 ＿＿＿ ＿＿＿ 的过程。
　　　　　　shìpín　zhíbō　　　chuānyuè　xiágǔ

나는 맞은편에서 걸어오는 전단지를 배포하는 사람에 대한 반감을 숨길 수가 없다.

198

我无法 ＿＿ 对 ＿＿ 走来的发 ＿＿ 的人的 ＿＿＿ 。
　　　yǎnshì　　yíngmiàn　　chuándān　　fǎngǎn

자상한 할아버지는 조금도 인색하지 않게 수공 기술을 후대에게 전수해 주었다.

199

＿＿＿ 的爷爷毫不 ＿＿＿ 地把 ＿＿＿ 给了 ＿＿＿ 。
cíxiáng　　　　　lìnsè　　shǒuyì chuánshòu　　hòudài

우주에 대한 탐사는 천문학자들이 새로운 학설을 세우기 위한 기초를 다져 주었다.

200

对 ＿＿ 的 ＿＿ 为 ＿＿ 学家 ＿＿ 新 ＿＿ ＿＿ 了
　yǔzhòu　tàncè　tiānwén　chuànglì　xuéshuō diàndìng

基础。

201 아빠는 흥미진진하게 만담 테이프 하나를 듣고 있다.

爸爸 ⬚⬚⬚⬚ 地听着一盘 ⬚⬚⬚ ⬚⬚⬚ 。
　　 xìngzhìbóbó 　　　 xiàngsheng cídài

202 그는 동작이 민첩하게 검을 적의 가슴으로 찔러 넣었다.

他动作 ⬚⬚⬚ 地把 ⬚⬚⬚ 进了敌人的 ⬚⬚⬚ 。
　　 mǐnjié 　　 jiàn cì 　　　 xiōngtáng

203 그는 순전히 너를 괴롭히고 있는데, 너는 어째서 정신을 차릴 수가 없는 거니?

他 ⬚⬚⬚ 是在 ⬚⬚⬚ 你，你 ⬚⬚⬚ 不能 ⬚⬚⬚ 呢？
　 chúncuì 　　 zhémó 　　 zǎ 　　 juéxǐng

204 긴 시간을 거친 후, 그녀의 영혼은 여전히 순결하다.

经历了 ⬚⬚⬚ 的 ⬚⬚⬚ 后，她的 ⬚⬚⬚ ⬚⬚⬚ ⬚⬚⬚ 。
　　 màncháng shíguāng 　　　 xīnlíng yījiù chúnjié

빠른
정답

201 爸爸兴致勃勃地听着一盘相声磁带。
202 他动作敏捷地把剑刺进了敌人的胸膛。
203 他纯粹是在折磨你，你咋不能觉醒呢？
204 经历了漫长的时光后，她的心灵依旧纯洁。

몇 포기의 만발하기를 기다리는 꽃봉오리가 무성한 풀덤불을 드문드문 장식하고 있다.

205 几 ___ 等待 ___ 的 ___ ___ 地 ___ 着 ___ 的
zhū   shèngkāi   huālěi   língxīng   diǎnzhuì   màoshèng

草 ___ 。
cóng

혼란스러운 행사 현장에서는 아이 우선의 순서에 따라 입장해야 한다.

206 在 ___ 的活动 ___ ，应该按孩子 ___ 的 ___ 入场。
hùnluàn   xiànchǎng   yōuxiān   cìxù

할아버지는 세상을 떠나시기 전 소장하신 문물을 자선 기구에 무상으로 기증했다.

207 爷爷 ___ 前把 ___ 的 ___ ___ 捐给了 ___ ___ 。
shìshì   shōucáng   wénwù   wúcháng   císhàn   jīgòu

아내가 마비된 후에 남편은 그녀를 버리지 않았을 뿐만 아니라, 또한 묵묵하게 그녀를 돌보았다.

208 妻子 ___ 后，丈夫不但没 ___ 她，还 ___ ___ 她。
tānhuàn   pāoqì   mòmò   cìhou

빠른
정답

205 几**株**等待**盛开**的**花蕾零星**地**点缀**着**茂盛**的草**丛**。
206 在**混乱**的活动**现场**，应该按孩子**优先**的**次序**入场。
207 爷爷**逝世**前把**收藏**的**文物无偿**捐给了**慈善机构**。
208 妻子**瘫痪**后，丈夫不但没**抛弃**她，还**默默伺候**她。

Unit 14

209 ☑ 你这么懒惰、没志气，活该没出息。
Nǐ zhème lǎnduò、méi zhìqì, huógāi méi chūxi.
네가 이렇게 나태하고 패기가 없으니, 발전성이 없는 것은 당연하다.

- 懒惰 lǎnduò 형 나태하다, 게으르다
- 志气 zhìqì 명 패기, 기개, 진취성
- 活该 huógāi 동 (~한 것은) 당연하다, 마땅하다, 고소하다
- 出息 chūxi 명 발전성, 장래성 *(没)有出息 발전성이 있다(없다)

210 □ 这片看似荒凉 偏僻的领土 盛产粮食。
Zhè piàn kànsì huāngliáng piānpì de lǐngtǔ shèngchǎn liángshi.
이 보기에 황량하고 외진 것 같은 영토는 식량을 많이 생산한다.

- 荒凉 huāngliáng 형 황량하다, 적막하다
- 偏僻 piānpì 형 외지다, 구석지다
- 领土 lǐngtǔ 명 영토
- 盛产 shèngchǎn 동 많이 나다, 많이 생산하다

211 □ 当代社会仍旧重视发扬 人道 主义精神。
Dāngdài shèhuì réngjiù zhòngshì fāyáng réndào zhǔyì jīngshén.
당대 사회는 여전히 인도주의 정신을 진작시키는 것을 중시한다.

- 当代 dāngdài 명 당대
- 仍旧 réngjiù 부 변함없이, 여전히
- 发扬 fāyáng 동 고양하다, 발휘하다, 진작시키다
- 人道 réndào 명 인도
- 主义 zhǔyì 명 주의

212 □ 我们领导从不理睬那些讨好和吹捧他的人。
Wǒmen lǐngdǎo cóngbù lǐcǎi nàxiē tǎohǎo hé chuīpěng tā de rén.
우리 대표는 그에게 비위를 맞추고 그를 치켜세우는 그런 사람들을 여태껏 거들떠보지 않는다.

- 理睬 lǐcǎi 동 아랑곳하다, 거들떠보다, 상대하다
- 讨好 tǎohǎo 동 비위를 맞추다, 기분을 맞추다
- 吹捧 chuīpěng 동 치켜세우다

213
这位作家的传记在他100周年诞辰时问世了。

Zhè wèi zuòjiā de zhuànjì zài tā yìbǎi zhōunián dànchén shí wènshì le.

이 작가의 전기는 그의 100주년 탄생일에 발표되었다.

- **传记** zhuànjì 명 전기
- **周年** zhōunián 명 주년
- **诞辰** dànchén 명 탄신일, 탄생일, 생일
- **问世** wènshì 이합 세상에 나오다, 발표되다, 출판되다

214
他恨不得把剩菜连同盘子一起统统打包捎走。

Tā hènbudé bǎ shèngcài liántóng pánzi yìqǐ tǒngtǒng dǎbāo shāo zǒu.

그는 남은 요리를 쟁반과 함께 모두 포장해서 묶어 가고 싶어 한다.

- **恨不得** hènbudé 못하는 것이 한스럽다, 간절히 ~하고 싶다
- **连同** liántóng 접 ~와 같이, ~와 함께
- **统统** tǒngtǒng 부 모두, 전부
- **打包** dǎbāo 이합 포장하다
- **捎** shāo 동 ① 덧붙여 묶다 ② 말려들다, 연루되다

215
固然是旅游淡季，人们也络绎不绝地来这里观光。

Gùrán shì lǚyóu dànjì, rénmen yě luòyìbùjué de lái zhèlǐ guānguāng.

물론 여행 비수기이지만, 사람들은 그래도 끊임없이 이곳으로 관광하러 온다.

- **固然** gùrán 부 물론 ~지만
- **淡季** dànjì 명 불경기
- **络绎不绝** luòyìbùjué 성어 왕래가 잦아 끊이지 않다
- **观光** guānguāng 동 관광하다, 참관하다

216
经过地质考察后，我向教授汇报了该地淡水的来源。

Jīngguò dìzhì kǎochá hòu, wǒ xiàng jiàoshòu huìbào le gāi dì dànshuǐ de láiyuán.

지질 시찰을 거친 후, 나는 교수님께 이 지역 담수의 수원을 종합하여 보고했다.

- **地质** dìzhì 명 지질
- **考察** kǎochá 동 현지 조사하다, 시찰하다
- **汇报** huìbào 명 종합 보고 동 상황을 종합하여 보고하다
- **淡水** dànshuǐ 명 담수, 민물
- **来源** láiyuán 명 근원, 출처, 수원 동 기원하다, 유래하다 *来源于 ~에서 오다, ~에서 유래하다

217

我亲眼目睹小猫叨起挣扎的鱼溜走了。

Wǒ qīnyǎn mùdǔ xiǎomāo diāo qǐ zhēngzhá de yú liū zǒu le.

나는 고양이가 발버둥치는 생선을 입에 물고 슬그머니 달아나는 것을 직접 목격했다.

- **目睹** mùdǔ 〔동〕 목도하다, 목격하다
- **叨** diāo 〔동〕 입에 물다
- **挣扎** zhēngzhá 〔동〕 힘써 버티다, 발버둥치다, 발악하다
- **溜** liū 〔동〕 ① 미끄러지다 ② 몰래 빠져나가다, (슬그머니) 사라지다

218

老人都期望一家团圆，共享天伦之乐。

Lǎorén dōu qīwàng yì jiā tuányuán, gòngxiǎng tiānlúnzhīlè.

노인들은 모두 가족이 한 데 모여 가족의 단란함을 함께 누리기를 기대한다.

- **期望** qīwàng 〔명〕 (앞날에 대한) 기대 〔동〕 기대하다
- **团圆** tuányuán 〔동〕 한 데 모이다
- **天伦之乐** tiānlúnzhīlè 〔성어〕 가족이 누리는 단란함

219

昔日人们常把食物装进筐里，吊在屋顶上。

Xīrì rénmen cháng bǎ shíwù zhuāngjìn kuāng lǐ, diào zài wūdǐng shàng.

옛날에 사람들은 종종 음식을 바구니 속에 넣고, 지붕 위에 걸어 두었다.

- **昔日** xīrì 〔명〕 옛날, 이전
- **筐** kuāng 〔명〕 광주리, 바구니
- **吊** diào 〔동〕 걸다, 매달다

220

哥哥嘱咐我对母亲隐瞒他工作被调动的事。

Gēge zhǔfù wǒ duì mǔqīn yǐnmán tā gōngzuò bèi diàodòng de shì.

형은 그가 인사 이동된 일을 엄마에게 숨겨 달라고 나에게 부탁했다.

- **嘱咐** zhǔfù 〔동〕 부탁하다, 당부하다
- **隐瞒** yǐnmán 〔동〕 (진상을) 숨기다, 감추다
- **调动** diàodòng 〔동〕 (위치, 용도, 인원을) 옮기다, 이동하다

221

在公众场合发表言论时要慎重地使用贬义词。

Zài gōngzhòng chǎnghé fābiǎo yánlùn shí yào shènzhòng de shǐyòng biǎnyì cí.

대중적인 장소에서 발언을 할 때에는 부정적 의미의 단어를 신중히 사용해야 한다.

- **场合** chǎnghé 몡 경우, 상황, 장소
- **言论** yánlùn 몡 ① 언론 ② 발언
- **慎重** shènzhòng 혱 신중하다
- **贬义** biǎnyì 몡 폄하하는 의미, 비방하는 의미

222

他很惦记在遥远故乡的父母，却没空去探望。

Tā hěn diànjì zài yáoyuǎn gùxiāng de fùmǔ, què méi kòng qù tànwàng.

그는 먼 고향에 있는 부모님을 매우 염려하지만, 그러나 찾아 뵈러 갈 시간이 없다.

- **惦记** diànjì 동 늘 생각하다, 염려하다
- **遥远** yáoyuǎn 혱 아득히 멀다, 요원하다
- **故乡** gùxiāng 몡 고향
- **探望** tànwàng 동 ① (상황이나 변화를) 보다, 살피다 ② 방문하다, 문안하다

223

在公共场合大肆宣扬宗教会引起人们的厌恶。

Zài gōnggòng chǎnghé dàsì xuānyáng zōngjiào huì yǐnqǐ rénmen de yànwù.

공공장소에서 함부로 종교를 떠벌리는 것은 사람들의 혐오를 불러 일으킬 수 있다.

- **场合** chǎnghé 몡 경우, 상황, 장소
- **大肆** dàsì 부 제멋대로, 마구, 함부로
- **宣扬** xuānyáng 동 ① 선양하다, 널리 알리다[긍정적 의미] ② 말을 퍼뜨리다, 소문을 내다, 떠벌리다[부정적 의미]
- **宗教** zōngjiào 몡 종교
- **厌恶** yànwù 몡 혐오 동 혐오하다, 싫어하다

224

这一年度公司收益增加了，每个代理都能拿到分红。

Zhè yī niándù gōngsī shōuyì zēngjiā le, měige dàilǐ dōu néng nádào fēnhóng.

이번 연도에 회사 수익이 증가하여, 모든 대행업체가 배당금을 받을 수 있다.

- **年度** niándù 몡 연도
- **收益** shōuyì 몡 수익
- **代理** dàilǐ 몡 대리(자), 대행(자) 동 대리하다, 대행하다
- **分红** fēnhóng 몡 보너스, 배당금 이합 이익을 분배하다

写一写 우리말 해석을 참고하여 빈칸에 알맞은 중국어를 쓰세요.

209 네가 이렇게 나태하고 패기가 없으니, 발전성이 없는 것은 당연하다.

你这么 ＿＿＿、没 ＿＿＿，＿＿＿ 没 ＿＿＿。
　　　　lǎnduò　　zhìqì　　huógāi　　chūxi

210 이 보기에 황량하고 외진 것 같은 영토는 식량을 많이 생산한다.

这片看似 ＿＿＿ 的 ＿＿＿ ＿＿＿ 粮食。
　　huāngliáng piānpì　 lǐngtǔ shèngchǎn

211 당대 사회는 여전히 인도주의 정신을 진작시키는 것을 중시한다.

＿＿＿ 社会 ＿＿＿ 重视 ＿＿＿ ＿＿＿ 精神。
dāngdài　　réngjiù　　fāyáng réndào zhǔyì

212 우리 대표는 그에게 비위를 맞추고 그를 치켜세우는 그런 사람들을 여태껏 거들떠보지 않는다.

我们领导从不 ＿＿＿ 那些 ＿＿＿ 和 ＿＿＿ 他的人。
　　　　lǐcǎi　　tǎohǎo　chuīpěng

 빠른
정답
209 你这么懒惰、没志气，活该没出息。
210 这片看似荒凉偏僻的领土盛产粮食。
211 当代社会仍旧重视发扬人道主义精神。
212 我们领导从不理睬那些讨好和吹捧他的人。

213 이 작가의 전기는 그의 100주년 탄생일에 발표되었다.

这位作家的 ⬜ 在他100 ⬜ ⬜ 时 ⬜ 了。
　　　　zhuànjì　　　　zhōunián　dànchén　　wènshì

214 그는 남은 요리를 쟁반과 함께 모두 포장해서 묶어 가고 싶어 한다.

他 ⬜ 把剩菜 ⬜ 盘子一起 ⬜ ⬜ 走。
　hènbudé　　　liántóng　　　tǒngtǒng　dǎbāo　shāo

215 물론 여행 비수기이지만, 사람들은 그래도 끊임없이 이곳으로 관광하러 온다.

⬜ 是旅游 ⬜ , 人们也 ⬜ 地来这里 ⬜ 。
gùrán　　　dànjì　　　　luòyìbùjué　　　guānguāng

216 지질 시찰을 거친 후, 나는 교수님께 이 지역 담수의 수원을 종합하여 보고했다.

经过 ⬜ ⬜ 后, 我向教授 ⬜ 了该地 ⬜ 的 ⬜ 。
　　dìzhì　kǎochá　　　　huìbào　　　dànshuǐ　láiyuán

빠른
정답

213 这位作家的传记在他100周年诞辰时问世了。
214 他恨不得把剩菜连同盘子一起统统打包捎走。
215 固然是旅游淡季，人们也络绎不绝地来这里观光。
216 经过地质考察后，我向教授汇报了该地淡水的来源。

217 나는 고양이가 발버둥치는 생선을 입에 물고 슬그머니 달아나는 것을 직접 목격했다.

我亲眼 ⬚ 小猫 ⬚ 起 ⬚ 的鱼 ⬚ 走了。
　　　mùdǔ　　diāo　zhēngzhá　　liū

218 노인들은 모두 가족이 한 데 모여 가족의 단란함을 함께 누리기를 기대한다.

老人都 ⬚ 一家 ⬚ , 共享 ⬚ 。
　　　qīwàng　tuányuán　　tiānlúnzhīlè

219 옛날에 사람들은 종종 음식을 바구니 속에 넣고, 지붕 위에 걸어 두었다.

⬚ 人们常把食物装进 ⬚ 里, ⬚ 在屋顶上。
xīrì　　　　　　　kuāng　　diào

220 형은 그가 인사 이동된 일을 엄마에게 숨겨 달라고 나에게 부탁했다.

哥哥 ⬚ 我对母亲 ⬚ 他工作被 ⬚ 的事。
　　zhǔfù　　　yǐnmán　　diàodòng

빠른
정답
217 我亲眼目睹小猫叼起挣扎的鱼溜走了。
218 老人都期望一家团圆, 共享天伦之乐。
219 昔日人们常把食物装进筐里, 吊在屋顶上。
220 哥哥嘱咐我对母亲隐瞒他工作被调动的事。

221 대중적인 장소에서 발언을 할 때에는 부정적 의미의 단어를 신중히 사용해야 한다.

在公众 ___ 发表 ___ 时要 ___ 地使用 ___ 词。
　　　　 chǎnghé　　 yánlùn　　 shènzhòng　　 biǎnyì

222 그는 먼 고향에 있는 부모님을 매우 염려하지만, 그러나 찾아 뵈러 갈 시간이 없다.

他很 ___ 在 ___ ___ 的父母，却没空去 ___ 。
　　 diànjì　 yáoyuǎn gùxiāng　　　　　　 tànwàng

223 공공장소에서 함부로 종교를 떠벌리는 것은 사람들의 혐오를 불러 일으킬 수 있다.

在公共 ___ ___ ___ 会引起人们的 ___ 。
　　　 chǎnghé　 dàsì　 xuānyáng zōngjiào　　　 yànwù

224 이번 연도에 회사 수익이 증가하여, 모든 대행업체가 배당금을 받을 수 있다.

这一 ___ 公司 ___ 增加了，每个 ___ 都能拿到 ___ 。
　　 niándù　　 shōuyì　　　　 dàilǐ　　　 fēnhóng

빠른
정답

221 在公众场合发表言论时要慎重地使用贬义词。
222 他很惦记在遥远故乡的父母，却没空去探望。
223 在公共场合大肆宣扬宗教会引起人们的厌恶。
224 这一年度公司收益增加了，每个代理都能拿到分红。

225 必须依据刑事法律处置这些走私犯。

Bìxū yījù xíngshì fǎlǜ chǔzhì zhèxiē zǒusī fàn.

반드시 형사 법률에 근거하여 이런 밀수범들을 처벌해야 한다.

- **依据** yījù 명 근거 동 의거하다, 근거로 하다
- **刑事** xíngshì 명 형사
- **处置** chǔzhì 동 ① 처리하다, 처분하다 ② 처벌하다
- **走私** zǒusī 이합 밀수하다, 암거래하다

226 他恳切地委托我向您转达最崇高的敬意。

Tā kěnqiè de wěituō wǒ xiàng nín zhuǎndá zuì chónggāo de jìngyì.

그는 가장 숭고한 경의를 당신에게 전달할 것을 저에게 간곡하게 부탁했습니다.

- **恳切** kěnqiè 형 간절하다, 간곡하다
- **委托** wěituō 동 위탁하다, 의뢰하다, 부탁하다
- **转达** zhuǎndá 동 전(달)하다
- **崇高** chónggāo 형 숭고하다, 고상하다

227 再迷人的外表也掩盖不了她丑恶的内在。

Zài mírén de wàibiǎo yě yǎngài bùliǎo tā chǒu'è de nèizài.

아무리 매혹적인 외모도 그녀의 추악한 내면을 감출 수 없다.

- **迷人** mírén 이합 사람을 미혹시키다 형 매력적이다, 매혹적이다
- **外表** wàibiǎo 명 겉(모양), 표면, 외관, 외모
- **掩盖** yǎngài 동 덮어씌우다, 덮어 감추다
- **丑恶** chǒu'è 형 추악하다
- **内在** nèizài 형 내재하는 명 내재, 내면 동 내재하다

228 我们决定授予他"劳动模范"的光荣称号。

Wǒmen juédìng shòuyǔ tā "láodòng mófàn" de guāngróng chēnghào.

우리는 그에게 '모범 노동자'의 영광스러운 칭호를 수여하기로 결정했다.

- **授予** shòuyǔ 동 수여하다
- **模范** mófàn 명 모범(자)
- **光荣** guāngróng 명 영광 형 영광스럽다
- **称号** chēnghào 명 칭호

229

截止到昨天，新章程已经初步起草完成了。

Jiézhǐ dào zuótiān, xīn zhāngchéng yǐjīng chūbù qǐcǎo wánchéng le.

어제까지 마감으로 새로운 규정은 이미 초보적인 초안을 완성했다.

- **截止** jiézhǐ 동 ~에 이르다, 마감하다, 종결하다
- **章程** zhāngchéng 명 ① 방법 ② 규정
- **初步** chūbù 형 초보적이다, 대략적이다
- **起草** qǐcǎo 명 초안 이합 초안을 잡다

230

妈妈屡次叮嘱我，再忙碌也不能在饮食上凑合。

Māma lǚcì dīngzhǔ wǒ, zài mánglù yě bù néng zài yǐnshí shàng còuhe.

엄마는 나에게 아무리 바빠도 음식에 있어서 대충해서는 안 된다고 여러 번 신신당부했다.

- **屡次** lǚcì 부 누차, 여러 번
- **叮嘱** dīngzhǔ 동 재차 부탁하다, 신신당부하다
- **忙碌** mánglù 형 바쁘다, 분주하다
- **饮食** yǐnshí 명 음식
- **凑合** còuhe 동 ① 한 곳에 모으다, 함께 모이다 ② 대충하다, 아쉬운 대로 하다

231

老师任意画了两条互相垂直的线来验证这个公式。

Lǎoshī rènyì huà le liǎng tiáo hùxiāng chuízhí de xiàn lái yànzhèng zhège gōngshì.

선생님은 임의로 두 개의 서로 수직인 선을 그려서 이 공식을 검증했다.

- **任意** rènyì 동 제멋대로 하다 부 제멋대로, 임의대로
- **垂直** chuízhí 명 수직
- **验证** yànzhèng 동 검증하다
- **公式** gōngshì 명 공식

232

严寒的冬天，河面冻结了一层锤不破的坚硬的冰。

Yánhán de dōngtiān, hémiàn dòngjié le yì céng chuíbupò de jiānyìng de bīng.

추위가 심한 겨울, 강의 수면에는 한 층의 망치로 깰 수 없는 단단한 얼음이 얼었다.

- **严寒** yánhán 명 혹한 형 추위가 심하다
- **冻结** dòngjié 동 ① (물이) 얼다 ② (자금, 자산 등을) 동결하다
- **锤** chuí 명 망치 동 망치로 치다
- **坚硬** jiānyìng 형 굳다, 단단하다

233

因为大意，猎人打猎时坠入了陷阱里。

Yīnwèi dàyì, lièrén dǎliè shí zhuìrù le xiànjǐng lǐ.

부주의로 인해 사냥꾼은 사냥할 때 덫 속으로 떨어졌다.

- **大意** dàyì 명 큰 뜻 형 부주의하다, 소홀하다
- **打猎** dǎliè 동 사냥하다
- **坠** zhuì 동 ① 떨어지다 ② (무거운 것이) 매달리다
- **陷阱** xiànjǐng 명 함정, 덫

234

伯母苍白的皮肤上有一条凹凸不平的疤。

Bómǔ cāngbái de pífū shàng yǒu yì tiáo āotū bùpíng de bā.

큰어머니의 창백한 피부에는 한 줄의 울퉁불퉁하고 평평하지 않은 흉터가 있다.

- **伯母** bómǔ 명 큰어머니
- **苍白** cāngbái 형 창백하다, 생기가 없다
- **凹凸** āotū 명 요철 형 울퉁불퉁하다
- **疤** bā 명 흉터, (사물의) 흠

235

科学家将带领大家一起探索宇宙的奥秘。

Kēxuéjiā jiāng dàilǐng dàjiā yìqǐ tànsuǒ yǔzhòu de àomì.

과학자는 장차 모두를 인솔하여 우주의 비밀을 함께 탐색할 것이다.

- **带领** dàilǐng 동 데리다, 인솔하다
- **探索** tànsuǒ 동 탐색하다, 찾다
- **宇宙** yǔzhòu 명 우주
- **奥秘** àomì 명 비밀, 신비

236

我们得发布公告来澄清网上散布的谣言。

Wǒmen děi fābù gōnggào lái chéngqīng wǎng shàng sànbù de yáoyán.

우리는 공고를 발표하여 인터넷 상에 유포된 유언비어를 분명히 밝혀야 한다.

- **发布** fābù 동 발표하다, 선포하다
- **公告** gōnggào 명 공고
- **澄清** chéngqīng 동 해명하다, 분명하게 밝히다
- **散布** sànbù 동 흩어지다, 흩트리다, 뿌리다, 퍼뜨리다, 유포하다
- **谣言** yáoyán 명 유언비어, 헛소문

237 学舞蹈忌讳的是反应迟钝，跟不上节奏。

Xué wǔdǎo jìhuì de shì fǎnyìng chídùn, gēnbushàng jiézòu.

무용을 배우는 데 있어 금기시하는 것은 반응이 둔해서 리듬을 따라갈 수 없는 것이다.

- 舞蹈 wǔdǎo 명 춤, 무용 동 춤추다
- 忌讳 jìhuì 명 금기 동 기피하다, 꺼리다, 금기시하다
- 迟钝 chídùn 형 둔하다, 굼뜨다, 무디다
- 节奏 jiézòu 명 리듬, 박자, 템포

238 他急切地拿起枪瞄准了一只窜到跟前的猴子。

Tā jíqiè de ná qǐ qiāng miáozhǔn le yì zhī cuàndào gēnqián de hóuzi.

그는 다급하게 총을 들어 한 마리의 앞으로 도망 나온 원숭이를 조준했다.

- 急切 jíqiè 형 몹시 절박하다, 절실하다, 다급하다
- 瞄准 miáozhǔn 동 조준하다, 겨누다, 맞추다
- 窜 cuàn 동 달아나다, 도망가다
- 跟前 gēnqián 명 옆, 곁, 앞, 근처

239 他打量着这个染着棕色头发，容貌平凡的姑娘。

Tā dǎliang zhe zhège rǎn zhe zōngsè tóufa, róngmào píngfán de gūniang.

그는 갈색으로 머리카락을 염색하고, 용모가 평범한 이 아가씨를 훑어보고 있다.

- 打量 dǎliang 동 (사람의 복장, 외모 등을) 관찰하다, 훑어보다
- 染 rǎn 동 ① 물들이다, 염색하다 ② (나쁜 것에) 물들다
- 棕色 zōngsè 명 갈색
- 容貌 róngmào 명 용모, 생김새
- 平凡 píngfán 형 평범하다

240 不要因预算不够充足而伤脑筋了，大不了我赞助你。

Búyào yīn yùsuàn búgòu chōngzú ér shāng nǎojīn le, dàbuliǎo wǒ zànzhù nǐ.

예산이 충분하지 않아서 골치 아파하지 마세요. 까짓것 내가 당신에게 협찬하죠.

- 预算 yùsuàn 명 예산 동 예산하다, 사전 계산하다
- 充足 chōngzú 형 충분하다
- 伤脑筋 shāng nǎojīn 골머리를 앓다, 골치가 아프다, 애를 먹다
- 大不了 dàbuliǎo ① 기껏해야, 고작, 까짓 ② 대단하다, 매우 중대하다
- 赞助 zànzhù 동 찬조하다, 협찬하다

写一写 우리말 해석을 참고하여 빈칸에 알맞은 중국어를 쓰세요.

225

반드시 형사 법률에 근거하여 이런 밀수범들을 처벌해야 한다.

必须 ____ ____ 法律 ____ 这些 ____ 犯。
　　　yījù　xíngshì　　　chǔzhì　　zǒusī

226

그는 가장 숭고한 경의를 당신에게 전달할 것을 저에게 간곡하게 부탁했습니다.

他 ____ 地 ____ 我向您 ____ 最 ____ 的敬意。
　kěnqiè　wěituō　　　zhuǎndá　　chónggāo

227

아무리 매혹적인 외모도 그녀의 추악한 내면을 감출 수 없다.

再 ____ 的 ____ 也 ____ 不了她 ____ 的 ____ 。
　mírén　wàibiǎo　yǎngài　　　chǒu'è　　nèizài

228

우리는 그에게 '모범 노동자'의 영광스러운 칭호를 수여하기로 결정했다.

我们决定 ____ 他 "劳动 ____ " 的 ____ 。
　　　　shòuyǔ　　　　mófàn　　guāngróng chēnghào

빠른
정답

225 必须依据刑事法律处置这些走私犯。
226 他恳切地委托我向您转达最崇高的敬意。
227 再迷人的外表也掩盖不了她丑恶的内在。
228 我们决定授予他"劳动模范"的光荣称号。

229

어제까지 마감으로 새로운 규정은 이미 초보적인 초안을 완성했다.

_____ 到昨天，新 _____ 已经 _____ _____ 完成了。

jiézhǐ　　　　zhāngchéng　　chūbù　　qǐcǎo

230

엄마는 나에게 아무리 바빠도 음식에 있어서 대충해서는 안 된다고 여러 번 신신당부했다.

妈妈 _____ _____ 我，再 _____ 也不能在 _____ 上 _____ 。

lǚcì　　dīngzhǔ　　mánglù　　yǐnshí　　còuhe

231

선생님은 임의로 두 개의 서로 수직인 선을 그려서 이 공식을 검증했다.

老师 _____ 画了两条互相 _____ 的线来 _____ 这个 _____ 。

rènyì　　chuízhí　　yànzhèng　　gōngshì

232

추위가 심한 겨울, 강의 수면에는 한 층의 망치로 깰 수 없는 단단한 얼음이 얼었다.

_____ 的冬天，河面 _____ 了一层 _____ 不破的 _____ 的冰。

yánhán　　dòngjié　　chuí　　jiānyìng

229 截止到昨天，新章程已经初步起草完成了。
230 妈妈屡次叮嘱我，再忙碌也不能在饮食上凑合。
231 老师任意画了两条互相垂直的线来验证这个公式。
232 严寒的冬天，河面冻结了一层锤不破的坚硬的冰。

부주의로 인해 사냥꾼은 사냥할 때 덫 속으로 떨어졌다.

233 因为 _____，猎人 _____ 时 _____ 入了 _____ 里。
　　　　　dàyì　　　　　dǎliè　zhuì　　　xiànjǐng

큰어머니의 창백한 피부에는 한 줄의 울퉁불퉁하고 평평하지 않은 흉터가 있다.

234 _____ _____ 的皮肤上有一条 _____ 不平的 _____ 。
　　　bómǔ　cāngbái　　　　　　　āotū　　　　bā

과학자들은 장차 모두를 인솔하여 우주의 비밀을 함께 탐색할 것이다.

235 科学家将 _____ 大家一起 _____ 的 _____ 。
　　　　　　dàilǐng　　　　tànsuǒ　yǔzhòu　àomì

우리는 공고를 발표하여 인터넷 상에 유포된 유언비어를 분명히 밝혀야 한다.

236 我们得 _____ _____ 来 _____ 网上 _____ 的 _____ 。
　　　　fābù　gōnggào　chéngqīng　sànbù　yáoyán

빠른
정답

233 因为大意，猎人打猎时坠入了陷阱里。
234 伯母苍白的皮肤上有一条凹凸不平的疤。
235 科学家将带领大家一起探索宇宙的奥秘。
236 我们得发布公告来澄清网上散布的谣言。

무용을 배우는 데 있어 금기시하는 것은 반응이 둔해서 리듬을 따라갈 수 없는 것이다.

237

学 ____ ____ 的是反应 ____ ，跟不上 ____ 。

wǔdǎo　　jìhuì　　　　　chídùn　　　　jiézòu

그는 다급하게 총을 들어 한 마리의 앞으로 도망 나온 원숭이를 조준했다.

238

他 ____ 地拿起枪 ____ 了一只 ____ 到 ____ 的猴子。

jíqiè　　　　miáozhǔn　　　cuàn　　gēnqián

그는 갈색 머리카락을 염색하고, 용모가 평범한 이 아가씨를 훑어보고 있다.

239

他 ____ 着这个 ____ 着 ____ 头发， ____ ____ 的姑娘。

dǎliang　　　rǎn　　zōngsè　　　róngmào　píngfán

예산이 충분하지 않아서 골치 아파하지 마세요. 까짓것 내가 당신에게 협찬하죠.

240

不要因 ____ 不够 ____ 而 ____ 了， ____ 我 ____ 你。

yùsuàn　　chōngzú　　shāngnǎojīn　　dàbuliǎo　　zànzhù

빠른
정답

237 学舞蹈忌讳的是反应迟钝，跟不上节奏。

238 他急切地拿起枪瞄准了一只窜到跟前的猴子。

239 他打量着这个染着棕色头发，容貌平凡的姑娘。

240 不要因预算不够充足而伤脑筋了，大不了我赞助你。

241 ✓ 细菌在封闭的环境中很容易繁殖。

Xìjūn zài fēngbì de huánjìng zhōng hěn róngyì fánzhí.

세균은 밀폐된 환경 속에서 매우 쉽게 번식한다.

- 细菌 xìjūn 몡 세균
- 封闭 fēngbì 됭 ① 밀봉하다, 밀폐하다 ② 봉쇄하다, 폐쇄하다
- 繁殖 fánzhí 몡 번식 됭 번식하다

242 喉咙和口腔同时发炎让我感觉很受罪。

Hóulóng hé kǒuqiāng tóngshí fāyán ràng wǒ gǎnjué hěn shòuzuì.

인후와 구강에 동시에 염증이 생겨 나는 무척 고생스럽다.

- 喉咙 hóulóng 몡 목구멍, 인후
- 口腔 kǒuqiāng 몡 구강
- 发炎 fāyán 몡 염증 이합 염증이 생기다
- 受罪 shòuzuì 이합 고생하다, 혼쭐나다, 시달리다

243 植物白天会吸收二氧化碳，释放氧气。

Zhíwù báitiān huì xīshōu èryǎnghuàtàn, shìfàng yǎngqì.

식물은 낮에 이산화탄소를 흡수하고 산소를 방출한다.

- 二氧化碳 èryǎnghuàtàn 몡 이산화탄소
- 释放 shìfàng 됭 ① 석방하다 ② 방출하다
- 氧气 yǎngqì 몡 산소

244 我们要摆脱陈旧思想的束缚，勇于创新。

Wǒmen yào bǎituō chénjiù sīxiǎng de shùfù, yǒngyú chuàngxīn.

우리는 낡은 사상의 속박에서 벗어나 용감하게 새로운 것을 창조해야 한다.

- 摆脱 bǎituō 됭 (어려운 상황에서) 벗어나다, 빠져나오다
- 陈旧 chénjiù 혱 낡다, 오래되다, 케케묵다
- 束缚 shùfù 몡 속박, 구속 됭 속박하다, 구속하다
- 勇于 yǒngyú 용감히, 과감하게 *勇于+2음절동사(구)
- 创新 chuàngxīn 됭 옛 것을 버리고 새 것을 창조하다

245

上次在竞赛中作弊的事件败坏了他的声誉。

Shàng cì zài jìngsài zhōng zuòbì de shìjiàn bàihuài le tā de shēngyù.

지난번 경기에서 속임수를 쓴 사건은 그의 명성을 훼손했다.

- **竞赛** jìngsài 몡 경쟁, 경기, 시합 통 경쟁하다, 경기하다, 시합하다
- **作弊** zuòbì 이합 ① 법이나 규정을 어기다, 속임수를 쓰다 ② (시험에서) 부정행위를 하다
- **事件** shìjiàn 몡 사건
- **败坏** bàihuài 통 (명예, 풍속, 관습 등을) 손상시키다, 파괴하다, 훼손하다
- **声誉** shēngyù 몡 명성 *享有声誉 명성을 누리다

246

音乐家摊开乐谱，演奏出了让人着迷的曲子。

Yīnyuèjiā tānkāi yuèpǔ, yǎnzòu chū le ràng rén zháomí de qǔzi.

음악가는 악보를 펼쳐 사람을 사로잡는 곡을 연주해냈다.

- **摊** tān 몡 노점, 가판대 통 늘어놓다, 펴다
- **乐谱** yuèpǔ 몡 악보
- **演奏** yǎnzòu 몡 연주 통 연주하다
- **着迷** zháomí 이합 몰두하다, 사로잡히다, 매료되다 *对…着迷 ~에 매혹되다
- **曲子** qǔzi 몡 곡

247

别人都在聚精会神地听课，唯独小王在发呆。

Biérén dōu zài jùjīnghuìshén de tīngkè, wéidú Xiǎo Wáng zài fādāi.

다른 사람들은 모두 집중해서 수업을 듣는데, 유독 샤오왕만 멍하게 있다.

- **聚精会神** jùjīnghuìshén 성어 정신을 집중하다, 열중하다
- **唯独** wéidú 부 유독, 단지
- **发呆** fādāi 이합 멍하게 있다, 어리둥절하다

248

出版社新发行的寓言故事书是一流的启蒙读物。

Chūbǎnshè xīn fāxíng de yùyán gùshi shū shì yīliú de qǐméng dúwù.

출판사가 새로 발행한 우화 이야기책은 일류의 계몽 도서이다.

- **发行** fāxíng 통 ① (서적, 화폐 등을) 발행하다 ② (영화를) 배급하다
- **寓言** yùyán 몡 우화
- **一流** yīliú 몡 일류 혱 일류의
- **启蒙** qǐméng 몡 계몽 통 계몽하다

249

我想找个恰当的时机挽回这份感情。

Wǒ xiǎng zhǎo ge qiàdàng de shíjī wǎnhuí zhè fèn gǎnqíng.

나는 적당한 기회를 찾아 이 감정을 만회하고 싶다.

- **恰当** qiàdàng 형 알맞다, 적절하다, 적당하다
- **时机** shíjī 명 기회 =机会 =机遇
- **挽回** wǎnhuí 동 만회하다, 돌이키다

250

肖像上的人脸上有一副忧郁的表情。

Xiàoxiàng shàng de rén liǎn shàng yǒu yí fù yōuyù de biǎoqíng.

초상화 속 사람 얼굴에 우울한 표정이 있다.

- **肖像** xiàoxiàng 명 초상
- **副** fù 양 얼굴 표정을 나타낼 때 쓰임
- **忧郁** yōuyù 형 우울하다

251

外行人很难识别一些特殊的医学符号。

Wàiháng rén hěn nán shíbié yìxiē tèshū de yīxué fúhào.

비전문가는 일부 특수한 의학 부호들을 매우 식별하기 어렵다.

- **外行** wàiháng 명 ① 문외한, 비전문가 ② 동업자 이외의 사람 형 문외한이다, 경험이 없다, 전문가가 아니다
- **识别** shíbié 동 식별하다
- **符号** fúhào 명 부호, 기호

252

工厂借鉴休闲服装的特点改良了西装轮廓。

Gōngchǎng jièjiàn xiūxián fúzhuāng de tèdiǎn gǎiliáng le xīzhuāng lúnkuò.

공장은 캐주얼복의 특징을 참고하여 양복의 실루엣을 개량했다.

- **借鉴** jièjiàn 동 참고로 하다, 거울로 삼다
- **改良** gǎiliáng 동 개량하다, 개선하다
- **轮廓** lúnkuò 명 윤곽, 테두리, 실루엣

253 茫茫大雪像魔术一样，一夜之间覆盖了大地。

Mángmáng dàxuě xiàng móshù yíyàng, yí yè zhī jiān fùgài le dàdì.

아득히 펼쳐진 폭설은 마치 마법처럼 하룻밤 사이에 대지를 덮었다.

- **茫茫** mángmáng 형 망망하다, 아득하다, 한없이 넓다, 끝없이 펼쳐지다
- **魔术** móshù 명 마술, 마법
- **覆盖** fùgài 동 가리다, 덮다

254 我啃完面包后出现了腹泻和脉搏不稳定的症状。

Wǒ kěn wán miànbāo hòu chūxiàn le fùxiè hé màibó bù wěndìng de zhèngzhuàng.

나는 빵을 뜯어먹은 후 설사와 맥박이 불안정한 증상이 나타났다.

- **啃** kěn 동 갉아먹다, 뜯어먹다
- **腹泻** fùxiè 명 설사 동 설사하다
- **脉搏** màibó 명 맥박
- **症状** zhèngzhuàng 명 증상

255 他陶醉在音乐旋律中，外面的喧哗声无法干扰他。

Tā táozuì zài yīnyuè xuánlǜ zhōng, wàimiàn de xuānhuáshēng wúfǎ gānrǎo tā.

그는 음악의 선율 속에 취해 있어서, 바깥의 떠들썩한 소리가 그를 방해할 수 없다.

- **陶醉** táozuì 동 도취하다
- **旋律** xuánlǜ 명 선율, 멜로디
- **喧哗** xuānhuá 형 떠들썩하다, 시끌시끌하다 동 떠들다
- **干扰** gānrǎo 명 방해 동 방해하다

256 除了脂肪外，人体内的一些元素也很重要，譬如钙。

Chúle zhīfáng wài, réntǐ nèi de yìxiē yuánsù yě hěn zhòngyào, pìrú gài.

지방을 제외하고 인체 내의 일부 원소들도 중요한데, 예를 들면 칼슘이다.

- **脂肪** zhīfáng 명 지방
- **元素** yuánsù 명 ① 요소 ② 원소
- **譬如** pìrú 접 예를 들어, 예컨대
- **钙** gài 명 칼슘

写一写 우리말 해석을 참고하여 빈칸에 알맞은 중국어를 쓰세요.

241 세균은 밀폐된 환경 속에서 매우 쉽게 번식한다.

_____ 在 _____ 的环境中很容易 _____ 。
xìjūn　　fēngbì　　　　　　　　fánzhí

242 인후와 구강에 동시에 염증이 생겨 나는 무척 고생스럽다.

_____ 和 _____ 同时 _____ 让我感觉很 _____ 。
hóulóng　　kǒuqiāng　　　fāyán　　　　　shòuzuì

243 식물은 낮에 이산화탄소를 흡수하고 산소를 방출한다.

植物白天会吸收 _____ ， _____ _____ 。
　　　　　　èryǎnghuàtàn　shìfàng　yǎngqì

244 우리는 낡은 사상의 속박에서 벗어나 용감하게 새로운 것을 창조해야 한다.

我们要 _____ _____ 思想的 _____ ， _____ _____ 。
　　bǎituō　chénjiù　　　　shùfù　　yǒngyú chuàngxīn

빠른
정답

241 细菌在封闭的环境中很容易繁殖。
242 喉咙和口腔同时发炎让我感觉很受罪。
243 植物白天会吸收二氧化碳，释放氧气。
244 我们要摆脱陈旧思想的束缚，勇于创新。

지난번 경기에서 속임수를 쓴 사건은 그의 명성을 훼손했다.

245

上次在 ⬚ 中 ⬚ 的 ⬚ ⬚ 了他的 ⬚ 。

　　　　jìngsài　　zuòbì　　shìjiàn　　bàihuài　　　　shēngyù

음악가는 악보를 펼쳐 사람을 사로잡는 곡을 연주해냈다.

246

音乐家 ⬚ 开 ⬚ ， ⬚ 出了让人 ⬚ 的 ⬚ 。

　　　　tān　　yuèpǔ　　yǎnzòu　　　　zháomí　　qǔzi

다른 사람들은 모두 집중해서 수업을 듣는데, 유독 샤오왕만 멍하게 있다.

247

别人都在 ⬚ 地听课， ⬚ 小王在 ⬚ 。

　　　　jùjīnghuìshén　　　　wéidú　　　　fādāi

출판사가 새로 발행한 우화 이야기 책은 일류의 계몽 도서이다.

248

出版社新 ⬚ 的 ⬚ 故事书是 ⬚ 的 ⬚ 读物。

　　　　fāxíng　　yùyán　　　　yīliú　　qǐméng

빠른
정답

245 上次在竞赛中作弊的事件败坏了他的声誉。
246 音乐家摊开乐谱，演奏出了让人着迷的曲子。
247 别人都在聚精会神地听课，唯独小王在发呆。
248 出版社新发行的寓言故事书是一流的启蒙读物。

나는 적당한 기회를 찾아 이 감정을 만회하고 싶다.

249 我想找个 ⬚⬚⬚ 的 ⬚⬚⬚ ⬚⬚⬚ 这份感情。
        qiàdàng   shíjī   wǎnhuí

초상화 속 사람 얼굴에 우울한 표정이 있다.

250 ⬚⬚⬚ 上的人脸上有一 ⬚⬚⬚ ⬚⬚⬚ 的表情。
xiàoxiàng   fù   yōuyù

비전문가는 일부 특수한 의학 부호들을 매우 식별하기 어렵다.

251 ⬚⬚⬚ 人很难 ⬚⬚⬚ 一些特殊的医学 ⬚⬚⬚ 。
wàiháng   shíbié   fúhào

공장은 캐주얼복의 특징을 참고하여 양복의 실루엣을 개량했다.

252 工厂 ⬚⬚⬚ 休闲服装的特点 ⬚⬚⬚ 了西装 ⬚⬚⬚ 。
     jièjiàn   gǎiliáng   lúnkuò

빠른
정답

249 我想找个恰当的时机挽回这份感情。
250 肖像上的人脸上有一副忧郁的表情。
251 外行人很难识别一些特殊的医学符号。
252 工厂借鉴休闲服装的特点改良了西装轮廓。

253 아득히 펼쳐진 폭설은 마치 마법처럼 하룻밤 사이에 대지를 덮었다.

[____] 大雪像 [____] 一样，一夜之间 [____] 了大地。

    mángmáng   móshù   fùgài

254 나는 빵을 뜯어먹은 후 설사와 맥박이 불안정한 증상이 나타났다.

我 [____] 完面包后出现了 [____] 和 [____] 不稳定的 [____]。

    kěn   fùxiè   màibó   zhèngzhuàng

255 그는 음악의 선율 속에 취해 있어서, 바깥의 떠들썩한 소리가 그를 방해할 수 없다.

他 [____] 在音乐 [____] 中，外面的 [____] 声无法 [____] 他。

    táozuì   xuánlǜ   xuānhuá   gānrǎo

256 지방을 제외하고 인체 내의 일부 원소들도 중요한데, 예를 들면 칼슘이다.

除了 [____] 外，人体内的一些 [____] 也很重要，[____]。

    zhīfáng   yuánsù   pìrú   gài

빠른 정답
253 茫茫大雪像魔术一样，一夜之间覆盖了大地。
254 我啃完面包后出现了腹泻和脉搏不稳定的症状。
255 他陶醉在音乐旋律中，外面的喧哗声无法干扰他。
256 除了脂肪外，人体内的一些元素也很重要，譬如钙。

257 ✓ **我们无法抹杀人性中那些固有的弱点。**

Wǒmen wúfǎ mǒshā rénxìng zhōng nàxiē gùyǒu de ruòdiǎn.

우리는 인간 본성 중의 그러한 고유의 약점들을 없애버릴 수 없다.

- 抹杀 mǒshā 동 말살하다
- 人性 rénxìng 명 인성, 인간의 본성
- 固有 gùyǒu 형 고유의
- 弱点 ruòdiǎn 명 약점

258 **她并非任性，而是固执，你要体谅她。**

Tā bìngfēi rènxìng, érshì gùzhi, nǐ yào tǐliàng tā.

그녀는 제멋대로인 것이 아니라 고집스러운 것이니, 당신이 그녀를 이해해야 해요.

- 并非 bìngfēi 결코 아니다 =并不=并不是
- 任性 rènxìng 형 제멋대로이다, 제 마음대로 하다
- 固执 gùzhi 형 고집스럽다
- 体谅 tǐliàng 동 양해하다, 이해하다

259 **那些颠倒是非的闲话给我增添了顾虑。**

Nàxiē diāndǎo shìfēi de xiánhuà gěi wǒ zēngtiān le gùlǜ.

그러한 옳고 그름이 뒤바뀐 험담은 나에게 근심을 더했다.

- 颠倒 diāndǎo 동 뒤바뀌다, 상반되다, 전도하다
- 是非 shìfēi 명 시비, 옳음과 그름, 잘잘못
- 闲话 xiánhuà 명 ① 잡담, 여담, 한담 ② 남의 뒷말, 험담
- 增添 zēngtiān 동 더하다, 늘리다, 보태다
- 顾虑 gùlǜ 명 우려, 근심, 염려 동 우려하다, 염려하다
  *消除顾虑 근심을 해소하다 / 解除顾虑 우려를 없애다

260 **虽然他的创作境界极高，但始终精益求精。**

Suīrán tā de chuàngzuò jìngjiè jígāo, dàn shǐzhōng jīngyìqiújīng.

비록 그의 창작은 경지가 지극히 높지만, 그러나 시종일관 더욱 완벽을 기한다.

- 创作 chuàngzuò 명 창작, 문예 작품 동 (문예 작품을) 창작하다
- 境界 jìngjiè 명 ① 경계 ② 경지
- 精益求精 jīngyìqiújīng 성어 더 잘하려고 애쓰다, 더욱 완벽을 기하다

261
往常你总是说话不算数，辜负别人对你的信任。
Wǎngcháng nǐ zǒngshì shuōhuà bú suànshù, gūfù biérén duì nǐ de xìnrèn.
평소 너는 항상 말한 것을 지키지 않아서 다른 사람의 너에 대한 신임을 저버린다.

- **往常** wǎngcháng 몡 평소, 평상시
- **算数** suànshù 이합 책임을 지다, 말한대로 하다
- **辜负** gūfù 동 (호의, 기대, 도움 등을) 헛되게 하다, 저버리다

262
拥有最多股份的人是公司名副其实的大股东。
Yōngyǒu zuì duō gǔfèn de rén shì gōngsī míngfùqíshí de dà gǔdōng.
가장 많은 주식을 소유한 사람이 회사의 명실상부한 대주주이다.

- **拥有** yōngyǒu 동 가지다, 소유하다, 보유하다
- **股份** gǔfèn 몡 주식
- **名副其实** míngfùqíshí 성어 명실상부하다
- **股东** gǔdōng 몡 주주

263
这台零件齐全的机械还配备了可以装卸的钩子。
Zhè tái língjiàn qíquán de jīxiè hái pèibèi le kěyǐ zhuāngxiè de gōuzi.
부속품을 모두 갖춘 이 기계는 조립하고 분해할 수 있는 갈고리도 설치되어 있다.

- **齐全** qíquán 혱 완전히 갖추다, 완비하다
- **机械** jīxiè 몡 기계 혱 기계적이다
- **配备** pèibèi 몡 설비, 장치, 장비 동 분배하다, 배치하다, 비치하다, 설치하다
- **装卸** zhuāngxiè 동 조립하고 분해하다, 분해 결합하다
- **钩子** gōuzi 몡 갈고리, 갈고리 모양의 물건

264
市长在致辞中勉励年轻人加入阵容强大的创业行列。
Shìzhǎng zài zhìcí zhōng miǎnlì niánqīng rén jiārù zhènróng qiángdà de chuàngyè hángliè.
시장은 축사에서 젊은이들이 진용이 막강한 창업의 대열에 참가할 것을 격려했다.

- **致辞** zhìcí 몡 축사, 인사말 이합 축사를 하다, 연설을 하다
- **勉励** miǎnlì 동 고무하다, 격려하다
- **阵容** zhènróng 몡 진용, 라인업
- **创业** chuàngyè 이합 창업하다
- **行列** hángliè 몡 행렬, 대열

265

你要发挥特长，力争得到最好的名次。

Nǐ yào fāhuī tècháng, lìzhēng dédào zuìhǎo de míngcì.

너는 특기를 발휘하여 가장 좋은 순위를 얻으려 힘써야 한다.

- **特长** tècháng 명 특기, 장기
- **力争** lìzhēng 동 매우 노력하다, 힘쓰다, 애쓰다
- **名次** míngcì 명 순위, 석차, 등수, 서열

266

按照惯例，在比赛中领先才能得到奖赏。

Ànzhào guànlì, zài bǐsài zhōng lǐngxiān cái néng dédào jiǎngshǎng.

관례에 따라 경기 중에 선두에 서야만 상을 받을 수 있다.

- **惯例** guànlì 명 관례, 관행
- **领先** lǐngxiān 이합 선두에 서다, 리드하다
- **奖赏** jiǎngshǎng 명 상, 포상 동 상을 주다, 포상하다

267

我们要切实贯彻落实上级制定的规章。

Wǒmen yào qièshí guànchè luòshí shàngjí zhìdìng de guīzhāng.

우리는 상급 기관에서 제정한 규정을 착실하게 관철하여 실시해야 한다.

- **切实** qièshí 형 ① 확실하다, 적절하다 ② 착실하다, 진실하다, 성실하다
- **贯彻** guànchè 동 관철하다, 철저히 실행하다
- **落实** luòshí 동 수행하다, 실시하다
- **上级** shàngjí 명 상급 기관, 상급자
- **规章** guīzhāng 명 규칙, 규정

268

购买前最好鉴定一下商品规格及耐用程度。

Gòumǎi qián zuìhǎo jiàndìng yíxià shāngpǐn guīgé jí nàiyòng chéngdù.

구매 전에는 상품의 규격 및 내구성 정도를 감정해 보는 것이 가장 좋다.

- **鉴定** jiàndìng 명 감정 동 감정하다
- **规格** guīgé 명 규격
- **耐用** nàiyòng 형 질기다, 오래가다, 오래 쓸 수 있다

269 村长做主，让大家用棍棒殴打偷东西的贼。

Cūnzhǎng zuòzhǔ, ràng dàjiā yòng gùnbàng ōudǎ tōu dōngxi de zéi.

촌장이 주도하여 모두로 하여금 방망이로 물건을 훔친 도둑을 구타하게 했다.

- **做主** zuòzhǔ 이합 (일의) 주관자가 되다, (자신의) 생각대로 처리하다, 결정권을 가지다
- **棍棒** gùnbàng 명 곤봉, 방망이, 몽둥이
- **殴打** ōudǎ 동 구타하다
- **贼** zéi 명 도둑, 도적

270 在地上跪久了，膝盖的神经就会麻痹、失去知觉。

Zài dì shàng guì jiǔ le, xīgài de shénjīng jiù huì mábì, shīqù zhījué.

바닥에 오래 무릎을 꿇으면, 무릎의 신경이 마비되고 감각을 잃을 수 있다.

- **跪** guì 동 무릎을 꿇다
- **膝盖** xīgài 명 무릎
- **神经** shénjīng 명 신경 *发神经 발광하다
- **麻痹** mábì 명 마비 동 ① 마비되다 ② (정신적으로) 둔감하게 하다, 무디게 하다
- **知觉** zhījué 명 지각, 감각

271 在合理规划下，省会管辖地区的各项事业更兴旺了。

Zài hélǐ guīhuà xià, shěnghuì guǎnxiá dìqū de gè xiàng shìyè gèng xīngwàng le.

합리적인 계획 아래, 성도 관할 지역의 각 항목의 사업이 더욱 번창하게 되었다.

- **规划** guīhuà 명 계획, 기획 동 계획하다, 기획하다
- **省会** shěnghuì 명 성도
- **管辖** guǎnxiá 명 관할 동 관할하다
- **事业** shìyè 명 사업
- **兴旺** xīngwàng 형 번창하다, 흥하다

272 从清晨过渡到傍晚，这个盆地的气温相差二十摄氏度。

Cóng qīngchén guòdù dào bàngwǎn, zhège péndì de qìwēn xiāngchà èrshí shèshìdù.

새벽부터 해질 무렵으로 넘어갈 때까지 이 분지의 기온 차이는 섭씨 20도이다.

- **清晨** qīngchén 명 새벽녘, 동틀 무렵, 이른 아침
- **过渡** guòdù 명 과도 동 넘다, 건너다, 과도하다
- **盆地** péndì 명 분지
- **相差** xiāngchà 명 차이 동 서로 차이가 나다
- **摄氏度** shèshìdù 양 도(℃)[섭씨 온도계의 단위]

257 우리는 인간 본성 중의 그러한 고유의 약점들을 없애버릴 수 없다.

我们无法 　　　　 中那些 　　　 的 　　　 。
　　　mǒshā　rénxìng　　　　gùyǒu　　ruòdiǎn

258 그녀는 제멋대로인 것이 아니라 고집스러운 것이니, 당신이 그녀를 이해해야 해요.

她 　　　 　　　 ，而是 　　　 ，你要 　　　 她。
　bìngfēi　rènxìng　　　　gùzhi　　　　tǐliàng

259 그러한 옳고 그름이 뒤바뀐 험담은 나에게 근심을 더했다.

那些 　　　　 的 　　　 给我 　　　 了 　　　 。
　diāndǎo　shìfēi　xiánhuà　　zēngtiān　　gùlǜ

260 비록 그의 창작은 경지가 지극히 높지만, 그러나 시종일관 더욱 완벽을 기한다.

虽然他的 　　　　 极高，但始终 　　　　　　 。
　chuàngzuò　jìngjiè　　　　　jīngyìqiújīng

빠른
정답
257 我们无法抹杀人性中那些固有的弱点。
258 她并非任性，而是固执，你要体谅她。
259 那些颠倒是非的闲话给我增添了顾虑。
260 虽然他的创作境界极高，但始终精益求精。

261 평소 너는 항상 말한 것을 지키지 않아서 다른 사람의 너에 대한 신임을 저버린다.

___ 你总是说话不 ___，___别人对你的信任。

wǎngcháng   suànshù   gūfù

262 가장 많은 주식을 소유한 사람이 회사의 명실상부한 대주주이다.

___ 最多 ___ 的人是公司 ___ 的大 ___。

yōngyǒu   gǔfèn   míngfùqíshí   gǔdōng

263 부속품을 모두 갖춘 이 기계는 조립하고 분해할 수 있는 갈고리도 설치되어 있다.

这台零件 ___ 的 ___ 还 ___ 了可以 ___ 的 ___。

qíquán   jīxiè   pèibèi   zhuāngxiè   gōuzi

264 시장은 축사에서 젊은이들이 진용이 막강한 창업의 대열에 참가할 것을 격려했다.

市长在 ___ 中 ___ 年轻人加入 ___ 强大的 ___ ___。

zhìcí   miǎnlì   zhènróng   chuàngyè hángliè

261 往常你总是说话不算数，辜负别人对你的信任。
262 拥有最多股份的人是公司名副其实的大股东。
263 这台零件齐全的机械还配备了可以装卸的钩子。
264 市长在致辞中勉励年轻人加入阵容强大的创业行列。

265

너는 특기를 발휘하여 가장 좋은 순위를 얻으려 힘써야 한다.

你要发挥 [　　　]，[　　　] 得到最好的 [　　　]。

　　　　　tècháng　　lìzhēng　　　　　míngcì

266

관례에 따라 경기 중에 선두에 서야만 상을 받을 수 있다.

按照 [　　　]，在比赛中 [　　　] 才能得到 [　　　]。

　　　guànlì　　　　　lǐngxiān　　　jiǎngshǎng

267

우리는 상급 기관에서 제정한 규정을 착실하게 관철하여 실시해야 한다.

我们要 [　　] [　　] [　　] [　　] 制定的 [　　]。

　　　qièshí　guànchè　luòshí　shàngjí　　　guīzhāng

268

구매 전에는 상품의 규격 및 내구성 정도를 감정해 보는 것이 가장 좋다.

购买前最好 [　　] 一下商品 [　　] 及 [　　] 程度。

　　　　jiàndìng　　　　　guīgé　　nàiyòng

빠른
정답

265 你要发挥特长，力争得到最好的名次。
266 按照惯例，在比赛中领先才能得到奖赏。
267 我们要切实贯彻落实上级制定的规章。
268 购买前最好鉴定一下商品规格及耐用程度。

269 촌장이 주도하여 모두로 하여금 방망이로 물건을 훔친 도둑을 구타하게 했다.

村长 _____, 让大家用 _____ _____ 偷东西的 _____。
    zuòzhǔ   gùnbàng ōudǎ   zéi

270 바닥에 오래 무릎을 꿇으면, 무릎의 신경이 마비되고 감각을 잃을 수 있다.

在地上 _____ 久了, _____ 的 _____ 就会 _____、失去 _____。
    guì   xīgài shénjīng   mábì   zhījué

271 합리적인 계획 아래, 성도 관할 지역의 각 항목의 사업이 더욱 번창하게 되었다.

在合理 _____ 下, _____ _____ 地区的各项 _____ 更 _____ 了。
    guīhuà   shěnghuì guǎnxiá   shìyè   xīngwàng

272 새벽부터 해질 무렵으로 넘어갈 때까지 이 분지의 기온 차이는 섭씨 20도이다.

从 _____ _____ 到傍晚, 这个 _____ 的气温 _____ 二十
   qīngchén guòdù   péndì   xiāngchà

_____。
shèshìdù

빠른
정답

269 村长做主，让大家用棍棒殴打偷东西的贼。

270 在地上跪久了，膝盖的神经就会麻痹、失去知觉。

271 在合理规划下，省会管辖地区的各项事业更兴旺了。

272 从清晨过渡到傍晚，这个盆地的气温相差二十摄氏度。

273 ☑ 不过滤药渣的汤药混浊而苦涩。
☐ Bú guòlǜ yào zhā de tāngyào hùnzhuó ér kǔsè.
☐ 약의 침전물을 거르지 않은 탕약은 혼탁하고 맛이 쓰다.

- 过滤 guòlǜ 몡 필터 통 거르다, 여과하다
- 渣 zhā 몡 ① 찌꺼기, 침전물 ② 부스러기, 가루
- 混浊 hùnzhuó 혱 혼탁하다, 흐리다
- 苦涩 kǔsè 혱 ① (맛이) 씁쓸하고 떫다 ② (마음이) 괴롭다

274 ☐ 作家正在构思一部题材庸俗的小说。
☐ Zuòjiā zhèngzài gòusī yí bù tícái yōngsú de xiǎoshuō.
☐ 작가는 마침 한 편의 소재가 저속한 소설을 구상하고 있는 중이다.

- 构思 gòusī 몡 구상 통 구상하다
- 题材 tícái 몡 제재, 소재
- 庸俗 yōngsú 혱 비속하다, 저속하다, 속되다

275 ☐ 那个性格古怪的人莫名其妙地失踪了。
☐ Nàge xìnggé gǔguài de rén mòmíngqímiào de shīzōng le.
☐ 그 성격이 기이한 사람은 영문도 모르게 실종되었다.

- 古怪 gǔguài 혱 기괴하다, 기이하다
- 莫名其妙 mòmíngqímiào 성어 영문을 모르다
- 失踪 shīzōng 통 실종되다, 행방불명되다

276 ☐ 这个固体形态的东西体积是一立方米。
☐ Zhège gùtǐ xíngtài de dōngxi tǐjī shì yí lìfāngmǐ.
☐ 이 고체 형태의 물건은 부피가 1㎥이다.

- 固体 gùtǐ 몡 고체
- 形态 xíngtài 몡 형태
- 体积 tǐjī 몡 체적, 부피
- 立方 lìfāng 몡 세제곱

277

他因个性极端而被大家排斥，最后被孤立了。

Tā yīn gèxìng jíduān ér bèi dàjiā páichì, zuìhòu bèi gūlì le.

그는 개성이 극단적이기 때문에 모두에 의해 배척당했고, 마지막에는 고립되었다.

- **极端** jíduān 명 극단 형 극단적인 부 극단적으로, 극도로
- **排斥** páichì 동 배척하다, 반발하다
- **孤立** gūlì 형 고립되어 있다 동 고립하다, 고립시키다

278

爸爸说的那些含义深奥的话给了我很多启示。

Bàba shuō de nàxiē hányì shēn'ào dehuà gěi le wǒ hěn duō qǐshì.

아빠가 말한 그 속뜻이 심오한 말들은 나에게 많은 깨달음을 주었다.

- **含义** hányì 명 함의, 내포된 뜻, 속뜻
- **深奥** shēn'ào 형 심오하다
- **启示** qǐshì 명 시사(하는 바), 계시 동 시사하다, 계시하다

279

他俩寒暄几句后，就投机地聊起了欢乐的往事。

Tā liǎ hánxuān jǐ jù hòu, jiù tóujī de liáo qǐ le huānlè de wǎngshì.

그들 둘은 몇 마디 인사말을 나눈 후, 의기투합하여 즐거웠던 옛일을 이야기하기 시작했다.

- **寒暄** hánxuān 명 인사말 동 인사말을 나누다
- **投机** tóujī 명 투기 이합 투기하다 형 마음이 잘 맞는다, 이야기가 잘 통한다
- **欢乐** huānlè 형 즐겁다, 유쾌하다
- **往事** wǎngshì 명 지난 일, 옛일

280

我想起以前无忧无虑玩耍的片断，心情就很舒畅。

Wǒ xiǎng qǐ yǐqián wúyōuwúlǜ wánshuǎ de piànduàn, xīnqíng jiù hěn shūchàng.

나는 이전에 아무런 걱정 없이 놀던 (기억의) 단편을 떠올리면 기분이 상쾌하다.

- **无忧无虑** wúyōuwúlǜ 성어 아무런 근심 걱정도 없다
- **片断** piànduàn 명 토막, 단편, 부분
- **舒畅** shūchàng 형 (기분이) 상쾌하다, 시원하다, 후련하다

281

泄露公司机密的行为是非常无耻的。

Xièlòu gōngsī jīmì de xíngwéi shì fēicháng wúchǐ de.

회사의 기밀을 누설하는 행위는 매우 파렴치한 것이다.

- **泄露** xièlòu [동] 누설하다, 폭로하다 *泄露秘密 비밀을 누설하다
- **机密** jīmì [명] 기밀
- **无耻** wúchǐ [형] 염치없다, 파렴치하다, 뻔뻔스럽다

282

同事提示我做事要机灵，学会看眼色。

Tóngshì tíshì wǒ zuòshì yào jīling, xuéhuì kàn yǎnsè.

동료는 나에게 일을 할 때에는 기민해야 하고, 눈치 살피는 것을 배워야 한다고 지적했다.

- **提示** tíshì [명] 힌트, 도움말 [동] 제시하다, 제기하다, 지적하다
- **机灵** jīling [형] 영리하다, 약삭빠르다, 재치 있다, 기지가 있다
- **眼色** yǎnsè [명] ① 눈짓 ② 눈치 *使眼色 눈짓하다, 눈짓으로 알리다

283

谁都乐意跟机智、有内涵的人交朋友。

Shéi dōu lèyì gēn jīzhì、yǒu nèihán de rén jiāo péngyou.

누구나 기지가 넘치고 교양 있는 사람과 친구가 되길 원한다.

- **乐意** lèyì [동] (~하는 것을) 즐겁게 여기다, ~하기 원하다 *乐意+동사목적어
- **机智** jīzhì [명] 기지 [형] 기지가 넘치다
- **内涵** nèihán [명] ① 내포(된 내용) ② 수양, 교양

284

交通警察负责监督路上机动车辆的运行。

Jiāotōng jǐngchá fùzé jiāndū lùshang jīdòng chēliàng de yùnxíng.

교통경찰은 도로 위 기동 차량의 운행을 감독하는 것을 책임진다.

- **监督** jiāndū [명] 감독(자) [동] 감독하다
- **机动** jīdòng [형] ① 기계로 움직이는 ② 기동적인, 기민한
- **运行** yùnxíng [동] (별, 차 등이) 운행하다

285

書中列舉了不同朝代鑄造 貨幣的技巧。

Shūzhōng lièjǔ le bùtóng cháodài zhùzào huòbì de jìqiǎo.

책에는 서로 다른 왕조들이 화폐를 주조하는 기법을 열거했다.

- **列举** lièjǔ 동 열거하다
- **朝代** cháodài 명 왕조의 연대
- **铸造** zhùzào 명 주조 동 ① 주조하다 ② 건립하다
- **货币** huòbì 명 화폐
- **技巧** jìqiǎo 명 기교, 테크닉, 기법

286

过去无知的人常把希望寄托在寺庙里的神仙身上。

Guòqù wúzhī de rén cháng bǎ xīwàng jìtuō zài sìmiào lǐ de shénxiān shēnshang.

과거 무지한 사람은 종종 희망을 사찰 안의 신선에게 걸었다.

- **无知** wúzhī 형 무지하다, 사리에 어둡다
- **寄托** jìtuō 동 (기대, 희망, 감정 등을) 걸다, 두다
- **寺庙** sìmiào 명 사원, 절, 사찰
- **神仙** shénxiān 명 신선

287

我不会揉面，况且家里没现成的馅儿，没法包饺子。

Wǒ bú huì róu miàn, kuàngqiě jiā lǐ méi xiànchéng de xiànr, méifǎ bāo jiǎozi.

나는 밀가루를 반죽할 줄 모르고, 게다가 집에는 만들어진 소가 없어서 만두를 빚을 수가 없다.

- **揉** róu 동 ① (손으로) 비비다, 문지르다 ② (손으로) 빚다, 반죽하다
- **况且** kuàngqiě 접 하물며, 게다가, 더구나
- **现成** xiànchéng 형 이미 만들어져 있는, 기성의
- **馅儿** xiànr 명 (반죽한 밀가루 속에 넣는) 소

288

哇，我们怎么能对环境恶化 加剧的现象无动于衷呢?

Wā, wǒmen zěnme néng duì huánjìng èhuà jiājù de xiànxiàng wúdòngyúzhōng ne?

와! 우리는 어떻게 환경 악화가 심해지는 현상에 대해 무관심할 수 있는 걸까?

- **哇** wā 감 와!
- **恶化** èhuà 명 악화 동 악화되다, 악화시키다
- **加剧** jiājù 동 격화되다, 심해지다
- **无动于衷** wúdòngyúzhōng 성어 아무런 느낌이 없다, 조금도 동요하지 않다, 무관심하다

写一写 우리말 해석을 참고하여 빈칸에 알맞은 중국어를 쓰세요.

273 약의 침전물을 거르지 않은 탕약은 혼탁하고 맛이 쓰다.

不 ＿＿＿ 药 ＿＿＿ 的汤药 ＿＿＿ 而 ＿＿＿ 。
　　guòlǜ　　zhā　　　　hùnzhuó　　kǔsè

274 작가는 마침 한 편의 소재가 저속한 소설을 구상하고 있는 중이다.

作家正在 ＿＿＿ 一部 ＿＿＿ ＿＿＿ 的小说。
　　　　　gòusī　　　tícái　yōngsú

275 그 성격이 기이한 사람은 영문도 모르게 실종되었다.

那个性格 ＿＿＿ 的人 ＿＿＿ 地 ＿＿＿ 了。
　　　　gǔguài　　mòmíngqímiào　shīzōng

276 이 고체 형태의 물건은 부피가 1㎥이다.

这个 ＿＿＿ ＿＿＿ 的东西 ＿＿＿ 是一 ＿＿＿ 米。
　　gùtǐ　xíngtài　　　　tǐjī　　　　lìfāng

빠른 정답
273 不过滤药渣的汤药混浊而苦涩。
274 作家正在构思一部题材庸俗的小说。
275 那个性格古怪的人莫名其妙地失踪了。
276 这个固体形态的东西体积是一立方米。

277

그는 개성이 극단적이기 때문에 모두에 의해 배척당했고, 마지막에는 고립되었다.

他因个性 ____ 而被大家 ____, 最后被 ____ 了。

jíduān　　　　　páichì　　　　　gūlì

278

아빠가 말한 그 속뜻이 심오한 말들은 나에게 많은 깨달음을 주었다.

爸爸说的那些 ____ ____ 的话给了我很多 ____ 。

hányì　shēn'ào　　　　　　　qǐshì

279

그들 둘은 몇 마디 인사말을 나눈 후, 의기투합하여 즐거웠던 옛일을 이야기하기 시작했다.

他俩 ____ 几句后, 就 ____ 地聊起了 ____ 的 ____ 。

hánxuān　　　　tóujī　　　　huānlè　　wǎngshì

280

나는 이전에 아무런 걱정 없이 놀던 (기억의) 단편을 떠올리면 기분이 상쾌하다.

我想起以前 ____ 玩耍的 ____ , 心情就很 ____ 。

wúyōuwúlǜ　　　piànduàn　　　shūchàng

빠른
정답

277 他因个性极端而被大家排斥，最后被孤立了。
278 爸爸说的那些含义深奥的话给了我很多启示。
279 他俩寒暄几句后，就投机地聊起了欢乐的往事。
280 我想起以前无忧无虑玩耍的片断，心情就很舒畅。

281

회사의 기밀을 누설하는 행위는 매우 파렴치한 것이다.

_____ 公司 _____ 的行为是非常 _____ 的。

　xièlòu　　　 jīmì　　　　　　　　 wúchǐ

282

동료는 나에게 일을 할 때에는 기민해야 하고, 눈치 살피는 것을 배워야 한다고 지적했다.

同事 _____ 我做事要 _____ , 学会看 _____ 。

　　　 tíshì　　　　　 jīling　　　　　 yǎnsè

283

누구나 기지가 넘치고 교양 있는 사람과 친구가 되길 원한다.

谁都 _____ 跟 _____ 、有 _____ 的人交朋友。

　　　 lèyì　　 jīzhì　　　 nèihán

284

교통경찰은 도로 위 기동 차량의 운행을 감독하는 것을 책임진다.

交通警察负责 _____ 路上 _____ 车辆的 _____ 。

　　　　　　 jiāndū　　　 jīdòng　　　 yùnxíng

빠른
정답

281 泄露公司机密的行为是非常无耻的。
282 同事提示我做事要机灵，学会看眼色。
283 谁都乐意跟机智、有内涵的人交朋友。
284 交通警察负责监督路上机动车辆的运行。

책에는 서로 다른 왕조들이 화폐를 주조하는 기법을 열거했다.

285

书中 [   ] 了不同 [   ] [   ] 的 [   ]。
　　　lièjǔ　　　cháodài zhùzào huòbì　　jìqiǎo

과거 무지한 사람은 종종 희망을 사찰 안의 신선에게 걸었다.

286

过去 [   ] 的人常把希望 [   ] 在 [   ] 里的 [   ] 身上。
　　　wúzhī　　　　　jìtuō　　sìmiào　　shénxiān

나는 밀가루를 반죽할 줄 모르고, 게다가 집에는 만들어진 소가 없어서 만두를 빚을 수가 없다.

287

我不会 [   ] 面, [   ] 家里没 [   ] 的 [   ], 没法包饺子。
　　　róu　　kuàngqiě　　xiànchéng　　xiànr

와! 우리는 어떻게 환경 악화가 심해지는 현상에 대해 무관심할 수 있는 걸까?

288

[   ], 我们怎么能对环境 [   ] [   ] 的现象 [   ] 呢?
wā　　　　　　　　 èhuà　　jiājù　　wúdòngyúzhōng

빠른
정답

285 书中列举了不同朝代铸造货币的技巧。
286 过去无知的人常把希望寄托在寺庙里的神仙身上。
287 我不会揉面，况且家里没现成的馅儿，没法包饺子。
288 哇，我们怎么能对环境恶化加剧的现象无动于衷呢？

Unit 19

289 ☑ 蔓延的炊烟笼罩了狭窄的小巷。
☐ Mànyán de chuīyān lǒngzhào le xiázhǎi de xiǎoxiàng.
☐ 널리 퍼진 밥 짓는 연기가 좁고 작은 골목을 뒤덮었다.

- 蔓延 mànyán 동 만연하다, 널리 번지어 퍼지다
- 炊烟 chuīyān 명 밥 짓는 연기
- 笼罩 lǒngzhào 동 덮어씌우다, 뒤덮다, 자욱하다
- 狭窄 xiázhǎi 형 (비)좁다, 편협하다
- 巷 xiàng 명 골목

290 ☐ 这笔儿童基金是以卡通人物的名字命名的。
☐ Zhè bǐ értóng jījīn shì yǐ kǎtōng rénwù de míngzi mìngmíng de.
☐ 이 아동 기금은 만화 인물의 이름으로 명명된 것이다.

- 基金 jījīn 명 기금, 펀드
- 卡通 kǎtōng 명 카툰, 만화, 애니메이션
- 命名 mìngmíng 이합 명명하다, 이름을 짓다

291 ☐ 不同种族的人们之间的深情厚谊是永恒的。
☐ Bùtóng zhǒngzú de rénmen zhījiān de shēnqínghòuyì shì yǒnghéng de.
☐ 서로 다른 인종의 사람들 간의 깊고 돈독한 정은 영원한 것이다.

- 种族 zhǒngzú 명 종족, 인종
- 深情厚谊 shēnqínghòuyì 성어 깊고 돈독한 정
- 永恒 yǒnghéng 형 영원히 변하지 않다, 영원하다

292 ☐ 专家们希望钻研出更多尖端智能科技产品。
☐ Zhuānjiāmen xīwàng zuānyán chū gèng duō jiānduān zhìnéng kējì chǎnpǐn.
☐ 전문가들은 더 많은 첨단 스마트 과학 기술 제품을 연구해 내기를 희망한다.

- 钻研 zuānyán 동 깊이 연구하다, 탐구하다
- 尖端 jiānduān 명 첨단 형 첨단의, 최신의
- 智能 zhìnéng 명 지능, 스마트

293

他看似朴实，却有坚韧的个性和男子汉气概。

Tā kànsì pǔshí, què yǒu jiānrèn de gèxìng hé nánzǐhàn qìgài.

그는 보기에 수수한 것 같지만, 그러나 강인한 개성과 사나이의 기개가 있다.

- **朴实** pǔshí 형 소박하다, 검소하다, 수수하다, 수더분하다
- **坚韧** jiānrèn 형 강인하다, 단단하고 질기다
- **气概** qìgài 명 기개

294

再平庸的人长期接受艺术熏陶后，气质也会提升。

Zài píngyōng de rén chángqī jiēshòu yìshù xūntáo hòu, qìzhì yě huì tíshēng.

아무리 평범한 사람이라도 장기간 예술적 영향을 받은 후에는 기품 또한 올라가게 된다.

- **平庸** píngyōng 형 평범하다, 예사롭다
- **熏陶** xūntáo 명 영향 동 장기적으로 영향을 끼치다
- **气质** qìzhì 명 ① 성격, 기질, 성미 ② 분위기, 기품

295

追求真理的路上要面临很多考验，不会一帆风顺。

Zhuīqiú zhēnlǐ de lùshang yào miànlín hěn duō kǎoyàn, bú huì yìfānfēngshùn.

진리를 추구하는 길에서는 많은 시련에 직면하게 되어 순조롭게 진행될 수 없을 것이다.

- **真理** zhēnlǐ 명 진리
- **考验** kǎoyàn 명 시험, 시련, 검증 동 시험하다, 시련을 주다, 검증하다
- **一帆风顺** yìfānfēngshùn 성어 일이 순조롭게 진행되다

296

沾了朋友的光，我品尝到了正宗清真美食的滋味。

Zhān le péngyou de guāng, wǒ pǐncháng dào le zhèngzōng qīngzhēn měishí de zīwèi.

친구 덕에 나는 정통 이슬람 미식의 맛을 맛보게 되었다.

- **沾光** zhānguāng 이합 덕을 보다, 은혜를 입다, 신세를 지다
- **品尝** pǐncháng 동 시식하다, 맛보다
- **正宗** zhèngzōng 형 정통의, 전통적인
- **清真** qīngzhēn 명 ① 이슬람교, 회교 ② 순결 형 순결하다, 산뜻하고 소박하다
- **滋味** zīwèi 명 ① 맛 ② 재미 ③ 기분, 심정

297

新商场举办了隆重的开业剪彩仪式。

Xīn shāngchǎng jǔbàn le lóngzhòng de kāiyè jiǎncǎi yíshì.

새 상점은 성대한 개업 테이프 커팅식을 개최했다.

- 隆重 lóngzhòng 형 성대하다, 성대하고 장중하다, 엄숙하다
- 剪彩 jiǎncǎi 이합 (개막식 등에서) 테이프를 끊다
- 仪式 yíshì 명 의식

298

被警察通缉后，犯人伪造了身份和籍贯。

Bèi jǐngchá tōngjī hòu, fànrén wěizào le shēnfen hé jíguàn.

경찰에 의해 지명 수배가 된 후, 범인은 신분과 본적을 위조했다.

- 通缉 tōngjī 명 지명 수배 동 지명 수배하다
- 伪造 wěizào 명 위조, 날조 동 위조하다, 날조하다
- 籍贯 jíguàn 명 본적, 출생지

299

有些人嫉妒哥哥在摇滚音乐方面的天赋。

Yǒuxiē rén jídù gēge zài yáogǔn yīnyuè fāngmiàn de tiānfù.

어떤 사람들은 오빠의 록 음악 방면에서의 천부적인 소질을 질투한다.

- 嫉妒 jídù 동 질투하다
- 摇滚 yáogǔn 명 로큰롤, 록(Rock)
- 天赋 tiānfù 명 천부적인 것, 타고난 것, 소질

300

老板有意向回收我拾到的典型老式收音机。

Lǎobǎn yǒu yìxiàng huíshōu wǒ shídào de diǎnxíng lǎoshì shōuyīnjī.

사장은 내가 주운 전형적인 옛날식 라디오를 회수할 의향이 있다.

- 意向 yìxiàng 명 의향, 의도
- 回收 huíshōu 동 (폐품이나 오래된 물건을) 회수하다
- 拾 shí 동 줍다
- 典型 diǎnxíng 명 전형 형 전형적이다
- 收音机 shōuyīnjī 명 라디오

301 研究基因遗传的规律，对人类来说任重道远。

Yánjiū jīyīn yíchuán de guīlǜ, duì rénlèi láishuō rènzhòngdàoyuǎn.

유전자가 유전되는 규율을 연구하는 것은 인류에게 있어 책임이 막중하고도 갈 길이 멀다.

· **基因** jīyīn 몡 유전자
· **遗传** yíchuán 몡 유전 됭 유전하다
· **任重道远** rènzhòngdàoyuǎn 성어 책임이 무겁고 갈 길이 멀다

302 把几种化学物质人为地混合会出现奇妙的反应。

Bǎ jǐ zhǒng huàxué wùzhì rénwéi de hùnhé huì chūxiàn qímiào de fǎnyìng.

몇 가지 화학 물질을 인위적으로 혼합하면 기묘한 반응이 나타나게 된다.

· **人为** rénwéi 몡 인위(적) 혱 인위적이다
· **混合** hùnhé 몡 혼합 됭 혼합하다
· **奇妙** qímiào 혱 기묘하다

303 火箭的发明是人类实现太空梦想路上的里程碑。

Huǒjiàn de fāmíng shì rénlèi shíxiàn tàikōng mèngxiǎng lùshang de lǐchéngbēi.

로켓의 발명은 인류가 우주의 꿈을 실현하는 길에서의 이정표이다.

· **火箭** huǒjiàn 몡 로켓
· **太空** tàikōng 몡 우주
· **里程碑** lǐchéngbēi 몡 이정표

304 农历正月十五元宵节时吃的汤圆象征着圆满、吉祥。

Nónglì zhēngyuè shíwǔ Yuánxiāojié shí chī de tāngyuán xiàngzhēng zhe yuánmǎn、jíxiáng.

음력 정월 15일 대보름날 때 먹는 탕위안은 원만함과 길함을 상징하고 있다.

· **农历** nónglì 몡 음력
· **正月** zhēngyuè 몡 정월
· **元宵节** Yuánxiāojié 몡 정월 대보름날
· **圆满** yuánmǎn 혱 원만하다
· **吉祥** jíxiáng 혱 길하다, 운수가 좋다

写一写 우리말 해석을 참고하여 빈칸에 알맞은 중국어를 쓰세요.

289

널리 퍼진 밥 짓는 연기가 좁고 작은 골목을 뒤덮었다.

_____ 的 _____ 了 _____ 的小 _____ 。

mànyán chuīyān lǒngzhào xiázhǎi xiàng

290

이 아동 기금은 만화 인물의 이름으로 명명된 것이다.

这笔儿童 _____ 是以 _____ 人物的名字 _____ 的。

jījīn kǎtōng mìngmíng

291

서로 다른 인종의 사람들 간의 깊고 돈독한 정은 영원한 것이다.

不同 _____ 的人们之间的 _____ 是 _____ 的。

zhǒngzú shēnqínghòuyì yǒnghéng

292

전문가들은 더 많은 첨단 스마트 과학 기술 제품을 연구해 내기를 희망한다.

专家们希望 _____ 出更多 _____ _____ 科技产品。

zuānyán jiānduān zhìnéng

빠른
정답

289 蔓延的炊烟笼罩了狭窄的小巷。
290 这笔儿童基金是以卡通人物的名字命名的。
291 不同种族的人们之间的深情厚谊是永恒的。
292 专家们希望钻研出更多尖端智能科技产品。

293

그는 보기에 수수한 것 같지만, 그러나 강인한 개성과 사나이의 기개가 있다.

他看似 _____ ，却有 _____ 的个性和男子汉 _____ 。
　　　　　pǔshí　　　　jiānrèn　　　　　　　　qìgài

294

아무리 평범한 사람이라도 장기간 예술적 영향을 받은 후에는 기품 또한 올라가게 된다.

再 _____ 的人长期接受艺术 _____ 后， _____ 也会提升。
　　píngyōng　　　　　　　xūntáo　　　qìzhì

295

진리를 추구하는 길에서는 많은 시련에 직면하게 되어 순조롭게 진행될 수 없을 것이다.

追求 _____ 的路上要面临很多 _____ ，不会 _____ 。
　　zhēnlǐ　　　　　　　　kǎoyàn　　　yìfānfēngshùn

296

친구 덕에 나는 정통 이슬람 미식의 맛을 맛보게 되었다.

_____ 了朋友的 _____ ，我 _____ 到了 _____ 美食的
zhān　　　　guāng　　pǐncháng　　zhèngzōng　qīngzhēn

_____ 。
zīwèi

297

새 상점은 성대한 개업 테이프 커팅식을 개최했다.

新商场举办了 _____ 的开业 _____ 。
           lóngzhòng   jiǎncǎi   yíshì

298

경찰에 의해 지명 수배가 된 후, 범인은 신분과 본적을 위조했다.

被警察 _____ 后，犯人 _____ 了身份和 _____ 。
      tōngjī   wěizào   jíguàn

299

어떤 사람들은 오빠의 록 음악 방면에서의 천부적인 소질을 질투한다.

有些人 _____ 哥哥在 _____ 音乐方面的 _____ 。
      jídù   yáogǔn   tiānfù

300

사장은 내가 주운 전형적인 옛날식 라디오를 회수할 의향이 있다.

老板有 _____ _____ 我 _____ 到的 _____ 老式 _____ 。
   yìxiàng huíshōu   shí   diǎnxíng   shōuyīnjī

빠른
정답

297 新商场举办了隆重的开业剪彩仪式。
298 被警察通缉后，犯人伪造了身份和籍贯。
299 有些人嫉妒哥哥在摇滚音乐方面的天赋。
300 老板有意向回收我拾到的典型老式收音机。

301

유전자가 유전되는 규율을 연구하는 것은 인류에게 있어 책임이 막중하고도 갈 길이 멀다.

研究 ＿＿＿ ＿＿＿ 的规律，对人类来说 ＿＿＿＿＿＿。

jīyīn　　yíchuán　　　　　　　　rènzhòngdàoyuǎn

302

몇 가지 화학 물질을 인위적으로 혼합하면 기묘한 반응이 나타나게 된다.

把几种化学物质 ＿＿＿ 地 ＿＿＿ 会出现 ＿＿＿ 的反应。

rénwéi　　hùnhé　　qímiào

303

로켓의 발명은 인류가 우주의 꿈을 실현하는 길에서의 이정표이다.

＿＿＿ 的发明是人类实现 ＿＿＿ 梦想路上的 ＿＿＿＿＿。

huǒjiàn　　　　　　tàikōng　　　　lǐchéngbēi

304

음력 정월 15일 대보름날 때 먹는 탕위안은 원만함과 길함을 상징하고 있다.

＿＿＿ ＿＿＿ 十五 ＿＿＿＿ 时吃的汤圆象征着 ＿＿＿、＿＿＿。

nónglì　　zhēngyuè　　Yuánxiāojié　　　　　yuánmǎn　　jíxiáng

빠른
정답

301 研究基因遗传的规律，对人类来说任重道远。
302 把几种化学物质人为地混合会出现奇妙的反应。
303 火箭的发明是人类实现太空梦想路上的里程碑。
304 农历正月十五元宵节时吃的汤圆象征着圆满、吉祥。

305 ✓ 小猫用舌头舔着腥味很重的鱼肉丸。

Xiǎomāo yòng shétou tiǎn zhe xīngwèi hěn zhòng de yú ròuwán.

고양이가 혀로 비린내가 매우 심한 생선고기 완자를 핥고 있다.

- 舌头 shétou 명 혀
- 舔 tiǎn 동 핥다
- 腥 xīng 명 비린내 동 비린내 나다 형 비리다
- 丸 wán 명 작고 둥근 물건, 알, 환

306 经理任命我书写这次洽谈会的会议纪要。

Jīnglǐ rènmìng wǒ shūxiě zhè cì qiàtánhuì de huìyì jìyào.

사장님은 나를 임명하여 이번 협의회의 회의 요지를 쓰게 했다.

- 任命 rènmìng 동 임명하다
- 洽谈 qiàtán 명 교섭, 협의 동 교섭하다, 협의하다
- 纪要 jìyào 명 요지, 개요

307 交警巡逻时把逆行车辆从路上驱逐出去了。

Jiāojǐng xúnluó shí bǎ nìxíng chēliàng cóng lùshang qūzhú chūqù le.

교통경찰이 순찰할 때 역행하는 차량을 길로부터 몰아내서 나가게 했다.

- 巡逻 xúnluó 동 순찰하다
- 逆行 nìxíng 동 역행하다
- 驱逐 qūzhú 동 몰아내다, 쫓아내다

308 老房子里遗留下来的家具还可以将就着用。

Lǎo fángzi lǐ yíliú xiàlái de jiājù hái kěyǐ jiāngjiù zhe yòng.

낡은 집 안에 남겨진 가구는 아직 그럭저럭 참고 사용할 수 있다.

- 遗留 yíliú 동 남기다, 남겨 놓다
- 将就 jiāngjiù 동 우선 아쉬운 대로 참고 견디다, 그럭저럭 참고 쓰다

309

受父母潜移默化的影响，他的审美倾向变了。

Shòu fùmǔ qiányímòhuà de yǐngxiǎng, tā de shěnměi qīngxiàng biàn le.

부모님께 은연중의 영향을 받아 그의 심미적 경향이 변했다.

- **潜移默化** qiányímòhuà 성어 은연중에 감화하다, 모르는 사이에 영향을 받아 바뀌다
- **审美** shěnměi 명 심미, 미의식 형 심미적인
- **倾向** qīngxiàng 명 경향 동 편들다, 마음이 쏠리다

310

藐视甚至侵犯他人权利的行为该受到约束和谴责。

Miǎoshì shènzhì qīnfàn tārén quánlì de xíngwéi gāi shòudào yuēshù hé qiǎnzé.

타인의 권리를 경시하고 심지어 침범하는 행위는 제약과 비난을 받아야 한다.

- **藐视** miǎoshì 동 경시하다, 깔보다, 업신여기다, 얕보다
- **侵犯** qīnfàn 명 침범 동 침범하다
- **约束** yuēshù 명 제한, 제약, 구속 동 제약하다, 제한하다, 얽매다
- **谴责** qiǎnzé 명 비난, 질책, 규탄 동 꾸짖다, 질책하다, 비난하다, 규탄하다

311

狗的嗅觉灵敏，能给在黑暗中摸索的盲人做向导。

Gǒu de xiùjué língmǐn, néng gěi zài hēi'àn zhōng mōsuǒ de mángrén zuò xiàngdǎo.

개의 후각은 민감해서 어둠 속에서 길을 더듬어 찾는 맹인들에게 길잡이가 되어줄 수 있다.

- **嗅觉** xiùjué 명 후각
- **灵敏** língmǐn 형 (감각이) 예민하다, 민감하다
- **摸索** mōsuǒ 동 ① (길, 방향 등을) 더듬어 찾다 ② (방법, 경험, 요령 등을) 모색하다, 탐색하다
- **向导** xiàngdǎo 명 길 안내(자), 길잡이 동 길을 안내하다

312

人们领悟到，正义的天平是神圣的，不会随意倾斜。

Rénmen lǐngwù dào, zhèngyì de tiānpíng shì shénshèng de, bú huì suíyì qīngxié.

사람들은 정의의 저울은 신성한 것이며, 아무렇게나 한쪽으로 편향되지 않을 것이라는 걸 깨닫게 되었다.

- **领悟** lǐngwù 동 깨닫다, 이해하다
- **正义** zhèngyì 명 정의 형 정의로운
- **神圣** shénshèng 형 신성하다, 성스럽다
- **随意** suíyì 이합 뜻대로 하다, 생각대로 하다, 마음대로 하다
- **倾斜** qīngxié 동 ① 경사지다, 기울어지다 ② (어느 한쪽으로) 편향되다

313
□
□
□

我忘记向海关申报托运的行李数额了。

Wǒ wàngjì xiàng hǎiguān shēnbào tuōyùn de xíngli shù'é le.

나는 세관에 운송을 위탁한 짐의 액수를 신고하는 것을 잊었다.

- **申报** shēnbào 명 신고, 보고 동 ① 상급 기관이나 관련 기관에 보고하다 ② (세관에) 신고하다
- **托运** tuōyùn 동 운송을 위탁하다, 탁송하다
- **数额** shù'é 명 일정한 수, 정액, 액수

314
□
□
□

我觉得熨衣服的过程很枯燥，毫无趣味。

Wǒ juéde yùn yīfu de guòchéng hěn kūzào, háowú qùwèi.

나는 옷을 다림질하는 과정이 따분하고, 조금도 재미없다고 생각한다.

- **熨** yùn 동 다리다, 다림질하다
- **枯燥** kūzào 형 ① 바싹 마르다, 말라빠지다 ② 무미건조하다, 따분하다
- **毫无** háowú 조금도 ~이 없다
- **趣味** qùwèi 명 흥미, 재미

315
□
□
□

据论证，长时间沐浴后人的血压会上升。

Jù lùnzhèng, cháng shíjiān mùyù hòu rén de xuèyā huì shàngshēng.

논증에 따르면, 장시간 목욕 후 사람의 혈압은 상승할 수 있다.

- **论证** lùnzhèng 명 논증 동 논증하다
- **沐浴** mùyù 명 목욕 동 목욕하다
- **血压** xuèyā 명 혈압

316
□
□
□

妈妈捞起浸泡在井水里的鱼，准备煎了吃。

Māma lāo qǐ jìnpào zài jǐngshuǐ lǐ de yú, zhǔnbèi jiān le chī.

엄마는 우물 물 속에 담긴 생선을 건져 올려 기름에 지져 먹을 작정이다.

- **捞** lāo 동 (액체 속에서) 건지다, 끌어올리다
- **浸泡** jìnpào 동 (물 속에) 담그다
- **井** jǐng 명 우물
- **煎** jiān 동 ① (기름에) 지지다, (전을) 부치다 ② (약, 차 등을) 달이다, 졸이다

317

把坏了的米粒拣出去以后，剩下的都是精华。

Bǎ huài le de mǐlì jiǎn chūqù yǐhòu, shèngxià de dōu shì jīnghuá.

상한 쌀알을 골라낸 이후, 남은 것은 모두 알짜배기이다.

- 粒 lì 명 양 알(갱이), 입자
- 拣 jiǎn 동 ① 고르다, 선택하다 ② 줍다, 습득하다
- 精华 jīnghuá 명 정화, 정수, 알짜

318

我一直在琢磨怎么支配这些年攒下来的薪水。

Wǒ yìzhí zài zuómó zěnme zhīpèi zhèxiē nián zǎn xiàlái de xīnshui.

나는 줄곧 요 몇 해 모은 급여를 어떻게 안배할 것인지 생각하고 있다.

- 琢磨 zuómó 동 생각하다, 사색하다, 궁리하다
- 支配 zhīpèi 명 ① 안배, 배치, 분배 ② 지배, 지도 동 ① 안배하다, 배치하다, 분배하다
  ② 지배하다, 지도하다
- 攒 zǎn 동 쌓다, 모으다, 축적하다
- 薪水 xīnshui 명 급여, 월급, 봉급

319

我口头上告诉你一些注意事项，你别嫌我啰嗦。

Wǒ kǒutóu shàng gàosu nǐ yìxiē zhùyì shìxiàng, nǐ bié xián wǒ luōsuo.

나는 구두상으로 당신에게 주의사항들을 알려줄테니, 당신은 내가 말이 많다고 싫어하지 마세요.

- 口头 kǒutóu 명 구두
- 事项 shìxiàng 명 사항
- 嫌 xián 동 싫어하다, 꺼리다
- 啰嗦 luōsuo 형 ① 말이 많다, 수다스럽다 ② (일 등이) 번거롭다, 성가시다, 자질구레하다

320

妈妈茫然地在路上徘徊，寻觅她刚刚遗失的首饰。

Māma mángrán de zài lùshang páihuái, xúnmì tā gānggāng yíshī de shǒushì.

엄마는 망연스레 길에서 왔다갔다하며, 그녀가 방금 분실한 액세서리를 찾고 있다.

- 茫然 mángrán 형 ① 막연하다, 멍하다 ② 실의에 빠진 모습
- 徘徊 páihuái 동 배회하다, 왔다갔다하다
- 寻觅 xúnmì 동 찾다
- 遗失 yíshī 동 유실하다, 분실하다, 잃다
- 首饰 shǒushì 명 장신구, 액세서리

写一写 우리말 해석을 참고하여 빈칸에 알맞은 중국어를 쓰세요.

305

고양이가 혀로 비린내가 매우 심한 생선고기 완자를 핥고 있다.

小猫用 ⬜ 着 ⬜ 味很重的鱼肉 ⬜ 。
　　　 shétou　 tiǎn　 xīng　　　　 wán

306

사장님은 나를 임명하여 이번 협의회의 회의 요지를 쓰게 했다.

经理 ⬜ 我书写这次 ⬜ 会的会议 ⬜ 。
　　 rènmìng　　　　 qiàtán　　　 jìyào

307

교통경찰이 순찰할 때 역행하는 차량을 길로부터 몰아내서 나가게 했다.

交警 ⬜ 时把 ⬜ 车辆从路上 ⬜ 出去了。
　　 xúnluó　 nìxíng　　　　 qūzhú

308

낡은 집 안에 남겨진 가구는 아직 그럭저럭 참고 사용할 수 있다.

老房子里 ⬜ 下来的家具还可以 ⬜ 着用。
　　　 yíliú　　　　　　 jiāngjiù

빠른
정답

305 小猫用舌头舔着腥味很重的鱼肉丸。
306 经理任命我书写这次洽谈会的会议纪要。
307 交警巡逻时把逆行车辆从路上驱逐出去了。
308 老房子里遗留下来的家具还可以将就着用。

309

부모님께 은연중의 영향을 받아 그의 심미적 경향이 변했다.

受父母 ⬚⬚⬚⬚ 的影响，他的 ⬚⬚⬚ ⬚⬚⬚ 变了。

　　　qiányímòhuà　　　　　　　shěnměi qīngxiàng

310

타인의 권리를 경시하고 심지어 침범하는 행위는 제약과 비난을 받아야 한다.

⬚⬚ 甚至 ⬚⬚ 他人权利的行为该受到 ⬚⬚ 和 ⬚⬚ 。

miǎoshì　　　qīnfàn　　　　　　　　　　yuēshù　　　qiǎnzé

311

개의 후각은 민감해서 어둠 속에서 길을 더듬어 찾는 맹인들에게 길잡이가 되어줄 수 있다.

狗的 ⬚⬚⬚ ⬚⬚ ，能给在黑暗中 ⬚⬚ 的盲人做 ⬚⬚ 。

　　　xiùjué língmǐn　　　　　　　mōsuǒ　　　xiàngdǎo

312

사람들은 정의의 저울은 신성한 것이며, 아무렇게나 한쪽으로 편향되지 않을 것이라는 걸 깨닫게 되었다.

人们 ⬚⬚ 到， ⬚⬚ 的天平是 ⬚⬚ 的，不会 ⬚⬚ ⬚⬚ 。

　lǐngwù　　　zhèngyì　　　shénshèng　　　suíyì　qīngxié

빠른
정답

309 受父母潜移默化的影响，他的审美倾向变了。

310 藐视甚至侵犯他人权利的行为该受到约束和谴责。

311 狗的嗅觉灵敏，能给在黑暗中摸索的盲人做向导。

312 人们领悟到，正义的天平是神圣的，不会随意倾斜。

313

나는 세관에 운송을 위탁한 짐의 액수를 신고하는 것을 잊었다.

我忘记向海关 ⬜⬜ ⬜⬜ 的行李 ⬜⬜ 了。
shēnbào　tuōyùn　　　　shù'é

314

나는 옷을 다림질하는 과정이 따분하고, 조금도 재미없다고 생각한다.

我觉得 ⬜ 衣服的过程很 ⬜⬜ , ⬜⬜ ⬜⬜ 。
yùn　　　　　　kūzào　　háowú　qùwèi

315

논증에 따르면, 장시간 목욕 후 사람의 혈압은 상승할 수 있다.

据 ⬜⬜ , 长时间 ⬜⬜ 后人的 ⬜⬜ 会上升。
lùnzhèng　　　　mùyù　　　xuèyā

316

엄마는 우물 물 속에 담긴 생선을 건져 올려 기름에 지져 먹을 작정이다.

妈妈 ⬜ 起 ⬜⬜ 在 ⬜ 水里的鱼，准备 ⬜ 了吃。
lāo　　jìnpào　　jǐng　　　　　jiān

빠른
정답

313 我忘记向海关申报托运的行李数额了。
314 我觉得熨衣服的过程很枯燥，毫无趣味。
315 据论证，长时间沐浴后人的血压会上升。
316 妈妈捞起浸泡在井水里的鱼，准备煎了吃。

317

상한 쌀알을 골라낸 이후, 남은 것은 모두 알짜배기이다.

把坏了的米 ____ ____ 出去以后，剩下的都是 ____ 。

lì   jiǎn   jīnghuá

318

나는 줄곧 요 몇 해 모은 급여를 어떻게 안배할 것인지 생각하고 있다.

我一直在 ____ 怎么 ____ 这些年 ____ 下来的 ____ 。

zuómo   zhīpèi   zǎn   xīnshui

319

나는 구두상으로 당신에게 주의사항들을 알려줄테니, 당신은 내가 말이 많다고 싫어하지 마세요.

我 ____ 上告诉你一些注意 ____ ，你别 ____ 我 ____ 。

kǒutóu   shìxiàng   xián   luōsuo

320

엄마는 망연스레 길에서 왔다갔다하며, 그녀가 방금 분실한 액세서리를 찾고 있다.

妈妈 ____ 地在路上 ____ ， ____ 她刚刚 ____ 的 ____ 。

mángrán   páihuái   xúnmì   yíshī   shǒushì

🔓 빠른
정답

317 把坏了的米粒拣出去以后，剩下的都是精华。
318 我一直在琢磨怎么支配这些年攒下来的薪水。
319 我口头上告诉你一些注意事项，你别嫌我啰嗦。
320 妈妈茫然地在路上徘徊，寻觅她刚刚遗失的首饰。

Unit

21

321 ✓ 院子里没有空间容纳体型庞大的牲畜。

Yuànzi lǐ méiyǒu kōngjiān róngnà tǐxíng pángdà de shēngchù.

정원 안에는 체형이 거대한 가축을 수용할 공간이 없다.

- **容纳** róngnà 동 수용하다, 받아들이다
- **牲畜** shēngchù 명 가축, 집짐승
- **庞大** pángdà 형 방대하다, 거대하다

322 我们的战略和预期目标南辕北辙，是不可行的。

Wǒmen de zhànlüè hé yùqī mùbiāo nányuánběizhé, shì bù kěxíng de.

우리의 전략은 기대하는 목표와 맞지 않아서 실행할 수 없는 것이다.

- **战略** zhànlüè 명 전략
- **预期** yùqī 동 예기하다, 미리 기대하다
- **南辕北辙** nányuánběizhé 성어 행동과 목적이 서로 맞지 않다, 일의 결과가 의도와 다르게 진행되다
- **可行** kěxíng 형 실행할 만하다, 할 수 있다, 해도 된다

323 同事时而会趁工作的空隙炫耀他的旅行见闻。

Tóngshì shí'ér huì chèn gōngzuò de kòngxì xuànyào tā de lǚxíng jiànwén.

동료는 때때로 일하다 쉬는 틈을 타서 그의 여행 견문을 자랑한다.

- **时而** shí'ér 부 ① 때때로, 이따금 ② 때로는~ 때로는~ [중첩 사용] *时而…时而… 때로는~ 때로는~
- **空隙** kòngxì 명 틈, 간격, 겨를, 짬
- **炫耀** xuànyào 동 ① 눈부시게 빛나다 ② 자랑하다, 뽐내다
- **见闻** jiànwén 명 견문, 보고 들은 것

324 案件内幕被揭露后，牵扯到了很多社会团体。

Ànjiàn nèimù bèi jiēlù hòu, qiānchě dào le hěn duō shèhuì tuántǐ.

사건 내막이 폭로된 후, 많은 사회 단체까지 연루되었다.

- **案件** ànjiàn 명 안건, 사건
- **牵扯** qiānchě 동 연관되다, 연루되다, 얽히다
- **内幕** nèimù 명 내막, 속사정
- **团体** tuántǐ 명 단체
- **揭露** jiēlù 동 폭로하다, 까발리다

325
气象雷达显示明天局部地区气温会急剧降低。
Qìxiàng léidá xiǎnshì míngtiān júbù dìqū qìwēn huì jíjù jiàngdī.
기상 레이더는 내일 일부 지역의 기온이 급격하게 떨어질 것이라고 나타냈다.

- **气象** qìxiàng 명 기상
- **雷达** léidá 명 레이더
- **局部** júbù 명 국부, 일부분
- **急剧** jíjù 형 급격하다

326
婚姻美满的前提是夫妻不互相埋怨, 感情融洽。
Hūnyīn měimǎn de qiántí shì fūqī bú hùxiāng mányuàn, gǎnqíng róngqià.
혼인이 아름답고 원만하기 위한 전제조건은 부부가 서로 불평하지 않고, 감정이 좋은 것이다.

- **美满** měimǎn 형 아름답고 원만하다, 단란하다
- **前提** qiántí 명 전제 (조건)
- **埋怨** mányuàn 동 불평하다, 원망하다
- **融洽** róngqià 형 사이가 좋다

327
专家预言神奇的新发明会成为举世瞩目的焦点。
Zhuānjiā yùyán shénqí de xīn fāmíng huì chéngwéi jǔshìzhǔmù de jiāodiǎn.
전문가는 신기한 새 발명이 세상이 주목하는 초점이 될 것이라고 예언했다.

- **预言** yùyán 명 예언 동 예언하다
- **神奇** shénqí 형 신기하다
- **举世瞩目** jǔshìzhǔmù 성어 온 세상 사람이 모두 주목하다
- **焦点** jiāodiǎn 명 초점

328
我们要用战术迷惑敌人, 先让他们中圈套再放松戒备。
Wǒmen yào yòng zhànshù míhuò dírén, xiān ràng tāmen zhòng quāntào zài fàngsōng jièbèi.
우리는 전술을 사용하여 적을 현혹시킬 것인데, 먼저 그들을 함정에 빠뜨린 다음 경계를 풀도록 할 것이다.

- **战术** zhànshù 명 전술
- **迷惑** míhuò 동 미혹하다, 현혹되다
- **圈套** quāntào 명 올가미, 계략, 책략, 함정, 음모
  *中圈套 상대의 술수에 넘어가다, 올가미에 걸리다
- **戒备** jièbèi 명 경비, 경계 동 경계하다

Point
- **先A再B**: 먼저 A하고 그런 다음 B하다

329 夕阳下晚霞的光彩美得令人惊讶。

Xīyáng xià wǎnxiá de guāngcǎi měi de lìngrén jīngyà.

석양 아래 저녁 노을의 광채는 사람을 놀라게 할 정도로 아름답다.

- 夕阳 xīyáng 몡 석양
- 霞 xiá 몡 노을
- 光彩 guāngcǎi 몡 ① 광채 ② 명예, 영예, 체면 혱 영광스럽다, 영예롭다
- 惊讶 jīngyà 혱 놀랍고 의아하다 동 의아해하다

330 书记在会议上郑重地做出了英明的决策。

Shūjì zài huìyì shàng zhèngzhòng de zuòchū le yīngmíng de juécè.

서기는 회의에서 신중하게 현명한 의사 결정을 내렸다.

- 书记 shūjì 몡 서기
- 郑重 zhèngzhòng 혱 ① 정중하다, 엄숙하다, 신중하다 ② 심각하다, 중대하다
- 英明 yīngmíng 혱 슬기롭고 총명하다, 현명하다
- 决策 juécè 몡 결정된 책략이나 방법 동 방법이나 정책을 결정하다

331 音响的喇叭声音太大的话会惊动邻居们。

Yīnxiǎng de lǎbā shēngyīn tài dà dehuà huì jīngdòng línjūmen.

오디오의 나팔 소리가 너무 크면 이웃들을 놀라게 할 수 있다.

- 音响 yīnxiǎng 몡 음향, 오디오, 사운드
- 喇叭 lǎbā 몡 ① 나팔 ② (자동차) 클락션
- 惊动 jīngdòng 동 놀라게 하다, 시끄럽게 하다

332 性别界限是阻碍女性实现独立的要素之一。

Xìngbié jièxiàn shì zǔ'ài nǚxìng shíxiàn dúlì de yàosù zhī yī.

성별의 한계는 여성이 독립을 실현하는 것을 방해하는 요소 중의 하나이다.

- 界限 jièxiàn 몡 한계, 경계, 끝
- 阻碍 zǔ'ài 동 방해하다, 지장을 주다
- 要素 yàosù 몡 요소, 요인

333

音乐盒旋转着循环播放出柔和美妙的音乐。

Yīnyuèhé xuánzhuǎn zhe xúnhuán bōfàng chū róuhé měimiào de yīnyuè.

뮤직박스는 회전하면서 부드럽고 아름다운 음악을 돌아가며 틀고 있다.

- **旋转** xuánzhuǎn 동 빙빙 회전하다, 돌다, 선회하다
- **循环** xúnhuán 명 순환 동 순환하다
- **柔和** róuhé 형 부드럽다, 맛이 연하다
- **美妙** měimiào 형 미묘하다, 아름답다

334

他们关系生疏，一见面就很拘束地鞠躬或敬礼。

Tāmen guānxi shēngshū, yí jiànmiàn jiù hěn jūshù de jūgōng huò jìnglǐ.

그들은 관계가 친하지 않아서, 만나기만 하면 매우 어색하게 허리 굽혀 절하거나 경례를 한다.

- **生疏** shēngshū 형 ① 낯설다, 생소하다 ② 소원하다, 친하지 않다
- **拘束** jūshù 동 구속하다, 속박하다 형 어색하다, 거북스럽다
- **鞠躬** jūgōng 이합 허리를 굽혀 절하다
- **敬礼** jìnglǐ 명 경례 이합 경례하다

335

每次收到应酬活动的请帖，哥哥都有理由缺席。

Měicì shōudào yìngchou huódòng de qǐngtiě, gēge dōu yǒu lǐyóu quēxí.

매번 접대 행사의 초대장을 받으면, 형은 (항상) 빠질 이유가 있다.

- **应酬** yìngchou 명 응대, 사교, 접대 동 응대하다, 사교하다, 접대하다
- **请帖** qǐngtiě 명 초대장, 초청장
- **缺席** quēxí 명 결석 이합 결석하다, 빠지다

336

为确立本国地位，国王不断占领土地并扩张势力。

Wèi quèlì běnguó dìwèi, guówáng búduàn zhànlǐng tǔdì bìng kuòzhāng shìlì.

본국의 지위를 확립하기 위해, 국왕은 끊임없이 토지를 점령하고 또한 세력을 확장한다.

- **确立** quèlì 동 확립하다
- **占领** zhànlǐng 동 점령하다
- **扩张** kuòzhāng 동 확장하다
- **势力** shìlì 명 세력

写一写 우리말 해석을 참고하여 빈칸에 알맞은 중국어를 쓰세요.

321

정원 안에는 체형이 거대한 가축을 수용할 공간이 없다.

院子里没有空间 ⬚⬚⬚ 体型 ⬚⬚⬚ 的 ⬚⬚⬚ 。
　　　　　　　　róngnà　　pángdà　　shēngchù

322

우리의 전략은 기대하는 목표와 맞지 않아서 실행할 수 없는 것이다.

我们的 ⬚⬚⬚ 和 ⬚⬚⬚ 目标 ⬚⬚⬚ ，是不 ⬚⬚⬚ 的。
　　　zhànlüè　　yùqī　　nányuánběizhé　　kěxíng

323

동료는 때때로 일하다 쉬는 틈을 타서 그의 여행 견문을 자랑한다.

同事 ⬚⬚⬚ 会趁工作的 ⬚⬚⬚ 他的旅行 ⬚⬚⬚ 。
　　　shí'ér　　　kòngxì　xuànyào　　　jiànwén

324

사건 내막이 폭로된 후, 많은 사회 단체까지 연루되었다.

⬚⬚⬚ ⬚⬚⬚ 被 ⬚⬚⬚ 后， ⬚⬚⬚ 到了很多社会 ⬚⬚⬚ 。
ànjiàn　nèimù　　jiēlù　　qiānchě　　　　　tuántǐ

빠른
정답

321 院子里没有空间容纳体型庞大的牲畜。
322 我们的战略和预期目标南辕北辙，是不可行的。
323 同事时而会趁工作的空隙炫耀他的旅行见闻。
324 案件内幕被揭露后，牵扯到了很多社会团体。

325

기상 레이더는 내일 일부 지역의 기온이 급격하게 떨어질 것이라고 나타냈다.

　　　　　　　显示明天　　　　地区气温会　　　降低。

qìxiàng　　léidá　　　　　júbù　　　　　jíjù

326

혼인이 아름답고 원만하기 위한 전제조건은 부부가 서로 불평하지 않고, 감정이 좋은 것이다.

婚姻　　　的　　　是夫妻不互相　　　，感情　　　。

měimǎn　　qiántí　　　　　mányuàn　　　róngqià

327

전문가는 신기한 새 발명이 세상이 주목하는 초점이 될 것이라고 예언했다.

专家　　　　　的新发明会成为　　　　　的　　　。

yùyán　shénqí　　　　jǔshìzhǔmù　　jiāodiǎn

328

우리는 전술을 사용하여 적을 현혹시킬 것인데, 먼저 그들을 함정에 빠뜨린 다음 경계를 풀도록 할 것이다.

我们要用　　　　敌人，先让他们中　　　再放松　　　。

zhànshù　míhuò　　　　　quāntào　　jièbèi

빠른
정답

325 气象雷达显示明天局部地区气温会急剧降低。
326 婚姻美满的前提是夫妻不互相埋怨，感情融洽。
327 专家预言神奇的新发明会成为举世瞩目的焦点。
328 我们要用战术迷惑敌人，先让他们中圈套再放松戒备。

329 석양 아래 저녁 노을의 광채는 사람을 놀라게 할 정도로 아름답다.

<u> </u> 下晚 <u> </u> 的 <u> </u> 美得令人 <u> </u> 。

xīyáng　　　xiá　　guāngcǎi　　　　jīngyà

330 서기는 회의에서 신중하게 현명한 의사 결정을 내렸다.

<u> </u> 在会议上 <u> </u> 地做出了 <u> </u> 的 <u> </u> 。

shūjì　　　zhèngzhòng　　　yīngmíng　　juécè

331 오디오의 나팔 소리가 너무 크면 이웃들을 놀라게 할 수 있다.

<u> </u> 的 <u> </u> 声音太大的话会 <u> </u> 邻居们。

yīnxiǎng　　lǎbā　　　　　　jīngdòng

332 성별의 한계는 여성이 독립을 실현하는 것을 방해하는 요소 중의 하나이다.

性别 <u> </u> 是 <u> </u> 女性实现独立的 <u> </u> 之一。

jièxiàn　　　zǔ'ài　　　　　　yàosù

빠른
정답

329 夕阳下晚霞的光彩美得令人惊讶。

330 书记在会议上郑重地做出了英明的决策。

331 音响的喇叭声音太大的话会惊动邻居们。

332 性别界限是阻碍女性实现独立的要素之一。

333

뮤직박스는 회전하면서 부드럽고 아름다운 음악을 돌아가며 틀고 있다.

音乐盒 _____ 着 _____ 播放出 _____ _____ 的音乐。
　　　　xuánzhuǎn　xúnhuán　　　　　róuhé　měimiào

334

그들은 관계가 친하지 않아서, 만나기만 하면 매우 어색하게 허리 굽혀 절하거나 경례를 한다.

他们关系 _____ , 一见面就很 _____ 地 _____ 或 _____ 。
　　　　shēngshū　　　　　jūshù　　jūgōng　　jìnglǐ

335

매번 접대 행사의 초대장을 받으면, 형은 (항상) 빠질 이유가 있다.

每次收到 _____ 活动的 _____ , 哥哥都有理由 _____ 。
　　　　yìngchou　　　qǐngtiě　　　　　quēxí

336

본국의 지위를 확립하기 위해, 국왕은 끊임없이 토지를 점령하고 또한 세력을 확장한다.

为 _____ 本国地位, 国王不断 _____ 土地并 _____ _____ 。
　　quèlì　　　　　zhànlǐng　　kuòzhāng　shìlì

---

333 音乐盒旋转着循环播放出柔和美妙的音乐。
334 他们关系生疏, 一见面就很拘束地鞠躬或敬礼。
335 每次收到应酬活动的请帖, 哥哥都有理由缺席。
336 为确立本国地位, 国王不断占领土地并扩张势力。

337

✓ 走在悬崖峭壁的边缘一定要留神才行。

Zǒu zài xuányáqiàobì de biānyuán yídìng yào liúshén cái xíng.

깎아지른 듯한 절벽의 끝을 걸으려면 반드시 주의해야만 한다.

- **悬崖峭壁** xuányáqiàobì 깎아지른 듯한 절벽　• **留神** liúshén 동 주의하다, 조심하다
- **边缘** biānyuán 명 가(장자리), 끝, 언저리

338

严峻的现实制约着我展望美好的未来。

Yánjùn de xiànshí zhìyuē zhe wǒ zhǎnwàng měihǎo de wèilái.

가혹한 현실은 내가 아름다운 미래를 전망하는 것을 제약하고 있다.

- **严峻** yánjùn 형 가혹하다, 심각하다
- **制约** zhìyuē 명 제약 형 제약하다
- **展望** zhǎnwàng 명 예측, 전망 동 (먼 곳이나 미래를) 전망하다, 두루 바라보다

339

她用冷酷的声音斩钉截铁地拒绝了我。

Tā yòng lěngkù de shēngyīn zhǎndīngjiétiě de jùjué le wǒ.

그녀는 매정한 목소리로 단호하게 나를 거절했다.

- **冷酷** lěngkù 형 냉혹하다, 매정하다, 야박하다
- **斩钉截铁** zhǎndīngjiétiě 성어 결단성 있고 단호하다

340

不够雄厚的资本牵制着产业的振兴和延续。

Búgòu xiónghòu de zīběn qiānzhì zhe chǎnyè de zhènxīng hé yánxù.

충분하지 않은 자본은 산업의 진흥과 연속에 제동을 걸고 있다.

- **雄厚** xiónghòu 형 (인력이나 물자 등이) 풍부하다, 충분하다
- **资本** zīběn 명 자본
- **牵制** qiānzhì 명 견제 동 견제하다, 제동을 걸다
- **产业** chǎnyè 명 산업
- **振兴** zhènxīng 명 진흥, 부흥 동 진흥하다, 일으키다, 부흥하게 하다
- **延续** yánxù 명 계속, 연장, 연속 동 계속하다, 연장하다, 연속하다

341

仅仅通过智力测试无法确切评估一个人的智商。

Jǐnjǐn tōngguò zhìlì cèshì wúfǎ quèqiè pínggū yí ge rén de zhìshāng.

단지 지능 테스트를 통해서는 한 사람의 지능 지수를 확실하고 적절하게 평가할 수 없다.

- **智力** zhìlì 몡 지능
- **确切** quèqiè 혱 확실하며 적절하다, 정확하다
- **评估** pínggū 동 평가하다
- **智商** zhìshāng 지능 지수(IQ)

342

飞机机翼撞到山峰，引擎失去作用，最后坠落解体了。

Fēijī jīyì zhuàng dào shānfēng, yǐnqíng shīqù zuòyòng, zuìhòu zhuìluò jiětǐ le.

비행기는 날개가 산봉우리에 충돌하여 엔진이 제 기능을 잃었고, 마지막에는 추락하여 해체되었다.

- **翼** yì 몡 날개
- **引擎** yǐnqíng 몡 엔진
- **坠** zhuì 동 떨어지다, 낙하하다
- **解体** jiětǐ 동 해체하다, 와해하다, 무너지다

343

亲人处境凄凉，你却过得潇洒快活，真没良心。

Qīnrén chǔjìng qīliáng, nǐ què guò de xiāosǎ kuàihuo, zhēn méi liángxīn.

가족은 처지가 처량한데, 너는 거리낌 없이 즐겁게 지내다니, 정말 양심이 없구나.

- **处境** chǔjìng 몡 처지, 상황, 상태[주로 불리한 상황에 쓰임]
- **凄凉** qīliáng 혱 ① (환경이나 경치가) 쓸쓸하다, 처량하다 ② (얼굴이나 모양이) 슬프고 애처롭다 ③ (신세나 처지가) 처참하다, 처량하다
- **潇洒** xiāosǎ 혱 (모습이나 행동이) 소탈하다, 자연스럽고 대범하다, 시원스럽다, 거리낌이 없다
- **快活** kuàihuo 혱 쾌활하다, 즐겁다, 유쾌하다
- **良心** liángxīn 몡 양심

344

老师在同一平面的空白处画了两条相等的平行线。

Lǎoshī zài tóngyī píngmiàn de kòngbáichù huà le liǎng tiáo xiāngděng de píngxíng xiàn.

선생님은 동일한 평면의 공백에 두 개의 같은 평행선을 그렸다.

- **平面** píngmiàn 몡 평면
- **空白** kòngbái 몡 공백, 여백
- **相等** xiāngděng 혱 같다, 대등하다
- **平行** píngxíng 혱 ① 평행한 ② (지위나 등급이) 대등한, 동등한

345

他目光敏锐，精通于鉴别古董的真假。

Tā mùguāng mǐnruì, jīngtōng yú jiànbié gǔdǒng de zhēnjiǎ.

그는 눈매가 예리하여 골동품의 진위를 감별하는 데 정통하다.

- **目光** mùguāng 명 ① 식견, 시야 ② 눈빛, 눈길
- **敏锐** mǐnruì 형 (감각이) 예민하다, (눈빛, 눈매, 식견, 안목이) 날카롭다, 예리하다
- **精通** jīngtōng 동 정통하다
- **鉴别** jiànbié 동 감별하다
- **古董** gǔdǒng 명 골동(품)

346

人们意识到竖起的城墙是守护城市的屏障。

Rénmen yìshí dào shùqǐ de chéngqiáng shì shǒuhù chéngshì de píngzhàng.

사람들은 세워 올린 성벽이 도시를 수호하는 장벽이라는 것을 의식하게 되었다.

- **意识** yìshí 명 의식 동 의식하다, 깨닫다
- **竖** shù 명 수직, 세로 형 수직의, 세로의 동 세우다
- **守护** shǒuhù 동 수호하다, 지키다, 보호하다
- **屏障** píngzhàng 명 ① 장벽, 보호벽 ② 칸막이, 가리개

347

父母精打细算，却不制止孩子无节制地消费。

Fùmǔ jīngdǎxìsuàn, què bú zhìzhǐ háizi wú jiézhì de xiāofèi.

부모는 알뜰한데, 그러나 아이가 무절제하게 낭비하는 것을 제지하지 않는다.

- **精打细算** jīngdǎxìsuàn 성어 정밀하게 계획하다, 면밀하게 계산하다, 알뜰하다
- **制止** zhìzhǐ 명 제지, 저지 동 제지하다, 저지하다
- **节制** jiézhì 명 절제 동 절제하다

348

采用弹性值班制度可以方便员工调整作息。

Cǎiyòng tánxìng zhíbān zhìdù kěyǐ fāngbiàn yuángōng tiáozhěng zuòxī.

탄력 당직 제도를 채용하면 직원들이 일과 휴식을 조정하는 것에 편의를 줄 수 있다.

- **弹性** tánxìng 명 탄(력)성, 유연성
- **值班** zhíbān 동 당직을 맡다, 당번을 서다
- **作息** zuòxī 명 일과 휴식[工作와 休息의 준말] 동 일하고 휴식하다

349
招聘启事上说助理名额有限，只筛选2个人。

Zhāopìn qǐshì shàng shuō zhùlǐ míng'é yǒuxiàn, zhǐ shāixuǎn liǎng ge rén.

모집 공고에서는 보조 정원에 제한이 있고, 단지 두 명만 선별한다고 말했다.

- **启事** qǐshì 명 광고, 고시, 공고
- **助理** zhùlǐ 명 보조 동 보조하다
- **名额** míng'é 명 정원, 인원수
- **筛选** shāixuǎn 동 선별하다

350
经理破例指示财务部门提前给员工结算工资。

Jīnglǐ pòlì zhǐshì cáiwù bùmén tíqián gěi yuángōng jiésuàn gōngzī.

사장님은 관례를 깨고 재무 부서에 앞당겨서 직원들에게 임금을 결산해 줄 것을 지시했다.

- **破例** pòlì 이합 관례를 깨다, 전례를 깨뜨리다
- **指示** zhǐshì 명 지시 동 ① 지시하다 ② 가리키다
- **财务** cáiwù 명 재무
- **结算** jiésuàn 명 결산 동 결산하다

351
报社应该是合情理地、中立地评论时事的媒介。

Bàoshè yīnggāi shì hé qínglǐ de、zhōnglì de pínglùn shíshì de méijiè.

신문사는 사리에 맞고 중립적으로 시사를 평론하는 매개체여야 한다.

- **情理** qínglǐ 명 사리, 도리 *合情理 사리에 맞다
- **中立** zhōnglì 명 중립 형 중립적이다
- **评论** pínglùn 명 평론 동 평론하다
- **时事** shíshì 명 시사
- **媒介** méijiè 명 매개자, 매개체, 매개물

352
大家向上级请示追究走漏公司情报的人的责任。

Dàjiā xiàng shàngjí qǐngshì zhuījiū zǒulòu gōngsī qíngbào de rén de zérèn.

모두가 회사 정보를 누설한 사람의 책임을 추궁하자고 상급 기관에 요청한다.

- **上级** shàngjí 명 상급 기관, 상급자
- **请示** qǐngshì 동 지시를 바라다, (상급 기관에) 물어보다
- **追究** zhuījiū 동 규명하다, 추궁하다, 따지다
- **走漏** zǒulòu 동 (비밀이) 새다, (비밀을) 누설하다, 누출되다
- **情报** qíngbào 명 정보

写一写 우리말 해석을 참고하여 빈칸에 알맞은 중국어를 쓰세요.

337

깎아지른 듯한 절벽의 끝을 걸으려면 반드시 주의해야만 한다.

走在 ____ 的 ____ 一定要 ____ 才行。
　　 xuányáqiàobì　 biānyuán　　 liúshén

338

가혹한 현실은 내가 아름다운 미래를 전망하는 것을 제약하고 있다.

____ 的现实 ____ 着我 ____ 美好的未来。
yánjùn　　　 zhìyuē　　 zhǎnwàng

339

그녀는 매정한 목소리로 단호하게 나를 거절했다.

她用 ____ 的声音 ____ 地拒绝了我。
　　 lěngkù　　　 zhǎndīngjiétiě

340

충분하지 않은 자본은 산업의 진흥과 연속에 제동을 걸고 있다.

不够 ____ 的 ____ ____ 着 ____ 的 ____ 和 ____ 。
　　 xiónghòu　 zīběn　 qiānzhì　　 chǎnyè　 zhènxīng　　 yánxù

🔓 빠른
정답
337 走在悬崖峭壁的边缘一定要留神才行。
338 严峻的现实制约着我展望美好的未来。
339 她用冷酷的声音斩钉截铁地拒绝了我。
340 不够雄厚的资本牵制着产业的振兴和延续。

341

단지 지능 테스트를 통해서는 한 사람의 지능 지수를 확실하고 적절하게 평가할 수 없다.

仅仅通过 ＿＿＿ 测试无法 ＿＿＿ ＿＿＿ 一个人的 ＿＿＿。

zhìlì　　　quèqiè　pínggū　　　zhìshāng

342

비행기는 날개가 산봉우리에 충돌하여 엔진이 제 기능을 잃었고, 마지막에는 추락하여 해체되었다.

飞机机 ＿＿＿ 撞到山峰，＿＿＿ 失去作用，最后 ＿＿＿ 落 ＿＿＿ 了。

yì　　　　yǐnqíng　　　　zhuì　jiětǐ

343

가족은 처지가 처량한데, 너는 거리낌 없이 즐겁게 지내다니, 정말 양심이 없구나.

亲人 ＿＿＿ ＿＿＿，你却过得 ＿＿＿ ＿＿＿，真没 ＿＿＿。

chǔjìng　qīliáng　　　xiāosǎ　kuàihuo　　　liángxīn

344

선생님은 동일한 평면의 공백에 두 개의 같은 평행선을 그렸다.

老师在同一 ＿＿＿ 的 ＿＿＿ 处画了两条 ＿＿＿ 的 ＿＿＿ 线。

píngmiàn　kòngbái　　　xiāngděng　píngxíng

🔓 빠른
정답

341 仅仅通过智力测试无法确切评估一个人的智商。
342 飞机机翼撞到山峰，引擎失去作用，最后坠落解体了。
343 亲人处境凄凉，你却过得潇洒快活，真没良心。
344 老师在同一平面的空白处画了两条相等的平行线。

345 그는 눈매가 예리하여 골동품의 진위를 감별하는 데 정통하다.

他 _____ _____, _____ 于 _____ _____ 的真假。

　mùguāng　mǐnruì　　jīngtōng　jiànbié　gǔdǒng

346 사람들은 세워 올린 성벽이 도시를 수호하는 장벽이라는 것을 의식하게 되었다.

人们 _____ 到 _____ 起的城墙是 _____ 城市的 _____ 。

　yìshí　　shù　　　shǒuhù　　píngzhàng

347 부모는 알뜰한데, 그러나 아이가 무절제하게 낭비하는 것을 제지하지 않는다.

父母 _____ , 却不 _____ 孩子无 _____ 地消费。

　jīngdǎxìsuàn　　zhìzhǐ　　jiézhì

348 탄력 당직 제도를 채용하면 직원들이 일과 휴식을 조정하는 것에 편의를 줄 수 있다.

采用 _____ _____ 制度可以方便员工调整 _____ 。

　tánxìng　zhíbān　　zuòxī

빠른
정답
- **345** 他目光敏锐，精通于鉴别古董的真假。
- **346** 人们意识到竖起的城墙是守护城市的屏障。
- **347** 父母精打细算，却不制止孩子无节制地消费。
- **348** 采用弹性值班制度可以方便员工调整作息。

349 모집 공고에서는 보조 정원에 제한이 있고, 단지 두 명만 선별한다고 말했다.

招聘 _____ 上说 _____ _____ 有限，只 _____ 2个人。
　　　qǐshì　　　　zhùlǐ　　míng'é　　　　shāixuǎn

350 사장님은 관례를 깨고 재무 부서에 앞당겨서 직원들에게 임금을 결산해 줄 것을 지시했다.

经理 _____ _____ _____ 部门提前给员工 _____ 工资。
　　　pòlì　　zhǐshì　　cáiwù　　　　　　　　jiésuàn

351 신문사는 사리에 맞고 중립적으로 시사를 평론하는 매개체여야 한다.

报社应该是合 _____ 地、 _____ 地 _____ 的 _____ 。
　　　　　　qínglǐ　　　zhōnglì　　pínglùn　shíshì　　méijiè

352 모두가 회사 정보를 누설한 사람의 책임을 추궁하자고 상급 기관에 요청한다.

大家向 _____ _____ _____ 公司 _____ 的人的责任。
　　shàngjí　qǐngshì　zhuījiū　zǒulòu　　qíngbào

빠른
정답

349 招聘启事上说助理名额有限，只筛选2个人。
350 经理破例指示财务部门提前给员工结算工资。
351 报社应该是合情理地、中立地评论时事的媒介。
352 大家向上级请示追究走漏公司情报的人的责任。

---

353 ☑ **各种旗帜在呼啸的大风中飘扬起来。**

Gè zhǒng qízhì zài hūxiào de dàfēng zhōng piāoyáng qǐlái.

각종 깃발이 휙휙 소리를 내는 강풍 속에서 펄럭이기 시작했다.

- **旗帜** qízhì 명 ① 깃발 ② 모범
- **呼啸** hūxiào 동 ① 큰 소리로 외치다 ② (바람이) 휙휙 소리를 내다
- **飘扬** piāoyáng 동 바람에 펄럭이다, 바람에 나부끼다

---

354 ☐ **姐姐认为姐夫留胡须的造型很性感。**

Jiějie rènwéi jiěfu liú húxū de zàoxíng hěn xìnggǎn.

언니는 형부가 수염을 기른 모습이 섹시하다고 생각한다.

- **胡须** húxū 명 수염
- **造型** zàoxíng 명 조형(물) 동 조형하다
- **性感** xìnggǎn 형 섹시하다

---

355 ☐ **把种子栽培好以后，还需要施加化肥。**

Bǎ zhǒngzi zāipéi hǎo yǐhòu, hái xūyào shījiā huàféi.

씨앗을 잘 재배한 이후, 화학 비료도 주어야 할 필요가 있다.

- **种子** zhǒngzi 명 종자, 씨(앗)
- **栽培** zāipéi 동 ① 재배하다 ② 인재를 기르다, 양성하다
- **施加** shījiā 동 주다, 가하다 *施加压力 압력을 가하다
- **化肥** huàféi 명 화학 비료

---

356 ☐ **开店要讲信誉，为顾客着想，生意才能兴隆。**

Kāidiàn yào jiǎng xìnyù, wèi gùkè zhuóxiǎng, shēngyi cái néng xīnglóng.

개업을 하려면 신망을 중요시하고 고객을 위해 생각해야 장사가 번창할 수 있다.

- **信誉** xìnyù 명 신용과 명예, 위신, 신망
- **着想** zhuóxiǎng 동 (어떤 사람이나 어떤 일의 이익을) 생각하다, 고려하다, 염두에 두다
  *为…着想 ~을 위해 생각하다, ~입장에서 고려하다
- **兴隆** xīnglóng 형 번창하다, 흥하다

357

☐ 她那不争气的儿子把家里储蓄的钱都挥霍完了。

Tā nà bù zhēngqì de érzi bǎ jiā lǐ chǔxù de qián dōu huīhuò wán le.

☐ 그녀의 그 변변치 못한 아들은 집안의 저축한 돈을 모두 헤프게 써버렸다.

- **争气** zhēngqì 동 분발하다, 힘써 노력하다 ＊不争气 변변치 않다, 재구실을 못하다
- **储蓄** chǔxù 명 저축 동 저축하다
- **挥霍** huīhuò 동 돈을 헤프게 쓰다, 돈을 물 쓰듯 하다

358

☐ 听长辈讲成功的心得可以激发我们拼搏的动力。

Tīng zhǎngbèi jiǎng chénggōng de xīndé kěyǐ jīfā wǒmen pīnbó de dònglì.

☐ 손윗사람이 성공한 소감을 듣는 것은 우리가 끝까지 분투할 원동력을 불러 일으킬 수 있다.

- **心得** xīndé 명 소감, 느낀 점, 깨달은 바
- **激发** jīfā 동 (감정을) 불러 일으키다, 끓어오르게 하다
- **拼搏** pīnbó 동 필사적으로 싸우다, 끝까지 분투하다
- **动力** dònglì 명 (원)동력

359

☐ 老板来验收成果时充满激情地描绘了公司的前景。

Lǎobǎn lái yànshōu chéngguǒ shí chōngmǎn jīqíng de miáohuì le gōngsī de qiánjǐng.

☐ 사장님은 성과를 검수하러 왔을 때 열정 가득하게 회사의 앞날을 묘사했다.

- **验收** yànshōu 동 검수하다
- **激情** jīqíng 명 열정, 정열
- **描绘** miáohuì 동 (생생하게) 묘사하다, (그림같이) 그려내다
- **前景** qiánjǐng 명 전망, 장래, 앞날

360

☐ 经过化验, 排除了调料中夹杂有毒物质的可能性。

Jīngguò huàyàn, páichú le tiáoliào zhōng jiāzá yǒudú wùzhì de kěnéngxìng.

☐ 화학 실험을 거쳐 조미료 속에 유독 물질이 섞여 있을 가능성을 배제했다.

- **化验** huàyàn 명 화학 실험 동 화학 실험하다
- **排除** páichú 동 배제하다
- **调料** tiáoliào 명 조미료
- **夹杂** jiāzá 동 혼합하다, 뒤섞(이)다

361

泡沫 密度小，适宜在水上漂浮。

Pàomò mìdù xiǎo, shìyí zài shuǐ shàng piāofú.

거품은 밀도가 작아서 물 위에 뜨기에 적합하다.

- 泡沫 pàomò 명 (물)거품
- 密度 mìdù 명 밀도, 비중
- 适宜 shìyí 형 동 적당하다, 적합하다
- 漂浮 piāofú 동 ① (물 위에) 둥둥 뜨다 ② 빈둥거리다

362

权衡 利害时一定要立足于全局的角度。

Quánhéng lìhài shí yídìng yào lìzú yú quánjú de jiǎodù.

이익과 손해를 가늠할 때는 반드시 전체적 국면의 각도에 입각해야 한다.

- 权衡 quánhéng 명 저울 동 무게를 달다, 가늠하다, 평가하다
- 利害 lìhài 명 이해, 이익과 손해
- 立足 lìzú 동 근거하다, 입각하다 *立足于 ~에 입각하다
- 全局 quánjú 명 전체의 국면, 전체의 판국, 대세

363

这家连锁店因销售虚假商品而被顾客投诉了。

Zhè jiā liánsuǒdiàn yīn xiāoshòu xūjiǎ shāngpǐn ér bèi gùkè tóusù le.

이 체인점은 가짜 상품을 판매했기 때문에 고객에게 고소당했다.

- 连锁 liánsuǒ 명 연쇄 동 연쇄하다, 서로 연이어 맺다
- 虚假 xūjiǎ 명 허위, 거짓 형 허위의, 거짓의
- 投诉 tóusù 동 ① 고소하다, 소송하다 ② (관련 기관이나 관련자에게) 하소연하다, 호소하다

364

长大后我才觉悟到，侥幸心理是可怕的魔鬼。

Zhǎngdà hòu wǒ cái juéwù dào, jiǎoxìng xīnlǐ shì kěpà de móguǐ.

성장한 후에야 나는 요행 심리가 무서운 악마라는 것을 깨닫게 되었다.

- 觉悟 juéwù 명 각성, 자각 동 깨닫다, 자각하다, 인식하다
- 侥幸 jiǎoxìng 형 운이 좋다, 요행이다 부 요행히, 다행히
- 魔鬼 móguǐ 명 마귀, 악마, 사악한 세력, 사악한 사람

365 ☐

这座耸向天空的砖塔刚落成就出人意料地塌了。

☐ Zhè zuò sǒng xiàng tiānkōng de zhuāntǎ gāng luòchéng jiù chūrényìliào de tā le.

☐ 이 하늘을 향해 우뚝 솟은 벽돌탑은 막 준공되자마자 뜻밖에도 무너졌다.

- **耸** sǒng 동 ① 치솟다, 우뚝 솟다 ② (어깨를) 으쓱거리다
- **砖** zhuān 명 벽돌, 벽돌 모양의 물건
- **塔** tǎ 명 탑, 탑 모양의 건조물
- **落成** luòchéng 동 (건축물을) 낙성하다, 준공하다
- **意料** yìliào 명 예상, 예측 동 예상하다, 예측하다
- **塌** tā 동 넘어지다, 무너지다, 붕괴하다

366 ☐

经检验，这种油漆的安全指标达到了国家标准。

☐ Jīng jiǎnyàn, zhè zhǒng yóuqī de ānquán zhǐbiāo dádào le guójiā biāozhǔn.

☐ 검증을 거쳐 이 종류의 페인트의 안전지표는 국가 기준에 도달했다.

- **检验** jiǎnyàn 명 검증, 검사 동 검증하다, 검사하다
- **油漆** yóuqī 명 페인트 동 페인트를 칠하다
- **指标** zhǐbiāo 명 지표

367 ☐

把盐的结晶放入水中搅拌，很快就溶解扩散了。

☐ Bǎ yán de jiéjīng fàngrù shuǐ zhōng jiǎobàn, hěn kuài jiù róngjiě kuòsàn le.

☐ 소금의 결정체를 물 속에 넣고 휘저어 섞으면 매우 빠르게 녹아서 퍼진다.

- **结晶** jiéjīng 명 결정(체)
- **搅拌** jiǎobàn 동 휘저어 섞다, 반죽하다
- **溶解** róngjiě 동 용해하다, 녹다
- **扩散** kuòsàn 명 확산 동 확산하다, 퍼지다

368 ☐

爸爸一直兢兢业业，工作是他的精神支柱和信仰。

☐ Bàba yìzhí jīngjīngyèyè, gōngzuò shì tā de jīngshén zhīzhù hé xìnyǎng.

☐ 아빠는 줄곧 부지런하고 성실했으며, 일은 그의 정신적 지주와 신앙이다.

- **兢兢业业** jīngjīngyèyè 성어 신중하고 조심스럽게 맡은 일을 열심히 하다, 부지런하고 성실하다
- **支柱** zhīzhù 명 지주, 버팀대, 받침대
- **信仰** xìnyǎng 명 신앙, 신조

写一写 우리말 해석을 참고하여 빈칸에 알맞은 중국어를 쓰세요.

353

각종 깃발이 휙휙 소리를 내는 강풍 속에서 펄럭이기 시작했다.

各种 ＿＿＿ 在 ＿＿＿ 的大风中 ＿＿＿ 起来。
     qízhì   hūxiào   piāoyáng

354

언니는 형부가 수염을 기른 모습이 섹시하다고 생각한다.

姐姐认为姐夫留 ＿＿＿ 的 ＿＿＿ 很 ＿＿＿ 。
          húxū   zàoxíng   xìnggǎn

355

씨앗을 잘 재배한 이후, 화학 비료도 주어야 할 필요가 있다.

把 ＿＿＿ ＿＿＿ 好以后，还需要 ＿＿＿ ＿＿＿ 。
  zhǒngzi zāipéi   shījiā huàféi

356

개업을 하려면 신망을 중요시하고 고객을 위해 생각해야 장사가 번창할 수 있다.

开店要讲 ＿＿＿ ，为顾客 ＿＿＿ ，生意才能 ＿＿＿ 。
       xìnyù   zhuóxiǎng   xīnglóng

빠른
정답

353 各种**旗帜**在**呼啸**的大风中**飘扬**起来。

354 姐姐认为姐夫留**胡须**的**造型**很**性感**。

355 把**种子栽培**好以后，还需要**施加化肥**。

356 开店要讲**信誉**，为顾客**着想**，生意才能**兴隆**。

357 그녀의 그 변변치 못한 아들은 집안의 저축한 돈을 모두 헤프게 써버렸다.

她那不＿＿＿＿的儿子把家里＿＿＿＿的钱都＿＿＿＿完了。
　　　　zhēngqì　　　　　　　chǔxù　　　　　　huīhuò

358 손윗사람이 성공한 소감을 듣는 것은 우리가 끝까지 분투할 원동력을 불러 일으킬 수 있다.

听长辈讲成功的＿＿＿＿可以＿＿＿＿我们＿＿＿＿的＿＿＿＿。
　　　　　　　　xīndé　　　　jīfā　　　　pīnbó　　　　dònglì

359 사장님은 성과를 검수하러 왔을 때 열정 가득하게 회사의 앞날을 묘사했다.

老板来＿＿＿＿成果时充满＿＿＿＿地＿＿＿＿了公司的＿＿＿＿。
　　yànshōu　　　　　　jīqíng　　miáohuì　　　　　qiánjǐng

360 화학 실험을 거쳐 조미료 속에 유독 물질이 섞여 있을 가능성을 배제했다.

经过＿＿＿＿，＿＿＿＿了＿＿＿＿中＿＿＿＿有毒物质的可能性。
　　huàyàn　　páichú　　tiáoliào　　jiāzá

🔓 빠른 **357** 她那不争气的儿子把家里储蓄的钱都挥霍完了。
정답 **358** 听长辈讲成功的心得可以激发我们拼搏的动力。
　　　359 老板来验收成果时充满激情地描绘了公司的前景。
　　　360 经过化验，排除了调料中夹杂有毒物质的可能性。

361 거품은 밀도가 작아서 물 위에 뜨기에 적합하다.

　　　　　　 小，　　　　在水上　　　　。
pàomò　　mìdù　　　shìyí　　　　　piāofú

362 이익과 손해를 가늠할 때는 반드시 전체적 국면의 각도에 입각해야 한다.

　　　　　　 时一定要　　　于　　　　的角度。
quánhéng　　lìhài　　　　lìzú　　quánjú

363 이 체인점은 가짜 상품을 판매했기 때문에 고객에게 고소당했다.

这家　　　店因销售　　　商品而被顾客　　　了。
　　liánsuǒ　　　　xūjiǎ　　　　　tóusù

364 성장한 후에야 나는 요행 심리가 무서운 악마라는 것을 깨닫게 되었다.

长大后我才　　　到，　　　心理是可怕的　　　。
　　　juéwù　　jiǎoxìng　　　　móguǐ

빠른
정답

361 泡沫密度小，适宜在水上漂浮。
362 权衡利害时一定要立足于全局的角度。
363 这家连锁店因销售虚假商品而被顾客投诉了。
364 长大后我才觉悟到，侥幸心理是可怕的魔鬼。

이 하늘을 향해 우뚝 솟은 벽돌탑은 막 준공되자마자 뜻밖에도 무너졌다.

365 这座 ___ 向天空的 ___ ___ 刚 ___ 就出人 ___ 地
　　　　sǒng　　　　zhuān　tǎ　luòchéng　　yìliào

___ 了。
tā

검증을 거쳐 이 종류의 페인트의 안전지표는 국가 기준에 도달했다.

366 经 ___ ，这种 ___ 的安全 ___ 达到了国家标准。
　　　jiǎnyàn　　　　yóuqī　　　zhǐbiāo

소금의 결정체를 물 속에 넣고 휘저어 섞으면 매우 빠르게 녹아서 퍼진다.

367 把盐的 ___ 放入水中 ___ ，很快就 ___ 了。
　　　　jiéjīng　　　　jiǎobàn　　　róngjiě kuòsàn

아빠는 줄곧 부지런하고 성실했으며, 일은 그의 정신적 지주와 신앙이다.

368 爸爸一直 ___ ，工作是他的精神 ___ 和 ___ 。
　　　　jīngjīngyèyè　　　　　zhīzhù　xìnyǎng

🔓 빠른
정답

365 这座耸向天空的砖塔刚落成就出人意料地塌了。
366 经检验，这种油漆的安全指标达到了国家标准。
367 把盐的结晶放入水中搅拌，很快就溶解扩散了。
368 爸爸一直兢兢业业，工作是他的精神支柱和信仰。

Unit 23　197

Unit 24

369 ✓ 教授写论文摘要时引用了几篇热门文献。

Jiàoshòu xiě lùnwén zhāiyào shí yǐnyòng le jǐ piān rèmén wénxiàn.

교수님은 논문 요약을 쓸 때 몇 편의 화제가 되는 문헌을 인용했다.

- 摘要 zhāiyào 명 요점만을 적은 기록, 요약
- 引用 yǐnyòng 명 인용 동 인용하다
- 热门 rèmén 명 인기있는 것, 유행하는 것, 잘 팔리는 것, 화제가 되는 것
- 文献 wénxiàn 명 문헌

370 他斟酌了很久才间接表达了自己的意图。

Tā zhēnzhuó le hěn jiǔ cái jiànjiē biǎodá le zìjǐ de yìtú.

그는 매우 오랫동안 숙고하고 나서야 자신의 의도를 간접적으로 표현했다.

- 斟酌 zhēnzhuó 동 짐작하다, 헤아리다, 숙고하다, 따져보다
- 间接 jiànjiē 형 간접적인
- 意图 yìtú 명 의도

371 长江的主流和支流纵横交叉，非常壮观。

Chángjiāng de zhǔliú hé zhīliú zònghéng jiāochā, fēicháng zhuàngguān.

장강의 주류와 지류가 종횡으로 교차하니, 매우 장관이다.

- 主流 zhǔliú 명 ① 주류 ② 주된 경향, 주요 추세
- 支流 zhīliú 명 ① 지류 ② 부차적인 일
- 纵横 zònghéng 명 종횡, 가로 세로 형 (글이나 그림이) 자유분방하다 동 종횡무진하다
- 交叉 jiāochā 동 교차하다, 엇갈리다
- 壮观 zhuàngguān 명 장관 형 장관이다

372 战争造成了空前绝后的人口迁徙和文化演变。

Zhànzhēng zàochéng le kōngqiánjuéhòu de rénkǒu qiānxǐ hé wénhuà yǎnbiàn.

전쟁은 전무후무한 인구의 이동과 문화의 변화를 야기했다.

- 空前绝后 kōngqiánjuéhòu 성어 전무후무하다
- 迁徙 qiānxǐ 동 이주하다, 옮겨가다
- 演变 yǎnbiàn 명 변화 발전, 변천 동 변화 발전하다, 변천하다

373 他注视着我，嘴唇一撇，露出了蔑视的表情。

Tā zhùshì zhe wǒ, zuǐchún yì piě, lòuchū le mièshì de biǎoqíng.

그는 나를 주시하면서 입술을 한 번 삐죽거리더니, 멸시하는 표정을 드러냈다.

- 注视 zhùshì 동 주시하다
- 嘴唇 zuǐchún 명 입술
- 撇 piě 동 ① 던지다, 뿌리다 ② 입을 삐죽거리다
- 蔑视 mièshì 동 멸시하다, 깔보다

374 军队长期驻扎不但消耗粮食，也会削弱声势。

Jūnduì chángqī zhùzhā búdàn xiāohào liángshi, yě huì xuēruò shēngshì.

군대가 장기간 주둔하면 식량을 소모할 뿐만 아니라, 기세를 약화시킬 수도 있다.

- 军队 jūnduì 명 군대
- 驻扎 zhùzhā 동 ① 군대가 주둔하다 ② 주재하여 근무하다
- 消耗 xiāohào 동 소모하다, 소모시키다
- 削弱 xuēruò 동 약화되다, 약화시키다
- 声势 shēngshì 명 기세, 권세

375 弟弟把吉他砸出了缺口，弦也断了，衔接不上了。

Dìdi bǎ jítā zá chū le quēkǒu, xián yě duàn le, xiánjiē bu shàng le.

남동생이 기타를 내리쳐 구멍을 냈고, 줄도 끊어져서 연결할 수 없게 되었다.

- 砸 zá 동 ① 내리치다, 찧다, 다지다 ② 때려 부수다, 깨뜨리다 ③ 실패하다, 망치다
- 缺口 quēkǒu 명 ① 파손된 부분, 갈라진 틈 ② 구멍, 결함, 빈틈
- 弦 xián 명 ① 활시위 ② 악기의 줄
- 衔接 xiánjiē 명 연결, 이음 동 맞물리다, 잇다, 이어지다, 연결하다, 연결되다

376 公司的招标体制尚且不够健全，得尽快弥补不足。

Gōngsī de zhāobiāo tǐzhì shàngqiě búgòu jiànquán, děi jǐnkuài míbǔ bùzú.

회사의 입찰 공고 체제가 아직 충분히 완벽하지 않으니, 가능한 한 빨리 부족함을 보완해야 한다.

- 招标 zhāobiāo 이합 입찰 공고를 하다, 입찰자를 모집하다
- 尚且 shàngqiě 부 여전히, 아직 접 ~조차 ~한데
- 健全 jiànquán 형 ① (병이나 탈 없이) 건강하고 온전하다 ② (사물이) 완벽하다, 완비되어 있다
- 弥补 míbǔ 동 메우다, 보충하다, 보완하다

377

□ 大家起哄笑话我的瞬间，我十分尴尬。

□ Dàjiā qǐhòng xiàohua wǒ de shùnjiān, wǒ shífēn gāngà.

□ 모두가 나를 놀리고 비웃는 순간, 나는 매우 난처했다.

* **起哄** qǐhòng 동 ① 떠들어 대다, 소란을 피우다 ② 희롱하다, 놀리다
* **瞬间** shùnjiān 명 순간, 눈 깜짝할 사이
* **尴尬** gāngà 형 ① (입장이) 난처하다, 곤란하다 ② (표정이나 태도가) 부자연스럽다, 어색하다

378

□ 有迷信说，人死亡以后灵魂会进入天堂。

□ Yǒu míxìn shuō, rén sǐwáng yǐhòu línghún huì jìnrù tiāntáng.

□ 미신에서 말하길, 사람은 사망한 이후 영혼이 천당으로 들어간다고 한다.

* **迷信** míxìn 명 미신 동 맹신하다
* **死亡** sǐwáng 명 사망 동 사망하다
* **灵魂** línghún 명 영혼
* **天堂** tiāntáng 명 천당, 극락

379

□ 经过昼夜抢救，病人出人预料地复活了。

□ Jīngguò zhòuyè qiǎngjiù, bìngrén chūrényùliào de fùhuó le.

□ 밤낮의 응급 처치를 거쳐, 환자는 사람들의 예상을 벗어나 소생했다.

* **昼夜** zhòuyè 명 주야, 밤낮
* **抢救** qiǎngjiù 동 응급 구조하다, 응급 처치하다
* **预料** yùliào 명 예상, 전망, 예측 동 예상하다, 전망하다, 예측하다
* **复活** fùhuó 명 부활, 소생 동 부활하다, 소생하다

380

□ 政府扩充的各项工作纲领都是相辅相成的。

□ Zhèngfǔ kuòchōng de gèxiàng gōngzuò gānglǐng dōu shì xiāngfǔxiāngchéng de.

□ 정부가 확충한 각 항목의 업무 강령은 모두 서로 보완하고 도와서 완성하는 것이다.

* **扩充** kuòchōng 동 확충하다, 확장하다, 확대하다, 늘리다
* **纲领** gānglǐng 명 강령, 지도 원칙
* **相辅相成** xiāngfǔxiāngchéng 성어 서로 보완하고 도와서 일을 완성하다

381
资深的老医生用高超的医术挽救了无数生命。
Zīshēn de lǎo yīshēng yòng gāochāo de yīshù wǎnjiù le wúshù shēngmìng.
경력이 오래된 노의사는 우수한 의술로 무수한 생명을 구해냈다.

- **资深** zīshēn 혱 경력과 자격이 충분하다, 베테랑이다
- **高超** gāochāo 혱 (기술이) 우수하다, 출중하다
- **挽救** wǎnjiù 동 (위험에서) 구해내다, 구원하다, 살리다

382
电影进入高潮时，有人站起来遮挡了我的视线。
Diànyǐng jìnrù gāocháo shí, yǒurén zhàn qǐlái zhēdǎng le wǒ de shìxiàn.
영화가 클라이맥스에 들어갈 때, 누군가 일어나서 내 시선을 막았다.

- **高潮** gāocháo 명 ① 만조 ② (소설, 영화, 연극의) 클라이맥스, 절정
- **遮挡** zhēdǎng 명 차단물 동 막다, 저지하다, 차단하다
- **视线** shìxiàn 명 시선, 눈길

383
总而言之，频繁过问或干预别人的私事很不妥当。
Zǒng'éryánzhī, pínfán guòwèn huò gānyù biérén de sīshì hěn bù tuǒdàng.
결론적으로 말해서, 다른 사람의 사생활을 빈번하게 따져 묻거나 관여하는 것은 매우 타당하지 않다.

- **总而言之** zǒng'éryánzhī 성어 전체적으로 말하면, 결론적으로 말하면
- **频繁** pínfán 혱 잦다, 빈번하다
- **过问** guòwèn 동 따져 묻다
- **干预** gānyù 명 관여, 참견 동 관여하다, 참견하다
- **妥当** tuǒdàng 혱 알맞다, 적당하다, 타당하다

384
领导鼓动大家提起干劲，务必为以后的工作打下扎实的基础。
Lǐngdǎo gǔdòng dàjiā tíqǐ gànjìn, wùbì wèi yǐhòu de gōngzuò dǎxià zhāshi de jīchǔ.
지도자는 모두가 의욕을 높여 반드시 앞으로의 업무를 위해 튼튼한 기초를 다지도록 선동한다.

- **鼓动** gǔdòng 동 선동하다, 부추기다, 고무하다
- **干劲** gànjìn 명 일을 하려고 하는 의욕, 열성
- **务必** wùbì 부 반드시, 꼭, 필히
- **扎实** zhāshi 혱 (기초가) 견고하다, 튼튼하다, 착실하다

写一写 우리말 해석을 참고하여 빈칸에 알맞은 중국어를 쓰세요.

369

교수님은 논문 요약을 쓸 때 몇 편의 화제가 되는 문헌을 인용했다.

教授写论文 ＿＿＿＿ 时 ＿＿＿＿ 了几篇 ＿＿＿＿ ＿＿＿＿。
　　　　　　 zhāiyào　　 yǐnyòng　　　　　rèmén　 wénxiàn

370

그는 매우 오랫동안 숙고하고 나서야 자신의 의도를 간접적으로 표현했다.

他 ＿＿＿＿ 了很久才 ＿＿＿＿ 表达了自己的 ＿＿＿＿。
　 zhēnzhuó　　　　　jiànjiē　　　　　　　yìtú

371

장강의 주류와 지류가 종횡으로 교차하니, 매우 장관이다.

长江的 ＿＿＿＿ 和 ＿＿＿＿ ＿＿＿＿, 非常 ＿＿＿＿。
　　 zhǔliú　　　 zhīliú　 zònghéng jiāochā　　　 zhuàngguān

372

전쟁은 전무후무한 인구의 이동과 문화의 변화를 야기했다.

战争造成了 ＿＿＿＿ 的人口 ＿＿＿＿ 和文化 ＿＿＿＿。
　　　　 kōngqiánjuéhòu　　　 qiānxǐ　　　 yǎnbiàn

빠른
정답

369 教授写论文摘要时引用了几篇热门文献。
370 他斟酌了很久才间接表达了自己的意图。
371 长江的主流和支流纵横交叉，非常壮观。
372 战争造成了空前绝后的人口迁徙和文化演变。

373

그는 나를 주시하면서 입술을 한 번 삐죽거리더니, 멸시하는 표정을 드러냈다.

他 ⬜⬜ 着我, ⬜⬜ 一 ⬜ , 露出了 ⬜⬜ 的表情。

zhùshì　　　　zuǐchún　　piě　　　　mièshì

374

군대가 장기간 주둔하면 식량을 소모할 뿐만 아니라, 기세를 약화시킬 수도 있다.

⬜⬜ 长期 ⬜⬜ 不但 ⬜⬜ 粮食, 也会 ⬜⬜ ⬜⬜ 。

jūnduì　　zhùzhā　　xiāohào　　　　xuēruò　shēngshì

375

남동생이 기타를 내리쳐 구멍을 냈고, 줄도 끊어져서 연결할 수 없게 되었다.

弟弟把吉他 ⬜ 出了 ⬜⬜ , ⬜ 也断了, ⬜⬜ 不上了。

zá　　quēkǒu　　xián　　　　xiánjiē

376

회사의 입찰 공고 체제가 아직 충분히 완벽하지 않으니, 가능한 한 빨리 부족함을 보완해야 한다.

公司的 ⬜⬜ 体制 ⬜⬜ 不够 ⬜⬜ , 得尽快 ⬜⬜ 不足。

zhāobiāo　　shàngqiě　　jiànquán　　　　míbǔ

377

모두가 나를 놀리고 비웃는 순간, 나는 매우 난처했다.

大家 ＿＿＿＿ 笑话我的 ＿＿＿＿ ，我十分 ＿＿＿＿ 。

　　　qǐhòng　　　　　shùnjiān　　　　　gāngà

378

미신에서 말하길, 사람은 사망한 이후 영혼이 천당으로 들어간다고 한다.

有 ＿＿＿＿ 说，人 ＿＿＿＿ 以后 ＿＿＿＿ 会进入 ＿＿＿＿ 。

　　míxìn　　　　sǐwáng　　　　línghún　　　　tiāntáng

379

밤낮의 응급 처치를 거쳐, 환자는 사람들의 예상을 벗어나 소생했다.

经过 ＿＿＿＿ ＿＿＿＿ ，病人出人 ＿＿＿＿ 地 ＿＿＿＿ 了。

　zhòuyè　qiǎngjiù　　　　　yùliào　　　fùhuó

380

정부가 확충한 각 항목의 업무 강령은 모두 서로 보완하고 도와서 완성하는 것이다.

政府 ＿＿＿＿ 的各项工作 ＿＿＿＿ 都是 ＿＿＿＿ 的。

　　kuòchōng　　　　　gānglǐng　　xiāngfǔxiāngchéng

경력이 오래된 노의사는 우수한 의술로 무수한 생명을 구해냈다.

381

　　　　的老医生用　　　　的医术　　　　了无数生命。
zīshēn　　　　　　gāochāo　　　　　wǎnjiù

영화가 클라이맥스에 들어갈 때, 누군가 일어나서 내 시선을 막았다.

382

电影进入　　　　时，有人站起来　　　　了我的　　　　。
　　　　gāocháo　　　　　zhēdǎng　　　shìxiàn

결론적으로 말해서, 다른 사람의 사생활을 빈번하게 따져 묻거나 관여하는 것은 매우 타당하지 않다.

383

　　　　，　　　　　　或　　　别人的私事很不　　　。
zǒng'éryánzhī　pínfán　guòwèn　gānyù　　　　　　tuǒdàng

지도자는 모두가 의욕을 높여 반드시 앞으로의 업무를 위해 튼튼한 기초를 다지도록 선동한다.

384

领导　　　大家提起　　　，　　　为以后的工作打下　　　的
　　　gǔdòng　　　　gànjìn　　wùbì　　　　　　zhāshi

基础。

빠른
정답
381 资深的老医生用高超的医术挽救了无数生命。
382 电影进入高潮时，有人站起来遮挡了我的视线。
383 总而言之，频繁过问或干预别人的私事很不妥当。
384 领导鼓动大家提起干劲，务必为以后的工作打下扎实的基础。

385 ✓ 我的家乡春节时盛行宰猪、割肉。

Wǒ de jiāxiāng Chūnjié shí shèngxíng zǎi zhū、gē ròu.

나의 고향은 춘절 때 돼지를 잡고 고기를 베는 것이 성행한다.

- 盛行 shèngxíng 동 성행하다, 널리 유행하다
- 宰 zǎi 동 ① 주관하다, 주재하다 ② (가축을) 도살하다
- 割 gē 동 (낫, 칼 등으로) 자르다, 베다

386 这支朝气蓬勃的队伍迸发着生机与活力。

Zhè zhī zhāoqìpéngbó de duìwu bèngfā zhe shēngjī yǔ huólì.

이 생기가 넘치는 대열은 생기와 활력을 내뿜고 있다.

- 朝气蓬勃 zhāoqìpéngbó 성어 생기가 넘쳐흐르다, 생기발랄하다
- 迸发 bèngfā 동 솟아 나오다, 분출하다, 내뿜다
- 队伍 duìwu 명 ① 대오, 대열 ② 군대, 부대
- 生机 shēngjī 명 생기
- 活力 huólì 명 활력, 활기

387 我隐约感觉到有个流氓在偷偷跟踪、监视我。

Wǒ yǐnyuē gǎnjué dào yǒu ge liúmáng zài tōutōu gēnzōng、jiānshì wǒ.

나는 어떤 불량배가 몰래 나를 미행하고 감시하고 있다고 어렴풋이 느꼈다.

- 隐约 yǐnyuē 형 은은하다, 희미하다, 어렴풋하다
- 跟踪 gēnzōng 동 뒤를 밟다, 미행하다, 추적하다
- 流氓 liúmáng 명 건달, 부랑자, 불량배, 깡패
- 监视 jiānshì 동 감시하다

388 老师告诫我们做人不能急躁, 遇事要镇静。

Lǎoshī gàojiè wǒmen zuòrén bù néng jízào, yùshì yào zhènjìng.

선생님은 우리에게 사람은 조급하게 서둘러서는 안 되고, 일에 부딪쳐도 진정해야 한다고 훈계하셨다.

- 告诫 gàojiè 동 훈계하다, 경고를 주다
- 急躁 jízào 형 성미가 급하다, 조급하다 동 조바심내다, 초조해하다, 조급하게 서두르다
- 镇静 zhènjìng 형 침착하다, 냉정하다 동 진정하다, 마음을 가라앉히다

389

个体间相互谅解，和睦相处，集体才能和谐。

Gètǐ jiān xiānghù liàngjiě, hémù xiāngchǔ, jítǐ cái néng héxié.

개인 간에 서로 양해하고 화목하게 지내야만, 단체가 잘 어울릴 수 있다.

- **个体** gètǐ 몡 개체, 개인
- **谅解** liàngjiě 몡 양해, 이해 동 양해하다, 이해하여 주다
- **和睦** hémù 혱 화목하다
- **和谐** héxié 혱 잘 어울리다, 조화롭다

390

那束花的花茎枯萎了，用指甲一掐就折断了。

Nà shù huā de huājīng kūwěi le, yòng zhǐjia yì qiā jiù zhéduàn le.

그 꽃다발의 꽃줄기는 시들어서, 손톱을 사용해서 꺾기만 해도 부러뜨려진다.

- **束** shù 먱 묶음, 다발
- **茎** jīng 몡 줄기
- **枯萎** kūwěi 혱 (꽃, 잎이) 마르다, 시들다
- **指甲** zhǐjia 몡 손톱
- **掐** qiā 동 끊다, 꺾다
- **折** zhé 동 부러뜨리다, 구부리다, 접다

391

旧社会对女性有一些愚昧的、根深蒂固的偏见。

Jiù shèhuì duì nǚxìng yǒu yìxiē yúmèi de、gēnshēndìgù de piānjiàn.

구사회는 여성에 대해 어리석고 뿌리 깊은 편견들이 있었다.

- **愚昧** yúmèi 혱 우매하다, 어리석다
- **根深蒂固** gēnshēndìgù 성어 뿌리가 깊다, 깊이 뿌리 박혀 있다
- **偏见** piānjiàn 몡 편견

392

回顾过去你会发现，世界宏观经济格局变化巨大。

Huígù guòqù nǐ huì fāxiàn, shìjiè hóngguān jīngjì géjú biànhuà jùdà.

과거를 회고하면 당신은 세계 거시경제의 구조는 변화가 매우 크다는 것을 발견할 것이다.

- **回顾** huígù 동 회고하다, 돌이켜 보다
- **宏观** hóngguān 몡 거시적 혱 거시적인
- **格局** géjú 몡 ① (글의) 짜임새와 격식 ② (건물의) 구조와 장식 ③ 짜임새, 골격, 구성

393

他常为玩弄了别人珍贵的感情而悔恨。

Tā cháng wèi wánnòng le biérén zhēnguì de gǎnqíng ér huǐhèn.

그는 종종 다른 사람의 소중한 감정을 가지고 논 것 때문에 뼈저리게 후회한다.

- 玩弄 wánnòng 동 ① 희롱하다, 놀리다, 우롱하다 ② 가지고 놀다, 장난치다
- 珍贵 zhēnguì 형 진귀하다, 귀중하다, 소중하다
- 悔恨 huǐhèn 동 뼈저리게 뉘우치다, 후회하다

> ✦ Point
> • 为A而(感到)B: A때문에 B라는 감정을 느끼다

394

我拿起话筒，声音响亮地说了一声"嗨"。

Wǒ náqǐ huàtǒng, shēngyīn xiǎngliàng de shuō le yìshēng "hāi".

나는 마이크를 들어 목소리가 우렁차게 '에이'라고 말했다.

- 话筒 huàtǒng 명 ① (전화기의) 수화기 ② 마이크
- 响亮 xiǎngliàng 형 (소리가) 높고 크다, 우렁차다
- 嗨 hāi 감 놀라거나 불만임을 나타냄

395

我很钦佩那个面对恐吓毫无畏惧的英雄。

Wǒ hěn qīnpèi nàge miànduì kǒnghè háowú wèijù de yīngxióng.

나는 협박에 직면해도 조금도 두려움이 없는 그 영웅에게 매우 탄복한다.

- 钦佩 qīnpèi 동 우러러 탄복하다
- 恐吓 kǒnghè 명 공갈, 협박, 으름장 동 으르다, 위협하다, 협박하다
- 毫无 háowú 조금도 ~이 없다
- 畏惧 wèijù 명 두려움 동 무서워하고 두려워하다

396

这个学生请教问题的时候态度谦逊而恭敬。

Zhège xuésheng qǐngjiào wèntí de shíhou tàidù qiānxùn ér gōngjìng.

이 학생은 질문을 물어볼 때 태도가 겸손하고 공손하다.

- 请教 qǐngjiào 동 지도를 바라다, 기르침을 청하다, 물어보다
- 谦逊 qiānxùn 형 겸손하다
- 恭敬 gōngjìng 형 공손하다, 정중하다, 예의가 바르다

397

你们勾结起来，不就是想要阴谋陷害我嘛。

Nǐmen gōujié qǐlái, bú jiùshì xiǎng shuǎ yīnmóu xiànhài wǒ ma.

너희들이 결탁하는 것은 바로 음모를 꾸며 나를 모함하고 싶어하는 것 아닌가.

- **勾结** gōujié 몡 결탁, 공모 됭 결탁하다, 공모하다
- **耍** shuǎ 됭 ① 놀다, 장난하다 ② 가지고 놀다, 농락하다 ③ (나쁜 수단 등을) 부리다, 발휘하다
- **阴谋** yīnmóu 몡 음모 됭 음모를 꾸미다
- **陷害** xiànhài 됭 모함하다, 모해하다
- **嘛** ma 죄 어떤 사실을 주의시키거나 일깨워주는 어감

398

教练号召队员们振奋起来，和对手好好儿较量。

Jiàoliàn hàozhào duìyuánmen zhènfèn qǐlái, hé duìshǒu hǎohāor jiàoliàng.

감독은 선수들에게 분발하여 상대와 아주 잘 대결하자고 호소했다.

- **号召** hàozhào 됭 호소하다
- **振奋** zhènfèn 됭 ① 분발하다, 진작하다 ② 분발시키다, 진작시키다
- **较量** jiàoliàng 됭 ① 겨루다, 대결하다 ② 따지다, 저울질하다

399

这篇文章展现了对家乡深沉的思念，让人很有共鸣。

Zhè piān wénzhāng zhǎnxiàn le duì jiāxiāng shēnchén de sīniàn, ràng rén hěn yǒu gòngmíng.

이 글은 고향에 대한 깊은 그리움을 드러내어 사람들에게 무척 공감이 생기게 한다.

- **展现** zhǎnxiàn 됭 드러내다, 펼쳐지다
- **深沉** shēnchén 형 ① (정도가) 심하다, 깊다 ② (소리가) 낮고 둔탁하다
- **思念** sīniàn 몡 그리움 됭 그리워하다
- **共鸣** gòngmíng 몡 공감 됭 공감하다　*产生共鸣 공감이 생기다 / 引起共鸣 공감을 불러 일으키다

400

这位资助了很多贫困儿童的慈善家谢绝一切访问。

Zhè wèi zīzhù le hěn duō pínkùn értóng de císhànjiā xièjué yíqiè fǎngwèn.

많은 빈곤 아동을 지원한 이 자선가는 모든 방문을 사절했다.

- **资助** zīzhù 됭 경제적으로 돕다, 지원하다
- **贫困** pínkùn 형 빈곤하다
- **慈善** císhàn 몡 자선, 자비 형 자비롭다
- **谢绝** xièjué 됭 사절하다, 정중히 거절하다
- **访问** fǎngwèn 몡 방문 됭 방문하다

写一写 우리말 해석을 참고하여 빈칸에 알맞은 중국어를 쓰세요.

385

나의 고향은 춘절 때 돼지를 잡고 고기를 베는 것이 성행한다.

我的家乡春节时 _____ _____ 猪、_____ 肉。
　　　　　　　　shèngxíng　zǎi　　　　gē

386

이 생기가 넘치는 대열은 생기와 활력을 내뿜고 있다.

这支 _____ 的 _____ 着 _____ 与 _____ 。
　　zhāoqìpéngbó　duìwu　bèngfā　shēngjī　huólì

387

나는 어떤 불량배가 몰래 나를 미행하고 감시하고 있다고 어렴풋이 느꼈다.

我 _____ 感觉到有个 _____ 在偷偷 _____ 、_____ 我。
　yǐnyuē　　　　　liúmáng　　　gēnzōng　jiānshì

388

선생님은 우리에게 사람은 조급하게 서둘러서는 안 되고, 일에 부딪쳐도 진정해야 한다고 훈계하셨다.

老师 _____ 我们做人不能 _____ , 遇事要 _____ 。
　　gàojiè　　　　　　jízào　　　　　zhènjìng

 빠른
정답
385 我的家乡春节时盛行宰猪、割肉。
386 这支朝气蓬勃的队伍迸发着生机与活力。
387 我隐约感觉到有个流氓在偷偷跟踪、监视我。
388 老师告诫我们做人不能急躁，遇事要镇静。

389

개인 간에 서로 양해하고 화목하게 지내야만, 단체가 잘 어울릴 수 있다.

_____ 间相互 _____ , _____ 相处, 集体才能 _____ 。

gètǐ　　　　liàngjiě　　　hémù　　　　　　　héxié

390

그 꽃다발의 꽃줄기는 시들어서, 손톱을 사용해서 꺾기만 해도 부러뜨려진다.

那 _____ 花的花 _____ 了, 用 _____ 一 _____ 就 _____

shù　　　　jīng　　　kūwěi　　　zhǐjia　　qiā　　　zhé

断了。

391

구사회는 여성에 대해 어리석고 뿌리 깊은 편견들이 있었다.

旧社会对女性有一些 _____ 的、 _____ 的 _____ 。

yúmèi　　　gēnshēndìgù　　piānjiàn

392

과거를 회고하면 당신은 세계 거시경제의 구조는 변화가 매우 크다는 것을 발견할 것이다.

_____ 过去你会发现, 世界 _____ 经济 _____ 变化巨大。

huígù　　　　　　hóngguān　　　géjú

393

그는 종종 다른 사람의 소중한 감정을 가지고 논 것 때문에 뼈저리게 후회한다.

他常为 _____ 了别人 _____ 的感情而 _____ 。

        wánnòng   zhēnguì   huǐhèn

394

나는 마이크를 들어 목소리가 우렁차게 '에이'라고 말했다.

我拿起 _____ ，声音 _____ 地说了一声 " _____ "。

      huàtǒng   xiǎngliàng   hāi

395

나는 협박에 직면해도 조금도 두려움이 없는 그 영웅에게 매우 탄복한다.

我很 _____ 那个面对 _____ _____ _____ 的英雄。

  qīnpèi   kǒnghè   háowú   wèijù

396

이 학생은 질문을 물어볼 때 태도가 겸손하고 공손하다.

这个学生 _____ 问题的时候态度 _____ 而 _____ 。

     qǐngjiào   qiānxùn   gōngjìng

빠른 정답

393 他常为玩弄了别人珍贵的感情而悔恨。

394 我拿起话筒，声音响亮地说了一声"嗨"。

395 我很钦佩那个面对恐吓毫无畏惧的英雄。

396 这个学生请教问题的时候态度谦逊而恭敬。

너희들이 결탁하는 것은 바로 음모를 꾸며 나를 모함하고 싶어하는 것 아닌가.

397

你们 ⬚⬚⬚ 起来，不就是想 ⬚⬚⬚ ⬚⬚⬚ 我 ⬚⬚⬚。

gōujié   shuǎ   yīnmóu   xiànhài   ma

감독은 선수들에게 분발하여 상대와 아주 잘 대결하자고 호소했다.

398

教练 ⬚⬚⬚ 队员们 ⬚⬚⬚ 起来，和对手好好儿 ⬚⬚⬚。

hàozhào   zhènfèn   jiàoliàng

이 글은 고향에 대한 깊은 그리움을 드러내어 사람들에게 무척 공감이 생기게 한다.

399

这篇文章 ⬚⬚⬚ 了对家乡 ⬚⬚⬚ 的 ⬚⬚⬚，让人很有 ⬚⬚⬚。

zhǎnxiàn   shēnchén   sīniàn   gòngmíng

많은 빈곤 아동을 지원한 이 자선가는 모든 방문을 사절했다.

400

这位 ⬚⬚⬚ 了很多 ⬚⬚⬚ 儿童的 ⬚⬚⬚ 家 ⬚⬚⬚ 一切 ⬚⬚⬚。

zīzhù   pínkùn   císhàn   xièjué   fǎngwèn

빠른
정답

397 你们勾结起来，不就是想耍阴谋陷害我嘛。

398 教练号召队员们振奋起来，和对手好好儿较量。

399 这篇文章展现了对家乡深沉的思念，让人很有共鸣。

400 这位资助了很多贫困儿童的慈善家谢绝一切访问。

Unit 26

401

✓ 他们合伙欺负人，真是岂有此理!

Tāmen héhuǒ qīfu rén, zhēnshì qǐyǒucǐlǐ!

그들이 한패가 되어 사람을 괴롭히다니, 정말 어떻게 이럴 수가 있나?

- 合伙 héhuǒ [동] 동반자가 되다, 한패가 되다
- 欺负 qīfu [동] 얕보다, 괴롭히다, 업신여기다
- 岂有此理 qǐyǒucǐlǐ [성어] 어찌 이럴 수가 있는가?

402

你怎么能狠心冤枉我，践踏我的尊严呢?

Nǐ zěnme néng hěnxīn yuānwang wǒ, jiàntà wǒ de zūnyán ne?

당신은 어떻게 모질게도 나를 억울하게 만들고, 나의 존엄성을 짓밟을 수 있나요?

- 狠心 hěnxīn [형] 모질다 [명] 모진 마음 ＊下狠心 모진 마음을 먹다
- 冤枉 yuānwang [형] 억울하다 [동] 억울하게 하다
- 践踏 jiàntà [동] ① 밟다, 디디다 ② 짓밟다, 유린하다
- 尊严 zūnyán [형] 존엄하다 [명] 존엄(성)

403

我家春节前会清理炉灶，每年都不例外。

Wǒ jiā Chūnjié qián huì qīnglǐ lúzào, měinián dōu bú lìwài.

우리 집은 춘절 전에 아궁이를 깨끗이 치우는데, 매년 모두 예외가 없다.

- 清理 qīnglǐ [동] 깨끗이 정리하다
- 炉灶 lúzào [명] 부뚜막, 아궁이
- 例外 lìwài [동] 예외로 하다, 예외가 되다 [명] 예외

404

他凭借顽强的意志和坚定的信念活了下来。

Tā píngjiè wánqiáng de yìzhì hé jiāndìng de xìnniàn huó le xiàlái.

그는 완강한 의지와 확고한 신념에 의지하여 살아남았다.

- 顽强 wánqiáng [형] ① 완강하다, 억세다 ② 맹렬하다
- 意志 yìzhì [명] 의지
- 坚定 jiāndìng [형] (입장, 의지, 주장 등이) 확고하다, 꿋꿋하다, 굳다 [동] 확고히 하다, 견고히 하다, 굳히다
- 信念 xìnniàn [명] 신념

405

闪烁着亮光的蜡烛被卷起的风一吹就熄灭了。

Shǎnshuò zhe liàngguāng de làzhú bèi juǎn qǐ de fēng yì chuī jiù xīmiè le.

밝은 빛을 내고 있던 초는 휘감은 바람에 의해 불자마자 꺼졌다.

- **闪烁** shǎnshuò 동 빛내다, 반짝이다, 깜빡이다, 번쩍이다
- **蜡烛** làzhú 명 (양)초
- **卷** juǎn 동 ① 말다, 감다 ② 말아 올리다, 휩쓸다, 휘감다 명 말아서 둥글게 한 것
- **熄灭** xīmiè 동 (불을) 끄다, (불이) 꺼지다

406

那些在战争中无辜遭殃的孩子真让人心疼。

Nàxiē zài zhànzhēng zhōng wúgū zāoyāng de háizi zhēn ràng rén xīnténg.

전쟁 중에 무고하게 불행을 당한 그러한 아이들은 정말 사람을 가슴 아프게 한다.

- **无辜** wúgū 형 무고하다, 죄가 없다
- **遭殃** zāoyāng 이합 재난을 만나다, 불행을 당하다
- **心疼** xīnténg 동 ① 몹시 아끼다, 사랑하다 ② 애석해하다, 아까워하다 ③ 가슴이 아프다, 가여워하다

407

虽然经验贫乏，但我对饲养犬类有浓厚的兴趣。

Suīrán jīngyàn pínfá, dàn wǒ duì sìyǎng quǎnlèi yǒu nónghòu de xìngqù.

비록 경험은 부족하지만, 그러나 나는 견류를 키우는 것에 깊은 흥미가 있다.

- **贫乏** pínfá 형 ① 빈곤하다, 가난하다 ② 부족하다, 빈약하다, 결핍하다
- **饲养** sìyǎng 명 사육 동 사육하다
- **犬** quǎn 명 개
- **浓厚** nónghòu 형 ① (기체 등이) 짙다 ② (색채, 의식, 분위기 등이) 농후하다, 강하다 ③ (흥미, 관심 등이) 크다, 강하다, 깊다

408

根据家属透露，注射了麻醉剂的总理已经清醒了。

Gēnjù jiāshǔ tòulù, zhùshè le mázuìjì de zǒnglǐ yǐjīng qīngxǐng le.

가족들이 폭로한 바에 의하면, 마취제를 주사한 총리는 이미 의식을 회복했다.

- **家属** jiāshǔ 명 가족, 가솔
- **透露** tòulù 동 ① (소식, 상황, 의사 등을) 드러내다, 폭로하다, 누설하다 ② (말이나 글에서) 넌지시 드러내다, 시사하다, 암시하다
- **注射** zhùshè 명 주사 동 주사하다
- **麻醉** mázuì 명 마취 동 마취하다
- **清醒** qīngxǐng 형 (머릿속이) 맑고 깨끗하다, 뚜렷하다, 분명하다 동 의식을 회복하다, 정신을 차리다, 깨어나다

409

这些凝固的冰块儿被火一烘就融化了。

Zhèxiē nínggù de bīngkuàir bèi huǒ yì hōng jiù rónghuà le.

이 응고한 얼음 덩어리는 불에 의해 데워지자마자 녹았다.

- **凝固** nínggù 동 응고하다, 굳어지다
- **烘** hōng 동 (불에) 쬐다, 말리다, 굽다, 데우다
- **融化** rónghuà 동 (얼음, 눈 등이) 녹다, 녹이다

410

平原地区海拔低，所以气压比较高。

Píngyuán dìqū hǎibá dī, suǒyǐ qìyā bǐjiào gāo.

평원 지역은 해발이 낮고, 그래서 기압이 비교적 높다.

- **平原** píngyuán 명 평원, 평야
- **海拔** hǎibá 명 해발
- **气压** qìyā 명 기압

411

依据宪法，犯人得到了相应的制裁。

Yījù xiànfǎ, fànrén dédào le xiāngyìng de zhìcái.

헌법을 의거하여 범인은 상응하는 제재를 받았다.

- **依据** yījù 동 의거하다, 근거로 하다 명 근거, 바탕, 기초
- **宪法** xiànfǎ 명 헌법
- **相应** xiāngyìng 동 상응하다, 서로 호응하다
- **制裁** zhìcái 명 제재 동 제재하다

412

我用合算的价格批发了一些玉做的小玩意儿。

Wǒ yòng hésuàn de jiàgé pīfā le yìxiē yù zuò de xiǎo wányìr.

나는 수지가 맞는 가격으로 옥으로 만든 작은 물건들을 도매로 팔았다.

- **合算** hésuàn 동 ① 수지가 맞다 ② (종합적으로) 생각하다, 고려하다
- **批发** pīfā 명 도매 동 도매하다
- **玉** yù 명 옥
- **玩意儿** wányìr 명 ① 장난감, 완구 ② 오락, 기예, 놀이 ③ 물건, 사물

413 这种材料是用先进科技人工合成的，不易分解。
Zhè zhǒng cáiliào shì yòng xiānjìn kējì réngōng héchéng de, búyì fēnjiě.
이 종류의 재료는 선진 과학 기술을 사용하여 인공적으로 합성한 것으로, 쉽게 분해되지 않는다.

- **先进** xiānjìn 형 선진적이다
- **人工** réngōng 형 인공의, 인위적인 명 인공, 인조
- **合成** héchéng 명 합성 동 합성하다, 합성되다
- **分解** fēnjiě 동 분해하다, 분해되다

414 辽阔平坦的草原上，有很多难分雌雄的飞禽走兽。
Liáokuò píngtǎn de cǎoyuán shàng, yǒu hěn duō nánfēn cíxióng de fēiqínzǒushòu.
끝없이 넓은 평탄한 초원 위에는 암컷과 수컷을 구분하기 어려운 많은 새와 짐승들이 있다.

- **辽阔** liáokuò 형 아득히 멀고 광활하다, 끝없이 넓다
- **平坦** píngtǎn 형 평평하다, 평탄하다
- **雌雄** cíxióng 명 ① 암컷과 수컷 ② 자웅, 승패
- **飞禽走兽** fēiqínzǒushòu 성어 새와 짐승

415 为谋求共同利益，联盟成员应放下争端，选择和解。
Wèi móuqiú gòngtóng lìyì, liánméng chéngyuán yīng fàngxià zhēngduān, xuǎnzé héjiě.
공동의 이익을 꾀하기 위해, 연맹 구성원들은 분쟁의 발단을 내려 놓고 화해를 선택해야 한다.

- **谋求** móuqiú 동 강구하다, 모색하다, 꾀하다
- **联盟** liánméng 명 연맹, 동맹
- **成员** chéngyuán 명 (구)성원, 일원
- **争端** zhēngduān 명 싸움의 발단, 분쟁의 실마리
  *解决争端 분쟁의 발단을 해결하다
- **和解** héjiě 명 화해 동 화해하다

416 生活充满了悬念，现在资产的正负不能决定未来人生的胜负。
Shēnghuó chōngmǎn le xuánniàn, xiànzài zīchǎn de zhèngfù bù néng juédìng wèilái rénshēng de shèngfù.
생활은 긴장감으로 가득차서, 현재 자산의 증가와 감소가 미래 인생의 승패를 결정할 수 없다.

- **悬念** xuánniàn 동 ① 마음에 걸리다, 걱정하다, 염려하다 ② 마음을 쓰다, 궁금해하다 명 궁금증, 스릴, 긴장감
- **资产** zīchǎn 명 자산
- **正负** zhèngfù 명 플러스 마이너스
- **胜负** shèngfù 명 승부, 승패

401

그들이 한패가 되어 사람을 괴롭히다니, 정말 어떻게 이럴 수가 있나?

他们 _____ _____ 人，真是 _____ ！
　　　héhuǒ　　qīfu　　　　　　qǐyǒucǐlǐ

402

당신은 어떻게 모질게도 나를 억울하게 만들고, 나의 존엄성을 짓밟을 수 있나요?

你怎么能 _____ _____ 我， _____ 我的 _____ 呢？
　　　　　hěnxīn　yuānwang　　jiàntà　　　zūnyán

403

우리 집은 춘절 전에 아궁이를 깨끗이 치우는데, 매년 모두 예외가 없다.

我家春节前会 _____ _____ ，每年都不 _____ 。
　　　　　　　qīnglǐ　lúzào　　　　　　　lìwài

404

그는 완강한 의지와 확고한 신념에 의지하여 살아남았다.

他凭借 _____ 的 _____ 和 _____ 的 _____ 活了下来。
　　　wánqiáng　　yìzhì　　jiāndìng　　xìnniàn

405

밝은 빛을 내고 있던 초는 휘감은 바람에 의해 불자마자 꺼졌다.

_____ 着亮光的 _____ 被 _____ 起的风一吹就 _____ 了。

shǎnshuò　　　　　　làzhú　　juǎn　　　　　　　　xīmiè

406

전쟁 중에 무고하게 불행을 당한 그러한 아이들은 정말 사람을 가슴 아프게 한다.

那些在战争中 _____ 的孩子真让人 _____ 。

wúgū　zāoyāng　　　　　　xīnténg

407

비록 경험은 부족하지만, 그러나 나는 견류를 키우는 것에 깊은 흥미가 있다.

虽然经验 _____ ，但我对 _____ 类有 _____ 的兴趣。

pínfá　　　　　　sìyǎng　quǎn　　　nónghòu

408

가족들이 폭로한 바에 의하면, 마취제를 주사한 총리는 이미 의식을 회복했다.

根据 _____ _____ ， _____ 了 _____ 剂的总理已经 _____ 了。

jiāshǔ　　tòulù　　zhùshè　　mázuì　　　　　　qīngxǐng

빠른
정답

405 闪烁着亮光的蜡烛被卷起的风一吹就熄灭了。
406 那些在战争中无辜遭殃的孩子真让人心疼。
407 虽然经验贫乏，但我对饲养犬类有浓厚的兴趣。
408 根据家属透露，注射了麻醉剂的总理已经清醒了。

409

이 응고한 얼음 덩어리는 불에 의해 데워지자마자 녹았다.

这些 ____ 的冰块儿被火一 ____ 就 ____ 了。
　　nínggù　　　　　　　　hōng　　rónghuà

410

평원 지역은 해발이 낮고, 그래서 기압이 비교적 높다.

____ 地区 ____ 低，所以 ____ 比较高。
píngyuán　　hǎibá　　　　　qìyā

411

헌법을 의거하여 범인은 상응하는 제재를 받았다.

____ ____ ，犯人得到了 ____ 的 ____ 。
yījù　xiànfǎ　　　　xiāngyìng　zhìcái

412

나는 수지가 맞는 가격으로 옥으로 만든 작은 물건들을 도매로 팔았다.

我用 ____ 的价格 ____ 了一些 ____ 做的小 ____ 。
　　hésuàn　　　　pīfā　　　yù　　　　wányìr

빠른
정답

409 这些凝固的冰块儿被火一烘就融化了。

410 平原地区海拔低，所以气压比较高。

411 依据宪法，犯人得到了相应的制裁。

412 我用合算的价格批发了一些玉做的小玩意儿。

413

이 종류의 재료는 선진 과학 기술을 사용하여 인공적으로 합성한 것으로, 쉽게 분해되지 않는다.

这种材料是用 ＿＿＿＿ 科技 ＿＿＿＿ 的，不易 ＿＿＿＿。

xiānjìn　　　　réngōng héchéng　　　　fēnjiě

414

끝없이 넓은 평탄한 초원 위에는 암컷과 수컷을 구분하기 어려운 많은 새와 짐승들이 있다.

＿＿＿＿ ＿＿＿＿ 的草原上，有很多难分 ＿＿＿＿ 的 ＿＿＿＿。

liáokuò　píngtǎn　　　　　　　cíxióng　　fēiqínzǒushòu

415

공동의 이익을 꾀하기 위해, 연맹 구성원들은 분쟁의 발단을 내려 놓고 화해를 선택해야 한다.

为 ＿＿＿＿ 共同利益，＿＿＿＿ ＿＿＿＿ 应放下 ＿＿＿＿，选择 ＿＿＿＿。

móuqiú　　　　liánméng chéngyuán　　zhēngduān　　　héjiě

416

생활은 긴장감으로 가득차서, 현재 자산의 증가와 감소가 미래 인생의 승패를 결정할 수 없다.

生活充满了 ＿＿＿＿，现在 ＿＿＿＿ 的 ＿＿＿＿ 不能决定未来人生的

xuánniàn　　　　zīchǎn　　zhèngfù

＿＿＿＿。

shèngfù

빠른
정답

413 这种材料是用先进科技人工合成的，不易分解。
414 辽阔平坦的草原上，有很多难分雌雄的飞禽走兽。
415 为谋求共同利益，联盟成员应放下争端，选择和解。
416 生活充满了悬念，现在资产的正负不能决定未来人生的胜负。

Unit 27

417 ☑ **政府派遣了几位官员来慰问聋哑演员。**
　　☐ Zhèngfǔ pàiqiǎn le jǐ wèi guānyuán lái wèiwèn lóngyǎ yǎnyuán.
　　☐ 정부는 몇 명의 관리를 파견하여 농아 연기자를 위문하러 왔다.

- 派遣 pàiqiǎn 동 파견하다
- 慰问 wèiwèn 동 위문하다
- 聋哑 lóngyǎ 명 농아

418 ☐ **有很多迹象可以证实他想回避你的骚扰。**
　　☐ Yǒu hěn duō jìxiàng kěyǐ zhèngshí tā xiǎng huíbì nǐ de sāorǎo.
　　☐ 많은 조짐이 그가 당신의 난동을 피하고 싶어한다는 사실을 증명할 수 있다.

- 迹象 jìxiàng 명 흔적, 자취, 기미, 조짐, 기색
- 证实 zhèngshí 동 실증하다, 사실을 증명하다, 검증하다
- 回避 huíbì 동 (회)피하다
- 骚扰 sāorǎo 명 소요, 난동, 소란 동 교란하다, 소란을 피우다, 어지럽히다

419 ☐ **哼，我警告你，下次再惹祸我绝不饶恕你。**
　　☐ Hēng, wǒ jǐnggào nǐ, xiàcì zài rěhuò wǒ jué bù ráoshù nǐ.
　　☐ 흥, 내가 너에게 경고하는데, 다음 번에 다시 사고를 치면 나는 절대 너를 용서하지 않겠어.

- 哼 hēng 동 ① 신음하다 ② 콧노래 부르다, 흥얼거리다 감 흥!
- 警告 jǐnggào 명 경고 동 경고하다
- 惹祸 rěhuò 이합 화를 초래하다, 일을 저지르다, 사고를 치다
- 饶恕 ráoshù 동 용서하다, 처벌을 면해 주다

420 ☐ **狼跳跃到山坡上威风地吼叫，呼唤着同伴。**
　　☐ Láng tiàoyuè dào shānpō shàng wēifēng de hǒujiào, hūhuàn zhe tóngbàn.
　　☐ 늑대는 산 비탈 위에 뛰어올라 위엄 있게 울부짖으며 동료들을 부르고 있다.

- 跳跃 tiàoyuè 동 도약하다, 뛰어오르다
- 坡 pō 명 비탈(진) 곳 형 비탈지다, 경사지다, 비스듬하다
- 威风 wēifēng 명 위풍, 위엄 형 위엄이 있다
- 吼 hǒu 동 ① (짐승이) 울부짖다, 으르렁거리다 ② (화나거나 흥분하여) 고함치다, 큰 소리로 외치다
- 呼唤 hūhuàn 동 외치다, 부르다

421

警察说当前 首要任务是寻找嫌疑人的踪迹。

Jǐngchá shuō dāngqián shǒuyào rènwù shì xúnzhǎo xiányírén de zōngjì.

경찰은 눈앞의 가장 중요한 임무는 혐의자의 종적을 찾는 것이라고 말했다.

- **当前** dāngqián 몡 눈앞, 현재
- **首要** shǒuyào 혱 가장 중요하다
- **嫌疑** xiányí 혱 의심(쩍음), 혐의 됭 의심하다
- **踪迹** zōngjì 몡 종적, (발)자취

422

大家都认定把敌人消灭后就没有后顾之忧了。

Dàjiā dōu rèndìng bǎ dírén xiāomiè hòu jiù méiyǒu hòugùzhīyōu le.

모두가 적을 소멸시킨 후 뒷걱정이 없어졌다고 굳게 믿는다.

- **认定** rèndìng 됭 굳게 믿다, 확정하다
- **消灭** xiāomiè 됭 없애다, 소멸시키다
- **后顾之忧** hòugùzhīyōu 뒷걱정, 뒷근심

423

他们俩因为误解产生了摩擦和不能缓和的矛盾。

Tāmen liǎ yīnwèi wùjiě chǎnshēng le mócā hé bù néng huǎnhé de máodùn.

그들 두 사람은 오해 때문에 마찰과 풀 수 없는 갈등이 생겼다.

- **误解** wùjiě 몡 오해 됭 오해하다
- **摩擦** mócā 몡 ① 마찰 ② 마찰, 충돌 됭 충돌하다
- **缓和** huǎnhé 됭 완화하다, 완화시키다, 풀다, 늦추다

424

操练军队的同时也不能忽略 整顿后勤工作的重要性。

Cāoliàn jūnduì de tóngshí yě bù néng hūlüè zhěngdùn hòuqín gōngzuò de zhòngyàoxìng.

군대를 훈련시키는 것과 동시에 후방 근무를 정비하는 것의 중요성도 소홀히 할 수 없다.

- **操练** cāoliàn 됭 훈련하다, 조련하다
- **军队** jūnduì 몡 군대
- **忽略** hūlüè 됭 소홀히 하다, 등한시하다
- **整顿** zhěngdùn 몡 정리, 정돈, 정비 됭 정리하다, 정돈하다, 정비하다
- **后勤** hòuqín 몡 후방 근무, 보급 근무, 물자 조달 작업

425

渔民划着桨驾舟向码头靠拢。

Yúmín huá zhe jiǎng jià zhōu xiàng mǎtou kàolǒng.

어민이 노를 저어 배를 몰아 나루를 향해 다가간다.

- 渔民 yúmín 몡 어민
- 桨 jiǎng 몡 노
- 舟 zhōu 몡 배
- 码头 mǎtou 몡 부두, 나루
- 靠拢 kàolǒng 동 가까이 다가서다, 접근하다

426

有一些荒唐的设想会成为新发现的萌芽。

Yǒu yìxiē huāngtáng de shèxiǎng huì chéngwéi xīn fāxiàn de méngyá.

어떤 황당한 상상들은 새로운 발견의 새싹이 될 수 있다.

- 荒唐 huāngtáng 혱 황당하다, 터무니없다
- 设想 shèxiǎng 몡 ① 상상 ② 구상, 착상 ③ 배려, 고려 동 ① 상상하다 ② 구상하다, 착상하다 ③ 배려하다, 고려하다
- 萌芽 méngyá 몡 새싹, 움, 사물의 시작 동 (식물이) 싹트다, (사물이) 싹트다, 막 발생하다

427

他对野蛮的妻子的忍耐已经将近极限了。

Tā duì yěmán de qīzi de rěnnài yǐjīng jiāngjìn jíxiàn le.

그는 난폭한 아내에 대한 인내가 이미 한계에 가까워졌다.

- 野蛮 yěmán 혱 ① 야만스럽다 ② 난폭하다, 상스럽다, 거칠고 막돼먹다
- 忍耐 rěnnài 몡 인내 동 인내하다
- 将近 jiāngjìn 동 거의 ~에 가깝다, 근접하다
- 极限 jíxiàn 몡 극한, 한계, 최대한

428

被敌人袭击并掠夺后的城市弥漫着火药味。

Bèi dírén xíjī bìng lüèduó hòu de chéngshì mímàn zhe huǒyào wèi.

적에 습격당하고 약탈당한 후의 도시는 화약 냄새로 자욱하다.

- 袭击 xíjī 몡 습격, 기습 동 습격하다, 기습하다
- 掠夺 lüèduó 몡 약탈, 수탈 동 약탈하다, 수탈하다
- 弥漫 mímàn 동 (연기, 안개, 분위기 등이) 자욱하다, 가득하다
- 火药 huǒyào 몡 화약

429

经过思索我才恍然大悟，找到了谜语的答案。

Jīngguò sīsuǒ wǒ cái huǎngrándàwù, zhǎodào le míyǔ de dá·àn.

사색을 거쳐 나는 그제서야 문득 깨달았고, 수수께끼의 답을 찾아냈다.

- **思索** sīsuǒ 명 사색, 생각 동 사색하다, 깊이 생각하다
- **恍然大悟** huǎngrándàwù 성어 문득 크게 깨닫다, 갑자기 모두 알게 되다
- **谜语** míyǔ 명 수수께끼

430

国家一直酝酿的开拓畜牧业的计划有了进展。

Guójiā yìzhí yùnniàng de kāituò xùmùyè de jìhuà yǒu le jìnzhǎn.

국가가 줄곧 준비해 온 축산업을 개척하는 계획에 진전이 생겼다.

- **酝酿** yùnniàng 동 ① 술을 빚다, 술을 담그다 ② 내포하다, 품다 ③ (분위기나 조건을) 미리 준비하다, 마련하다, 조성하다
- **开拓** kāituò 명 개척 동 개척하다
- **畜牧** xùmù 명 목축, 축산 동 목축하다
- **进展** jìnzhǎn 명 진전 동 진전하다

431

中国人的鲜明特点是注重面子，讲究礼尚往来。

Zhōngguórén de xiānmíng tèdiǎn shì zhùzhòng miànzi, jiǎngjiu lǐshàngwǎnglái.

중국인의 뚜렷한 특징은 체면을 중시하고, 서로 주고받는 것을 중히 여기는 것이다.

- **鲜明** xiānmíng 형 ① (색채가) 선명하다 ② (사물의 구별이) 명확하다, 뚜렷하다
- **注重** zhùzhòng 동 중시하다
- **面子** miànzi 명 ① 면목, 체면 ② 표면, 외관
- **礼尚往来** lǐshàngwǎnglái 성어 예의상 오고가는 것을 중시하다, 오는 정이 있어야 가는 정이 있다

432

被子弹打中后他身体晃了一下，就壮烈牺牲了。

Bèi zǐdàn dǎzhòng hòu tā shēntǐ huàng le yíxià, jiù zhuàngliè xīshēng le.

총탄에 맞은 후 그는 몸이 한 번 흔들리더니, 장렬하게 희생했다.

- **子弹** zǐdàn 명 총탄, 탄알
- **晃** huǎng 형 빛나다, 눈부시다 동 (번개같이) 스쳐 지나가다, 번쩍하고 지나가다 | huàng 동 흔들다, 흔들리다
- **壮烈** zhuàngliè 형 장렬하다
- **牺牲** xīshēng 명 희생 동 희생하다

417

정부는 몇 명의 관리를 파견하여 농아 연기자를 위문하러 왔다.

政府 ⬜⬜ 了几位官员来 ⬜⬜ 演员。
　　　 pàiqiǎn　　　　　　　　 wèiwèn　 lóngyǎ

418

많은 조짐이 그가 당신의 난동을 피하고 싶어한다는 사실을 증명할 수 있다.

有很多 ⬜⬜ 可以 ⬜⬜ 他想 ⬜⬜ 你的 ⬜⬜ 。
　　　 jìxiàng　　 zhèngshí　　 huíbì　　 sāorǎo

419

흥, 내가 너에게 경고하는데, 다음 번에 다시 사고를 치면 나는 절대 너를 용서하지 않겠어.

⬜⬜ , 我 ⬜⬜ 你, 下次再 ⬜⬜ 我绝不 ⬜⬜ 你。
hēng　　 jǐnggào　　　　　 rěhuò　　　 ráoshù

420

늑대는 산 비탈 위에 뛰어올라 위엄 있게 울부짖으며 동료들을 부르고 있다.

狼 ⬜⬜ 到山 ⬜ 上 ⬜⬜ 地 ⬜ 叫, ⬜⬜ 着同伴。
　 tiàoyuè　　　 pō　 wēifēng　 hǒu　　 hūhuàn

🔓 빠른
정답　 417 政府派遣了几位官员来慰问聋哑演员。
　　　 418 有很多迹象可以证实他想回避你的骚扰。
　　　 419 哼, 我警告你, 下次再惹祸我绝不饶恕你。
　　　 420 狼跳跃到山坡上威风地吼叫, 呼唤着同伴。

421

경찰은 눈앞의 가장 중요한 임무는 혐의자의 종적을 찾는 것이라고 말했다.

警察说 ⬚ ⬚ 任务是寻找 ⬚ 人的 ⬚ 。

dāngqián shǒuyào xiányí zōngjì

422

모두가 적을 소멸시킨 후 뒷걱정이 없어졌다고 굳게 믿는다.

大家都 ⬚ 把敌人 ⬚ 后就没有 ⬚ 了。

rèndìng xiāomiè hòugùzhīyōu

423

그들 두 사람은 오해 때문에 마찰과 풀 수 없는 갈등이 생겼다.

他们俩因为 ⬚ 产生了 ⬚ 和不能 ⬚ 的矛盾。

wùjiě mócā huǎnhé

424

군대를 훈련시키는 것과 동시에 후방 근무를 정비하는 것의 중요성도 소홀히 할 수 없다.

⬚ ⬚ 的同时也不能 ⬚ ⬚ ⬚ 工作的重要性。

cāoliàn jūnduì hūlüè zhěngdùn hòuqín

빠른
정답

421 警察说当前首要任务是寻找嫌疑人的踪迹。

422 大家都认定把敌人消灭后就没有后顾之忧了。

423 他们俩因为误解产生了摩擦和不能缓和的矛盾。

424 操练军队的同时也不能忽略整顿后勤工作的重要性。

425

어민이 노를 저어 배를 몰아 나루를 향해 다가간다.

_____ 划着 _____ 驾 _____ 向 _____ 。

yúmín　　　jiǎng　　　zhōu　　　mǎtou　　　kàolǒng

426

어떤 황당한 상상들은 새로운 발견의 새싹이 될 수 있다.

有一些 _____ 的 _____ 会成为新发现的 _____ 。

　　huāngtáng　　shèxiǎng　　　　　　méngyá

427

그는 난폭한 아내에 대한 인내가 이미 한계에 가까워졌다.

他对 _____ 的妻子的 _____ 已经 _____ 了。

　　yěmán　　　　　rěnnài　　　jiāngjìn　　jíxiàn

428

적에 습격당하고 약탈당한 후의 도시는 화약 냄새로 자욱하다.

被敌人 _____ 并 _____ 后的城市 _____ 着 _____ 味。

　　xíjī　　　lüèduó　　　　mímàn　　huǒyào

빠른
정답

425 渔民划着桨驾舟向码头靠拢。

426 有一些荒唐的设想会成为新发现的萌芽。

427 他对野蛮的妻子的忍耐已经将近极限了。

428 被敌人袭击并掠夺后的城市弥漫着火药味。

429

사색을 거쳐 나는 그제서야 문득 깨달았고, 수수께끼의 답을 찾아냈다.

经过 ____ 我才 ____ ，找到了 ____ 的答案。

sīsuǒ　　huǎngrándàwù　　míyǔ

430

국가가 줄곧 준비해 온 축산업을 개척하는 계획에 진전이 생겼다.

国家一直 ____ 的 ____ ____ 业的计划有了 ____ 。

yùnniàng　　kāituò　　xùmù　　jìnzhǎn

431

중국인의 뚜렷한 특징은 체면을 중시하고, 서로 주고받는 것을 중히 여기는 것이다.

中国人的 ____ 特点是 ____ ____ ，讲究 ____ 。

xiānmíng　　zhùzhòng　miànzi　　lǐshàngwǎnglái

432

총탄에 맞은 후 그는 몸이 한 번 흔들리더니, 장렬하게 희생했다.

被 ____ 打中后他身体 ____ 了一下，就 ____ 了。

zǐdàn　　huàng　　zhuàngliè xīshēng

빠른
정답

429 经过思索我才恍然大悟，找到了谜语的答案。

430 国家一直酝酿的开拓畜牧业的计划有了进展。

431 中国人的鲜明特点是注重面子，讲究礼尚往来。

432 被子弹打中后他身体晃了一下，就壮烈牺牲了。

Unit 28

433

哦，我真为你的贪婪和虚荣感到羞耻。
Ò, wǒ zhēn wèi nǐ de tānlán hé xūróng gǎndào xiūchǐ.

아! 나는 정말 너의 탐욕과 허영 때문에 수치스럽다고 느껴.

- **哦** ó 캅 어! 어머! 어허![놀람, 찬탄 등을 나타냄] | ò 캅 아! 오![납득, 이해, 동의 등을 나타냄]
- **贪婪** tānlán 몡 욕심, 탐욕 囪 매우 탐욕스럽다, 만족할 줄 모르다
- **虚荣** xūróng 몡 허영
- **羞耻** xiūchǐ 몡 부끄러움, 수치, 치욕 囪 수치스럽다, 치욕스럽다

434

无法克制自己欲望的人，很容易被诱惑。
Wúfǎ kèzhì zìjǐ yùwàng de rén, hěn róngyì bèi yòuhuò.

자신의 욕망을 억제할 수 없는 사람은 매우 쉽게 유혹당한다.

- **克制** kèzhì 통 (감정 등을) 자제하다, 억제하다   · **诱惑** yòuhuò 통 유혹하다
- **欲望** yùwàng 몡 욕망

435

在庄重的场合要正经地扣好衣服的纽扣儿。
Zài zhuāngzhòng de chǎnghé yào zhèngjing de kòu hǎo yīfu de niǔkòur.

정중한 상황에서는 단정하게 옷의 단추를 채워야 한다.

- **庄重** zhuāngzhòng 囪 정중하다, 장엄하다, 위엄이 있다
- **场合** chǎnghé 몡 경우, 상황, 장소
- **正经** zhèngjing 囪 ① (품행이나 태도가) 올바르다, 단정하다, 착실하다 ② 진지한
- **扣** kòu 통 ① (자물쇠, 단추 등을) 채우다, 걸다 ② (세금 등을) 공제하다, 빼다
- **纽扣儿** niǔkòur 몡 단추

436

不管你索取什么奖励，我都会爽快地答应你。
Bùguǎn nǐ suǒqǔ shénme jiǎnglì, wǒ dōu huì shuǎngkuài de dāying nǐ.

당신이 무슨 상을 요구하든, 나는 모두 시원하게 승낙할 거예요.

- **索取** suǒqǔ 통 받아내려고 독촉하다, 요구하다, 얻어 내다
- **奖励** jiǎnglì 몡 장려, 표창, 보너스, 상 통 장려하다, 표창하다
- **爽快** shuǎngkuài 囪 ① 상쾌하다, 개운하다, 후련하다 ② (성격이나 태도가) 시원스럽다, 솔직하다

437

真正敬业的人只会踏实工作，不会急功近利。

Zhēnzhèng jìngyè de rén zhǐ huì tāshi gōngzuò, bú huì jígōngjìnlì.

진정으로 맡은 일에 책임지는 사람은 오직 착실하게 일을 할 뿐, 눈앞의 성공과 이익에만 급급해하지 않을 것이다.

- **敬业** jìngyè 동 자기가 맡은 일에 대해 진지하게 책임지다, 학업이나 일에 전심전력하다
- **踏实** tāshi 형 ① (태도가) 착실하다 ② (마음이) 놓이다, 편안하다, 안정되다
- **急功近利** jígōngjìnlì 성어 눈 앞의 성공과 이익에만 급급하다

438

如果酒精溅到衣服上，拧干晾一晾就能蒸发掉。

Rúguǒ jiǔjīng jiàn dào yīfu shàng, nǐnggān liàng yí liàng jiù néng zhēngfā diào.

만약 알코올이 옷에 튀게 되면, 꽉 짜서 잠시 말리면 증발해버릴 수 있다.

- **酒精** jiǔjīng 명 알코올
- **溅** jiàn 동 (액체 등이) 튀다
- **拧** nǐng 동 (비)틀다, 비틀어 돌리다 *拧干 짜서 물기를 없애다, 꽉 짜다
- **晾** liàng 동 ① (그늘이나 바람에) 말리다 ② (햇볕에) 널다, 말리다, 쪼이다
- **蒸发** zhēngfā 동 증발하다, 없어지다

439

想要扭转事态，首先得改变现状，清除障碍。

Xiǎng yào niǔzhuǎn shìtài, shǒuxiān děi gǎibiàn xiànzhuàng, qīngchú zhàng'ài.

사태를 돌리고 싶다면, 먼저 현재 상황을 바꾸고 장애를 완전히 없애야 한다.

- **扭转** niǔzhuǎn 동 ① (몸 등을) 돌리다 ② 돌려세우다, 방향을 바로잡다, 전환시키다
- **事态** shìtài 명 사태
- **现状** xiànzhuàng 명 현상(태), 현재 상황
- **清除** qīngchú 동 ① 철저히 제거하다, 완전히 없애다 ② 청소하다, 정리하다
- **障碍** zhàng'ài 명 장애(물)

440

间隔了一年，我的签证因超过滞留期限而被作废了。

Jiàngé le yì nián, wǒ de qiānzhèng yīn chāoguò zhìliú qīxiàn ér bèi zuòfèi le.

1년의 간격을 두고, 나의 비자는 체류 기한을 초과하여 폐기되었다.

- **间隔** jiàngé 명 (시간이나 공간의) 간격, 사이 동 간격을 두다, 사이를 두다, 띄우다
- **滞留** zhìliú 동 체류하다, 체재하다
- **期限** qīxiàn 명 기한, 예정된 시한
- **作废** zuòfèi 동 폐기하다, 무효로 하다

441

这位慷慨而仁慈的皇帝从不压榨百姓。

Zhè wèi kāngkǎi ér réncí de huángdì cóngbù yāzhà bǎixìng.

이 아낌없고 인자한 황제는 여태껏 백성을 착취하지 않는다.

- **慷慨** kāngkǎi 혱 ① 격앙되다, 기개가 있다 ② 아낌없다, 후하다
- **仁慈** réncí 혱 인자하다
- **皇帝** huángdì 몡 황제
- **压榨** yāzhà 동 ① 압착하다, 눌러서 짜내다 ② 억압하고 착취하다

442

政府机关要先履行职能才能树立威信。

Zhèngfǔ jīguān yào xiān lǚxíng zhínéng cái néng shùlì wēixìn.

정부기관은 먼저 기능을 이행해야만 신망을 세울 수 있다.

- **机关** jīguān 몡 기관
- **履行** lǚxíng 동 이행하다, 실행하다
- **职能** zhínéng 몡 (사람, 사물, 기구 등의) 직능, 기능, 효용
- **树立** shùlì 동 세우다, 수립하다 *树立理想 이상을 세우다 / 树立榜样 모범을 보이다
- **威信** wēixìn 몡 위신, 신망

443

父母责怪我眼光太高、太挑剔，只会空想。

Fùmǔ zéguài wǒ yǎnguāng tài gāo、tài tiāoti, zhǐ huì kōngxiǎng.

부모님은 내가 눈이 너무 높고 너무 까다로우며, 공상만 할 줄 안다고 나무란다.

- **责怪** zéguài 동 책망하다, 나무라다, 원망하다
- **眼光** yǎnguāng 몡 ① 시선, 눈길, 눈빛 ② 안목, 식견
- **挑剔** tiāoti 동 (결점, 잘못 등을) 들추다, 지나치게 트집 잡다 혱 까다롭다
- **空想** kōngxiǎng 몡 공상 동 공상하다

444

解剖尸体是研究生物生理构造的有效途径。

Jiěpōu shītǐ shì yánjiū shēngwù shēnglǐ gòuzào de yǒuxiào tújìng.

시체를 해부하는 것은 생물의 생리 구조를 연구하는 효과적인 경로이다.

- **解剖** jiěpōu 몡 해부 동 ① 해부하다 ② 분석하다
- **尸体** shītǐ 몡 시체
- **生物** shēngwù 몡 생물
- **生理** shēnglǐ 몡 생리
- **途径** tújìng 몡 경로, 절차, 루트

445

我拽住说话的朋友，用手势示意他停顿一下。

Wǒ zhuài zhù shuōhuà de péngyou, yòng shǒushì shìyì tā tíngdùn yíxià.

나는 말을 하는 친구를 잡아당겨 손짓으로 그에게 말을 좀 멈추라고 표시했다.

- **拽** zhuài 동 잡다 당기다, 잡아 끌다
- **手势** shǒushì 명 손짓, 제스처, 수신호
- **示意** shìyì 동 의사를 표시하다, 의도를 나타내다
- **停顿** tíngdùn 동 ① 중지되다, 잠시 멈추다 ② (말을) 잠시 쉬다 명 휴지, 쉼

446

截至目前你们成绩相差并不悬殊，你不要泄气。

Jiézhì mùqián nǐmen chéngjì xiāngchà bìng bù xuánshū, nǐ búyào xièqì.

지금에 이르기까지 너희들은 성적 차이가 결코 크지 않으니, 너는 낙담하지 마라.

- **截至** jiézhì 동 (시간적으로) ~에 이르다
- **相差** xiāngchà 동 서로 차이가 나다 명 차이
- **悬殊** xuánshū 동 큰 차가 있다, 동떨어져 있다
- **泄气** xièqì 이합 기가 죽다, 낙담하다, 맥이 풀리다

447

公司经济效益很差，没有经济支援就无法周转。

Gōngsī jīngjì xiàoyì hěn chà, méiyǒu jīngjì zhīyuán jiù wúfǎ zhōuzhuǎn.

회사는 경제 효익이 나빠서 경제 지원이 없으면 돌아갈 수가 없다.

- **效益** xiàoyì 명 효과와 이익, 효익
- **支援** zhīyuán 명 지원 동 지원하다
- **周转** zhōuzhuǎn 명 (자금의) 회전 동 (자금, 물건 등이) 돌다, 유통되다, 회전되다

448

经过试验，科学家培育出了最新品种的杂交粮食。

Jīngguò shìyàn, kēxuéjiā péiyù chū le zuì xīn pǐnzhǒng de zájiāo liángshi.

테스트를 거쳐 과학자는 최신 품종의 교배 식량을 재배해냈다.

- **试验** shìyàn 명 시험, 테스트 동 시험하다, 테스트하다
- **培育** péiyù 동 기르다, 재배하다
- **品种** pǐnzhǒng ① 품종 ② 제품의 종류 *改良品种 품종을 개량하다
- **杂交** zájiāo 명 교배 동 교배하다

写一写 우리말 해석을 참고하여 빈칸에 알맞은 중국어를 쓰세요.

433

아! 나는 정말 너의 탐욕과 허영 때문에 수치스럽다고 느껴.

　　　　，我真为你的　　　和　　　感到　　　。

ò　　　　　tānlán　　xūróng　　　xiūchǐ

434

자신의 욕망을 억제할 수 없는 사람은 매우 쉽게 유혹당한다.

无法　　　自己　　　的人，很容易被　　　。

　　kèzhì　　yùwàng　　　　　yòuhuò

435

정중한 상황에서는 단정하게 옷의 단추를 채워야 한다.

在　　　的　　　要　　地　　好衣服的　　　。

zhuāngzhòng chǎnghé　zhèngjing　kòu　　　niǔkòur

436

당신이 무슨 상을 요구하든, 나는 모두 시원하게 승낙할 거예요.

不管你　　　什么　　　，我都会　　　地答应你。

　　suǒqǔ　　jiǎnglì　　shuǎngkuài

빠른 정답

433 哦，我真为你的贪婪和虚荣感到羞耻。

434 无法克制自己欲望的人，很容易被诱惑。

435 在庄重的场合要正经地扣好衣服的纽扣儿。

436 不管你索取什么奖励，我都会爽快地答应你。

437

진정으로 맡은 일에 책임지는 사람은 오직 착실하게 일을 할 뿐, 눈앞의 성공과 이익에만 급급해하지 않을 것이다.

真正 〰〰〰 的人只会 〰〰〰 工作，不会 〰〰〰〰〰〰 。
　　　jìngyè　　　　　　tāshi　　　　　　　jígōngjìnlì

438

만약 알코올이 옷에 튀게 되면, 꽉 짜서 잠시 말리면 증발해버릴 수 있다.

如果 〰〰〰〰〰 到衣服上， 〰〰〰 干 〰〰 一 〰〰 就能 〰〰〰
掉。 jiǔjīng　jiàn　　　　　nǐng　　liàng　　liàng　　zhēngfā

439

사태를 돌리고 싶다면, 먼저 현재 상황을 바꾸고 장애를 완전히 없애야 한다.

想要 〰〰〰〰〰〰 ，首先得改变 〰〰〰〰 ， 〰〰〰〰〰〰 。
　　niǔzhuǎn　shìtài　　　　　　xiànzhuàng　qīngchú　zhàng'ài

440

1년의 간격을 두고, 나의 비자는 체류 기한을 초과하여 폐기되었다.

〰〰〰 了一年，我的签证因超过 〰〰〰〰〰〰 而被 〰〰〰 了。
jiàngé　　　　　　　　　　　　　zhìliú　qīxiàn　　　zuòfèi

빠른
정답
437 真正敬业的人只会踏实工作，不会急功近利。
438 如果酒精溅到衣服上，拧干晾一晾就能蒸发掉。
439 想要扭转事态，首先得改变现状，清除障碍。
440 间隔了一年，我的签证因超过滞留期限而被作废了。

441

이 아낌없고 인자한 황제는 여태껏 백성을 착취하지 않는다.

这位 ⬚⬚⬚ 而 ⬚⬚⬚ 的 ⬚⬚⬚ 从不 ⬚⬚⬚ 百姓。

　　　kāngkǎi　　rénci　　huángdì　　yāzhà

442

정부기관은 먼저 기능을 이행해야만 신망을 세울 수 있다.

政府 ⬚⬚⬚ 要先 ⬚⬚⬚ 才能 ⬚⬚⬚ ⬚⬚⬚。

　　jīguān　　lǚxíng　zhínéng　　shùlì　wēixìn

443

부모님은 내가 눈이 너무 높고 너무 까다로우며, 공상만 할 줄 안다고 나무란다.

父母 ⬚⬚⬚ 我 ⬚⬚⬚ 太高、太 ⬚⬚⬚，只会 ⬚⬚⬚。

　　zéguài　　yǎnguāng　　tiāoti　　kōngxiǎng

444

시체를 해부하는 것은 생물의 생리 구조를 연구하는 효과적인 경로이다.

⬚⬚⬚ ⬚⬚⬚ 是研究 ⬚⬚⬚ ⬚⬚⬚ 构造的有效 ⬚⬚⬚。

jiěpōu　　shītǐ　　shēngwù　shēnglǐ　　tújìng

---

441 这位慷慨而仁慈的皇帝从不压榨百姓。

442 政府机关要先履行职能才能树立威信。

443 父母责怪我眼光太高、太挑剔，只会空想。

444 解剖尸体是研究生物生理构造的有效途径。

나는 말을 하는 친구를 잡아당겨 손짓으로 그에게 말을 좀 멈추라고 표시했다.

445 我 〔zhuài〕 住说话的朋友，用 〔shǒushì〕 〔shìyì〕 他 〔tíngdùn〕 一下。

지금에 이르기까지 너희들은 성적 차이가 결코 크지 않으니, 너는 낙담하지 마라.

446 〔jiézhì〕 目前你们成绩 〔xiāngchà〕 并不 〔xuánshū〕 ，你不要 〔xièqì〕 。

회사는 경제 효익이 나빠서 경제 지원이 없으면 돌아갈 수가 없다.

447 公司经济 〔xiàoyì〕 很差，没有经济 〔zhīyuán〕 就无法 〔zhōuzhuǎn〕 。

테스트를 거쳐 과학자는 최신 품종의 교배 식량을 재배해냈다.

448 经过 〔shìyàn〕 ，科学家 〔péiyù〕 出了最新 〔pǐnzhǒng〕 的 〔zájiāo〕 粮食。

빠른
정답
445 我拽住说话的朋友，用手势示意他停顿一下。
446 截至目前你们成绩相差并不悬殊，你不要泄气。
447 公司经济效益很差，没有经济支援就无法周转。
448 经过试验，科学家培育出了最新品种的杂交粮食。

Unit 28　237

449 ☑ 学习时要循序渐进，不能急于求成。

□ Xuéxí shí yào xúnxùjiànjìn, bù néng jíyúqiúchéng.

□ 공부할 때는 점진적으로 해야지, 목적을 달성하기에 급급해서는 안 된다.

- 循序渐进 xúnxùjiànjìn 성어 점차적으로 심화시키다, 차근차근 단계를 밟아 나아가다
- 急于求成 jíyúqiúchéng 성어 목적을 달성하기에 급급하다

450 □ 这些陶瓷做的崭新的容器物美价廉。

□ Zhèxiē táocí zuò de zhǎnxīn de róngqì wùměijiàlián.

□ 이 도자기로 만든 새로운 용기들은 물건도 좋고 값도 싸다.

- 陶瓷 táocí 명 도자기
- 崭新 zhǎnxīn 형 참신하다, 아주 새롭다
- 容器 róngqì 명 용기
- 物美价廉 wùměijiàlián 성어 물건도 좋고 값도 싸다

451 □ 我们要选拔卓越的人才做领导候选人。

□ Wǒmen yào xuǎnbá zhuóyuè de réncái zuò lǐngdǎo hòuxuǎnrén.

□ 우리는 탁월한 인재가 지도자 후보자가 되도록 선발하려고 한다.

- 选拔 xuǎnbá 동 (인재를) 선발하다
- 卓越 zhuóyuè 형 탁월하다
- 候选 hòuxuǎn 동 입후보하다

452 □ 我们得排练要在联欢会上表演的杂技节目。

□ Wǒmen děi páiliàn yào zài liánhuānhuì shàng biǎoyǎn de zájì jiémù.

□ 우리는 친목회에서 공연하려는 서커스 프로그램을 리허설해야 한다.

- 排练 páiliàn 동 무대 연습을 하다, 리허설하다
- 联欢 liánhuān 동 함께 모여 즐기다, 친목을 맺다
- 杂技 zájì 명 곡예, 서커스

453

□ 开明的父母不会强迫子女寻找配偶并结婚。

Kāimíng de fùmǔ bú huì qiǎngpò zǐnǚ xúnzhǎo pèi'ǒu bìng jiéhūn.

□ 진보적인 부모는 자녀에게 배우자를 찾아 결혼하라고 강요하지 않을 것이다.

- **开明** kāimíng 형 (생각이) 깨어 있다, (사상이) 진보적이다
- **强迫** qiǎngpò 동 강요하다, 강제로 시키다
- **配偶** pèi'ǒu 명 배필, 배우자

454

□ 我在数学运算方面的潜力让父母感到欣慰。

Wǒ zài shùxué yùnsuàn fāngmiàn de qiánlì ràng fùmǔ gǎndào xīnwèi.

□ 나의 수학 연산 방면의 잠재력은 부모님을 흐뭇하게 한다.

- **运算** yùnsuàn 명 연산, 계산 동 연산하다, 계산하다
- **潜力** qiánlì 명 잠재력, 숨은 힘, 저력
- **欣慰** xīnwèi 형 기쁘고 안심되다, 기쁘고 위안이 되다

455

□ 写文章要精简内容，提炼要点，别画蛇添足。

Xiě wénzhāng yào jīngjiǎn nèiróng, tíliàn yàodiǎn, bié huàshétiānzú.

□ 글을 쓰려면 내용을 간추리고 요점을 뽑아내야 하며, 사족을 더하지 마라.

- **精简** jīngjiǎn 동 간추리다, 간소화하다
- **提炼** tíliàn 동 정제하다, 추출하다
- **要点** yàodiǎn 명 ① (말이나 글의) 요점 ② (군사적인) 중요 거점
- **画蛇添足** huàshétiānzú 성어 쓸데없는 짓을 하다, 사족을 가하다

456

□ 那个来历不明，冒充警察的人被拘留审查了。

Nà ge láilì bù míng, màochōng jǐngchá de rén bèi jūliú shěnchá le.

□ 그 이력이 불명확하고 경찰을 사칭한 사람은 구속되어 심문을 받게 되었다.

- **来历** láilì 명 유래, 이력, 내력, 경력
- **冒充** màochōng 동 사칭하다, 속여서 ~하다, ~인 체하다
- **拘留** jūliú 명 구류, 구속, 구치 동 구류하다, 구속하다, 구치하다
- **审查** shěnchá 명 심사, 심의, 검열 동 심사하다, 심의하다, 검열하다

457

旗袍上这些对称的图案绣得十分细致。

Qípáo shàng zhèxiē duìchèn de tú'àn xiù de shífēn xìzhì.

치파오에 이러한 대칭을 이루는 도안들은 매우 섬세하게 수놓아져 있다.

- **旗袍** qípáo 몡 치파오[중국의 전통 의상]
- **对称** duìchèn 몡 대칭 톙 대칭이다
- **图案** tú'àn 몡 도안
- **绣** xiù 몡 자수 동 수놓다
- **细致** xìzhì 톙 섬세하다, 세밀하다, 치밀하다, 꼼꼼하다

458

君子是指思想端正，品德高尚的人。

Jūnzǐ shì zhǐ sīxiǎng duānzhèng, pǐndé gāoshàng de rén.

군자는 사상이 바르고 품성이 고상한 사람을 가리킨다.

- **君子** jūnzǐ 몡 군자, 학식과 덕망이 높은 사람
- **端正** duānzhèng 톙 바르다, 단정하다
- **品德** pǐndé 몡 인품과 덕성, 품성
- **高尚** gāoshàng 톙 고상하다, 점잖다

459

中国人写对联时很在意格式是否规范。

Zhōngguórén xiě duìlián shí hěn zàiyì géshì shìfǒu guīfàn.

중국인은 대련을 쓸 때 격식이 규범에 맞는지 아닌지 매우 신경을 쓴다.

- **对联** duìlián 몡 대련[한 쌍의 대구를 이루는 글귀를 종이나 천에 쓴 것]
- **在意** zàiyì 동 마음에 두다, 신경 쓰다
- **格式** géshì 몡 격식, 양식, 서식
- **规范** guīfàn 몡 규범 톙 규범에 맞다

460

生物的进化遵循优胜劣汰的自然法则。

Shēngwù de jìnhuà zūnxún yōushèngliètài de zìrán fǎzé.

생물의 진화는 적자생존의 자연법칙을 따른다.

- **生物** shēngwù 몡 생물
- **进化** jìnhuà 몡 진화 동 진화하다
- **遵循** zūnxún 동 따르다
- **优胜劣汰** yōushèngliètài 성어 적자생존, 나은자는 이기고 못한 자는 패한다, 강한 자는 번성하고 약한 자는 없어진다

461

我想兑现承诺却又无能为力，所以很为难。

Wǒ xiǎng duìxiàn chéngnuò què yòu wúnéngwéilì, suǒyǐ hěn wéinán.

나는 약속을 이행하고 싶지만 또한 아무것도 할 수가 없고, 그래서 난처하다.

- **兑现** duìxiàn 图 ① 현금으로 바꾸다 ② 약속을 실행하다
- **承诺** chéngnuò 명 승낙, 약속 图 승낙하다, 약속하다
- **无能为力** wúnéngwéilì 성어 무능해서 아무 일도 못하다, 일을 추진할 힘이 없다
- **为难** wéinán 형 난처하다, 곤란하다 图 괴롭히다, 난처하게 만들다

462

他宁肯放弃性命，也不愿向凶恶的敌人屈服。

Tā nìngkěn fàngqì xìngmìng, yě bú yuàn xiàng xiōng'è de dírén qūfú.

그는 차라리 목숨을 포기하더라도, 흉악한 적에게 굴복하기를 원하지 않는다.

- **宁肯** nìngkěn 차라리 (~하는 것이 낫다) ＊宁肯A也不B 차라리 A하더라도 B하지 않다
- **性命** xìngmìng 명 목숨, 생명
- **凶恶** xiōng'è 형 (성격, 행위, 용모 등이) 흉악하다
- **屈服** qūfú 图 굴복이다

463

人类企图对抗自然、征服自然的想法太荒谬了。

Rénlèi qǐtú duìkàng zìrán, zhēngfú zìrán de xiǎngfǎ tài huāngmiù le.

인류가 자연에 대항하고 자연을 정복하려고 시도하려는 생각은 너무나 터무니없다.

- **企图** qǐtú 명 기도, 시도 图 기도하다, 시도하다
- **对抗** duìkàng 명 대항, 반항 图 대항하다, 반항하다
- **征服** zhēngfú 图 정복하다
- **荒谬** huāngmiù 형 터무니없다, 황당무계하다

464

运动有促进器官新陈代谢，进而增强免疫力的功效。

Yùndòng yǒu cùjìn qìguān xīnchéndàixiè, jìn'ér zēngqiáng miǎnyìlì de gōngxiào.

운동은 기관의 신진대사를 촉진하고, 더 나아가 면역력을 강화하는 효과가 있다.

- **器官** qìguān 명 (생물의) 기관
- **新陈代谢** xīnchéndàixiè 명 신진대사
- **进而** jìn'ér 접 더 나아가
- **免疫** miǎnyì 명 면역
- **功效** gōngxiào 명 효능, 효과

写一写 우리말 해석을 참고하여 빈칸에 알맞은 중국어를 쓰세요.

449

공부할 때는 점진적으로 해야지, 목적을 달성하기에 급급해서는 안 된다.

学习时要 _____ , 不能 _____ 。

xúnxùjiànjìn　　　　jíyúqiúchéng

450

이 도자기로 만든 새로운 용기들은 물건도 좋고 값도 싸다.

这些 _____ 做的 _____ 的 _____ 。

táocí　　　zhǎnxīn　　　róngqì　　wùměijiàlián

451

우리는 탁월한 인재가 지도자 후보자가 되도록 선발하려고 한다.

我们要 _____ 的人才做领导 _____ 人。

xuǎnbá　zhuóyuè　　　　　　hòuxuǎn

452

우리는 친목회에서 공연하려는 서커스 프로그램을 리허설해야 한다.

我们得 _____ 要在 _____ 会上表演的 _____ 节目。

páiliàn　　　liánhuān　　　　　zájì

 빠른 정답

449 学习时要循序渐进，不能急于求成。
450 这些陶瓷做的崭新的容器物美价廉。
451 我们要选拔卓越的人才做领导候选人。
452 我们得排练要在联欢会上表演的杂技节目。

453 진보적인 부모는 자녀에게 배우자를 찾아 결혼하라고 강요하지 않을 것이다.

_____ 的父母不会 _____ 子女寻找 _____ 并结婚。
　kāimíng　　　　　qiǎngpò　　　　　pèi'ǒu

454 나의 수학 연산 방면의 잠재력은 부모님을 흐뭇하게 한다.

我在数学 _____ 方面的 _____ 让父母感到 _____ 。
　　　　yùnsuàn　　　　qiánlì　　　　　　xīnwèi

455 글을 쓰려면 내용을 간추리고 요점을 뽑아내야 하며, 사족을 더하지 마라.

写文章要 _____ 内容， _____ _____ ，别 _____ 。
　　　　jīngjiǎn　　　　　tíliàn　yàodiǎn　　huàshétiānzú

456 그 이력이 불명확하고 경찰을 사칭한 사람은 구속되어 심문을 받게 되었다.

那个 _____ 不明， _____ 警察的人被 _____ 了。
　　láilì　　　　màochōng　　　　　jūliú　shěnchá

빠른
정답
453 开明的父母不会强迫子女寻找配偶并结婚。
454 我在数学运算方面的潜力让父母感到欣慰。
455 写文章要精简内容，提炼要点，别画蛇添足。
456 那个来历不明，冒充警察的人被拘留审查了。

Unit 29　243

457

치파오에 이러한 대칭을 이루는 도안들은 매우 섬세하게 수놓아져 있다.

___ 上这些 ___ 的 ___ ___ 得十分 ___。

qípáo   duìchèn   tú'àn   xiù   xìzhì

458

군자는 사상이 바르고 품성이 고상한 사람을 가리킨다.

___ 是指思想 ___ , ___ ___ 的人。

jūnzǐ   duānzhèng   pǐndé gāoshàng

459

중국인은 대련을 쓸 때 격식이 규범에 맞는지 아닌지 매우 신경을 쓴다.

中国人写 ___ 时很 ___ 是否 ___。

duìlián   zàiyì   géshì   guīfàn

460

생물의 진화는 적자생존의 자연법칙을 따른다.

___ 的 ___ ___ ___ 的自然法则。

shēngwù   jìnhuà   zūnxún yōushèngliètài

빠른
정답

457 旗袍上这些对称的图案绣得十分细致。
458 君子是指思想端正，品德高尚的人。
459 中国人写对联时很在意格式是否规范。
460 生物的进化遵循优胜劣汰的自然法则。

461 나는 약속을 이행하고 싶지만 또한 아무것도 할 수가 없고, 그래서 난처하다.

我想 　　　 却又 　　　，所以很 　　　。

　　　duìxiàn　chéngnuò　　　wúnéngwéilì　　　wéinán

462 그는 차라리 목숨을 포기하더라도, 흉악한 적에게 굴복하기를 원하지 않는다.

他 　　　放弃 　　　，也不愿向 　　　的敌人 　　　。

　　nìngkěn　　xìngmìng　　　　xiōng'è　　　qūfú

463 인류가 자연에 대항하고 자연을 정복하려고 시도하려는 생각은 너무나 터무니없다.

人类 　　　 　　　自然、　　　自然的想法太 　　　了。

　　qǐtú　duìkàng　　　zhēngfú　　　huāngmiù

464 운동은 기관의 신진대사를 촉진하고, 더 나아가 면역력을 강화하는 효과가 있다.

运动有促进 　　　 　　　，　　　增强 　　　力的 　　　。

　　qìguān　xīnchéndàixiè　jìn'ér　　miǎnyì　　gōngxiào

빠른
정답

461 我想兑现承诺却又无能为力，所以很为难。
462 他宁肯放弃性命，也不愿向凶恶的敌人屈服。
463 人类企图对抗自然、征服自然的想法太荒谬了。
464 运动有促进器官新陈代谢，进而增强免疫力的功效。

Unit

30

---

465 ✓

清晰的摄影镜头会放大你皮肤的缺陷。

Qīngxī de shèyǐng jìngtóu huì fàngdà nǐ pífū de quēxiàn.

뚜렷한 촬영 렌즈는 당신 피부의 결점을 확대할 수 있다.

- **清晰** qīngxī 형 뚜렷하다, 분명하다
- **镜头** jìngtóu 명 ① 렌즈 ② 신(scene)
- **放大** fàngdà 동 확대하다, 크게 하다
- **缺陷** quēxiàn 명 ① 결함, 결점 ② 부족한 것, 아쉬운 것 ③ 신체적 장애

466

她语气尖锐地反问我时，我感觉很难堪。

Tā yǔqì jiānruì de fǎnwèn wǒ shí, wǒ gǎnjué hěn nánkān.

그녀가 말투를 날카롭게 하여 나에게 반문할 때, 나는 참기 어렵다고 느낀다.

- **尖锐** jiānruì 형 ① (끝이) 뾰족하고 날카롭다 ② (인식이) 예리하다 ③ (음성이) 날카롭고 귀에 거슬리다
- **反问** fǎnwèn 명 반문 동 반문하다
- **难堪** nánkān 형 ① 참기 어렵다, 감내할 수 없다 ② 난감하다, 난처하다, 거북하다

467

我们建立了牢固的防守来防御敌人的进攻。

Wǒmen jiànlì le láogù de fángshǒu lái fángyù dírén de jìngōng.

우리는 견고한 수비를 세워 적의 공격을 방어한다.

- **牢固** láogù 형 견고하다, 튼튼하다
- **防守** fángshǒu 명 수비 동 수비하다, 막아 지키다
- **防御** fángyù 명 방어 동 방어하다
- **进攻** jìngōng 동 진격하다, 공격하다

468

我条理清楚地反驳了他狭隘、愚蠢的观点。

Wǒ tiáolǐ qīngchǔ de fǎnbó le tā xiá'ài, yúchǔn de guāndiǎn.

나는 조리가 분명하게 그의 편협하고 어리석은 관점을 반박했다.

- **条理** tiáolǐ 명 ① (생각, 말, 글 등의) 조리, 순서 ② (생활, 일 등의) 질서, 체계, 짜임새
- **狭隘** xiá'ài 형 ① (지세의) 폭이 좁다 ② (마음, 식견 등이) 좁고 한정되다, 편협하다
- **反驳** fǎnbó 명 반박 동 반박하다
- **愚蠢** yúchǔn 형 어리석다, 미련하다

469 我们种植棉花是为了获得天然的纺织纤维。
Wǒmen zhòngzhí miánhuā shì wèile huòdé tiānrán de fǎngzhī xiānwéi.
우리가 목화를 심는 것은 천연의 방직 섬유를 얻기 위해서이다.

- **种植** zhòngzhí 동 심다, 재배하다
- **棉花** miánhuā 명 목화, 면, 솜
- **纺织** fǎngzhī 명 방직 동 방직하다
- **纤维** xiānwéi 명 섬유

470 大家都唾弃这本漫画塑造的可恶的反面人物。
Dàjiā dōu tuòqì zhè běn mànhuà sùzào de kěwù de fǎnmiàn rénwù.
모두들 이 만화가 형상화한 가증스러운 악역을 미워하고 싫어한다.

- **唾弃** tuòqì 동 미워하고 싫어하다
- **漫画** mànhuà 명 만화
- **塑造** sùzào 동 ① 조소하다 ② 인물을 형상화하다, 묘사하다
- **可恶** kěwù 형 얄밉다, 밉살스럽다, 가증스럽다
- **反面** fǎnmiàn 명 ① 부정적인 면 ② (일이나 문제의) 다른 일면 ＊反面人物 악역

471 老师用配套的立体模型演示了光的反射原理。
Lǎoshī yòng pèitào de lìtǐ móxíng yǎnshì le guāng de fǎnshè yuánlǐ.
선생님은 조립된 입체 모형을 사용하여 빛의 반사 원리를 보여주었다.

- **配套** pèitào 동 세트로 만들다, 조립하다
- **立体** lìtǐ 명 입체 형 입체적이다
- **模型** móxíng 명 견본, 모형, 모델
- **反射** fǎnshè 명 반사 동 반사하다
- **原理** yuánlǐ 명 원리

> **Point**
> 演示는 도표·모형 등을 사용하거나 실험을 통해 '설명하다', '시연하다', '시범을 보이다', '시뮬레이션하다'라는 뜻입니다.

472 妈妈今天反常地没有唠叨，让我感觉很纳闷儿。
Māma jīntiān fǎncháng de méiyǒu láodao, ràng wǒ gǎnjué hěn nàmènr.
엄마는 오늘 이상하게도 잔소리를 하지 않아서 나를 의아스럽게 한다.

- **反常** fǎncháng 형 비정상적이다, 이상하다
- **唠叨** láodao 동 말을 많이 하다, 시끄럽게 떠들다, 잔소리하다
- **纳闷儿** nàmènr 형 ① 답답하다, 속이 터진다 ② 궁금하다, 알고 싶다

473

湖泊在太阳的照耀下放射出光辉。

Húpō zài tàiyáng de zhàoyào xià fàngshè chū guānghuī.

호수는 태양의 눈부신 햇살 아래 찬란한 빛을 뿜어낸다.

- 湖泊 húpō 명 호수
- 照耀 zhàoyào 동 밝게 비추다, 눈부시게 비치다
- 放射 fàngshè 명 방사, 방출 동 방사하다, 방출하다
- 光辉 guānghuī 명 찬란한 빛 형 찬란하다

474

失去信仰以后，我非常空虚，索性堕落了。

Shīqù xìnyǎng yǐhòu, wǒ fēicháng kōngxū, suǒxìng duòluò le.

신앙을 잃은 이후, 나는 매우 공허했고, 아예 타락해버렸다.

- 信仰 xìnyǎng 명 신앙, 신조
- 空虚 kōngxū 형 공허하다, 허무하다
- 索性 suǒxìng 부 ① 차라리, 아예 ② 부끄러움도 없이, 체면도 없이, 마음껏
- 堕落 duòluò 동 부패하다, 타락하다

475

她不但身材丰满，而且说话风趣，真让人着迷。

Tā búdàn shēncái fēngmǎn, érqiě shuōhuà fēngqù, zhēn ràng rén zháomí.

그녀는 몸매가 풍만할 뿐 아니라, 게다가 말하는 것이 재미있어서 정말 사람을 매료되게 한다.

- 丰满 fēngmǎn 형 ① 풍부하다, 풍족하다 ② 풍만하다
- 风趣 fēngqù 명 재미, 해학, 유머 형 재미있다
- 着迷 zháomí 이합 몰두하다, 사로잡히다, 매료되다

476

多亏老师一直引导和督促我，我才能顺利就职。

Duōkuī lǎoshī yìzhí yǐndǎo hé dūcù wǒ, wǒ cái néng shùnlì jiùzhí.

선생님이 줄곧 나를 이끌고 재촉한 덕분에, 나는 순조롭게 취직할 수 있었다.

- 引导 yǐndǎo 동 인도하다, 이끌다
- 督促 dūcù 동 독촉하다, 재촉하다, 몰아치다
- 就职 jiùzhí 이합 ① 취직하다 ② 취임하다

> ✷ Point
> - 多亏A, 才B: A 덕분에 B하다

477

我对照原文的注释，纠正了译文中相应的错误。

Wǒ duìzhào yuánwén de zhùshì, jiūzhèng le yìwén zhōng xiāngyìng de cuòwù.

나는 원문의 주석을 대조했고, 번역문 중 상응하는 오류를 교정했다.

- **对照** duìzhào 동 대조하다
- **注释** zhùshì 명 주석 ＊加注释 주석을 달다
- **纠正** jiūzhèng 동 교정하다, 바로잡다, 시정하다
- **相应** xiāngyìng 형 상응하다

478

随着世界面貌日新月异，文化也逐渐多元化了。

Suízhe shìjiè miànmào rìxīnyuèyì, wénhuà yě zhújiàn duōyuánhuà le.

세계 면모가 나날이 새로워짐에 따라, 문화 또한 점차 다원화되었다.

- **面貌** miànmào 명 ① 용모, 얼굴 생김새 ② 면모, 양상, 상태, 상황
- **日新月异** rìxīnyuèyì 성어 나날이 새로워지다, 발전이 매우 빠르다
- **多元化** duōyuánhuà 동 다원화하다

479

我们应该关好水龙头，杜绝浪费，树立勤俭节约的作风。

Wǒmen yīnggāi guān hǎo shuǐlóngtóu, dùjué làngfèi, shùlì qínjiǎn jiéyuē de zuòfēng.

우리는 수도꼭지를 잘 잠그고 낭비를 막아, 근검 절약의 기풍을 세워야 한다.

- **水龙头** shuǐlóngtóu 명 수도꼭지
- **杜绝** dùjué 동 ① 두절하다, 끊다 ② 철저히 막다, (나쁜 일을) 없애다
- **树立** shùlì 동 세우다, 수립하다
- **勤俭** qínjiǎn 명 근검 형 근검하다
- **作风** zuòfēng 명 ① (사상, 일, 생활 등의) 기풍, 태도, 풍조 ② (예술가의) 작품, 풍격

480

淋雨后雨水渗透到我的衣服里，让我冷得哆嗦，狼狈极了。

Lín yǔ hòu yǔshuǐ shèntòu dào wǒ de yīfu lǐ, ràng wǒ lěng de duōsuo, lángbèi jí le.

비를 맞은 후 빗물이 내 옷 속까지 스며들었고, 내가 추워서 벌벌 떨어 무척 초라해지게 만들었다.

- **淋** lín 동 (비를) 맞다, (비에) 젖다
- **渗透** shèntòu 동 침투하다, 스며들다
- **哆嗦** duōsuo 동 부들부들 떨다
- **狼狈** lángbèi 형 ① 궁지에 빠져 있다, 난처하다 ② 낭패를 당하다, 딱하다, 초라하다

465

뚜렷한 촬영 렌즈는 당신 피부의 결점을 확대할 수 있다.

_____ 的摄影 _____ 会 _____ 你皮肤的 _____ 。

qīngxī   jìngtóu   fàngdà   quēxiàn

466

그녀가 말투를 날카롭게 하여 나에게 반문할 때, 나는 참기 어렵다고 느낀다.

她语气 _____ 地 _____ 我时，我感觉很 _____ 。

jiānruì   fǎnwèn   nánkān

467

우리는 견고한 수비를 세워 적의 공격을 방어한다.

我们建立了 _____ 的 _____ 来 _____ 敌人的 _____ 。

láogù   fángshǒu   fángyù   jìngōng

468

나는 조리가 분명하게 그의 편협하고 어리석은 관점을 반박했다.

我 _____ 清楚地 _____ 了他 _____ 、 _____ 的观点。

tiáolǐ   fǎnbó   xiá'ài   yúchǔn

빠른
정답

465 清晰的摄影镜头会放大你皮肤的缺陷。

466 她语气尖锐地反问我时，我感觉很难堪。

467 我们建立了牢固的防守来防御敌人的进攻。

468 我条理清楚地反驳了他狭隘、愚蠢的观点。

469

우리가 목화를 심는 것은 천연의 방직 섬유를 얻기 위해서이다.

我们 ___ ___ 是为了获得天然的 ___ ___ 。

zhòngzhí miánhuā   fǎngzhī xiānwéi

470

모두들 이 만화가 형상화한 가증스러운 악역을 미워하고 싫어한다.

大家都 ___ 这本 ___ 的 ___ 的 ___ 人物。

tuòqì   mànhuà   sùzào   kěwù   fǎnmiàn

471

선생님은 조립한 입체 모형을 사용하여 빛의 반사 원리를 보여주었다.

老师用 ___ 的 ___ 演示了光的 ___ ___ 。

pèitào   lìtǐ   móxíng   fǎnshè   yuánlǐ

472

엄마는 오늘 이상하게도 잔소리를 하지 않아서 나를 의아스럽게 한다.

妈妈今天 ___ 地没有 ___ , 让我感觉很 ___ 。

fǎncháng   láodao   nàmènr

빠른
정답

469 我们种植棉花是为了获得天然的纺织纤维。

470 大家都唾弃这本漫画塑造的可恶的反面人物。

471 老师用配套的立体模型演示了光的反射原理。

472 妈妈今天反常地没有唠叨，让我感觉很纳闷儿。

473

호수는 태양의 눈부신 햇살 아래 찬란한 빛을 뿜어낸다.

　　　　在太阳的　　　　下　　　出　　　　。

húpō　　　　　zhàoyào　fàngshè　guānghuī

474

신앙을 잃은 이후, 나는 매우 공허했고, 아예 타락해버렸다.

失去　　　　以后，我非常　　　，　　　　　了。

　　　xìnyǎng　　　　　kōngxū　suǒxìng　duòluò

475

그녀는 몸매가 풍만할 뿐 아니라, 게다가 말하는 것이 재미있어서 정말 사람을 매료되게 한다.

她不但身材　　　　，而且说话　　　　，真让人　　　　。

　　　　　fēngmǎn　　　　　fēngqù　　　　zháomí

476

선생님이 줄곧 나를 이끌고 재촉한 덕분에, 나는 순조롭게 취직할 수 있었다.

多亏老师一直　　　和　　　我，我才能顺利　　　　。

　　　yǐndǎo　　　dūcù　　　　　　jiùzhí

빠른
정답
473 湖泊在太阳的照耀下放射出光辉。
474 失去信仰以后，我非常空虚，索性堕落了。
475 她不但身材丰满，而且说话风趣，真让人着迷。
476 多亏老师一直引导和督促我，我才能顺利就职。

252 문장으로 끝내는 HSK 단어장 6급

477

나는 원문의 주석을 대조했고, 번역문 중 상응하는 오류를 교정했다.

我 ⬚⬚⬚ 原文的 ⬚⬚⬚⬚ , ⬚⬚⬚ 了译文中 ⬚⬚⬚⬚ 的错误。

duìzhào   zhùshì   jiūzhèng   xiāngyìng

478

세계 면모가 나날이 새로워짐에 따라, 문화 또한 점차 다원화되었다.

随着世界 ⬚⬚⬚⬚ ⬚⬚⬚⬚ , 文化也逐渐 ⬚⬚⬚⬚ 了。

miànmào   rìxīnyuèyì   duōyuánhuà

479

우리는 수도꼭지를 잘 잠그고 낭비를 막아, 근검 절약의 기풍을 세워야 한다.

我们应该关好 ⬚⬚⬚⬚ , ⬚⬚⬚ 浪费, ⬚⬚⬚⬚ 节约的

shuǐlóngtóu   dùjué   shùlì   qínjiǎn

⬚⬚⬚ 。

zuòfēng

480

비를 맞은 후 빗물이 내 옷 속까지 스며들었고, 내가 추워서 벌벌 떨어 무척 초라해지게 만들었다.

⬚⬚⬚ 雨后雨水 ⬚⬚⬚ 到我的衣服里，让我冷得 ⬚⬚⬚⬚ , ⬚⬚⬚⬚

lín   shèntòu   duōsuo   lángbèi

极了。

481 ☑ 铜长期暴露在空气中会腐蚀生锈的。

Tóng chángqī bàolù zài kōngqì zhōng huì fǔshí shēngxiù de.

동은 장기간 공기 중에 노출되면 부식되고 녹이 슬게 된다.

- **铜** tóng 몡 동, 구리
- **暴露** bàolù 동 ① 폭로하다, 드러나다 ② 비바람에 노출하다
- **腐蚀** fǔshí 동 부식하다, 부식되다
- **生锈** shēngxiù 이합 녹이 슬다

482 他每次侃侃而谈时都有忠实的听众附和。

Tā měicì kǎnkǎn'értán shí dōu yǒu zhōngshí de tīngzhòng fùhè.

그가 매번 당당하고 차분하게 말할 때 항상 맞장구치는 충실한 청중이 있다.

- **侃侃而谈** kǎnkǎn'értán 성어 당당하고 차분하게 말하다
- **忠实** zhōngshí 형 충실하다, 진실하다, 참되다
- **附和** fùhè 동 남의 언행을 따라하다, 맞장구치다

483 站在山顶俯视，山下的一切皆一目了然。

Zhàn zài shāndǐng fǔshì, shān xià de yíqiè jiē yímùliǎorán.

산 정상에 서서 내려다보니, 산 아래의 모든 것이 다 한눈에 환히 보인다.

- **俯视** fǔshì 동 굽어보다, 내려다보다
- **皆** jiē 부 모두 =都
- **一目了然** yímùliǎorán 성어 일목요연하다, 한눈에 환히 보이다

484 肆无忌惮地吃油腻食物会给肠胃造成负担。

Sìwújìdàn de chī yóunì shíwù huì gěi chángwèi zàochéng fùdān.

거리낌 없이 기름진 음식을 먹으면 장과 위에 부담을 초래할 수 있다.

- **肆无忌惮** sìwújìdàn 성어 거리낌 없이 제멋대로 하다
- **油腻** yóunì 형 기름지다, 기름기가 많다
- **负担** fùdān 몡 부담 동 부담하다

485 须知：邮件中较大的附件需要压缩才能发送。
Xūzhī: yóujiàn zhōng jiào dà de fùjiàn xūyào yāsuō cái néng fāsòng.
주의 사항: 이메일 중 비교적 큰 첨부 파일은 압축을 해야만 발송할 수 있다.

- **须知** xūzhī 몡 주의 사항, 숙지 사항 됭 반드시 알아야 한다, 알지 않으면 안 된다
- **附件** fùjiàn 몡 ① 부속 서류, 첨부 서류, 관련 서류 ② 부(속)품
- **压缩** yāsuō 됭 ① 압축하다 ② (인원, 경비, 글 등을) 줄이다

486 便于携带的杠杆是使用频率很高的辅助工具。
Biànyú xiédài de gànggǎn shì shǐyòng pínlǜ hěn gāo de fǔzhù gōngjù.
휴대가 편리한 지렛대는 사용 빈도가 매우 높은 보조 도구이다.

- **便于** biànyú ~을 하기에 편리하다
- **携带** xiédài 됭 휴대하다
- **杠杆** gànggǎn 몡 지레, 지렛대
- **频率** pínlǜ 몡 ① 주파수 ② 빈도
- **辅助** fǔzhù 됭 보조하다, 거들어 주다

487 今年由张主任主办附属小学招收新生的工作。
Jīnnián yóu Zhāng zhǔrèn zhǔbàn fùshǔ xiǎoxué zhāoshōu xīnshēng de gōngzuò.
올해는 장주임이 부속 초등학교 신입생을 모집하는 업무를 주관한다.

- **主办** zhǔbàn 됭 주최하다, 주관하다
- **附属** fùshǔ 몡 부속 됭 부속하다
- **招收** zhāoshōu 됭 (학생이나 견습공을) 모집하다, 받아들이다

488 一些原本坚实的木头做的房屋框架已经腐朽了。
Yìxiē yuánběn jiānshí de mùtou zuò de fángwū kuàngjià yǐjīng fǔxiǔ le.
원래 견고한 나무들로 만든 집의 골격이 이미 썩었다.

- **坚实** jiānshí 혱 견고하다, 튼튼하다
- **框架** kuàngjià 몡 ① (건축물의) 틀, 골격, 프레임 ② (사물의) 조직, 구조, 구성
- **腐朽** fǔxiǔ 됭 썩다, 부패하다

489

将军的准则是通过正当渠道征收粮食。

Jiāngjūn de zhǔnzé shì tōngguò zhèngdàng qúdào zhēngshōu liángshi.

장군의 규칙은 정당한 경로를 통해 식량을 징수하는 것이다.

- 将军 jiāngjūn 명 장군
- 准则 zhǔnzé 명 준칙, 규범, 규칙
- 正当 zhèngdàng 형 ① 정당하다 ② (인품이) 바르고 곧다
- 渠道 qúdào 명 ① 수로 ② 경로, 방법, 루트
- 征收 zhēngshōu 동 (정부가 곡식이나 세금을) 징수하다

490

我站在亭子里向外看，感觉视野很开阔。

Wǒ zhàn zài tíngzi lǐ xiàng wài kàn, gǎnjué shìyě hěn kāikuò.

내가 정자 안에 서서 밖을 향해 바라보니, 시야가 탁 트임을 느낀다.

- 亭子 tíngzi 명 정자
- 视野 shìyě 명 시야
- 开阔 kāikuò 형 ① (면적이나 공간이) 넓다 ② (생각, 마음이) 넓다, 탁 트이다
  동 넓히다 *开阔视野 시야를 넓히다

491

倾听了他高明的见解后大家都不再疑惑了。

Qīngtīng le tā gāomíng de jiànjiě hòu dàjiā dōu bú zài yíhuò le.

그의 뛰어난 견해를 경청한 후 모두가 더 이상 의혹을 가지지 않게 되었다.

- 倾听 qīngtīng 동 경청하다, 주의 깊게 듣다
- 高明 gāomíng 형 뛰어나다, 훌륭하다
  *技术高明 기술이 뛰어나다 / 主意高明 아이디어가 훌륭하다
- 见解 jiànjiě 명 견해, 의견
- 疑惑 yíhuò 명 의혹 동 ~이 아닌가 의심하다, 의혹을 가지다

492

公关工作对公司的发展有举足轻重的作用。

Gōngguān gōngzuò duì gōngsī de fāzhǎn yǒu jǔzúqīngzhòng de zuòyòng.

홍보 업무는 회사의 발전에 중대한 영향을 끼치는 작용을 한다.

- 公关 gōngguān 명 공공관계, 홍보
- 举足轻重 jǔzúqīngzhòng 성어 일거수일투족이 전체에 중대한 영향을 끼치다

493

测量 微观物体的直径时不能有一毫米的误差。

Cèliáng wēiguān wùtǐ de zhíjìng shí bù néng yǒu yì háomǐ de wùchā.

마이크로 물체의 지름을 측량할 때는 1mm의 오차도 있어서는 안 된다.

- **测量** cèliáng 명 측량 동 측량하다
- **微观** wēiguān 명 미시적, 마이크로 형 미시적인
- **直径** zhíjìng 명 직경, 지름
- **毫米** háomǐ 양 밀리미터(mm)
- **误差** wùchā 명 오차

494

凡是公正的判决结果，都会得到人们的认可。

Fánshì gōngzhèng de pànjué jiéguǒ, dōu huì dédào rénmen de rènkě.

공정한 판결 결과는 모두 사람들의 인정을 얻을 것이다.

- **凡是** fánshì 부 대략, 대체로, 무릇 ＊凡是A都B A한 것은 모두 B하다
- **公正** gōngzhèng 형 공정하다
- **判决** pànjué 명 판결 동 ① 판결을 내리다 ② 판단하다, 결정하다
- **认可** rènkě 명 승낙, 인가, 인정, 허가 동 승낙하다, 인가하다, 허가하다

495

经过一番周折，我申请到了专利并注册了商标。

Jīngguò yì fān zhōuzhé, wǒ shēnqǐng dào le zhuānlì bìng zhùcè le shāngbiāo.

한바탕 우여곡절을 겪고, 나는 특허를 신청해냈고 또한 상표를 등록했다.

- **番** fān 양 ① 종류, 가지 ② 번, 차례, 바탕 ③ 翻 뒤에서 배수를 나타냄 ＊翻两番 4배 / 翻三番 8배
- **周折** zhōuzhé 명 우여곡절 형 곡절이 많다, 복잡하다
- **专利** zhuānlì 명 특허
- **商标** shāngbiāo 명 상표

发生通货膨胀时，要调剂商品，满足人们的需求。

Fāshēng tōnghuò péngzhàng shí, yào tiáojì shāngpǐn, mǎnzú rénmen de xūqiú.

인플레이션이 발생했을 때는 상품을 조절하여 사람들의 수요를 만족시켜야 한다.

- **通货膨胀** tōnghuò péngzhàng 명 인플레이션
- **调剂** tiáojì 동 ① 조절하다, 조정하다 ② 맛을 맞추다
- **需求** xūqiú 명 수요, 요구

481

동은 장기간 공기 중에 노출되면 부식되고 녹이 슬게 된다.

　　　　　　长期　　　　　在空气中会　　　　　　的。
tóng　　　　　bàolù　　　　　　　fǔshí　　shēngxiù

482

그가 매번 당당하고 차분하게 말할 때 항상 맞장구치는 충실한 청중이 있다.

他每次　　　　　　时都有　　　　　的听众　　　　　。
　　　kǎnkǎn'értán　　　　zhōngshí　　　fùhè

483

산 정상에 서서 내려다보니, 산 아래의 모든 것이 다 한눈에 환히 보인다.

站在山顶　　　　　，山下的一切　　　　　　　。
　　　fǔshì　　　　　　jiē　yímùliǎorán

484

거리낌 없이 기름진 음식을 먹으면 장과 위에 부담을 초래할 수 있다.

　　　　　地吃　　　　食物会给肠胃造成　　　。
sìwújìdàn　　　yóunì　　　　　　　fùdān

빠른
정답
481 铜长期暴露在空气中会腐蚀生锈的。
482 他每次侃侃而谈时都有忠实的听众附和。
483 站在山顶俯视，山下的一切皆一目了然。
484 肆无忌惮地吃油腻食物会给肠胃造成负担。

485

주의 사항: 이메일 중 비교적 큰 첨부 파일은 압축을 해야만 발송할 수 있다.

_____ : 邮件中较大的 _____ 需要 _____ 才能发送。

xūzhī　　　　　　　 fùjiàn　　　 yāsuō

486

휴대가 편리한 지렛대는 사용 빈도가 매우 높은 보조 도구이다.

_____ _____ 的 _____ 是使用 _____ 很高的 _____ 工具。

biànyú　　 xiédài　　 gànggǎn　　　　 pínlǜ　　　　　　 fǔzhù

487

올해는 장주임이 부속 초등학교 신입생을 모집하는 업무를 주관한다.

今年由张主任 _____ _____ 小学 _____ 新生的工作。

zhǔbàn　　 fùshǔ　　　 zhāoshōu

488

원래 견고한 나무들로 만든 집의 골격이 이미 썩었다.

一些原本 _____ 的木头做的房屋 _____ 已经 _____ 了。

jiānshí　　　　　　　 kuàngjià　　　 fǔxiǔ

빠른
정답

485　须知：邮件中较大的附件需要压缩才能发送。
486　便于携带的杠杆是使用频率很高的辅助工具。
487　今年由张主任主办附属小学招收新生的工作。
488　一些原本坚实的木头做的房屋框架已经腐朽了。

489

장군의 규칙은 정당한 경로를 통해 식량을 징수하는 것이다.

⬚⬚ 的 ⬚⬚ 是通过 ⬚⬚ ⬚⬚ 粮食。

jiāngjūn　　zhǔnzé　　　　zhèngdàng　qúdào　zhēngshōu

490

내가 정자 안에 서서 밖을 향해 바라보니, 시야가 탁 트임을 느낀다.

我站在 ⬚⬚ 里向外看，感觉 ⬚⬚ 很 ⬚⬚ 。

　　　　tíngzi　　　　　　　shìyě　　kāikuò

491

그의 뛰어난 견해를 경청한 후 모두가 더 이상 의혹을 가지지 않게 되었다.

⬚⬚ 了他 ⬚⬚ 的 ⬚⬚ 后大家都不再 ⬚⬚ 了。

qīngtīng　　　gāomíng　　jiànjiě　　　　　　yíhuò

492

홍보 업무는 회사의 발전에 중대한 영향을 끼치는 작용을 한다.

⬚⬚ 工作对公司的发展有 ⬚⬚ 的作用。

gōngguān　　　　　　　　jǔzúqīngzhòng

빠른
정답

489 将军的准则是通过正当渠道征收粮食。

490 我站在亭子里向外看，感觉视野很开阔。

491 倾听了他高明的见解后大家都不再疑惑了。

492 公关工作对公司的发展有举足轻重的作用。

493

마이크로 물체의 지름을 측량할 때는 1㎜의 오차도 있어서는 안 된다.

物体的 ⬜ 时不能有一 ⬜ 的 ⬜ 。

cèliáng wēiguān   zhíjìng   háomǐ   wùchā

494

공정한 판결 결과는 모두 사람들의 인정을 얻을 것이다.

的 ⬜ 结果，都会得到人们的 ⬜ 。

fánshì gōngzhèng pànjué   rènkě

495

한바탕 우여곡절을 겪고, 나는 특허를 신청해냈고 또한 상표를 등록했다.

经过一 ⬜ ⬜ ，我申请到了 ⬜ 并注册了 ⬜ 。

fān zhōuzhé   zhuānlì   shāngbiāo

496

인플레이션이 발생했을 때는 상품을 조절하여 사람들의 수요를 만족시켜야 한다.

发生 ⬜ 时，要 ⬜ 商品，满足人们的 ⬜ 。

tōnghuò péngzhàng   tiáojì   xūqiú

빠른
정답

493 测量微观物体的直径时不能有一毫米的误差。
494 凡是公正的判决结果，都会得到人们的认可。
495 经过一番周折，我申请到了专利并注册了商标。
496 发生通货膨胀时，要调剂商品，满足人们的需求。

497

攀登如此陡峭的山峰需要有魄力和毅力。

Pāndēng rúcǐ dǒuqiào de shānfēng xūyào yǒu pòlì hé yìlì.

이와 같이 가파른 산봉우리에 등반하려면 패기와 의지가 있어야 한다.

- 攀登 pāndēng 동 기어오르다, 등반하다
- 陡峭 dǒuqiào 형 (지세, 산세가) 험준하다, 가파르다, 깎아지르다
- 魄力 pòlì 명 패기, 박력, 기백
- 毅力 yìlì 명 굳센 의지, 끈기, 근성

498

他撒谎说自己是正规公司指定的法人代表。

Tā sāhuǎng shuō zìjǐ shì zhèngguī gōngsī zhǐdìng de fǎrén dàibiǎo.

그는 거짓말로 자신이 정규 회사가 지정한 법인 대표라고 말한다.

- 撒谎 sāhuǎng 이합 거짓말을 하다
- 正规 zhèngguī 형 정규적인, 정식의
- 指定 zhǐdìng 동 지정하다
- 法人 fǎrén 명 법인

499

和蔼的爷爷从兜里掏出糖来哄孩子们开心。

Hé'ǎi de yéye cóng dōu lǐ tāo chū táng lái hōng háizimen kāixīn.

온화한 할아버지는 호주머니에서 사탕을 꺼내어 아이들이 즐겁도록 구슬린다.

- 和蔼 hé'ǎi 형 상냥하다, 부드럽다, 온화하다
- 兜 dōu 명 (호)주머니, 자루
- 掏 tāo 동 ① 꺼내다, 끌어내다, 끄집어내다 ② 파다, 파내다, 후비다
- 哄 hōng 동 (어린 아이를) 구슬리다, 어르다, 달래다

500

有些通用的简体字是由繁体字简化而来的。

Yǒuxiē tōngyòng de jiǎntǐzì shì yóu fántǐzì jiǎnhuà ér lái de.

일부 통용되는 간체자는 번체자에서 간소화되어 온 것이다.

- 通用 tōngyòng 동 통용하다
- 简体字 jiǎntǐzì 명 간체자
- 繁体字 fántǐzì 명 번체자
- 简化 jiǎnhuà 동 간략화하다, 간소화하다

501
据记载, 起初人们设端午节是为了追悼屈原。

Jù jìzǎi, qǐchū rénmen shè Duānwǔjié shì wèile zhuīdào Qūyuán.

기재된 바에 따르면, 처음에 사람들이 단오절을 세운 것은 굴원을 추도하기 위한 것이었다.

- 记载 jìzǎi 명 기재, 기록 동 기재하다, 기록하다
- 起初 qǐchū 명 최초, 처음
- 端午节 Duānwǔjié 명 단오절
- 追悼 zhuīdào 동 추도하다, 추모하다

502
因时间短促, 我们开展活动时合并了一些环节。

Yīn shíjiān duǎncù, wǒmen kāizhǎn huódòng shí hébìng le yìxiē huánjié.

시간이 촉박했기 때문에, 우리는 활동을 펼칠 때 일부 코너들을 합쳤다.

- 短促 duǎncù 형 (시간이) 촉박하다
- 开展 kāizhǎn 동 전개하다, 펼치다, 확대하다
- 合并 hébìng 동 합병하다, 합치다
- 环节 huánjié 명 부분, 단계, 코스, 코너

503
我们要理智地探讨不同政治派别间对立的观点。

Wǒmen yào lǐzhì de tàntǎo bùtóng zhèngzhì pàibié jiān duìlì de guāndiǎn.

우리는 이성적으로 다른 정치 파벌 간에 대립하는 관점을 연구 토론해야 한다.

- 理智 lǐzhì 명 이성 형 이성적이다, 이지적이다
- 探讨 tàntǎo 명 연구 토론, 탐구 동 연구 토론하다, 탐구하다
- 派别 pàibié 명 파벌, 유파, 분파
- 对立 duìlì 명 대립 동 대립하다

504
逃跑的俘虏隐蔽起来, 警惕地留意着周围的动态。

Táopǎo de fúlǔ yǐnbì qǐlái, jǐngtì de liúyì zhe zhōuwéi de dòngtài.

도망간 포로는 은폐하여 경계심을 가지고 주위의 동태에 주의를 기울이고 있다.

- 俘虏 fúlǔ 명 포로
- 隐蔽 yǐnbì 동 은폐하다, 숨다
- 警惕 jǐngtì 명 경계(심) 동 경계하다, 경계심을 가지다
- 动态 dòngtài 명 동태

505

我很留恋这里的家常菜和风味小吃。

Wǒ hěn liúliàn zhèlǐ de jiāchángcài hé fēngwèi xiǎochī.

나는 이곳의 가정식 요리와 향토 음식이 매우 그립다.

- 留恋 liúliàn 동 ① 차마 떠나지 못하다, 떠나기 서운해하다 ② 그리워하다
- 家常 jiācháng 명 가정의 일상 생활, 일상적인 일, 집에서 흔히 해서 먹는 것
- 风味 fēngwèi 명 (음식의) 독특한 맛, 풍미

506

姐姐个性真挚，对人从不虚伪，亦不敷衍。

Jiějie gèxìng zhēnzhì, duì rén cóngbù xūwěi, yì bù fūyǎn.

언니는 성격이 진실되고, 사람에 대해 여태껏 위선적이지 않으며, 또한 무성의하게 대하지 않는다.

- 真挚 zhēnzhì 형 진지하다, 진실하다
- 虚伪 xūwěi 명 허위, 거짓 형 허위적이다, 거짓이다, 위선적이다
- 亦 yì 부 ~도, 또한 =也
- 敷衍 fūyǎn 동 ① (일을 하는데) 성실하지 않게 (대강대강)하다, (사람을) 무성의하게 대하다 ② 억지로 유지하다, 그럭저럭 버티다

507

领导统筹兼顾，主导一切的气魄让人服气。

Lǐngdǎo tǒngchóujiāngù, zhǔdǎo yíqiè de qìpò ràng rén fúqì.

지도자가 여러 방면의 일을 계획하고 돌보며, 모든 것을 주도하는 기백이 사람을 수긍하게 한다.

- 统筹兼顾 tǒngchóujiāngù 성어 여러 방면의 일을 통일적으로 계획하고 돌보다
- 主导 zhǔdǎo 명 주도적인 것 동 주도하다
- 气魄 qìpò 명 기백, 패기
- 服气 fúqì 동 (진심으로) 승복하다, 굴복하다, 수긍하다, 납득하다

508

这个被严密封锁的基地彻底与外界隔离了。

Zhège bèi yánmì fēngsuǒ de jīdì chèdǐ yǔ wàijiè gélí le.

이 빈틈없이 봉쇄된 기지는 철저하게 외부와 단절되었다.

- 严密 yánmì 형 ① (사물의 결합 구성이) 빈틈없다, 치밀하다 ② 엄격하다, 주도면밀하다
- 封锁 fēngsuǒ 명 봉쇄 동 봉쇄하다
- 基地 jīdì 명 기지, 근거지
- 外界 wàijiè 명 외계, 외부, 국외
- 隔离 gélí 명 분리, 단절, 격리 동 분리하다, 단절시키다, 격리하다

509
军人们庄严 豪迈地宣誓，要为祖国奉献一生。

Jūnrénmen zhuāngyán háomài de xuānshì, yào wèi zǔguó fèngxiàn yìshēng.

군인들은 장엄하고 늠름하게 조국을 위해 일생을 바치겠다고 선서했다.

- **庄严** zhuāngyán 형 (태도나 분위기가) 장엄하다, 엄숙하다
- **豪迈** háomài 형 늠름하다, 호탕하다, 호기롭다
- **宣誓** xuānshì 동 선서하다
- **祖国** zǔguó 명 조국
- **奉献** fèngxiàn 명 공헌 동 삼가 바치다

510
这一系列书籍歌颂了勤劳朴素的社会风气。

Zhè yí xìliè shūjí gēsòng le qínláo pǔsù de shèhuì fēngqì.

이 시리즈의 책은 근면하고 검소한 사회적 기풍을 칭송했다.

- **系列** xìliè 명 계열, 시리즈
- **书籍** shūjí 명 서적, 책
- **歌颂** gēsòng 동 찬양하다, 칭송하다
- **勤劳** qínláo 형 부지런히 일하다, 근면하다
- **朴素** pǔsù 형 ① (색깔, 모양 등이) 화려하지 않다, 소박하다 ② (생활이) 검소하다 ③ (감정에) 꾸밈이 없다, 과장이 없다
- **风气** fēngqì 명 풍조, 기풍

511
领导当众指责我的过失，这让我感觉很丢人、很沮丧。

Lǐngdǎo dāngzhòng zhǐzé wǒ de guòshī, zhè ràng wǒ gǎnjué hěn diūrén、hěn jǔsàng.

지도자가 사람들 앞에서 나의 실수를 질책했고, 이것은 나를 매우 창피스럽고 매우 낙담스럽게 했다.

- **指责** zhǐzé 명 지적, 질책, 책망, 비난 동 지적하다, 질책하다, 책망하다, 비난하다
- **过失** guòshī 명 잘못, 실수, 과실
- **丢人** diūrén 이합 체면이 깎이다, 망신당하다, 창피 당하다
- **沮丧** jǔsàng 동 기가 꺾이다, 실망하다, 낙담하다

512
消费者协会站在消费者的立场上否决了新的销售方案。

Xiāofèizhě xiéhuì zhàn zài xiāofèizhě de lìchǎng shàng fǒujué le xīn de xiāoshòu fāng'àn.

소비자 협회는 소비자의 입장에 서서 새로운 판매 방안을 부결했다.

- **协会** xiéhuì 명 협회
- **立场** lìchǎng 명 입장 *采取立场 입장을 취하다
- **否决** fǒujué 명 (의안 등을) 부결하다, 거부하다

497 이와 같이 가파른 산봉우리에 등반하려면 패기와 의지가 있어야 한다.

如此 ＿＿＿ 的山峰需要有 ＿＿＿ 和 ＿＿＿ 。

pāndēng　　dǒuqiào　　　　　　pòlì　　　　yìlì

498 그는 거짓말로 자신이 정규 회사가 지정한 법인 대표라고 말한다.

他 ＿＿＿ 说自己是 ＿＿＿ 公司 ＿＿＿ 的 ＿＿＿ 代表。

sāhuǎng　　　　zhèngguī　　zhǐdìng　　fǎrén

499 온화한 할아버지는 호주머니에서 사탕을 꺼내어 아이들이 즐겁도록 구슬린다.

＿＿＿ 的爷爷从 ＿＿＿ 里 ＿＿＿ 出糖来 ＿＿＿ 孩子们开心。

hé'ǎi　　　　dōu　　　tāo　　　　hǒng

500 일부 통용되는 간체자는 번체자에서 간소화되어 온 것이다.

有些 ＿＿＿ 的 ＿＿＿ 是由 ＿＿＿ 而来的。

tōngyòng　　jiǎntǐzì　　　fántǐzì　　jiǎnhuà

 빠른 정답
497 攀登如此陡峭的山峰需要有魄力和毅力。
498 他撒谎说自己是正规公司指定的法人代表。
499 和蔼的爷爷从兜里掏出糖来哄孩子们开心。
500 有些通用的简体字是由繁体字简化而来的。

501

기재된 바에 따르면, 처음에 사람들이 단오절을 세운 것은 굴원을 추도하기 위한 것이었다.

据 ___ ， ___ 人们设 ___ 是为了 ___ 屈原。
　　jìzǎi　　　qǐchū　　　　Duānwǔjié　　　zhuīdào

502

시간이 촉박했기 때문에, 우리는 활동을 펼칠 때 일부 코너들을 합쳤다.

因时间 ___ ，我们 ___ 活动时 ___ 了一些 ___ 。
　　　duǎncù　　　kāizhǎn　　　hébìng　　　huánjié

503

우리는 이성적으로 다른 정치 파벌 간에 대립하는 관점을 연구 토론해야 한다.

我们要 ___ 地 ___ 不同政治 ___ 间 ___ 的观点。
　　lǐzhì　　　tàntǎo　　　pàibié　　duìlì

504

도망간 포로는 은폐하여 경계심을 가지고 주위의 동태에 주의를 기울이고 있다.

逃跑的 ___ ___ 起来， ___ 地留意着周围的 ___ 。
　　　fúlǔ　　yǐnbì　　　jǐngtì　　　　　dòngtài

빠른
정답
501 据记载，起初人们设端午节是为了追悼屈原。
502 因时间短促，我们开展活动时合并了一些环节。
503 我们要理智地探讨不同政治派别间对立的观点。
504 逃跑的俘虏隐蔽起来，警惕地留意着周围的动态。

Unit 32　267

505

나는 이곳의 가정식 요리와 향토 음식이 매우 그립다.

我很 ____ 这里的 ____ 菜和 ____ 小吃。
    liúliàn   jiācháng   fēngwèi

506

언니는 성격이 진실되고, 사람에 대해 여태껏 위선적이지 않으며, 또한 무성의하게 대하지 않는다.

姐姐个性 ____ , 对人从不 ____ , ____ 不 ____ 。
    zhēnzhì   xūwěi   yì   fūyǎn

507

지도자가 여러 방면의 일을 계획하고 돌보며, 모든 것을 주도하는 기백이 사람을 수긍하게 한다.

领导 ____ , ____ 一切的 ____ 让人 ____ 。
  tǒngchóujiāngù   zhǔdǎo   qìpò   fúqì

508

이 빈틈없이 봉쇄된 기지는 철저하게 외부와 단절되었다.

这个被 ____ ____ 的 ____ 彻底与 ____ ____ 了。
    yánmì fēngsuǒ   jīdì   wàijiè   gélí

빠른 정답

505 我很留恋这里的家常菜和风味小吃。
506 姐姐个性真挚, 对人从不虚伪, 亦不敷衍。
507 领导统筹兼顾, 主导一切的气魄让人服气。
508 这个被严密封锁的基地彻底与外界隔离了。

군인들은 장엄하고 늠름하게 조국을 위해 일생을 바치겠다고 선서했다.

509 军人们 ⬚⬚⬚ 地 ⬚⬚⬚ ，要为 ⬚⬚⬚ ⬚⬚⬚ 一生。

　　zhuāngyán háomài　xuānshì　　　　zǔguó　fèngxiàn

이 시리즈의 책은 근면하고 검소한 사회적 기풍을 칭송했다.

510 这一 ⬚⬚⬚ ⬚⬚⬚ 了 ⬚⬚⬚ 的社会 ⬚⬚⬚ 。

　　xìliè　shūjí　gēsòng　qínláo　pǔsù　　fēngqì

지도자가 사람들 앞에서 나의 실수를 질책했고, 이것은 나를 매우 창피스럽고 매우 낙담스럽게 했다.

511 领导当众 ⬚⬚⬚ 我的 ⬚⬚⬚ ，这让我感觉很 ⬚⬚⬚ 、很 ⬚⬚⬚ 。

　　zhǐzé　guòshī　　　　diūrén　jǔsàng

소비자 협회는 소비자의 입장에 서서 새로운 판매 방안을 부결했다.

512 消费者 ⬚⬚⬚ 站在消费者的 ⬚⬚⬚ 上 ⬚⬚⬚ 了新的销售方案。

　　xiéhuì　　　　lìchǎng　fǒujué

빠른
정답

509 军人们庄严豪迈地宣誓，要为祖国奉献一生。

510 这一系列书籍歌颂了勤劳朴素的社会风气。

511 领导当众指责我的过失，这让我感觉很丢人、很沮丧。

512 消费者协会站在消费者的立场上否决了新的销售方案。

Unit 33

513 ☑ 这次能攻克难关，归根到底是你的功劳。

Zhè cì néng gōngkè nánguān, guīgēndàodǐ shì nǐ de gōngláo.

이번에 난관을 극복할 수 있었던 것은 결국 당신의 공로입니다.

- 攻克 gōngkè 동 점령하다, 정복하다
- 归根到底 guīgēndàodǐ 성어 근본으로 돌아가다, 결국에는
- 功劳 gōngláo 명 공로

514 对方发动这场侵略战争的动机令人震惊。

Duìfāng fādòng zhè chǎng qīnlüè zhànzhēng de dòngjī lìng rén zhènjīng.

상대방이 이번 침략 전쟁을 일으킨 동기는 사람을 깜짝 놀라게 한다.

- 发动 fādòng 동 ① 개시하다, 일으키다, 행동 하기 시작하다 ② 시동을 걸다, (기계를) 돌아가 게 하다
- 侵略 qīnlüè 명 침략 동 침략하다
- 动机 dòngjī 명 동기
- 震惊 zhènjīng 동 깜짝 놀라다, 깜짝 놀라게 하다

515 我睡着后就犹如昏迷一样，啥动静也听不见。

Wǒ shuìzháo hòu jiù yóurú hūnmí yíyàng, shá dòngjing yě tīngbujiàn.

나는 잠든 후 정신을 잃은 것처럼 아무 기척도 들을 수 없었다.

- 犹如 yóurú 동 ~와 같다
- 昏迷 hūnmí 형 혼미하다, 의식 불명이다, 인사 불성이다, 정신을 잃다
- 啥 shá 대 어떤, 무엇 =什么
- 动静 dòngjing 명 ① 움직이는 소리, 말소리, 기척 ② 동정, 소식, 상황

516 先前网站存在安全隐患，需要修复好才能登录。

Xiānqián wǎngzhàn cúnzài ānquán yǐnhuàn, xūyào xiūfù hǎo cái néng dēnglù.

이전에 웹사이트에는 안전상의 위험이 존재해서 복구를 다 해야만 로그인할 수 있었다.

- 先前 xiānqián 명 이전, 앞서, 종전
- 隐患 yǐnhuàn 명 잠복해 있는 병, 드러나지 않은 폐해 또는 재난
- 修复 xiūfù 동 수리하여 복원하다, 복구하다
- 登录 dēnglù 동 ① 등록하다, 등기하다 ② 로그인하다

517 我们要动员大家团结起来反抗腐败势力的统治。
Wǒmen yào dòngyuán dàjiā tuánjié qǐlái fǎnkàng fǔbài shìlì de tǒngzhì.
우리는 모두를 동원해 단결하여 부패 세력의 통치에 반항하려고 한다.

- **动员** dòngyuán 동 동원하다, 일깨우다, 분기시키다
- **团结** tuánjié 명 단결 동 단결하다, 단결시키다 형 화목하다, 사이가 좋다
- **反抗** fǎnkàng 명 반항 동 반항하다
- **腐败** fǔbài 동 ① 썩다, 부패하다 ② 부패하다, 문란하다, 타락하다
- **势力** shìlì 명 세력
- **统治** tǒngzhì 명 통치, 지배 동 통치하다, 지배하다

518 中央政府赋予了军队维护治安、巩固国防的使命。
Zhōngyāng zhèngfǔ fùyǔ le jūnduì wéihù zhì'ān、gǒnggù guófáng de shǐmìng.
중앙정부는 군대에 치안을 수호하고 국방을 견고히 하는 사명을 부여했다.

- **中央** zhōngyāng 명 ① 중앙 ② 정부의 최고 기관
- **赋予** fùyǔ 동 (임무나 사명을) 부여하다, 주다
- **军队** jūnduì 명 군대
- **维护** wéihù 동 유지하고 보호하다, 수호하다
- **治安** zhì'ān 명 치안, 사회의 안녕과 질서
- **巩固** gǒnggù 형 견고하다, 공고하다, 튼튼하다 동 견고하게 하다, 공고히 하다, 튼튼하게 하다
- **国防** guófáng 명 국방
- **使命** shǐmìng 명 사명

519 教授用比喻的手法阐述了新课题中一些名词的定义。
Jiàoshòu yòng bǐyù de shǒufǎ chǎnshù le xīn kètí zhōng yìxiē míngcí de dìngyì.
교수님은 비유의 기법을 사용하여 새로운 과제 중 일부 명사의 정의를 상세히 설명했다.

- **比喻** bǐyù 명 비유 동 비유하다
- **手法** shǒufǎ 명 기교, 기법, 수법
- **阐述** chǎnshù 동 명백하게 논술하다, 상세히 설명하다
- **课题** kètí 명 과제
- **定义** dìngyì 명 정의 *下定义 정의를 내리다

520 凌晨接到指令后，我就蹬上自行车，动身去执行公务了。
Língchén jiēdào zhǐlìng hòu, wǒ jiù dēng shàng zìxíngchē, dòngshēn qù zhíxíng gōngwù le.
새벽에 지시를 받은 후, 나는 바로 자전거에 올라 출발하여 공무를 수행하러 갔다.

- **凌晨** língchén 명 이른 새벽, 새벽녘
- **指令** zhǐlìng 명 지시, 지령, 명령 동 지시하다, 명령하다
- **蹬** dēng 동 ① (위로) 오르다 ② (다리를) 뻗다, 디디다, 밟다
- **动身** dòngshēn 이합 출발하다, 떠나다
- **执行** zhíxíng 동 집행하다, 수행하다
- **公务** gōngwù 명 공무

521

包庇罪犯也要受到法律的审判和惩罚。

Bāobì zuìfàn yě yào shòudào fǎlǜ de shěnpàn hé chéngfá.

범인을 비호하는 것도 법률의 심판과 징벌을 받아야 한다.

- 包庇 bāobì 동 (나쁜 사람이나 사물을) 비호하다, 감싸주다
- 罪犯 zuìfàn 명 범인, 죄인
- 审判 shěnpàn 명 심판, 재판 동 심판하다, 재판하다
- 惩罚 chéngfá 명 징벌, 징계, 처벌 동 징벌하다, 징계하다, 처벌하다

522

老板给予他的报酬足以让他维持生活。

Lǎobǎn jǐyǔ tā de bàochou zúyǐ ràng tā wéichí shēnghuó.

사장이 그에게 준 보수는 그가 생활을 유지하기에 족하다.

- 给予 jǐyǔ 동 주다
- 报酬 bàochou 명 보수, 사례(금)
- 足以 zúyǐ 충분히 ~할 수 있다, ~하기에 족하다 ＊足以＋동사
- 维持 wéichí 동 유지하다

523

他成天想报复那个诬陷他进了监狱的人。

Tā chéngtiān xiǎng bàofù nàge wūxiàn tā jìn le jiānyù de rén.

그는 온종일 그를 모함하여 감옥에 들어가게 한 그 사람에게 보복하고 싶어 한다.

- 成天 chéngtiān 명 (온)종일
- 报复 bàofù 동 보복하다, 앙갚음하다
- 诬陷 wūxiàn 동 모함하다, 없는 사실을 꾸며 죄에 빠뜨리다
- 监狱 jiānyù 명 감옥

524

这种威力巨大的武器是伴随着争议诞生的。

Zhè zhǒng wēilì jùdà de wǔqì shì bànsuí zhe zhēngyì dànshēng de.

이런 위력이 거대한 무기는 논쟁을 수반하여 탄생한 것이다.

- 威力 wēilì 명 위력
- 武器 wǔqì 명 무기
- 伴随 bànsuí 동 동행하다, 수반하다, 따라가다
- 争议 zhēngyì 명 쟁의, 논쟁 동 쟁의하다, 논쟁하다
- 诞生 dànshēng 동 ① 탄생하다, 출생하다 ② 생기다, 나오다

525

我们没能抵抗住敌人猛烈的进攻，被包围了。

Wǒmen méi néng dǐkàng zhù dírén měngliè de jìngōng, bèi bāowéi le.

우리는 적의 맹렬한 공격을 막지 못했고 포위되었다.

- **抵抗** dǐkàng 명 저항, 대항 동 저항하다, 대항하다
- **猛烈** měngliè 형 맹렬하다, 거세다, 세차다
- **进攻** jìngōng 동 진공하다, 공격하다
- **包围** bāowéi 동 포위하다, 둘러싸다

526

警察声明会让绑架儿童的歹徒付出沉重的代价。

Jǐngchá shēngmíng huì ràng bǎngjià értóng de dǎitú fùchū chénzhòng de dàijià.

경찰은 아동을 납치한 악당들이 무거운 대가를 치르게 하겠다고 성명했다.

- **声明** shēngmíng 명 성명(서) 동 성명하다
- **绑架** bǎngjià 동 납치하다, 인질로 잡다
- **歹徒** dǎitú 명 악인, 악당
- **沉重** chénzhòng 형 ① (무게, 기분, 부담 등이) 무겁다 ② (병, 죄 등이) 심각하다, 중대하다
- **代价** dàijià 명 대가 *付出代价 대가를 치르다

527

公司为表彰技术骨干，给他们颁发了荣誉证书。

Gōngsī wèi biǎozhāng jìshù gǔgàn, gěi tāmen bānfā le róngyù zhèngshū.

회사는 기술 담당 핵심 직원들을 표창하기 위해 그들에게 영예 증서를 수여했다.

- **表彰** biǎozhāng 명 표창 동 표창하다
- **骨干** gǔgàn 명 전체 중에서 주요 역할을 하는 사람 또는 사물, 근간, 기간
- **颁发** bānfā 동 ① (명령, 지시, 정책 등을) 하달하다, 공포하다 ② (훈장, 상장 등을) 수여하다
- **荣誉** róngyù 명 영예
- **证书** zhèngshū 명 증(명)서

528

用秤称一下这些橙子的分量，看看有几磅重吧。

Yòng chèng chēng yíxià zhèxiē chéngzi de fènliang, kànkan yǒu jǐ bàng zhòng ba.

저울로 이 오렌지들의 무게를 달아보고, 몇 파운드의 무게인지 좀 보도록 해.

- **秤** chèng 명 저울
- **橙** chéng 명 오렌지, 오렌지 나무 형 오렌지색의, 귤색의
- **分量** fènliang 명 ① 분량, (저울에 단) 무게 ② (말의) 무게
- **磅** bàng 양 파운드(pound)[무게 단위]

513

이번에 난관을 극복할 수 있었던 것은 결국 당신의 공로입니다.

这次能 _____ 难关, _____ 是你的 _____ 。
　　　　gōngkè　　　　guīgēndàodǐ　　　　gōngláo

514

상대방이 이번 침략 전쟁을 일으킨 동기는 사람을 깜짝 놀라게 한다.

对方 _____ 这场 _____ 战争的 _____ 令人 _____ 。
　　　fādòng　　　qīnlüè　　　dòngjī　　　zhènjīng

515

나는 잠든 후 정신을 잃은 것처럼 아무 기척도 들을 수 없었다.

我睡着后就 _____ 一样, _____ 也听不见。
　　　　yóurú　hūnmí　　　shá　dòngjing

516

이전에 웹사이트에는 안전상의 위험이 존재해서 복구를 다 해야만 로그인할 수 있었다.

_____ 网站存在安全 _____ , 需要 _____ 好才能 _____ 。
xiānqián　　　　　yǐnhuàn　　　xiūfù　　　dēnglù

빠른
정답
　513 这次能攻克难关, 归根到底是你的功劳。
　514 对方发动这场侵略战争的动机令人震惊。
　515 我睡着后就犹如昏迷一样, 啥动静也听不见。
　516 先前网站存在安全隐患, 需要修复好才能登录。

517 우리는 모두를 동원해 단결하여 부패 세력의 통치에 반항하려고 한다.

我们要 ___ 大家 ___ 起来 ___ ___ ___ 的 ___ 。
     dòngyuán   tuánjié   fǎnkàng   fǔbài   shìlì   tǒngzhì

518 중앙정부는 군대에 치안을 수호하고 국방을 견고히 하는 사명을 부여했다.

___ 政府 ___ 了 ___ ___ ___ 、 ___ ___ 的
zhōngyāng   fùyǔ   jūnduì   wéihù   zhì'ān   gǒnggù   guófáng

___ 。
shǐmìng

519 교수님은 비유의 기법을 사용하여 새로운 과제 중 일부 명사의 정의를 상세히 설명했다.

教授用 ___ 的 ___ ___ 了新 ___ 中一些名词的 ___ 。
     bǐyù   shǒufǎ   chǎnshù   kètí   dìngyì

520 새벽에 지시를 받은 후, 나는 바로 자전거에 올라 출발하여 공무를 수행하러 갔다.

___ 接到 ___ 后，我就 ___ 上自行车， ___ 去 ___
língchén   zhǐlìng   dēng   dòngshēn   zhíxíng

___ 了。
gōngwù

521

범인을 비호하는 것도 법률의 심판과 징벌을 받아야 한다.

_____ _____ 也要受到法律的 _____ 和 _____ 。

bāobì　zuìfàn　　　　　　　shěnpàn　　chéngfá

522

사장이 그에게 준 보수는 그가 생활을 유지하기에 족하다.

老板 _____ 他的 _____ _____ 让他 _____ 生活。

　　　jǐyǔ　　　bàochou　zúyǐ　　　wéichí

523

그는 온종일 그를 모함하여 감옥에 들어가게 한 그 사람에게 보복하고 싶어 한다.

他 _____ 想 _____ 那个 _____ 他进了 _____ 的人。

　chéngtiān　bàofù　　　wūxiàn　　　　jiānyù

524

이런 위력이 거대한 무기는 논쟁을 수반하여 탄생한 것이다.

这种 _____ 巨大的 _____ 是 _____ 着 _____ _____ 的。

　　wēilì　　　　wǔqì　　bànsuí　　zhēngyì　dànshēng

🔓 빠른
정답

521 包庇罪犯也要受到法律的审判和惩罚。

522 老板给予他的报酬足以让他维持生活。

523 他成天想报复那个诬陷他进了监狱的人。

524 这种威力巨大的武器是伴随着争议诞生的。

525

우리는 적의 맹렬한 공격을 막지 못했고 포위되었다.

我们没能 _____ 住敌人 _____ 的 _____ ，被 _____ 了。
　　　　　dǐkàng　　　　měngliè　　　jìngōng　　　bāowéi

526

경찰은 아동을 납치한 악당들이 무거운 대가를 치르게 하겠다고 성명했다.

警察 _____ 会让 _____ 儿童的 _____ 付出 _____ 的 _____ 。
　　shēngmíng　　bǎngjià　　　　dǎitú　　chénzhòng　　dàijià

527

회사는 기술 담당 핵심 직원들을 표창하기 위해 그들에게 영예 증서를 수여했다.

公司为 _____ 技术 _____ ，给他们 _____ 了 _____ _____ 。
　　biǎozhāng　　gǔgàn　　　　　bānfā　　róngyù　zhèngshū

528

저울로 이 오렌지들의 무게를 달아보고, 몇 파운드의 무게인지 좀 보도록 해.

用 _____ 称一下这些 _____ 子的 _____ ，看看有几 _____ 重吧。
　chèng　　　　　chéng　　fènliang　　　　bàng

🔓 빠른
정답
525 我们没能抵抗住敌人猛烈的进攻，被包围了。
526 警察声明会让绑架儿童的歹徒付出沉重的代价。
527 公司为表彰技术骨干，给他们颁发了荣誉证书。
528 用秤称一下这些橙子的分量，看看有几磅重吧。

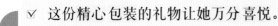

529 这份精心包装的礼物让她万分喜悦。

Zhè fèn jīngxīn bāozhuāng de lǐwù ràng tā wànfēn xǐyuè.

이 정성을 들여 포장한 선물은 그녀를 매우 기쁘게 했다.

- **精心** jīngxīn 형 정성 들이다, 심혈을 기울이다
- **包装** bāozhuāng 명 포장 동 포장하다
- **万分** wànfēn 부 극히, 대단히, 매우
- **喜悦** xǐyuè 명 희열, 기쁨 형 기쁘다, 즐겁다, 유쾌하다

530 他赌博的本钱是依靠贩卖毒品得来的。

Tā dǔbó de běnqián shì yīkào fànmài dúpǐn délái de.

그가 도박하는 밑천은 마약 판매에 의지하여 얻어 온 것이다.

- **赌博** dǔbó 명 도박 동 도박하다
- **本钱** běnqián 명 본전, 밑천, 원금
- **依靠** yīkào 명 의지가 되는 사람이나 물건 동 의지하다, 기대다
- **贩卖** fànmài 동 판매하다, 팔다
- **毒品** dúpǐn 명 마약

531 我开着性能优越的车奔驰在畅通的隧道中。

Wǒ kāi zhe xìngnéng yōuyuè de chē bēnchí zài chàngtōng de suìdào zhōng.

나는 성능이 우월한 차를 운전하면서 막힘없이 뚫린 터널 속을 질주한다.

- **性能** xìngnéng 명 성능
- **优越** yōuyuè 형 우월하다
- **奔驰** bēnchí 동 내달리다, 질주하다
- **畅通** chàngtōng 동 막힘없이 잘 통하다
- **隧道** suìdào 명 굴, 터널

532 他感觉饥饿，本能地找到食物狼吞虎咽起来。

Tā gǎnjué jī'è, běnnéng de zhǎodào shíwù lángtūnhǔyàn qǐlái.

그는 배고픔을 느끼고는 본능적으로 음식을 찾아내어 게걸스럽게 먹기 시작했다.

- **饥饿** jī'è 명 굶주림, 기아 형 배가 고프다
- **本能** běnnéng 명 본능 형 본능적이다
- **狼吞虎咽** lángtūnhǔyàn 성어 게걸스럽게 먹다, 게눈 감추듯 하다

533

据悉，原告和被告打官司是为了争夺遗产。

Jùxī, yuángào hé bèigào dǎ guānsi shì wèile zhēngduó yíchǎn.

아는 바로는, 원고와 피고가 소송을 하는 것은 유산을 쟁탈하기 위해서이다.

- **据悉** jùxī 아는 바에 의하면, 아는 바로는
- **原告** yuángào 몡 원고
- **被告** bèigào 몡 피고
- **打官司** dǎ guānsi 소송을 걸다
- **争夺** zhēngduó 통 싸워 빼앗다, 쟁탈하다, 쟁취하다
- **遗产** yíchǎn 몡 유산

534

她一直注重保养，坚持素食，因此不见衰老。

Tā yìzhí zhùzhòng bǎoyǎng, jiānchí sùshí, yīncǐ bú jiàn shuāilǎo.

그녀는 줄곧 몸 관리를 중시해서 채식을 꾸준히 해왔고, 따라서 노화가 보이지 않는다.

- **注重** zhùzhòng 통 중시하다
- **保养** bǎoyǎng 통 ① (몸을) 관리하다 ② (기계를) 관리하다, 정비하다
- **素食** sùshí 몡 채식 통 채식하다
- **衰老** shuāilǎo 몡 노쇠, 노화 통 노쇠하다, 노화하다

535

增加就业岗位的供给才能解决人才饱和的问题。

Zēngjiā jiùyè gǎngwèi de gōngjǐ cái néng jiějué réncái bǎohé de wèntí.

취업할 일자리의 공급을 증가시켜야만 인재 포화의 문제를 해결할 수 있다.

- **就业** jiùyè 이합 취업하다, 취직하다
- **岗位** gǎngwèi 몡 직장, 일자리, 근무처
- **供给** gōngjǐ 몡 공급 통 공급하다
- **饱和** bǎohé 몡 포화 통 최대한도에 이르다

536

为了好好儿抚养孩子，爸爸心甘情愿地奔波操劳。

Wèile hǎohāor fǔyǎng háizi, bàba xīngānqíngyuàn de bēnbō cāoláo.

아이를 아주 잘 부양하기 위해, 아빠는 기꺼이 동분서주하며 열심히 일한다.

- **抚养** fǔyǎng 통 부양하다, 정성 들여 기르다
- **心甘情愿** xīngānqíngyuàn 성어 달갑게 바라다, 기꺼이 원하다
- **奔波** bēnbō 통 바쁘게 뛰어다니다, 동분서주하다, 분주하다
- **操劳** cāoláo 통 ① 열심히 일하다 ② (신경을 써서) 일을 처리하다, 보살피다

537

妈妈吩咐保姆去做一桌丰盛的佳肴。

Māma fēnfù bǎomǔ qù zuò yì zhuō fēngshèng de jiāyáo.

엄마는 가정부에게 가서 식탁 한가득 푸짐한 맛있는 요리를 만들라고 시켰다.

- **吩咐** fēnfù 동 분부하다, (말로) 시키다
- **保姆** bǎomǔ 명 가정부, 보모
- **丰盛** fēngshèng 형 풍부하다, 성대하다, 푸짐하다
- **佳肴** jiāyáo 명 좋은 요리, 맛있는 요리, 훌륭한 요리

538

今天一个居民报警说社区里发生了纠纷。

Jīntiān yí ge jūmín bàojǐng shuō shèqū lǐ fāshēng le jiūfēn.

오늘 한 주민이 경찰에 신고하여 단지 안에서 분쟁이 발생했다고 말했다.

- **居民** jūmín 명 (거)주민
- **报警** bàojǐng 이합 경찰에 신고하다
- **社区** shèqū 명 단지, 동네, 커뮤니티, 지역 사회
- **纠纷** jiūfēn 명 다툼, 분쟁

539

一些文雅的比喻句可以让散文锦上添花。

Yìxiē wényǎ de bǐyù jù kěyǐ ràng sǎnwén jǐnshàngtiānhuā.

일부 고상하고 우아한 비유 문장은 산문을 더 훌륭하게 만들 수 있다.

- **文雅** wényǎ 형 고상하고 우아하다, 점잖다
- **比喻** bǐyù 명 비유 동 비유하다
- **散文** sǎnwén 명 산문
- **锦上添花** jǐnshàngtiānhuā 성어 금상첨화

540

我们公司的晋升体系本身有严重的弊端。

Wǒmen gōngsī de jìnshēng tǐxì běnshēn yǒu yánzhòng de bìduān.

우리 회사의 승진 체계 자체에 심각한 폐단이 있다.

- **晋升** jìnshēng 동 승진하다, 진급하다
- **体系** tǐxì 명 체계, 체제
- **本身** běnshēn 명 그 자신, 그 자체
- **弊端** bìduān 명 폐단, 부정

541 众所周知，师范学校中女生占据的比重更大。

Zhòngsuǒzhōuzhī, shīfàn xuéxiào zhōng nǚshēng zhànjù de bǐzhòng gèng dà.

모든 사람이 알지만, 사범학교에서 여학생이 차지하는 비중이 더 크다.

- 众所周知 zhòngsuǒzhōuzhī 성어 모든 사람이 다 알고 있다
- 师范 shīfàn 명 사범(학교)
- 占据 zhànjù 동 점거하다, 차지하다
- 比重 bǐzhòng 명 비중

542 婴儿苏醒后趴在床上，流着鼻涕哭泣起来。

Yīng'ér sūxǐng hòu pā zài chuáng shàng, liú zhe bítì kūqì qǐlái.

아기는 깨어난 후 침대 위에 엎드려 콧물을 흘리면서 울기 시작했다.

- 婴儿 yīng'ér 명 영아, 아기, 갓난애
- 苏醒 sūxǐng 동 깨다, 소생하다, 의식을 회복하다
- 趴 pā 동 엎드리다
- 鼻涕 bítì 명 콧물
- 哭泣 kūqì 동 울다, 흐느끼다

543 我说的那些话只是胡乱打个比方，你能领会吗？

Wǒ shuō de nàxiē huà zhǐshì húluàn dǎ ge bǐfāng, nǐ néng lǐnghuì ma?

내가 말한 그 말들은 단지 아무렇게나 비유한 것인데. 너는 이해할 수 있겠니?

- 胡乱 húluàn 부 대충, 되는대로, 아무렇게나, (제)멋대로, 마음대로
- 比方 bǐfāng 명 비유, 예 동 비유하다, 예를 들다
- 领会 lǐnghuì 동 깨닫다, 이해하다, 납득하다

544 他既有本事又上进，希望能早点儿自力更生、回报父母。

Tā jì yǒu běnshi yòu shàngjìn, xīwàng néng zǎodiǎnr zìlìgēngshēng、huíbào fùmǔ.

그는 능력도 있고 진보하고 있어서, 좀 일찍 스스로의 힘으로 생활하고 부모님께 보답할 수 있기를 바란다.

- 本事 běnshi 명 능력, 재능
- 上进 shàngjìn 동 향상하다, 진보하다
- 自力更生 zìlìgēngshēng 성어 자력갱생하다, 자력으로 하다
- 回报 huíbào 동 ① 보답하다 ② 보복하다, 복수하다

529

이 정성을 들여 포장한 선물은 그녀를 매우 기쁘게 만들었다.

这份 _____ _____ 的礼物让她 _____ _____ 。
　　　jīngxīn bāozhuāng　　　　　　wànfēn　 xǐyuè

530

그가 도박하는 밑천은 마약 판매에 의지하여 얻어 온 것이다.

他 _____ 的 _____ 是 _____ _____ _____ 得来的。
　 dǔbó　　 běnqián　　 yīkào　 fànmài　 dúpǐn

531

나는 성능이 우월한 차를 운전하면서 막힘없이 뚫린 터널 속을 질주한다.

我开着 _____ 的车 _____ 在 _____ 的 _____ 中。
　　　xìngnéng yōuyuè　　 bēnchí　chàngtōng　suìdào

532

그는 배고픔을 느끼고는 본능적으로 음식을 찾아내어 게걸스럽게 먹기 시작했다.

他感觉 _____ , _____ 地找到食物 _____ 起来。
　　　　jī'è　　 běnnéng　　　　lángtūnhǔyàn

빠른
정답

529 这份精心包装的礼物让她万分喜悦。
530 他赌博的本钱是依靠贩卖毒品得来的。
531 我开着性能优越的车奔驰在畅通的隧道中。
532 他感觉饥饿，本能地找到食物狼吞虎咽起来。

533

아는 바로는, 원고와 피고가 소송을 하는 것은 유산을 쟁탈하기 위해서이다.

_____, _____ 和 _____ _____ 是为了 _____ _____。

jùxī   yuángào   bèigào   dǎ guānsi   zhēngduó   yíchǎn

534

그녀는 줄곧 몸 관리를 중시해서 채식을 꾸준히 해왔고, 따라서 노화가 보이지 않는다.

她一直 _____ _____, 坚持 _____, 因此不见 _____。

zhùzhòng bǎoyǎng   sùshí   shuāilǎo

535

취업할 일자리의 공급을 증가시켜야만 인재 포화의 문제를 해결할 수 있다.

增加 _____ _____ 的 _____ 才能解决人才 _____ 的问题。

jiùyè   gǎngwèi   gōngjǐ   bǎohé

536

아이를 아주 잘 부양하기 위해, 아빠는 기꺼이 동분서주하며 열심히 일한다.

为了好好儿 _____ 孩子，爸爸 _____ 地 _____。

fǔyǎng   xīngānqíngyuàn   bēnbō   cāoláo

🔓 빠른
정답

533 据悉，原告和被告打官司是为了争夺遗产。

534 她一直注重保养，坚持素食，因此不见衰老。

535 增加就业岗位的供给才能解决人才饱和的问题。

536 为了好好儿抚养孩子，爸爸心甘情愿地奔波操劳。

엄마는 가정부에게 가서 식탁 한가득 푸짐한 맛있는 요리를 만들라고 시켰다.

537 妈妈 ⬜⬜ ⬜⬜ 去做一桌 ⬜⬜ 的 ⬜⬜ 。
fēnfù　bǎomǔ　　　fēngshèng　jiāyáo

오늘 한 주민이 경찰에 신고하여 단지 안에서 분쟁이 발생했다고 말했다.

538 今天一个 ⬜⬜ ⬜⬜ 说 ⬜⬜ 里发生了 ⬜⬜ 。
jūmín　bàojǐng　shèqū　　　jiūfēn

일부 고상하고 우아한 비유 문장은 산문을 더 훌륭하게 만들 수 있다.

539 一些 ⬜⬜ 的 ⬜⬜ 句可以让 ⬜⬜ ⬜⬜ 。
wényǎ　bǐyù　　　sǎnwén　jǐnshàngtiānhuā

우리 회사의 승진 체계 자체에 심각한 폐단이 있다.

540 我们公司的 ⬜⬜ ⬜⬜ ⬜⬜ 有严重的 ⬜⬜ 。
jìnshēng　tǐxì　běnshēn　　　bìduān

빠른
정답
537 妈妈**吩咐保姆**去做一桌**丰盛**的**佳肴**。
538 今天一个**居民报警**说**社区**里发生了**纠纷**。
539 一些**文雅**的**比喻**句可以让**散文锦上添花**。
540 我们公司的**晋升体系本身**有严重的**弊端**。

541 모든 사람이 알지만, 사범학교에서 여학생이 차지하는 비중이 더 크다.

⬜⬜⬜⬜，⬜⬜学校中女生⬜⬜的⬜⬜更大。

zhòngsuǒzhōuzhī　shīfàn　　　　zhànjù　　bǐzhòng

542 아기는 깨어난 후 침대 위에 엎드려 콧물을 흘리면서 울기 시작했다.

⬜⬜⬜后⬜在床上，流着⬜⬜⬜⬜起来。

yīng'ér　　sūxǐng　　pā　　　　bítì　　kūqì

543 내가 말한 그 말들은 단지 아무렇게나 비유한 것인데, 너는 이해할 수 있겠니?

我说的那些话只是⬜⬜打个⬜⬜，你能⬜⬜吗？

húluàn　　bǐfāng　　　lǐnghuì

544 그는 능력도 있고 진보하고 있어서, 좀 일찍 스스로의 힘으로 생활하고 부모님께 보답할 수 있기를 바란다.

他既有⬜⬜又⬜⬜，希望能早点儿⬜⬜、⬜⬜父母。

běnshi　　shàngjìn　　　　zìlìgēngshēng　　huíbào

빠른
정답

541 众所周知，师范学校中女生占据的比重更大。

542 婴儿苏醒后趴在床上，流着鼻涕哭泣起来。

543 我说的那些话只是胡乱打个比方，你能领会吗？

544 他既有本事又上进，希望能早点儿自力更生、回报父母。

545 ☑
你甭担心，我发誓为你保守这个秘密。

Nǐ béng dānxīn, wǒ fāshì wèi nǐ bǎoshǒu zhège mìmì.

당신은 걱정할 필요가 없어요. 내가 당신을 위해 이 비밀을 지킬 것을 맹세합니다.

- 甭 béng ~할 필요가 없다 ＝不用
- 发誓 fāshì 동 맹세하다
- 保守 bǎoshǒu 형 보수적이다 동 (비밀, 기밀을) 지키다

546
迄今为止，三星集团的产业已遍布全球。

Qìjīnwéizhǐ, Sānxīng jítuán de chǎnyè yǐ biànbù quánqiú.

지금까지 삼성 그룹의 산업은 이미 전세계에 널리 분포한다.

- 迄今为止 qìjīnwéizhǐ 성어 지금까지
- 集团 jítuán 명 집단, 단체, 그룹
- 产业 chǎnyè 명 산업
- 遍布 biànbù 동 도처에 분포하다, 널리 퍼지다

547
很多武侠电影演绎的情节都和报仇有关。

Hěn duō wǔxiá diànyǐng yǎnyì de qíngjié dōu hé bàochóu yǒuguān.

많은 무협영화가 나타내는 줄거리는 모두 복수하는 것과 관계가 있다.

- 武侠 wǔxiá 명 무협
- 演绎 yǎnyì 형 연역(법) 동 명료하게 나타내다, 밝히다, 설명하다
- 情节 qíngjié 명 (작품의) 줄거리
- 报仇 bàochóu 이합 원수를 갚다, 복수하다

548
你要妥善保管这份经过盖章公证的文件。

Nǐ yào tuǒshàn bǎoguǎn zhè fèn jīngguò gàizhāng gōngzhèng de wénjiàn.

당신은 도장을 찍어 공증을 거친 이 문서를 적절히 보관해야 합니다.

- 妥善 tuǒshàn 형 알맞다, 타당하다, 적절하다
- 保管 bǎoguǎn 명 보관인 동 보관하다 부 꼭, 틀림없이, 어김없이
- 盖章 gàizhāng 이합 도장을 찍다, 날인하다
- 公证 gōngzhèng 명 공증 동 공증하다

549 新总理上任后一直致力于保障公民的利益。
Xīn zǒnglǐ shàngrèn hòu yìzhí zhìlì yú bǎozhàng gōngmín de lìyì.
새 총리는 부임한 후 국민들의 이익을 보장하는 것에 줄곧 힘쓰고 있다.

- 上任 shàngrèn 이합 부임하다, 취임하다
- 致力 zhìlì 이합 힘쓰다, 진력하다, 애쓰다 *致力于 ~에 힘쓰다
- 保障 bǎozhàng 동 보장하다
- 公民 gōngmín 명 공민, 국민

550 我因旷课打架而被处分的事一直对父母保密。
Wǒ yīn kuàngkè dǎjià ér bèi chǔfèn de shì yìzhí duì fùmǔ bǎomì.
내가 무단결석을 하고 싸움을 해서 처벌받은 일은 줄곧 부모님에게 비밀로 하고 있다.

- 旷课 kuàngkè 이합 (학생이) 무단결석하다
- 打架 dǎjià 이합 (몸)싸움하다, 다투다
- 处分 chǔfèn 명 처벌, 처분 동 처벌하다, 처분하다
- 保密 bǎomì 이합 비밀을 지키다 =保守秘密

551 请诸位各抒己见, 踊跃表态, 别有心理包袱。
Qǐng zhūwèi gèshūjǐjiàn, yǒngyuè biǎotài, bié yǒu xīnlǐ bāofu.
여러분은 각자 자기 의견을 말하고 적극적으로 태도를 표명하세요. 심리적 부담은 갖지 마세요.

- 诸位 zhūwèi 명 여러분
- 各抒己见 gèshūjǐjiàn 성어 제각기 자기 의견을 말하다
- 踊跃 yǒngyuè 형 열렬하다, 활기가 있다
- 表态 biǎotài 이합 태도를 표명하다
- 包袱 bāofu 명 ① 보자기, 보따리 ② 부담, 짐

552 你不能总是废寝忘食地创作剧本, 也得保重身体。
Nǐ bù néng zǒngshì fèiqǐnwàngshí de chuàngzuò jùběn, yě děi bǎozhòng shēntǐ.
당신은 늘상 먹고 자는 것을 잊고 극본을 창작해서는 안 돼요. 건강에도 주의해야 해요.

- 废寝忘食 fèiqǐnwàngshí 성어 먹고 자는 것을 잊다, 어떤 일에 전심전력하다
- 创作 chuàngzuò 명 창작, 문예 작품 동 (문예 작품을) 창작하다
- 剧本 jùběn 명 극본, 각본, 대본
- 保重 bǎozhòng 동 건강에 주의하다, 몸조심하다

553 党内事务要通过成员投票表决来决定。

Dǎng nèi shìwù yào tōngguò chéngyuán tóupiào biǎojué lái juédìng.

당 내 사무는 구성원들이 투표하고 표결하는 것을 통해 결정해야 한다.

- 党 dǎng 명 당, 정당
- 事务 shìwù 명 사무, 실무
- 成员 chéngyuán 명 (구)성원, 일원
- 投票 tóupiào 명 투표 이합 투표하다
- 表决 biǎojué 명 표결 동 표결하다

554 爸爸收藏了很多罕见的珍稀植物的标本。

Bàba shōucáng le hěn duō hǎnjiàn de zhēnxī zhíwù de biāoběn.

아빠는 많은 보기 드문 희귀 식물의 표본을 소장했다.

- 收藏 shōucáng 명 소장 동 소장하다, 수집하여 보관하다
- 罕见 hǎnjiàn 형 보기 드물다
- 珍稀 zhēnxī 형 진귀하고 희소하다, 희귀하다
- 标本 biāoběn 명 ① 표본 ② 본보기

555 迷路时我会尝试借助指南针辨认方向。

Mílù shí wǒ huì chángshì jièzhù zhǐnánzhēn biànrèn fāngxiàng.

길을 잃었을 때 나는 나침반의 힘을 빌려 방향을 분간하는 것을 시도해 볼 것이다.

- 尝试 chángshì 동 시험해보다, 시도해보다
- 借助 jièzhù 동 (다른 사람이나 사물의) 도움을 빌다, ~의 힘을 빌리다
- 指南针 zhǐnánzhēn 명 나침반
- 辨认 biànrèn 동 분별하다, 분간하다, 식별하다

556 我们起码要做个标记来区分次品和正品。

Wǒmen qǐmǎ yào zuò ge biāojì lái qūfēn cìpǐn hé zhèngpǐn.

우리는 적어도 표시를 해서 불량품과 합격품을 구분해야 한다.

- 起码 qǐmǎ 부 적어도, 최저한도로
- 标记 biāojì 명 표지, 표시, 마크
- 区分 qūfēn 명 구분 동 구분하다
- 次品 cìpǐn 명 질이 낮은 물건, 저급품, 불량품

557

大家都憋着不敢说话，教室顿时 鸦雀无声。

Dàjiā dōu biē zhe bùgǎn shuōhuà, jiàoshì dùnshí yāquèwúshēng.

모두가 숨죽이며 감히 말을 하지 못하고, 교실은 바로 쥐 죽은 듯 조용해졌다.

- 憋 biē 동 ① (숨, 화, 대소변 등을) 참다, 견디다, 억제하다 ② 숨막히다, 답답하게 하다
- 顿时 dùnshí 부 갑자기, 문득, 바로
- 鸦雀无声 yāquèwúshēng 성어 쥐 죽은 듯 조용하다

558

你这样随意贬低别人的人格实在太不像话了。

Nǐ zhèyàng suíyì biǎndī biérén de réngé shízài tài búxiànghuà le.

네가 이렇게 마음대로 다른 사람의 인격을 얕잡아 보는 것은 정말이지 너무 말도 안 된다.

- 随意 suíyì 이합 뜻대로 하다, 마음대로 하다
- 贬低 biǎndī 동 낮게 평가하다, 얕잡아 보다
- 人格 réngé 명 인격
- 不像话 búxiànghuà 말이 안 된다, 이치에 맞지 않다

559

别人的嘲笑也是鞭策我全力以赴去奋斗的能量。

Biérén de cháoxiào yě shì biāncè wǒ quánlìyǐfù qù fèndòu de néngliàng.

다른 사람의 비웃음도 내가 최선을 다해 분투하도록 채찍질하는 에너지이다.

- 嘲笑 cháoxiào 명 조소, 야유, 비웃음 동 조소하다, 비웃다
- 鞭策 biāncè 동 채찍질하다, 편달하다, 격려하다
- 全力以赴 quánlìyǐfù 성어 전력을 기울이다, 최선을 다하다
- 能量 néngliàng 명 ① 에너지 ② 능력, 역량

560

"竭尽全力地为当事人辩护"是王律师的座右铭。

"Jiéjìnquánlì de wèi dāngshìrén biànhù" shì Wáng lǜshī de zuòyòumíng.

'모든 힘을 다해 소송 당사자를 위해 변호한다'는 것은 왕 변호사의 좌우명이다.

- 竭尽全力 jiéjìnquánlì 성어 모든 힘을 다 기울이다
- 当事人 dāngshìrén 명 당사자, 소송 당사자
- 辩护 biànhù 명 변호 형 변호하다
- 座右铭 zuòyòumíng 명 좌우명

写一写 우리말 해석을 참고하여 빈칸에 알맞은 중국어를 쓰세요.

545

당신은 걱정할 필요가 없어요. 내가 당신을 위해 이 비밀을 지킬 것을 맹세합니다.

你＿＿＿担心，我＿＿＿为你＿＿＿这个秘密。

béng　　　fāshì　　bǎoshǒu

546

지금까지 삼성 그룹의 산업은 이미 전세계에 널리 분포한다.

＿＿＿＿＿，三星＿＿＿的＿＿＿已＿＿＿全球。

qìjīnwéizhǐ　　jítuán　chǎnyè　biànbù

547

많은 무협영화가 나타내는 줄거리는 모두 복수하는 것과 관계가 있다.

很多＿＿＿电影＿＿＿的＿＿＿都和＿＿＿有关。

wǔxiá　　yǎnyì　qíngjié　bàochóu

548

당신은 도장을 찍어 공증을 거친 이 문서를 적절히 보관해야 합니다.

你要＿＿＿＿＿＿这份经过＿＿＿的文件。

tuǒshàn　bǎoguǎn　　gàizhāng gōngzhèng

빠른
정답

545 你甭担心，我发誓为你保守这个秘密。

546 迄今为止，三星集团的产业已遍布全球。

547 很多武侠电影演绎的情节都和报仇有关。

548 你要妥善保管这份经过盖章公证的文件。

549 새 총리는 부임한 후 국민들의 이익을 보장하는 것에 줄곧 힘쓰고 있다.

新总理 _____ 后一直 _____ 于 _____ _____ 的利益。
　　　　shàngrèn　　　 zhìlì　 bǎozhàng gōngmín

550 내가 무단결석을 하고 싸움을 해서 처벌받은 일은 줄곧 부모님에게 비밀로 하고 있다.

我因 _____ _____ 而被 _____ 的事一直对父母 _____ 。
　 kuàngkè　 dǎjià　　 chǔfèn　　　　　　 bǎomì

551 여러분은 각자 자기 의견을 말하고 적극적으로 태도를 표명하세요. 심리적 부담은 갖지 마세요.

请 _____ _____ , _____ _____ , 别有心理 _____ 。
　 zhūwèi　 gèshūjǐjiàn　 yǒngyuè biǎotài　　　　 bāofu

552 당신은 늘상 먹고 자는 것을 잊고 극본을 창작해서는 안 돼요. 건강에도 주의해야 해요.

你不能总是 _____ 地 _____ _____ , 也得 _____ 身体。
　　 fèiqǐnwàngshí chuàngzuò jùběn　　 bǎozhòng

---

553 당 내 사무는 구성원들이 투표하고 표결하는 것을 통해 결정해야 한다.

     内   要通过   来决定。

  dǎng   shìwù   chéngyuán tóupiào biǎojué

---

554 아빠는 많은 보기 드문 희귀 식물의 표본을 소장했다.

爸爸   了很多   的   植物的   。

    shōucáng   hǎnjiàn   zhēnxī   biāoběn

---

555 길을 잃었을 때 나는 나침반의 힘을 빌려 방향을 분간하는 것을 시도해 볼 것이다.

迷路时我会   方向。

         chángshì jièzhù zhǐnánzhēn biànrèn

---

556 우리는 적어도 표시를 해서 불량품과 합격품을 구분해야 한다.

我们   要做个   来   和正品。

    qǐmǎ   biāojì   qūfēn   cìpǐn

빠른
정답

553 党内事务要通过成员投票表决来决定。
554 爸爸收藏了很多罕见的珍稀植物的标本。
555 迷路时我会尝试借助指南针辨认方向。
556 我们起码要做个标记来区分次品和正品。

557

모두가 숨죽이며 감히 말을 하지 못하고, 교실은 바로 쥐 죽은 듯 조용해졌다.

大家都 ⬚ 着不敢说话，教室 ⬚ 。

　　　　biē　　　　　　　　　　　dùnshí　yāquèwúshēng

558

네가 이렇게 마음대로 다른 사람의 인격을 얕잡아 보는 것은 정말이지 너무 말도 안 된다.

你这样 ⬚ 别人的 ⬚ 实在太 ⬚ 了。

　　　　suíyì　biǎndī　　　　réngé　　　búxiànghuà

559

다른 사람의 비웃음도 내가 최선을 다해 분투하도록 채찍질하는 에너지이다.

别人的 ⬚ 也是 ⬚ 我 ⬚ 去奋斗的 ⬚ 。

cháoxiào　　biāncè　　quánlìyǐfù　　　néngliàng

560

'모든 힘을 다해 소송 당사자를 위해 변호한다'는 것은 왕 변호사의 좌우명이다.

" ⬚ 地为 ⬚ ⬚ "是王律师的 ⬚ 。

jiéjìnquánlì　　　dāngshìrén　biànhù　　　　zuòyòumíng

빠른
정답

557 大家都憋着不敢说话，教室顿时鸦雀无声。

558 你这样随意贬低别人的人格实在太不像话了。

559 别人的嘲笑也是鞭策我全力以赴去奋斗的能量。

560 "竭尽全力地为当事人辩护"是王律师的座右铭。

유닛 학습 단어 62
학습 누적 단어 2269
최종 목표 단어 2500

Unit 36

561 ☑ 储存粮食的仓库里堆积着很多稻谷。
Chǔcún liángshi de cāngkù lǐ duījī zhe hěn duō dàogǔ.
양식을 저장하는 창고 안에는 많은 벼가 쌓여 있다.

- 储存 chǔcún 통 저장하여 두다, 저축하여 두다
- 仓库 cāngkù 명 창고
- 堆积 duījī 통 쌓(아 올리)다, 쌓이다
- 稻谷 dàogǔ 명 벼

562 我请他当面示范如何操作这种仪器。
Wǒ qǐng tā dāngmiàn shìfàn rúhé cāozuò zhè zhǒng yíqì.
나는 그에게 면전에서 어떻게 이런 측정기를 조작하는지 시범을 보여 달라고 부탁했다.

- 当面 dāngmiàn 이합 마주보다, 직접 맞대다
- 示范 shìfàn 명 시범 통 시범을 보이다
- 操作 cāozuò 통 조작하다, (손으로) 다루다
- 仪器 yíqì 명 측정 기구, 측정기

563 他因为不服从上级的部署而被开除了。
Tā yīnwèi bù fúcóng shàngjí de bùshǔ ér bèi kāichú le.
그는 상급 기관의 배치에 복종하지 않았기 때문에 해고당했다.

- 服从 fúcóng 명 복종 통 복종하다
- 上级 shàngjí 명 상급 기관, 상급자, 상사
- 部署 bùshǔ 명 배치, 안배 통 배치하다, (인력, 임무 등을) 안배하다
- 开除 kāichú 통 해고하다, 제명하다

564 大企业垄断了市场，操纵着物资的流通。
Dà qǐyè lǒngduàn le shìchǎng, cāozòng zhe wùzī de liútōng.
대기업은 시장을 독점하여 물자의 유통을 조종하고 있다.

- 垄断 lǒngduàn 통 농단하다, 독점하다, 마음대로 다루다
- 操纵 cāozòng 통 ① (기계 등을) 조종하다, 조작하다 ② (정당하지 못한 수단으로) 조종하다, 지배하다
- 物资 wùzī 명 물자
- 流通 liútōng 명 유통 통 유통하다, 널리 퍼지다

565 这里黎明时很寂静，黄昏时却人声嘈杂。

Zhèlǐ límíng shí hěn jìjìng, huánghūn shí què rénshēng cáozá.

이곳은 동틀 무렵에 고요하고, 해질 무렵에 오히려 사람 소리가 떠들썩하다.

- 黎明 límíng 명 여명, 동틀 무렵
- 寂静 jìjìng 형 고요하다, 적막하다
- 黄昏 huánghūn 명 황혼, 해질 무렵
- 嘈杂 cáozá 형 떠들썩하다, 시끄럽다, 소란하다

566 爸爸兴高采烈地数着手里数量可观的钞票。

Bàba xìnggāocǎiliè de shǔ zhe shǒu lǐ shùliàng kěguān de chāopiào.

아빠는 매우 기쁘게 손 안의 수량이 굉장한 지폐를 세고 있다.

- 兴高采烈 xìnggāocǎiliè 성어 매우 기쁘다, 매우 흥겹다
- 可观 kěguān 형 ① 볼만하다 ② 대단하다, 굉장하다, 훌륭하다
- 钞票 chāopiào 명 지폐

567 经过为期半年的选举，他终于当选为委员代表了。

Jīngguò wéiqī bànnián de xuǎnjǔ, tā zhōngyú dāngxuǎn wéi wěiyuán dàibiǎo le.

반년을 기한으로 하는 선거를 거쳐, 그는 마침내 위원 대표로 당선되었다.

- 为期 wéiqī 동 ~을 기한으로 하다
- 选举 xuǎnjǔ 명 선거 동 선거하다
- 当选 dāngxuǎn 동 당선하다, 당선되다
- 委员 wěiyuán 명 위원

568 毕业后学校会把档案归还给学生或转移到人才市场。

Bìyè hòu xuéxiào huì bǎ dàng'àn guīhuán gěi xuéshēng huò zhuǎnyí dào réncái shìchǎng.

졸업 후 학교는 공문서를 학생에게 돌려주거나 혹은 인재 시장으로 이전한다.

- 档案 dàng'àn 명 분류하여 보관하는 공문서, 서류
- 归还 guīhuán 동 되돌려주다, 반환하다
- 转移 zhuǎnyí 동 ① 옮기다, 이동하다 ② 변화하다, 변천하다 ③ 전이하다

569

他指望通过调解让对方撤销诉讼。

Tā zhǐwàng tōngguò tiáojiě ràng duìfāng chèxiāo sùsòng.

그는 중재를 통해 상대방이 소송을 철회하게 만들기를 기대한다.

* **指望** zhǐwàng 몡 기대, 가망, 희망 동 기대하다, 바라다, 꼭 믿다
* **调解** tiáojiě 몡 중재, 화해 동 중재하다, 화해하다, 화해시키다
* **撤销** chèxiāo 동 ① (법 등을) 폐지하다 ② (계약 등을) 취소하다, 해제하다, 철회하다
* **诉讼** sùsòng 몡 소상, 재판 동 소송하다, 재판을 걸다

570

我很鄙视那些为了发财不择手段的人。

Wǒ hěn bǐshì nàxiē wèile fācái bùzéshǒuduàn de rén.

나는 돈을 벌기 위해 수단을 가리지 않는 그러한 사람들을 매우 경멸한다.

* **鄙视** bǐshì 동 경멸하다, 경시하다, 깔보다
* **发财** fācái 이합 돈을 벌다, 부자가 되다
* **不择手段** bùzéshǒuduàn 성어 수단을 가리지 않다, 온갖 수단을 다 쓰다

571

有些边疆地区的乡镇仍然贫困而且闭塞。

Yǒuxiē biānjiāng dìqū de xiāngzhèn réngrán pínkùn érqiě bìsè.

일부 변경 지역의 향진은 여전히 빈곤하고 게다가 교통이 불편하다.

* **边疆** biānjiāng 몡 변경, 국경 지대, 변방
* **乡镇** xiāngzhèn 몡 향진[县 밑에 있는 행정 단위]
* **贫困** pínkùn 혱 빈곤하다, 곤궁하다
* **闭塞** bìsè 동 ① 막(히)다 ② (교통, 통풍 등이) 소통되지 않다 혱 (소식에) 어둡다, 외지다

572

在广阔田野的衬托下，房屋显得很渺小。

Zài guǎngkuò tiányě de chèntuō xià, fángwū xiǎnde hěn miǎoxiǎo.

광활한 들판이 받쳐주니, 가옥이 매우 작아 보인다.

* **广阔** guǎngkuò 혱 넓다, 광활하다
* **田野** tiányě 몡 들(판)
* **衬托** chèntuō 동 두드러지게 하다, 돋보이게 하다, 받쳐주다
* **渺小** miǎoxiǎo 혱 매우 작다, 미미하다, 보잘것없다

573 沸腾的茶水冷却后，沉淀出了茶叶的粉末。
Fèiténg de cháshuǐ lěngquè hòu, chéndiàn chū le cháyè de fěnmò.
끓인 찻물을 식힌 후, 차 잎의 가루를 가라앉혀냈다.

- 沸腾 fèiténg 동 ① 끓다 ② 뒤끓다
- 冷却 lěngquè 동 냉각하다, 식히다
- 沉淀 chéndiàn 명 침전(물) 동 침전하다, 가라앉다
- 粉末 fěnmò 명 가루, 분말

574 我们得及早消除以往的工作模式中的弊病。
Wǒmen děi jízǎo xiāochú yǐwǎng de gōngzuò móshì zhōng de bìbìng.
우리는 일찌감치 이전의 업무 패턴 중의 폐단을 없애야 한다.

- 及早 jízǎo 부 빨리, 일찍, 일찌감치
- 消除 xiāochú 동 (부정적인 것을) 없애 버리다, 제거하다
- 以往 yǐwǎng 명 이전, 과거
- 模式 móshì 명 표준 양식, 유형, 패턴
- 弊病 bìbìng 명 폐해, 폐단

575 调节商品的价格时要确保以市场的需求为导向。
Tiáojié shāngpǐn de jiàgé shí yào quèbǎo yǐ shìchǎng de xūqiú wéi dǎoxiàng.
상품의 가격을 조절할 때는 시장의 수요를 발전 방향으로 하는 것을 확실히 보증해야 한다.

- 调节 tiáojié 동 조절하다
- 确保 quèbǎo 동 확보하다, 확실히 보증하다
- 需求 xūqiú 명 수요, 필요
- 导向 dǎoxiàng 명 발전의 방향, 유도 방향 동 ① (어떤 방향으로) 발전하다 ② (어떤 지점으로) 유도하다

> **Point**
> - 以A为B: A를 B로 삼다, A를 B로 여기다

576 为了继承父母资产而放弃个人事业，是得不偿失的。
Wèile jìchéng fùmǔ zīchǎn ér fàngqì gèrén shìyè, shì débùchángshī de.
부모님의 유산을 상속하기 위해 개인 사업을 포기하는 것은 얻는 것보다 잃는 것이 많은 것이다.

- 继承 jìchéng 동 ① (유산, 권리 등을) 상속하다 ② (직위, 사업 등을) 계승하다 ③ (옛 사람의 기풍, 문화, 지식 등을) 이어받다, 계승하다
- 资产 zīchǎn 명 자산
- 事业 shìyè 명 사업
- 得不偿失 débùchángshī 성어 얻는 것보다 잃는 것이 많다

写一写 우리말 해석을 참고하여 빈칸에 알맞은 중국어를 쓰세요.

561

양식을 저장하는 창고 안에는 많은 벼가 쌓여 있다.

　　　　　粮食的　　　　里　　　着很多　　　　。
chǔcún　　　　cāngkù　　　duījī　　　　　dàogǔ

562

나는 그에게 면전에서 어떻게 이런 측정기를 조작하는지 시범을 보여 달라고 부탁했다.

我请他　　　　　　如何　　　　这种　　　　。
　　dāngmiàn　shìfàn　　　cāozuò　　　yíqì

563

그는 상급 기관의 배치에 복종하지 않았기 때문에 해고당했다.

他因为不　　　　　　的　　　而被　　　了。
　　fúcóng　shàngjí　　　bùshǔ　　kāichú

564

대기업은 시장을 독점하여 물자의 유통을 조종하고 있다.

大企业　　　了市场，　　着　　　的　　　　。
　　lǒngduàn　　　cāozòng　wùzī　　liútōng

 빠른
정답

561 储存粮食的仓库里堆积着很多稻谷。
562 我请他当面示范如何操作这种仪器。
563 他因为不服从上级的部署而被开除了。
564 大企业垄断了市场，操纵着物资的流通。

565 이곳은 동틀 무렵에 고요하고, 해질 무렵에 오히려 사람 소리가 떠들썩하다.

这里 ⬜ 时很 ⬜ , ⬜ 时却人声 ⬜ 。

 límíng   jìjìng   huánghūn   cáozá

566 아빠는 매우 기쁘게 손 안의 수량이 굉장한 지폐를 세고 있다.

爸爸 ⬜ 地数着手里数量 ⬜ 的 ⬜ 。

 xìnggāocǎiliè   kěguān   chāopiào

567 반년을 기한으로 하는 선거를 거쳐, 그는 마침내 위원 대표로 당선되었다.

经过 ⬜ 半年的 ⬜ ，他终于 ⬜ 为 ⬜ 代表了。

 wéiqī   xuǎnjǔ   dāngxuǎn   wěiyuán

568 졸업 후 학교는 공문서를 학생에게 돌려주거나 혹은 인재 시장으로 이전한다.

毕业后学校会把 ⬜ 给学生或 ⬜ 到人才市场。

 dàng'àn guīhuán   zhuǎnyí

빠른
정답

565 这里黎明时很寂静，黄昏时却人声嘈杂。
566 爸爸兴高采烈地数着手里数量可观的钞票。
567 经过为期半年的选举，他终于当选为委员代表了。
568 毕业后学校会把档案归还给学生或转移到人才市场。

569

그는 중재를 통해 상대방이 소송을 철회하게 만들기를 기대한다.

他 ___ 通过 ___ 让对方 ___ ___ 。

　　zhǐwàng　　　tiáojiě　　　　　chèxiāo　sùsòng

570

나는 돈을 벌기 위해 수단을 가리지 않는 그러한 사람들을 매우 경멸한다.

我很 ___ 那些为了 ___ ___ 的人。

　　bǐshì　　　　　fācái　bùzéshǒuduàn

571

일부 변경 지역의 향진은 여전히 빈곤하고 게다가 교통이 불편하다.

有些 ___ 地区的 ___ 仍然 ___ 而且 ___ 。

　　biānjiāng　　　xiāngzhèn　　　pínkùn　　　　bìsè

572

광활한 들판이 받쳐주니, 가옥이 매우 작아 보인다.

在 ___ ___ 的 ___ 下，房屋显得很 ___ 。

　　guǎngkuò　tiányě　　chèntuō　　　　　　miǎoxiǎo

빠른
정답

569 他指望通过调解让对方撤销诉讼。
570 我很鄙视那些为了发财不择手段的人。
571 有些边疆地区的乡镇仍然贫困而且闭塞。
572 在广阔田野的衬托下，房屋显得很渺小。

573

끓인 찻물을 식힌 후, 차 잎의 가루를 가라앉혀냈다.

_____ 的茶水 _____ 后, _____ 出了茶叶的 _____。

fèiténg　　　lěngquè　　　chéndiàn　　　　fěnmò

574

우리는 일찌감치 이전의 업무 패턴 중의 폐단을 없애야 한다.

我们得 _____ _____ _____ 的工作 _____ 中的 _____。

jízǎo　　xiāochú　　yǐwǎng　　　　móshì　　　　bìbìng

575

상품의 가격을 조절할 때는 시장의 수요를 발전 방향으로 하는 것을 확실히 보증해야 한다.

_____ 商品的价格时要 _____ 以市场的 _____ 为 _____。

tiáojié　　　　　　　quèbǎo　　　　　xūqiú　　　　dǎoxiàng

576

부모님의 유산을 상속하기 위해 개인 사업을 포기하는 것은 얻는 것보다 잃는 것이 많은 것이다.

为了 _____ 父母 _____ 而放弃个人 _____, 是 _____ 的。

jìchéng　　　zīchǎn　　　　shìyè　　　débùchángshī

🔓 빠른
정답
573 沸腾的茶水冷却后，沉淀出了茶叶的粉末。
574 我们得及早消除以往的工作模式中的弊病。
575 调节商品的价格时要确保以市场的需求为导向。
576 为了继承父母资产而放弃个人事业，是得不偿失的。

Unit 36　**301**

577 ☑ 历代学者都承认儒家文化博大精深。

Lìdài xuézhě dōu chéngrèn rújiā wénhuà bódàjīngshēn.

역대 학자들은 모두 유가 문화가 넓고 심오하다고 인정한다.

- **历代** lìdài 몡 역대
- **儒家** rújiā 유가, 유학자
- **博大精深** bódàjīngshēn 성어 사상과 학식이 넓고 심오하다

578 这次比赛的亚军和季军实力不相上下。

Zhè cì bǐsài de yàjūn hé jìjūn shílì bùxiāngshàngxià.

이번 경기의 2등과 3등은 실력이 막상막하이다.

- **亚军** yàjūn 몡 제2위, 준우승(자)
- **季军** jìjūn 몡 제3위
- **实力** shílì 몡 실력
- **不相上下** bùxiāngshàngxià 성어 막상막하, 우열을 가릴 수 없다

579 这对双胞胎总是并列第一，真不可思议。

Zhè duì shuāngbāotāi zǒngshì bìngliè dì yī, zhēn bùkěsīyì.

이 한 쌍의 쌍둥이는 항상 나란히 1등을 하는데, 정말 불가사의하다.

- **双胞胎** shuāngbāotāi 몡 쌍둥이
- **并列** bìngliè 몡 병렬 동 병렬하다
- **不可思议** bùkěsīyì 성어 상상할 수 없다, 불가사의하다

580 他吞吞吐吐地陈述了自己遭受诈骗的经过。

Tā tūntūntǔtǔ de chénshù le zìjǐ zāoshòu zhàpiàn de jīngguò.

그는 말을 더듬으며 자신이 사기를 당한 과정을 진술했다.

- **吞吞吐吐** tūntūntǔtǔ 성어 우물쭈물하다, (말을) 더듬다, 횡설수설하다
- **陈述** chénshù 몡 진술 동 진술하다
- **遭受** zāoshòu 동 (불행이나 손해를) 만나다, 입다, 당하다
- **诈骗** zhàpiàn 몡 사기 동 사기치다

581 他不惜出卖灵魂来获得无穷无尽的财富。

Tā bùxī chūmài línghún lái huòdé wúqióngwújìn de cáifù.

그는 영혼을 파는 것을 불사하고 무궁무진한 부를 얻는다.

- **不惜** bùxī 동 아끼지 않다, 불사하다
- **出卖** chūmài 동 ① 팔다 ② (개인적 이익을 위해 친구나 국가 등을) 팔아먹다, 배반하다
- **灵魂** línghún 명 영혼
- **无穷无尽** wúqióngwújìn 성어 무궁무진하다
- **财富** cáifù 명 부, 재산

582 你愿意让步我们就成交，否则就终止交易。

Nǐ yuànyì ràngbù wǒmen jiù chéngjiāo, fǒuzé jiù zhōngzhǐ jiāoyì.

당신이 양보하길 원하면 우리는 거래가 성립되고, 그렇지 않으면 거래를 중지합니다.

- **让步** ràngbù 명 양보 이합 양보하다
- **成交** chéngjiāo 이합 거래가 성립되다, 매매가 성립되다
- **终止** zhōngzhǐ 동 중지하다, 정지하다, 끝내다
- **交易** jiāoyì 명 교역, 거래 동 교역하다, 거래하다

583 商店入口区域的收缩架上陈列着一些精致的样品。

Shāngdiàn rùkǒu qūyù de shōusuō jià shàng chénliè zhe yìxiē jīngzhì de yàngpǐn.

상점 입구 구역의 접이식 선반 위에는 정교한 견본품들이 진열되어 있다.

- **区域** qūyù 명 구역, 지역
- **收缩** shōusuō 동 ① 수축하다 ② 축소하다, 좁히다
- **陈列** chénliè 동 진열하다, 전시하다
- **精致** jīngzhì 형 세밀하다, 정교하다
- **样品** yàngpǐn 명 견본(품)

584 你把主管权转让给别人，能担保公司不会倒闭吗?

Nǐ bǎ zhǔguǎn quán zhuǎnràng gěi biérén, néng dānbǎo gōngsī bú huì dǎobì ma?

당신이 주관권을 다른 사람에게 넘겨주면, 회사가 도산하지 않을 것이라고 보증할 수 있습니까?

- **主管** zhǔguǎn 명 주관자, 주요 책임자 동 주관하다, 관할하다
- **转让** zhuǎnràng 동 (물건이나 권리를) 넘겨주다, 양도하다
- **担保** dānbǎo 동 보증하다, 담보하다
- **倒闭** dǎobì 동 (상점, 회사, 기업체가) 도산하다, 부도나다

585

一艘轮船驶入港口，停泊在港湾。

Yì sōu lúnchuán shǐrù gǎngkǒu, tíngbó zài gǎngwān.

한 척의 증기선이 항구에 들어와 항만에 정박했다.

- **艘** sōu 양 척[선박을 세는 단위]
- **轮船** lúnchuán 명 증기선
- **港口** gǎngkǒu 명 항구
- **停泊** tíngbó 동 정박하다, (배가 부두에) 머물다
- **港湾** gǎngwān 명 항만

586

我恰巧看到她不屑一顾地瞪了你一眼。

Wǒ qiàqiǎo kàndào tā búxièyígù de dèng le nǐ yì yǎn.

나는 공교롭게도 그녀가 업신여기는 표정으로 너를 한 번 노려보는 것을 보게 됐어.

- **恰巧** qiàqiǎo 부 때마침, 공교롭게도
- **不屑一顾** búxièyígù 성어 거들떠볼 가치도 없다
- **瞪** dèng 동 눈을 크게 뜨다, 눈을 부릅뜨고 노려보다

587

她特意把烹饪这道菜的窍门写在了便条上。

Tā tèyì bǎ pēngrèn zhè dào cài de qiàomén xiě zài le biàntiáo shàng.

그녀는 특별히 이 음식을 요리하는 요령을 쪽지 위에 썼다.

- **特意** tèyì 부 특별히, 일부러
- **烹饪** pēngrèn 명 요리 동 요리하다
- **窍门** qiàomén 명 비결, 요령
- **便条** biàntiáo 명 쪽지, 메모

588

公司给的额外福利是激励员工工作的动力。

Gōngsī gěi de éwài fúlì shì jīlì yuángōng gōngzuò de dònglì.

회사가 준 초과 인센티브는 직원이 일하는 것을 격려하는 원동력이다.

- **额外** éwài 형 정액 외의, 초과의
- **福利** fúlì 명 복지, 후생, 인센티브
- **激励** jīlì 명 격려 동 격려하다
- **动力** dònglì 명 (원)동력

589

孩子们毫不迟疑地动手·毁灭了蚂蚁的巢穴。

Háizimen háobù chíyí de dòngshǒu huǐmiè le mǎyǐ de cháoxué.

아이들은 조금도 주저하지 않고 손을 대서 개미의 둥지를 박살냈다.

- 迟疑 chíyí 동 망설이며 결정짓지 못하다, 주저하다
- 动手 dòngshǒu 이합 ① 시작하다, 착수하다 ② 손을 대다 ③ 사람을 때리다, 손찌검하다
- 毁灭 huǐmiè 동 섬멸하다, 박멸하다, 박살내다
- 蚂蚁 mǎyǐ 명 개미
- 巢穴 cháoxué 명 ① (새나 짐승의) 둥지, 보금자리 ② 소굴

590

中华人民共和国国务院是最高国家行政机关。

Zhōnghuá Rénmín Gònghéguó guówùyuàn shì zuì gāo guójiā xíngzhèng jīguān.

중화인민공화국의 국무원은 최고 국가 행정 기관이다.

- 共和国 gònghéguó 명 공화국
- 国务院 guówùyuàn 명 국무원, 국무성
- 行政 xíngzhèng 명 행정

591

倔强的他宁愿得罪这些无赖也不肯向他们妥协。

Juéjiàng de tā nìngyuàn dézuì zhèxiē wúlài yě bù kěn xiàng tāmen tuǒxié.

고집이 센 그는 차라리 이런 무뢰한들의 기분을 상하게 하더라도 그들에게 타협하려 하지 않는다.

- 倔强 juéjiàng 형 고집이 세다
- 宁愿 nìngyuàn 부 차라리 (~하고 싶다) *宁愿A也不B 차라리 A하더라도 B하지 않다
- 得罪 dézuì 동 남의 미움을 사다, 남의 기분을 상하게 하다
- 无赖 wúlài 명 무뢰한, 망나니 형 무뢰하다
- 妥协 tuǒxié 명 타협 동 타협하다 *向…妥协 ~에게 타협하다

592

这个州位于温带，气候温和，生态条件得天独厚。

Zhège zhōu wèiyú wēndài, qìhòu wēnhé, shēngtài tiáojiàn détiāndúhòu.

이 주는 온대 지방에 위치하고 기후가 온화하며 생태 조건이 특별히 좋다.

- 州 zhōu 명 주
- 温带 wēndài 명 온대 (지방)
- 温和 wēnhé 형 ① (기후가) 온화하다, 따뜻하다 ② (성품이나 태도가) 온화하다, 부드럽다
- 生态 shēngtài 명 생태
- 得天独厚 détiāndúhòu 성어 특별히 좋은 조건을 갖추다, 처한 환경이 남달리 좋다

577

역대 학자들은 모두 유가 문화가 넓고 심오하다고 인정한다.

_____ 学者都承认 _____ 文化 _____。
lìdài　　　　　　　　rújiā　　　　bódàjīngshēn

578

이번 경기의 2등과 3등은 실력이 막상막하이다.

这次比赛的 _____ 和 _____ _____。
　　　　yàjūn　　　　jìjūn　　shílì　bùxiāngshàngxià

579

이 한 쌍의 쌍둥이는 항상 나란히 1등을 하는데, 정말 불가사의하다.

这对 _____ 总是 _____ 第一, 真 _____。
　　shuāngbāotāi　　bìngliè　　　　　bùkěsīyì

580

그는 말을 더듬으며 자신이 사기를 당한 과정을 진술했다.

他 _____ 地 _____ 了自己 _____ _____ 的经过。
　tūntūntǔtǔ　　chénshù　　　zāoshòu　zhàpiàn

🔓 빠른
　정답

577 历代学者都承认儒家文化博大精深。
578 这次比赛的亚军和季军实力不相上下。
579 这对双胞胎总是并列第一，真不可思议。
580 他吞吞吐吐地陈述了自己遭受诈骗的经过。

581 그는 영혼을 파는 것을 불사하고 무궁무진한 부를 얻는다.

他 ___[bùxī]___ ___[chūmài]___ ___[línghún]___ 来获得 ___[wúqióngwújìn]___ 的 ___[cáifù]___ 。

582 당신이 양보하길 원하면 우리는 거래가 성립되고, 그렇지 않으면 거래를 중지합니다.

你愿意 ___[ràngbù]___ 我们就 ___[chéngjiāo]___ ，否则就 ___[zhōngzhǐ]___ ___[jiāoyì]___ 。

583 상점 입구 구역의 접이식 선반 위에는 정교한 견본품들이 진열되어 있다.

商店入口 ___[qūyù]___ 的 ___[shōusuō]___ 架上 ___[chénliè]___ 着一些 ___[jīngzhì]___ 的 ___[yàngpǐn]___ 。

584 당신이 주관권을 다른 사람에게 넘겨주면, 회사가 도산하지 않을 것이라고 보증할 수 있습니까?

你把 ___[zhǔguǎn]___ 权 ___[zhuǎnràng]___ 给别人，能 ___[dānbǎo]___ 公司不会 ___[dǎobì]___ 吗?

빠른
정답

581 他不惜出卖灵魂来获得无穷无尽的财富。
582 你愿意让步我们就成交，否则就终止交易。
583 商店入口区域的收缩架上陈列着一些精致的样品。
584 你把主管权转让给别人，能担保公司不会倒闭吗?

585

한 척의 증기선이 항구에 들어와 항만에 정박했다.

一 ___ ___ 驶入 ___ , ___ 在 ___ 。

sōu　lúnchuán　　gǎngkǒu　　tíngbó　　gǎngwān

586

나는 공교롭게도 그녀가 업신여기는 표정으로 너를 한 번 노려보는 것을 보게 됐어.

我 ___ 看到她 ___ 地 ___ 了你一眼。

qiàqiǎo　　　búxièyígù　　dèng

587

그녀는 특별히 이 음식을 요리하는 요령을 쪽지 위에 썼다.

她 ___ 把 ___ 这道菜的 ___ 写在了 ___ 上。

tèyì　　pēngrèn　　　qiàomén　　biàntiáo

588

회사가 준 초과 인센티브는 직원이 일하는 것을 격려하는 원동력이다.

公司给的 ___ 是 ___ 员工工作的 ___ 。

éwài　　fúlì　　jīlì　　　　dònglì

빠른
정답

585　一艘轮船驶入港口，停泊在港湾。

586　我恰巧看到她不屑一顾地瞪了你一眼。

587　她特意把烹饪这道菜的窍门写在了便条上。

588　公司给的额外福利是激励员工工作的动力。

589

아이들은 조금도 주저하지 않고 손을 대서 개미의 둥지를 박살냈다.

孩子们毫不　　　地　　　了　　　的　　　。

chíyí　dòngshǒu　huǐmiè　mǎyǐ　cháoxué

590

중화인민공화국의 국무원은 최고 국가 행정 기관이다.

中华人民　　　　　　　是最高国家　　　机关。

gònghéguó　guówùyuàn　xíngzhèng

591

고집이 센 그는 차라리 이런 무뢰한들의 기분을 상하게 하더라도 그들에게 타협하려 하지 않는다.

　　　的他　　　这些　　　也不肯向他们　　　。

juéjiàng　nìngyuàn　dézuì　wúlài　tuǒxié

592

이 주는 온대 지방에 위치하고 기후가 온화하며 생태 조건이 특별히 좋다.

这个　　　位于　　　, 气候　　　, 　　　条件　　　。

zhōu　wēndài　wēnhé　shēngtài　détiāndúhòu

빠른
정답

589 孩子们毫不迟疑地动手毁灭了蚂蚁的巢穴。
590 中华人民共和国国务院是最高国家行政机关。
591 倔强的他宁愿得罪这些无赖也不肯向他们妥协。
592 这个州位于温带，气候温和，生态条件得天独厚。

Unit 37　309

593 ☑ 眼前的瀑布的源泉是一条清澈的小溪。

☐ Yǎnqián de pùbù de yuánquán shì yì tiáo qīngchè de xiǎoxī.

☐ 눈앞의 폭포의 원천은 한 줄기의 맑은 작은 시냇물이다.

- 瀑布 pùbù 몡 폭포
- 源泉 yuánquán 몡 원천
- 清澈 qīngchè 혱 맑다, 투명하다, 깨끗하다
- 溪 xī 몡 시내, 시냇물

594 ☐ 在零下四十摄氏度的环境中，泼水成冰。

☐ Zài língxià sìshí shèshìdù de huánjìng zhōng, pō shuǐ chéng bīng.

☐ 영하 40℃의 환경 속에서 물을 뿌리면 얼음이 된다.

- 摄氏度 shèshìdù 양 도(℃)[섭씨 온도계의 단위]
- 泼 pō 동 (물을) 뿌리다

595 ☐ 经过交涉，房东同意我延期缴纳物业费。

☐ Jīngguò jiāoshè, fángdōng tóngyì wǒ yánqī jiǎonà wùyèfèi.

☐ 교섭을 거쳐 집주인은 내가 날짜를 미루어 관리비를 납부하는 것에 동의했다.

- 交涉 jiāoshè 몡 교섭, 절충 동 교섭하다, 절충하다
- 延期 yánqī 이합 (날짜를) 미루다, 연기하다, (기한을) 연장하다
- 缴纳 jiǎonà 동 납부하다, 납입하다
- 物业 wùyè 몡 ① 가옥 등의 부동산 ② 관리 사무소

596 ☐ 所有违背规章排放毒气的工厂都被取缔了。

☐ Suǒyǒu wéibèi guīzhāng páifàng dúqì de gōngchǎng dōu bèi qǔdì le.

☐ 모든 규정을 위배하고 독가스를 배출하는 공장은 모두 단속되었다.

- 违背 wéibèi 동 위배하다, 어기다, 거스르다
- 规章 guīzhāng 몡 규칙, 규정
- 排放 páifàng 동 (폐수, 오수, 찌꺼기 등을) 배출하다
- 取缔 qǔdì 동 취소하다, 금지하다, 단속하다

597

即使取得了优异成绩也别自满，要再接再厉。

Jíshǐ qǔdé le yōuyì chéngjì yě bié zìmǎn, yào zàijiēzàilì.

설령 우수한 성적을 취득해도 자만하지 말고, 한층 더 분발해야 한다.

- **优异** yōuyì 형 특히 우수하다
- **自满** zìmǎn 동 자만하다
- **再接再厉** zàijiēzàilì 성어 더욱더 힘쓰다, 한층 더 분발하다

598

战士们姿态挺拔地扛着重物，一点儿也不娇气。

Zhànshìmen zītài tǐngbá de káng zhe zhòngwù, yìdiǎnr yě bù jiāoqì.

전사들은 자태가 꼿꼿하게 무거운 물건을 어깨에 매고 있는데, 조금도 연약하지 않다.

- **姿态** zītài 명 자태, 모습
- **挺拔** tǐngbá 형 우뚝하다, 꼿꼿하다
- **扛** káng 동 ① 어깨에 매다 ② (책임, 임무 등을) 맡다, 짊어지다
- **娇气** jiāoqì 형 여리다, 허약하다, 연약하다, 가냘프다

599

要有完备的工具才能给这幢房子的墙涂抹水泥。

Yào yǒu wánbèi de gōngjù cái néng gěi zhè zhuàng fángzi de qiáng túmǒ shuǐní.

완비된 도구가 있어야만 이 집의 벽에 시멘트를 칠할 수 있다.

- **完备** wánbèi 형 완비되어 있다, 모두 갖추다, 완전하다
- **幢** zhuàng 양 동, 채[건물을 세는 단위]
- **涂抹** túmǒ 동 칠하다, 바르다
- **水泥** shuǐní 명 시멘트

600

这个类似于宗教团体的组织因缺乏凝聚力而解散了。

Zhège lèisì yú zōngjiào tuántǐ de zǔzhī yīn quēfá níngjùlì ér jiěsàn le.

이 종교 단체와 유사한 조직은 응집력이 부족하기 때문에 해산했다.

- **类似** lèisì 형 유사하다, 비슷하다
- **宗教** zōngjiào 명 종교
- **团体** tuántǐ 명 단체
- **凝聚** níngjù 동 응집하다, 뭉치다
- **解散** jiěsàn 동 해산하다, 흩어지다

601

我确信他只是工作繁忙而并非故意冷落你。

Wǒ quèxìn tā zhǐshì gōngzuò fánmáng ér bìngfēi gùyì lěngluò nǐ.

나는 그가 단지 업무가 바쁜 것이지, 고의로 당신을 푸대접하는 것이 결코 아니라고 확신합니다.

- **确信** quèxìn 동 확신하다
- **繁忙** fánmáng 형 번거롭고 바쁘다, 분주하다
- **并非** bìngfēi 결코 아니다 =并不=并不是
- **冷落** lěngluò 형 쓸쓸하다, 조용하다 동 냉대하다, 푸대접하다

602

嘿，你心眼儿小得像针孔，什么事都计较。

Hēi, nǐ xīnyǎnr xiǎo de xiàng zhēn kǒng, shénme shì dōu jìjiào.

어이, 너는 마음이 좁기가 마치 바늘 구멍 같아서, 무슨 일이든 모두 따지는구나.

- **嘿** hēi 감 ① 어이, 여보시오[남을 부르거나 주의를 환기시킬 때 쓰임] ② 야, 이봐[자랑스럽거나 만족스러운 기분을 나타냄] ③ 하, 야[놀라움이나 경탄을 나타냄]
- **心眼儿** xīnyǎnr 명 ① 내심, 마음속 ② 마음씨 ③ 기지, 총기, 슬기 ④ 마음, 도량
- **孔** kǒng 명 구멍
- **计较** jìjiào 동 계산하여 비교하다, 따지다, 문제 삼다

603

这些精密的仪器需要使用特定的工具清洁。

Zhèxiē jīngmì de yíqì xūyào shǐyòng tèdìng de gōngjù qīngjié.

이러한 정밀한 측정기들은 특정한 도구를 사용하여 청소할 필요가 있다.

- **精密** jīngmì 형 정밀하다, 세밀하다
- **仪器** yíqì 명 측정 기구, 측정기
- **特定** tèdìng 형 특정한, 특별히 지정한
- **清洁** qīngjié 형 청결하다, 깨끗하다 동 청결하게 하다, 청소하다

604

有些国家的边境不时发生武装冲突事件。

Yǒuxiē guójiā de biānjìng bùshí fāshēng wǔzhuāng chōngtū shìjiàn.

어떤 국가들의 국경 지대는 종종 무장 충돌 사건이 발생한다.

- **边境** biānjìng 명 변경, 국경 지대
- **不时** bùshí 부 종종, 늘, 항상
- **武装** wǔzhuāng 명 무장 동 무장하다
- **冲突** chōngtū 명 충돌 동 충돌하다
- **事件** shìjiàn 명 사건

605
她伸直双臂，以便让裁缝测量出精确的数据。

Tā shēnzhí shuāngbì, yǐbiàn ràng cáifeng cèliáng chū jīngquè de shùjù.

그녀는 재봉사가 정확한 수치를 재게 하기에 편하도록 두 팔을 쭉 폈다.

- **臂** bì 명 팔
- **以便** yǐbiàn ~하기에 편리하도록, ~하기 위하여 ＊A以便B B하기에 편리하도록 A하다
- **裁缝** cáifeng 명 재봉사 | cáiféng 동 재봉하다
- **测量** cèliáng 명 측량 동 측량하다, 재다
- **精确** jīngquè 형 정확하다

606
在目前的情形下，防治沼泽地污染刻不容缓。

Zài mùqián de qíngxíng xià, fángzhì zhǎozédì wūrǎn kèbùrónghuǎn.

지금의 상황 아래, 늪지 오염을 방제하는 것은 잠시도 늦출 수 없다.

- **情形** qíngxíng 명 일의 상황, 형세, 정황, 형편
- **防治** fángzhì 명 예방 치료 동 예방 치료하다, 방제하다
- **沼泽** zhǎozé 명 늪, 습지
- **刻不容缓** kèbùrónghuǎn 성어 일각도 지체할 수 없다, 잠시도 늦출 수 없다

607
这条横跨东西部地区的轨道一直延伸到了我国边界。

Zhè tiáo héng kuà dōngxībù dìqū de guǐdào yìzhí yánshēn dào le wǒ guó biānjiè.

이 동서부 지역을 가로지르는 궤도는 줄곧 우리나라 국경까지 뻗어 나갔다.

- **横** héng 형 가로의, 횡의
- **跨** kuà 동 뛰어넘다, 큰 걸음으로 걷다
- **轨道** guǐdào 명 궤도
- **延伸** yánshēn 동 ① 뻗다, 뻗어 나가다 ② (의미가) 확대되다, (의미를) 확대시키다
- **边界** biānjiè 명 지역 간의 경계(선), 국경(선)

608
大家都讥笑她天生胆怯，她因此感到自卑和压抑。

Dàjiā dōu jīxiào tā tiānshēng dǎnqiè, tā yīncǐ gǎndào zìbēi hé yāyì.

모두들 그녀가 선천적으로 겁이 많다고 비웃었고, 그녀는 이 때문에 열등감과 답답함을 느낀다.

- **讥笑** jīxiào 동 비웃다, 조롱하다, 조소하다
- **天生** tiānshēng 형 천성적이다, 선천적이다
- **胆怯** dǎnqiè 형 겁내다, 위축되다
- **自卑** zìbēi 형 열등감을 가지다
- **压抑** yāyì 형 (마음이나 분위기가) 답답하다 동 억압하다, 억제하다

593

눈앞의 폭포의 원천은 한 줄기의 맑은 작은 시냇물이다.

眼前的 [　　] 的 [　　] 是一条 [　　] 的小 [　　] 。

pùbù　　yuánquán　　qīngchè　　xī

594

영하 40℃의 환경 속에서 물을 뿌리면 얼음이 된다.

在零下四十 [　　] 的环境中, [　　] 水成冰。

shèshìdù　　pō

595

교섭을 거쳐 집주인은 내가 날짜를 미루어 관리비를 납부하는 것에 동의했다.

经过 [　　] , 房东同意我 [　　] [　　] [　　] 费。

jiāoshè　　　　yánqī　　jiǎonà　　wùyè

596

모든 규정을 위배하고 독가스를 배출하는 공장은 모두 단속되었다.

所有 [　　] [　　] [　　] 毒气的工厂都被 [　　] 了。

wéibèi　　guīzhāng　　páifàng　　　　qǔdì

빠른
정답

593 眼前的瀑布的源泉是一条清澈的小溪。
594 在零下四十摄氏度的环境中，泼水成冰。
595 经过交涉，房东同意我延期缴纳物业费。
596 所有违背规章排放毒气的工厂都被取缔了。

597

설령 우수한 성적을 취득해도 자만하지 말고, 한층 더 분발해야 한다.

即使取得了 ⬚⬚⬚ 成绩也别 ⬚⬚⬚ , 要 ⬚⬚⬚ 。

　　　　　　yōuyì　　　　　　zìmǎn　　　　zàijiēzàilì

598

전사들은 자태가 꼿꼿하게 무거운 물건을 어깨에 매고 있는데, 조금도 연약하지 않다.

战士们 ⬚⬚⬚ ⬚⬚⬚ 地 ⬚⬚⬚ 着重物，一点儿也不 ⬚⬚⬚ 。

　　　　zītài　tǐngbá　　káng　　　　　　　　　　jiāoqì

599

완비된 도구가 있어야만 이 집의 벽에 시멘트를 칠할 수 있다.

要有 ⬚⬚⬚ 的工具才能给这 ⬚⬚⬚ 房子的墙 ⬚⬚⬚ 。

　　wánbèi　　　　　　　zhuàng　　　túmǒ　shuǐní

600

이 종교 단체와 유사한 조직은 응집력이 부족하기 때문에 해산했다.

这个 ⬚⬚⬚ 于 ⬚⬚⬚ ⬚⬚⬚ 的组织因缺乏 ⬚⬚⬚ 力而 ⬚⬚⬚ 了。

　　lèisì　　zōngjiào　tuántǐ　　　　　　níngjù　　jiěsàn

🔓 빠른
정답

597 即使取得了优异成绩也别自满，要再接再厉。

598 战士们姿态挺拔地扛着重物，一点儿也不娇气。

599 要有完备的工具才能给这幢房子的墙涂抹水泥。

600 这个类似于宗教团体的组织因缺乏凝聚力而解散了。

601

나는 그가 단지 업무가 바쁜 것이지, 고의로 당신을 푸대접하는 것이 결코 아니라고 확신합니다.

我 ___ 他只是工作 ___ 而 ___ 故意 ___ 你。
　　quèxìn　　　　　fánmáng　　bìngfēi　　　lěngluò

602

어이, 너는 마음이 좁기가 마치 바늘 구멍 같아서, 무슨 일이든 모두 따지는구나.

___ , 你 ___ 小得像针 ___ , 什么事都 ___ 。
hēi　　　xīnyǎnr　　　　kǒng　　　　　　jìjiào

603

이러한 정밀한 측정기들은 특정한 도구를 사용하여 청소할 필요가 있다.

这些 ___ 的 ___ 需要使用 ___ 的工具 ___ 。
　　jīngmì　　yíqì　　　　tèdìng　　　qīngjié

604

어떤 국가들의 국경 지대는 종종 무장 충돌 사건이 발생한다.

有些国家的 ___ ___ 发生 ___ ___ 。
　　　　biānjìng bùshí　　wǔzhuāng chōngtū shìjiàn

빠른
정답

601 我确信他只是工作繁忙而并非故意冷落你。

602 嘿，你心眼儿小得像针孔，什么事都计较。

603 这些精密的仪器需要使用特定的工具清洁。

604 有些国家的边境不时发生武装冲突事件。

그녀는 재봉사가 정확한 수치를 재게 하기에 편하도록 두 팔을 쭉 폈다.

605

她伸直双 ⬜ , 让 ⬜ ⬜ 出 ⬜ 的数据。
　　　　bì　　yǐbiàn　　cáifeng　cèliáng　　jīngquè

지금의 상황 아래, 늪지 오염을 방제하는 것은 잠시도 늦출 수 없다.

606

在目前的 ⬜ 下, ⬜ ⬜ 地污染 ⬜ 。
　　　　qíngxíng　　fángzhì　zhǎozé　　　kèbùrónghuǎn

이 동서부 지역을 가로지르는 궤도는 줄곧 우리나라 국경까지 뻗어 나갔다.

607

这条 ⬜ ⬜ 东西部地区的 ⬜ 一直 ⬜ 到了我国
　　　héng　kuà　　　　　　　guǐdào　　yánshēn

⬜ 。
biānjiè

모두들 그녀가 선천적으로 겁이 많다고 비웃었고, 그녀는 이 때문에 열등감과 답답함을 느낀다.

608

大家都 ⬜ 她 ⬜ ⬜ , 她因此感到 ⬜ 和 ⬜ 。
　　jīxiào　　tiānshēng　dǎnqiè　　　　　　zìbēi　　yāyì

빠른
정답

605 她伸直双臂，以便让裁缝测量出精确的数据。
606 在目前的情形下，防治沼泽地污染刻不容缓。
607 这条横跨东西部地区的轨道一直延伸到了我国边界。
608 大家都讥笑她天生胆怯，她因此感到自卑和压抑。

609

那个英雄为了保卫祖国在战斗中牺牲了。

Nàge yīngxióng wèile bǎowèi zǔguó zài zhàndòu zhōng xīshēng le.

그 영웅은 조국을 수호하기 위해 전투 중에 희생했다.

- **保卫** bǎowèi 동 보위하다, 수호하다
- **祖国** zǔguó 명 조국
- **战斗** zhàndòu 명 전투 동 전투하다
- **牺牲** xīshēng 명 희생 동 희생하다

610

今天天气沉闷炎热，是暴雨降临的预兆。

Jīntiān tiānqì chénmèn yánrè, shì bàoyǔ jiànglín de yùzhào.

오늘 날씨가 우중충하고 무더운 것은 폭우가 내릴 조짐이다.

- **沉闷** chénmèn 형 ① (날씨, 분위기 등이) 음습하다, 무겁다, 우중충하다 ② (기분이) 침울하다, 우울하다
- **炎热** yánrè 형 (날씨가) 무덥다, 찌는 듯하다
- **降临** jiànglín 동 강림하다, 내려오다, 찾아오다
- **预兆** yùzhào 명 전조, 조짐

611

这个专题栏目介绍了不同朝代的风土人情。

Zhège zhuāntí lánmù jièshào le bùtóng cháodài de fēngtǔrénqíng.

이 특집 프로그램은 서로 다른 왕조의 특색과 풍습을 소개했다.

- **专题** zhuāntí 명 특정한 문제, 전문적인 테마
- **栏目** lánmù 명 ① (신문, 잡지 등의) 난, 항목 ② TV 프로그램
- **朝代** cháodài 명 왕조
- **风土人情** fēngtǔrénqíng 성어 풍토와 인심, 지방의 특색과 풍습

612

这个点缀着珍珠和贝壳的罐子让我爱不释手。

Zhège diǎnzhuì zhe zhēnzhū hé bèiké de guànzi ràng wǒ àibúshìshǒu.

이 진주와 조가비가 장식하고 있는 항아리는 내가 애지중지하게 만들었다.

- **点缀** diǎnzhuì 동 단장하다, 장식하다, 돋보이게 하다
- **珍珠** zhēnzhū 명 진주
- **贝壳** bèiké 명 조가비, 조개껍질
- **罐** guàn 명 항아리, 단지, 깡통
- **爱不释手** àibúshìshǒu 성어 매우 아껴서 손을 떼지 못하다, 잠시도 손에서 놓지 않다

613

喂，你说话怎么没有分寸? 简直是无理取闹。

Wèi, nǐ shuōhuà zěnme méiyǒu fēncun? Jiǎnzhíshì wúlǐqǔnào.

어이, 당신은 말을 하는 데 어째서 적당한 정도가 없나요? 그야말로 일부러 트집을 잡는 거네요.

* **喂** wèi 감 야, 어이, 여보세요[누군가를 부를 때 쓰임]
* **分寸** fēncun 명 (일이나 말의) 적당한 정도나 범위, 분별, 한계, 한도, 분수
* **无理取闹** wúlǐqǔnào 성어 무리하게 소란을 피우다, 일부러 소란을 일으키다, 공연한 트집을 잡다

614

那个不贪污、很廉洁的大臣深受百姓的爱戴。

Nàge bù tānwū、hěn liánjié de dàchén shēnshòu bǎixìng de àidài.

그 횡령하지 않고 매우 청렴결백한 대신은 백성들의 깊은 추앙을 받았다.

* **贪污** tānwū 명 횡령 동 횡령하다
* **廉洁** liánjié 형 청렴결백하다
* **大臣** dàchén 명 대신, 신하
* **爱戴** àidài 명 추대 동 추대하다, 받들어 모시다, 우러러 모시다

615

在我们无法除掉敌人的局势下，撤退是最好的出路。

Zài wǒmen wúfǎ chúdiào dírén de júshì xià, chètuì shì zuì hǎo de chūlù.

우리가 적을 없애버릴 수 없는 형세 하에서는 후퇴가 가장 좋은 활로이다.

* **除** chú 동 ① 없애다, 제거하다 ② 제외하다
* **局势** júshì 명 (정치, 군사 등의) 정세, 형세
* **撤退** chètuì 명 철수, 후퇴 동 철수하다, 후퇴하다
* **出路** chūlù 명 ① 출구 ② 발전할 여지, 활로 ③ (상품의) 판로

616

补充维生素和蛋白质可以增强我们的身体素质。

Bǔchōng wéishēngsù hé dànbáizhì kěyǐ zēngqiáng wǒmen de shēntǐ sùzhì.

비타민과 단백질을 보충하면 우리의 신체 조건을 강화할 수 있다.

* **维生素** wéishēngsù 명 비타민
* **蛋白质** dànbáizhì 명 단백질
* **素质** sùzhì 명 소양, 자질, 수준 *身体素质 신체 조건

617

他因污蔑同事而暂且被领导解除了职务。

Tā yīn wūmiè tóngshì ér zànqiě bèi lǐngdǎo jiěchú le zhíwù.

그는 동료를 헐뜯었기 때문에 잠시 지도자에 의해 직무를 해제 당했다.

- **污蔑** wūmiè 동 모독하다, 헐뜯다
- **暂且** zànqiě 부 잠깐, 잠시
- **解除** jiěchú 동 없애다, 제거하다, 해제하다
- **职务** zhíwù 명 직무

618

我搂着女儿，抚摸着她乌黑的翘起的短发。

Wǒ lǒu zhe nǚ'ér, fǔmō zhe tā wūhēi de qiàoqǐ de duǎn fà.

나는 딸을 품에 안고, 그녀의 새까맣고 뻗쳐 올라온 단발을 쓰다듬고 있다.

- **搂** lǒu 동 껴안다, (가슴에) 품다
- **抚摸** fǔmō 동 어루만지다, 쓰다듬다
- **乌黑** wūhēi 상 새까맣다, 시커멓다, 깜깜하다, 칠흑 같다
- **翘** qiào 동 ① (머리를) 들다, 발돋움하다 ② 치켜들다, 곧추세우다

619

一句令人感慨的俗话说，婚姻是爱情的坟墓。

Yí jù lìng rén gǎnkǎi de súhuà shuō, hūnyīn shì àiqíng de fénmù.

사람을 한탄하게 만드는 한 속담에서 말하길, 혼인은 사랑의 무덤이다.

- **感慨** gǎnkǎi 동 ① (감정이) 우러나오다, 북받쳐 오르다, 감개무량하다 ② 탄식하다, 개탄하다, 한탄하다
- **俗话** súhuà 명 속어, 속담
- **坟墓** fénmù 명 무덤

620

一身正气的爷爷常为人间不公道的事而惋惜。

Yìshēn zhèngqì de yéye cháng wèi rénjiān bù gōngdào de shì ér wǎnxī.

올곧은 기운으로 가득한 할아버지는 종종 속세의 공정하지 않은 일 때문에 안타까워한다.

- **正气** zhèngqì 명 정기, 바른 기운, 올바른 기풍
- **人间** rénjiān 명 (인간) 세상, 속세
- **公道** gōngdào 명 바른 도리, 정도 형 공정하다
- **惋惜** wǎnxī 형 안타깝다, 아쉽다 동 애석해하다, 안타까워하다, 아쉬워하다

621

我们启程前特意合影留念，然后才互相告辞。

Wǒmen qǐchéng qián tèyì héyǐng liúniàn, ránhòu cái hùxiāng gàocí.

우리는 출발하기 전 특별히 단체사진을 찍어 기념으로 남기고, 그런 후에야 서로 작별을 고했다.

- **启程** qǐchéng 동 출발하다, 떠나다
- **特意** tèyì 부 특별히, 일부러
- **留念** liúniàn 이합 기념으로 남기다
- **告辞** gàocí 이합 작별을 고하다

622

会议着重更正了新章程中含糊、空洞的部分。

Huìyì zhuózhòng gēngzhèng le xīn zhāngchéng zhōng hánhu、kōngdòng de bùfen.

회의는 새 규정 중 모호하고 내용이 없는 부분을 정정하는 데 치중했다.

- **着重** zhuózhòng 동 힘을 주다, 강조하다, 치중하다, 역점을 두다
- **更正** gēngzhèng 동 잘못을 고치다, 정정하다
- **章程** zhāngchéng 명 규칙, 규정
- **含糊** hánhu 형 모호하다, 명확하지 않다 동 소홀히 하다, 대충대충하다
- **空洞** kōngdòng 형 내용이 없다, 공허하다

623

据说，人体全部细胞的更新周期是七年左右。

Jùshuō, réntǐ quánbù xìbāo de gēngxīn zhōuqī shì qī nián zuǒyòu.

듣기로 인체의 모든 세포의 갱신 주기는 7년 정도이다.

- **细胞** xìbāo 명 세포
- **更新** gēngxīn 동 갱신하다, 새롭게 바뀌다, 업데이트하다
- **周期** zhōuqī 명 주기

624

秃头老爷爷总是笑呵呵的，待人和气而且宽容。

Tūtóu lǎo yéye zǒngshì xiàohēhē de, dàirén héqì érqiě kuānróng.

머리가 벗겨진 할아버지는 항상 허허 웃으시며, 사람을 대할 때 온화하고 게다가 관대하다.

- **秃** tū 형 대머리이다, 머리가 벗겨지다
- **呵** hē 동 ① 입김을 불다 ② 꾸짖다 의성 하하, 호호 ＊笑呵呵 허허 웃는 모양
- **和气** héqì 형 (태도가) 온화하다, 부드럽다, 상냥하다
- **宽容** kuānróng 형 관대하다 동 너그럽게 받아들이다, 용서하다

写一写 우리말 해석을 참고하여 빈칸에 알맞은 중국어를 쓰세요.

609

그 영웅은 조국을 수호하기 위해 전투 중에 희생했다.

那个英雄为了 ___ ___ 在 ___ 中 ___ 了。

bǎowèi　zǔguó　zhàndòu　xīshēng

610

오늘 날씨가 우중충하고 무더운 것은 폭우가 내릴 조짐이다.

今天天气 ___ ___ ，是暴雨 ___ 的 ___ 。

chénmèn　yánrè　jiànglín　yùzhào

611

이 특집 프로그램은 서로 다른 왕조의 특색과 풍습을 소개했다.

这个 ___ ___ 介绍了不同 ___ 的 ___ 。

zhuāntí　lánmù　cháodài　fēngtǔrénqíng

612

이 진주와 조가비가 장식하고 있는 항아리는 내가 애지중지하게 만들었다.

这个 ___ 着 ___ 和 ___ 的 ___ 子让我 ___ 。

diǎnzhuì　zhēnzhū　bèiké　guàn　àibúshìshǒu

빠른
정답

609 那个英雄为了**保卫祖国**在**战斗**中**牺牲**了。

610 今天天气**沉闷炎热**，是暴雨**降临**的**预兆**。

611 这个**专题栏目**介绍了不同**朝代**的**风土人情**。

612 这个**点缀**着**珍珠**和**贝壳**的**罐**子让我**爱不释手**。

613

어이, 당신은 말을 하는 데 어째서 적당한 정도가 없나요? 그야말로 일부러 트집을 잡는 거네요.

_____, 你说话怎么没有 _____? 简直是 _____。
wèi   fēncun   wúlǐqǔnào

614

그 횡령하지 않고 매우 청렴결백한 대신은 백성들의 깊은 추앙을 받았다.

那个不 _____、很 _____ 的 _____ 深受百姓的 _____。
tānwū   liánjié   dàchén   àidài

615

우리가 적을 없애버릴 수 없는 형세 하에서는 후퇴가 가장 좋은 활로이다.

在我们无法 _____ 掉敌人的 _____ 下, _____ 是最好的 _____。
chú   júshì   chètuì   chūlù

616

비타민과 단백질을 보충하면 우리의 신체 조건을 강화할 수 있다.

补充 _____ 和 _____ 可以增强我们的身体 _____。
wéishēngsù   dànbáizhì   sùzhì

빠른 정답
613 喂, 你说话怎么没有分寸? 简直是无理取闹。
614 那个不贪污、很廉洁的大臣深受百姓的爱戴。
615 在我们无法除掉敌人的局势下, 撤退是最好的出路。
616 补充维生素和蛋白质可以增强我们的身体素质。

617

그는 동료를 헐뜯었기 때문에 잠시 지도자에 의해 직무를 해제 당했다.

他因　　　同事而　　　被领导　　　了　　　　　。
　　 wūmiè　　　 zànqiě　　　 jiěchú　　 zhíwù

618

나는 딸을 품에 안고, 그녀의 새까맣고 뻗쳐 올라온 단발을 쓰다듬고 있다.

我　　着女儿，　　　着她　　　的　　　起的短发。
　 lǒu　　　 fǔmō　　 wūhēi　　 qiào

619

사람을 한탄하게 만드는 한 속담에서 말하길, 혼인은 사랑의 무덤이다.

一句令人　　　的　　　说，婚姻是爱情的　　　　。
　　　 gǎnkǎi　 súhuà　　　　　 fénmù

620

올곧은 기운으로 가득한 할아버지는 종종 속세의 공정하지 않은 일 때문에 안타까워한다.

一身　　　的爷爷常为　　　不　　　的事而　　　。
　　 zhèngqì　　　 rénjiān　 gōngdào　　　 wǎnxī

빠른
정답

617 他因污蔑同事而暂且被领导解除了职务。

618 我搂着女儿，抚摸着她乌黑的翘起的短发。

619 一句令人感慨的俗话说，婚姻是爱情的坟墓。

620 一身正气的爷爷常为人间不公道的事而惋惜。

621

우리는 출발하기 전 특별히 단체사진을 찍어 기념으로 남기고, 그런 후에야 서로 작별을 고했다.

我们 ＿＿＿ 前 ＿＿＿ 合影 ＿＿＿，然后才互相 ＿＿＿。
　　　qǐchéng　　tèyì　　　liúniàn　　　　　　gàocí

622

회의는 새 규정 중 모호하고 내용이 없는 부분을 정정하는 데 치중했다.

会议 ＿＿＿ ＿＿＿ 了新 ＿＿＿ 中 ＿＿＿、＿＿＿ 的部分。
　　zhuózhòng gēngzhèng　zhāngchéng　hánhu　kōngdòng

623

듣기로 인체의 모든 세포의 갱신 주기는 7년 정도이다.

据说，人体全部 ＿＿＿ 的 ＿＿＿ ＿＿＿ 是七年左右。
　　　　　　　　xìbāo　　gēngxīn　zhōuqī

624

머리가 벗겨진 할아버지는 항상 허허 웃으시며, 사람을 대할 때 온화하고 게다가 관대하다.

＿＿＿ 头老爷爷总是笑 ＿＿＿ 的，待人 ＿＿＿ 而且 ＿＿＿。
　tū　　　　　　　　hēhē　　　　héqì　　　kuānróng

621 我们启程前特意合影留念，然后才互相告辞。

622 会议着重更正了新章程中含糊、空洞的部分。

623 据说，人体全部细胞的更新 周期是七年左右。

624 秃头老爷爷总是笑呵呵的，待人和气而且宽容。

Unit 40

625 ☑

他想方设法地补偿这些年被他亏待的夫人。

Tā xiǎngfāngshèfǎ de bǔcháng zhèxiē nián bèi tā kuīdài de fūrén.

그는 온갖 방법을 생각해서 이 몇 년 그에게 부당한 대우를 당한 부인에게 보상하려 한다.

- **想方设法** xiǎngfāngshèfǎ 성어 온갖 방법을 생각하다
- **补偿** bǔcháng 명 보상 동 보상하다
- **亏待** kuīdài 동 푸대접하다, 부당하게 대하다, 박대하다
- **夫人** fūrén 명 부인, 여사

626

你基础过于薄弱，学习时不免会感到吃力。

Nǐ jīchǔ guòyú bóruò, xuéxí shí bùmiǎn huì gǎndào chīlì.

당신은 기초가 지나치게 약해서, 배울 때 힘들다고 느끼는 것을 피할 수 없다.

- **过于** guòyú 부 지나치게, 너무
- **薄弱** bóruò 형 박약하다
- **不免** bùmiǎn 동 면할 수 없다, 피치 못하다, 아무래도 해도 ~가 되다
- **吃力** chīlì 형 힘들다, 고되다

627

司令沉着地率领军队瓦解了敌人的力量。

Sīlìng chénzhuó de shuàilǐng jūnduì wǎjiě le dírén de lìliang.

사령관은 침착하게 군대를 인솔하여 적의 힘을 와해시켰다.

- **司令** sīlìng 명 사령(관)
- **沉着** chénzhuó 형 침착하다
- **率领** shuàilǐng 동 거느리다, 이끌다, 인솔하다
- **军队** jūnduì 명 군대
- **瓦解** wǎjiě 동 ① 와해되다, 붕괴하다, 분열하다 ② 와해시키다, 붕괴시키다, 분열시키다

628

公司盈利大幅度增长，这是大家喜闻乐见的。

Gōngsī yínglì dà fúdù zēngzhǎng, zhè shì dàjiā xǐwénlèjiàn de.

회사 이윤이 큰 폭으로 늘어났는데, 이것은 모두가 기쁘게 반기는 것이다.

- **盈利** yínglì 명 이윤, 이익(금)
- **幅度** fúdù 명 폭
- **喜闻乐见** xǐwénlèjiàn 성어 기쁜 마음으로 듣고 보다, 기쁘게 반기다, 환영하다

629

手机辐射对人视力的影响可能是微不足道的。

Shǒujī fúshè duì rén shìlì de yǐngxiǎng kěnéng shì wēibùzúdào de.

핸드폰 전자파의 사람 시력에 대한 영향은 아마도 미미한 것이다.

- **辐射** fúshè 명 전자파, 방사선
- **视力** shìlì 명 시력
- **微不足道** wēibùzúdào 성어 하찮아서 말할 가치도 없다, 보잘것없다, 미미하다

630

我推测电话拨不通是因为通讯设备出了故障。

Wǒ tuīcè diànhuà bōbutōng shì yīnwèi tōngxùn shèbèi chū le gùzhàng.

나는 전화가 걸리지 않는 것이 통신 설비가 고장이 났기 때문이라고 추측한다.

- **推测** tuīcè 동 추측하다
- **拨** bō 동 (전화를) 걸다, 하다
- **通讯** tōngxùn 명 통신, 뉴스, 기사 동 통신하다
- **故障** gùzhàng 명 고장

631

会议因双方出现了不能调和的分歧而中断了。

Huìyì yīn shuāngfāng chūxiàn le bù néng tiáohé de fēnqí ér zhōngduàn le.

회의는 쌍방에 중재할 수 없는 의견 차이가 나타났기 때문에 중단되었다.

- **调和** tiáohé 동 분쟁을 해결하다, 중재하다, 화해시키다
- **分歧** fēnqí 명 (의견 등의) 불일치, 상이 동 어긋나다, 엇갈리다
- **中断** zhōngduàn 동 중단하다, 중단되다

632

弟弟发牢骚说外面的噪音分散了他的注意力。

Dìdi fā láosāo shuō wàimiàn de zàoyīn fēnsàn le tā de zhùyìlì.

남동생은 밖의 소음이 그의 주의력을 분산시켰다고 불평하며 말했다.

- **牢骚** láosāo 명 불평, 불만, 푸념 *发牢骚 불평하다, 투덜거리다
- **噪音** zàoyīn 명 소음, 잡음
- **分散** fēnsàn 명 분산 동 분산하다, 분산시키다

633

这个乞丐家里布置得异常 简陋。

Zhège qǐgài jiā lǐ bùzhì de yìcháng jiǎnlòu.

이 거지는 집안을 몹시 누추하게 꾸몄다.

- **乞丐** qǐgài 몡 거지
- **布置** bùzhì 몡 ① 배치, 배열, 설치, 장식 ② 안배, 준비, 계획 동 ① 배치하다, 배열하다, 설치하다, 장식하다 ② 안배하다, 준비하다, 계획하다
- **异常** yìcháng 톙 이상하다 몡 이상 틘 특히, 대단히, 몹시
- **简陋** jiǎnlòu 톙 (가옥, 설비 등이) 초라하다, 누추하다

634

他沉思片刻后，果断向我坦白了一切。

Tā chénsī piànkè hòu, guǒduàn xiàng wǒ tǎnbái le yíqiè.

그는 잠시 깊이 생각한 후, 과감하게 나에게 모든 것을 털어놓았다.

- **沉思** chénsī 몡 심사, 숙고, 깊은 생각 동 숙고하다, 깊이 생각하다
- **片刻** piànkè 몡 잠깐, 잠시
- **果断** guǒduàn 톙 과단성 있다, 과감하다, 결단력 있다
- **坦白** tǎnbái 톙 담백하다, 솔직하다, 허심탄회하다 동 솔직하게 말하다, 털어놓다, 숨김없이 고백하다

635

这个男人很擅长编织谎言来欺骗他媳妇。

Zhège nánrén hěn shàncháng biānzhī huǎngyán lái qīpiàn tā xífu.

이 남자는 거짓말을 짜서 그의 아내를 속이는 것을 매우 잘한다.

- **擅长** shàncháng 몡 장기, 재간 동 장기가 있다, 뛰어나다, 잘하다
- **编织** biānzhī 동 편직하다, 엮다, 짜다
- **欺骗** qīpiàn 동 기만하다, 속이다
- **媳妇** xífu 몡 ① 아내 ② 며느리

636

他是一位临床治疗动脉肿瘤的杰出的专家。

Tā shì yí wèi línchuáng zhìliáo dòngmài zhǒngliú de jiéchū de zhuānjiā.

그는 동맥 종양을 임상 치료하는 뛰어난 전문가이다.

- **临床** línchuáng 몡 임상 동 환자를 직접 치료하다
- **动脉** dòngmài 몡 동맥
- **肿瘤** zhǒngliú 몡 종양
- **杰出** jiéchū 톙 걸출하다, 출중하다, 뛰어나다

637 姐姐拜托我定期给门把手和家电遥控消毒。

Jiějie bàituō wǒ dìngqī gěi mén bǎshou hé jiādiàn yáokòng xiāodú.

언니는 나에게 정기적으로 문 손잡이와 가전 리모컨에 소독하라고 부탁했다.

- 拜托 bàituō 동 ① 부탁하다 ② (삼가) 부탁드립니다
- 定期 dìngqī 형 정기의, 정기적인 동 기한을 정하다
- 把手 bǎshou 명 핸들, 손잡이
- 遥控 yáokòng 명 원격 조종, 리모트 컨트롤
- 消毒 xiāodú 이합 소독하다 *给…消毒 ~에 소독하다

638 新郎亲热地挨着新娘坐下来，牵起她的手。

Xīnláng qīnrè de āi zhe xīnniáng zuò xiàlái, qiān qǐ tā de shǒu.

신랑은 다정하게 신부에게 붙어 앉아 그녀의 손을 잡았다.

- 新郎 xīnláng 명 신랑
- 亲热 qīnrè 형 친밀하다, 다정하다
- 挨 āi 동 가까이 가다, 접근하다 ② 순서를 따르다, 순번을 좇다 | ái 동 ~을 당하다, ~을 받다
- 新娘 xīnniáng 명 신부
- 牵 qiān 동 ① (이)끌다, 잡아당기다 ② 연루되다, 관련되다 *牵手 손을 잡다

639 医生说当务之急是要遏制他肺部癌症的恶化。

Yīshēng shuō dāngwùzhījí shì yào èzhì tā fèibù áizhèng de èhuà.

의사가 급선무는 그의 폐암의 악화를 억제해야 하는 것이라고 말했다.

- 当务之急 dāngwùzhījí 명 급선무, 당장 급한 일, 먼저 처리해야 할 일
- 遏制 èzhì 동 억제하다, 저지하다
- 肺 fèi 명 폐
- 癌症 áizhèng 명 암
- 恶化 èhuà 명 악화 동 악화하다, 악화시키다

640 妹妹的身体失去重心随即跌倒了，因此磕到屁股呻吟起来。

Mèimei de shēntǐ shīqù zhòngxīn suíjí diēdǎo le, yīncǐ kēdào pìgu shēnyín qǐlái.

여동생의 몸이 무게 중심을 잃고 바로 넘어졌고, 그래서 엉덩이를 부딪혀서 신음하기 시작했다.

- 重心 zhòngxīn 명 (무게) 중심
- 随即 suíjí 부 즉시, 곧, 바로
- 跌 diē 동 ① (발이 걸려) 넘어지다 ② (물체가) 떨어지다 ③ (물가가) 떨어지다, 내리다
- 磕 kē 동 (단단한 것에) 부딪히다
- 屁股 pìgu 명 엉덩이
- 呻吟 shēnyín 명 신음 동 신음하다

625

그는 온갖 방법을 생각해서 이 몇 년 그에게 부당한 대우를 당한 부인에게 보상하려 한다.

他 _____ 地 _____ 这些年被他 _____ 的 _____ 。

xiǎngfāngshèfǎ   bǔcháng   kuīdài   fūrén

626

당신은 기초가 지나치게 약해서, 배울 때 힘들다고 느끼는 것을 피할 수 없다.

你基础 _____ _____ , 学习时 _____ 会感到 _____ 。

guòyú   bóruò   bùmiǎn   chīlì

627

사령관은 침착하게 군대를 인솔하여 적의 힘을 와해시켰다.

_____ _____ 地 _____ _____ 了敌人的力量。

sīlìng chénzhuó shuàilǐng jūnduì   wǎjiě

628

회사 이윤이 큰 폭으로 늘어났는데, 이것은 모두가 기쁘게 반기는 것이다.

公司 _____ 大 _____ 增长 , 这是大家 _____ 的。

yínglì   fúdù   xǐwénlèjiàn

빠른
정답

625 他想方设法地补偿这些年被他亏待的夫人。
626 你基础过于薄弱，学习时不免会感到吃力。
627 司令沉着地率领军队瓦解了敌人的力量。
628 公司盈利大幅度增长，这是大家喜闻乐见的。

629

핸드폰 전자파의 사람 시력에 대한 영향은 아마도 미미한 것이다.

手机 ⬜⬜ 对人 ⬜⬜ 的影响可能是 ⬜⬜⬜⬜ 的。
　　　fúshè　　　shìlì　　　　　　wēibùzúdào

630

나는 전화가 걸리지 않는 것이 통신 설비가 고장이 났기 때문이라고 추측한다.

我 ⬜⬜ 电话 ⬜ 不通是因为 ⬜⬜ 设备出了 ⬜⬜ 。
　tuīcè　　bō　　　　tōngxùn　　　gùzhàng

631

회의는 쌍방에 중재할 수 없는 의견 차이가 나타났기 때문에 중단되었다.

会议因双方出现了不能 ⬜⬜ 的 ⬜⬜ 而 ⬜⬜ 了。
　　　　　　　　　tiáohé　　fēnqí　zhōngduàn

632

남동생은 밖의 소음이 그의 주의력을 분산시켰다고 불평하며 말했다.

弟弟发 ⬜⬜ 说外面的 ⬜⬜ ⬜⬜ 了他的注意力。
　　　láosāo　　　　zàoyīn　fēnsàn

빠른
정답

629 手机辐射对人视力的影响可能是微不足道的。

630 我推测电话拨不通是因为通讯设备出了故障。

631 会议因双方出现了不能调和的分歧而中断了。

632 弟弟发牢骚说外面的噪音分散了他的注意力。

633

이 거지는 집안을 몹시 누추하게 꾸몄다.

这个 ___ 家里 ___ 得 ___ ___ 。

qǐgài   bùzhì   yìcháng   jiǎnlòu

634

그는 잠시 깊이 생각한 후, 과감하게 나에게 모든 것을 털어놓았다.

他 ___ ___ 后， ___ 向我 ___ 了一切。

chénsī   piànkè   guǒduàn   tǎnbái

635

이 남자는 거짓말을 짜서 그의 아내를 속이는 것을 매우 잘한다.

这个男人很 ___ ___ 谎言来 ___ 他 ___ 。

shàncháng   biānzhī   qīpiàn   xífu

636

그는 동맥 종양을 임상 치료하는 뛰어난 전문가이다.

他是一位 ___ 治疗 ___ 的 ___ 的专家。

línchuáng   dòngmài   zhǒngliú   jiéchū

빠른
정답

633 这个乞丐家里布置得异常简陋。

634 他沉思片刻后，果断向我坦白了一切。

635 这个男人很擅长编织谎言来欺骗他媳妇。

636 他是一位临床治疗动脉肿瘤的杰出的专家。

637

언니는 나에게 정기적으로 문 손잡이와 가전 리모컨에 소독하라고 부탁했다.

姐姐 ＿＿＿ 我 ＿＿＿ 给门 ＿＿＿ 和家电 ＿＿＿ ＿＿＿ 。
　　　bàituō　　dìngqī　　　bǎshou　　　yáokòng　xiāodú

638

신랑은 다정하게 신부에게 붙어 앉아 그녀의 손을 잡았다.

＿＿＿ ＿＿＿ 地 ＿＿＿ 着 ＿＿＿ 坐下来，＿＿＿ 起她的手。
xīnláng　qīnrè　　 āi　　 xīnniáng　　　　qiān

639

의사가 급선무는 그의 폐암의 악화를 억제해야 하는 것이라고 말했다.

医生说 ＿＿＿ 是要 ＿＿＿ 他 ＿＿＿ 部 ＿＿＿ 的 ＿＿＿ 。
　　　dāngwùzhījí　　 èzhì　　fèi　　áizhèng　　èhuà

640

여동생의 몸이 무게 중심을 잃고 바로 넘어졌고, 그래서 엉덩이를 부딪혀서 신음하기 시작했다.

妹妹的身体失去 ＿＿＿ ＿＿＿ ＿＿＿ 倒了，因此 ＿＿＿ 到 ＿＿＿
　　　　　　　zhòngxīn　suíjí　diē　　　　　kē　　pìgu

＿＿＿ 起来。
shēnyín

알고나면 쉬워지는

최은정의 시크릿 노트 I

어휘 비교

1 爆炸 vs 爆发
문장 002, 004

- **爆炸** : 사물, 건축물 등의 구체적인 목적어가 옵니다.
- **爆发** : 뒤에 힘(力量), 에너지(能量), 영감(灵感), 자연재해(自然灾害)와 같은 추상적 목적어가 옵니다.

2 捧 vs 端
문장 038

- **捧** : 두 손을 합쳐 모아 받쳐들고 있는 모습을 나타냅니다.

  예) 小女孩捧着几个硬币走进了商店。
  소녀는 몇 개의 동전을 두 손에 받쳐들고 상점으로 들어갔다.

- **端** : 한 손이나 두 손을 사용하여 사물을 수평 방향으로 이동시키는 모습을 나타냅니다.

  예) 服务员端着盘子向餐桌走去。
  종업원은 접시를 들고 테이블을 향해 걸어갔다.

3 终于 vs 终究

문장 085

- 终于 : 노력이나 시도 끝에 자신이 원하는 결과를 얻게 되었음을 나타냅니다.

  예) **经过调查，我终于把问题弄清楚了。**
  조사를 거쳐 나는 결국 문제를 밝혀냈다.

- 终究 : 어떤 노력이나 시도를 해도 얻게 되는 결과는 같음을 나타냅니다.

  예) **一个人的力量终究是有限。**
  한 사람의 힘은 결국 한계가 있다.

4 分明 vs 明明

문장 087, 193

- 分明 : '분명하다'라는 형용사의 쓰임과 '분명히'라는 부사의 쓰임이 있습니다.

  예) **是非分明。** 옳고 그름이 분명하다.

  我承认，这分明是我的错。 제가 인정합니다. 이것은 분명 제 잘못입니다.

- 明明 : 부사 分明과 같은 뜻이지만, 分明이 특별한 조건 없이 사용되는 반면, 明明은 뒤에는 반드시 전환의 표현이 옵니다.

  예) **我明明看见他到你这里来了，为什么你说他没来？**
  내가 분명히 그가 너에게 온 것을 봤는데, 왜 너는 그가 오지 않았다고 말하니?

5 以至 vs 以致

문장 150, 196

- A以至B: A로 인해 B의 결과가 발생한다는 의미로, B에는 긍정적, 부정적 결과 모두 올 수 있습니다.

  예) 他的汉语学得很好，以至能说一口地道的汉语。
  그의 중국어는 잘 학습되어서 정통한 중국어를 구사할 수 있게 되었다.

- A以致B: A로 인해 B의 결과가 발생한다는 의미로, B에는 부정적 결과가 옵니다.

  예) 他的汉语学得不好，以致一句汉语也说不出来。
  그의 중국어는 학습이 잘 되지 않아서 중국어 한 마디도 내뱉지 못한다.

6 巴不得 vs 恨不得

문장 159, 214

- 巴不得: 해낼 수 있는 일을 간절히 바란다는 의미입니다.

  예) 我巴不得能去找她。
  나는 그녀를 찾아갈 수 있기를 간절히 바란다.

- 恨不得: 해낼 수 없는 일을 간절히 바란다는 의미입니다.

  예) 我恨不得长出翅膀飞到她身边。
  나는 날개가 생겨서 그녀의 곁으로 날아갈 수 있기를 간절히 바란다.

☆ 복문 구조의 문장에서 주어 앞에 오는 접속사와 주어 뒤에 오는 부사의 위치를
잘 파악하여 알아두세요.

- 因为…，所以 주어 就/才…　　　　　　　　　문장 007
  ~하기 때문에, 그래서 ~하다

- 既然…，那(么) 주어 就/便/则…　　　　　　문장 013
  기왕 ~한 이상, ~하다

- 虽然…，但是/可是 주어 却/也/还是…　　　문장 016
  비록 ~지만, 그러나/그래도 ~하다

- 不但/不仅…，而且 주어 也/还…　　　　　　문장 072
  ~할 뿐 아니라, 또한 ~하다

- 如果/要是/假如/若(是)/倘若…，那(么) 주어 就/便/则…　문장 077
  만약 ~한다면, ~하다

- 固然…，但是/可是 주어 也…　　　　　　　　문장 215
  물론 ~하지만, 그러나/또한 ~하다

알고나면 쉬워지는

최은정의 시크릿 노트 2

6급 동목구조 이합동사

- 投票 tóupiào 투표하다 문장 003, 553
- 生效 shēngxiào 효력이 발생하다, 효과를 내다 문장 011
- 化妆 huàzhuāng 화장하다 문장 027
- 出神 chūshén 정신이 나가다, 넋을 잃다 문장 033
- 过瘾 guòyǐn ① 만족하다, 유감없다, 실컷 하다, 충족시키다 ② 중독이 되다 문장 044
- 革命 gémìng 혁명하다 문장 070
- 刹车 shāchē 브레이크를 걸다 문장 086
- 变质 biànzhì 변질하다 문장 088
- 播种 bōzhòng 파종하다, 씨를 뿌리다 문장 089
- 耕地 gēngdì 토지를 갈다 문장 091
- 裁员 cáiyuán 인원을 정리하다, 정리해고하다 문장 101
- 登陆 dēnglù 상륙하다 문장 104

- **作弊** zuòbì ① 법이나 규정을 어기다, 속임수를 쓰다 문장 245
  ② (시험에서) 부정행위를 하다

- **着迷** zháomí 몰두하다, 사로잡히다, 매료되다 문장 246, 475

- **发呆** fādāi 멍하게 있다, 어리둥절하다 문장 247

- **算数** suànshù 책임을 지다, 말한대로 하다 문장 261

- **致辞** zhìcí 축사를 하다, 연설을 하다 문장 264

- **领先** lǐngxiān 선두에 서다, 리드하다 문장 266

- **做主** zuòzhǔ (일의) 주관자가 되다, (자신의) 생각대로 처리하다, 문장 269
  결정권을 가지다

- **投机** tóujī 투기하다 문장 279

- **命名** mìngmíng 명명하다, 이름을 짓다 문장 290

- **沾光** zhānguāng 덕을 보다, 은혜를 입다, 신세를 지다 문장 296

- **剪彩** jiǎncǎi (개막식 등에서) 테이프를 끊다 문장 297

- **随意** suíyì 뜻대로 하다, 생각대로 하다, 마음대로 하다 문장 312, 558

- **鞠躬** jūgōng 허리를 굽혀 절하다 문장 334

- **敬礼** jìnglǐ 경례하다 문장 334

- **破例** pòlì 관례를 깨다, 전례를 깨뜨리다 문장 350

- **招标** zhāobiāo 입찰 공고를 하다, 입찰자를 모집하다 문장 376

- **遭殃** zāoyāng 재난을 만나다, 불행을 당하다 문장 406

- **惹祸** rěhuò 화를 초래하다, 일을 저지르다, 사고를 치다 문장 419

- **泄气** xièqì 기가 죽다, 낙담하다, 맥이 풀리다 문장 446
- **在意** zàiyì 마음에 두다, 신경 쓰다 문장 459
- **就职** jiùzhí 취직하다, 취임하다 문장 476
- **生锈** shēngxiù 녹이 슬다 문장 481
- **丢人** diūrén 체면이 깎이다, 망신당하다, 창피 당하다 문장 511
- **撒谎** sāhuǎng 거짓말을 하다 문장 498
- **动身** dòngshēn 출발하다, 떠나다 문장 520
- **就业** jiùyè 취업하다, 취직하다 문장 535
- **报警** bàojǐng 경찰에 신고하다 문장 538
- **报仇** bàochóu 원수를 갚다, 복수하다 문장 547
- **盖章** gàizhāng 도장을 찍다, 날인하다 문장 548
- **上任** shàngrèn 부임하다, 취임하다 문장 549
- **致力** zhìlì 힘쓰다, 진력하다, 애쓰다 문장 549
- **旷课** kuàngkè (학생이) 무단결석하다 문장 550
- **打架** dǎjià (몸)싸움하다, 다투다 문장 550
- **保密** bǎomì 비밀을 지키다 문장 550
- **表态** biǎotài 태도를 표명하다 문장 551

阅读

第二部分 选词填空。

1. 溺水者不乏善游者，坠马者_____有善马者。经验_____重要，但如今社会发展_____，若死守经验，反而寸步难行，为经验所累。

   A 亦　　固然　　日新月异
   B 皆　　倘若　　与日俱增
   C 颇　　反之　　络绎不绝
   D 甫　　即便　　急于求成

2. 进化心理学认为，和基因相似的人婚配，有利于保存自身基因并遗传给_____。研究发现，人们在选择朋友或恋人时，遗传基因的相似性在选择标准中有三分之一的_____，与基因相似的人相处也会更_____。

   A 成员　　分量　　信赖
   B 后代　　比重　　融洽
   C 朝代　　程度　　富裕
   D 华裔　　占比　　真挚

3. 定于每年"秋分"时节的"农民丰收节"是中国第一个专门为农民_____的节日，节日当天会举办一些全国性的_____活动，一般会结合当地的_____文化展开，包括歌舞表演、食品品尝等。

A 创立　　庆祝　　民俗

B 设想　　颁发　　习俗

C 确立　　救济　　常识

D 认定　　竞赛　　典礼

4. 欣赏相声时，观众虽不能直接与演员进行沟通，却可以通过笑声_____自己的态度。在相声的表演和欣赏过程中，演员与观众的交流是双向且_____的。这一特点与其特有的对话形式分不开。这种形式满足了观众的参与_____，从而产生了_____的艺术魅力。

A 表达　　密切　　意识　　独特

B 反思　　敏捷　　思维　　崇高

C 扩充　　充足　　欲望　　杰出

D 响应　　严密　　潜力　　高超

5. 存款保险制度是国家通过立法形式设立的，它明确了当个别金融机构出现经营_____时，要依照规定对存款人进行及时偿付，以_____存款人权益。其资金_____主要是金融机构按规定交纳的保费。该制度可提高金融_____的稳定性。

A 变故　　冲击　　渠道　　团体

B 隐患　　侵犯　　源泉　　秩序

C 纠纷　　资助　　来历　　产业

D 危机　　保障　　来源　　体系

모범답안은 218쪽에 있습니다.

6. 生活中，每个人都＿＿＿得到别人的欣赏。每个人身上都有优点，多一些鼓励，少一些＿＿＿，于人于己都是有利的。不妨学会用欣赏的＿＿＿去看待他人，有时这份欣赏甚至会改变他人的＿＿＿。

A 指望　挑衅　眼神　意志

B 期望　指示　目光　前景

C 渴望　指责　眼光　命运

D 盼望　埋怨　视角　知觉

7. 人的智力发展速度是不均衡的。研究＿＿＿，早期＿＿＿获得的经验越多，智力发展得就越＿＿＿。有专家指出学龄前是智力发展的一个关键期，并认为＿＿＿从出生到四岁其实就已经获得了50%的智力。

A 表明　阶段　迅速　婴儿

B 对照　效益　精确　天才

C 显示　岁月　频繁　公民

D 流露　指标　先进　用户

8. 推广全民阅读有很多方式，读书会是不错的选择，尤其是那种＿＿＿的、氛围轻松的读书会，对普通＿＿＿有着直观的和感性的影响力。近几年来，天津市＿＿＿出了许多不同形式的读书会，受到了市民们的＿＿＿好评。

A 资深　百姓　激发　恳切

B 定期　居民　衬托　显著

C 正规　人士　开拓　鲜明

D 开放　群众　涌现　一致

9. 电子停车收费系统全面普及后，停车更加_____了，同时也_____了一些乱收费的问题。但对一些年龄较大的车主来说，智能手机繁琐的_____步骤却让他们很苦恼。因此，电子停车收费系统的推广可以说_____。

A 伶俐　　防止　　输入　　各有利弊

B 优越　　保守　　解除　　得不偿失

C 便利　　避免　　操作　　有利有弊

D 快捷　　预防　　操纵　　南辕北辙

10. 所谓"社交恐惧症"，就是指在社交场合不喜欢成为众人的_____、跟陌生人相处会很_____的一种心理。轻度的"社交恐惧症"还没出现明显的社交_____行为，对社交的影响并不_____，人们可以通过自我_____来减轻症状。

A 终点　　难堪　　排除　　耀眼　　调解

B 中心　　别扭　　消除　　鲜明　　调和

C 核心　　恼火　　排放　　显然　　调剂

D 焦点　　尴尬　　排斥　　突出　　调节

阅读

第二部分 选词填空。

1. 风能作为一种可再生的清洁能源，_____受到世界各国的重视。目前风能被广泛应用于发电行业，利用风力发电可以减轻环境_____，促进人与自然_____共存。

A 屡次　污蔑　安宁

B 日益　污染　和谐

C 反而　感染　亲密

D 过于　浪费　和睦

2. 七八月份，不少游客会选择去沿海城市游玩儿，欣赏海岛_____，游泳、赶海、在沙滩上玩儿游戏，_____当地特色海鲜。很多人还会住在渔家，和渔民们一起张网捕鱼，感受绚丽多彩的渔家_____。

A 港湾　饲养　深情厚谊

B 山脉　捕捉　天伦之乐

C 风光　品尝　风土人情

D 地质　批发　名胜古迹

3. 有人发现，一只冠军赛鸽，可以在一天之内从600—900公里之外飞回到家中，这种返程的能力令人_____。而_____上，这一能力并不仅限于赛鸽，几乎所有的鸽子都_____返回栖息地的能力。

A 震惊　　事实　　拥有

B 惊奇　　来源　　呈现

C 惊讶　　惯例　　精通

D 振奋　　布局　　配备

4. 消毒剂可以杀病毒，但过度消毒效果_____于"投毒"。_____喷洒消毒剂，既不能有效杀毒，还可能_____人体。绝大多数消毒剂对人体的皮肤、眼睛、呼吸道均有不同程度的刺激性和_____性，严重时还可能引发急性中毒。

A 类似　　纯粹　　毁灭　　弥漫

B 相当　　盲目　　伤害　　腐蚀

C 犹如　　果断　　摧残　　溶解

D 将近　　额外　　扰乱　　麻痹

5. "叫板"一词最初与挑衅无关，它_____于戏曲表演。"板"古时指的是拍子。戏曲一般既有演唱又有念白，演唱时有乐队伴奏，而念白则无。因此，演员在_____开始演唱的时候，会_____拖长字音的方式提醒乐队，_____乐队走神。因为乐队伴奏需要打拍子，所以这种提醒就被称为"叫板"。

A 起源　　即将　　采取　　以免

B 诞生　　立即　　落实　　难免

C 开辟　　将近　　执行　　未免

D 萌芽　　预先　　实行　　不免

6. 近日，科学家_____了一种机械仿生水母，它配置了通讯系统和传感技术，_____是在狭窄的空间里，动作也很_____，不会四处碰撞。未来，这种仿生水母还有可能_____其他探测装置，在野外环境中大展身手。

A 钻研　　倘若　　节制　　伴随

B 加工　　固然　　齐全　　参照

C 制造　　宁可　　周密　　调动

D 发明　　即便　　协调　　搭配

7. 中国古代的画派，_____可分为艺术传派和地域群体。前者指因师承传授和风格影响而成的画派，开派者的画风引起_____追随者学习。而后者则指因思想风格、创作条件相似而形成的_____艺术圈，以群体活动范围__ ____，如清代的京江派、海派。

A 向来　　庞大　　局部　　划分

B 大致　　无数　　区域　　命名

C 大体　　广大　　全局　　区别

D 姑且　　无限　　地理　　称呼

8. 牛是常规家畜中体型最大、力量最强者，这样的直观感受使人类_____了牛更多的含义。一些传说和神话中，牛会_____贤者、伟人的坐骑。日常生活中，人们喜欢用"牛"字来_____非常厉害的人或事物，如"这个人很牛"；股市在_____大好的时候被称为"牛市"。

A 给予　　担任　　吹捧　　局势

B 赋予　　充当　　形容　　形势

C 授予　　负担　　阐述　　气势

D 赐予　　当选　　描绘　　声势

9. "细辛"作为一种中药材，有祛风散寒等_____。此外，其根茎能_____出清香气味，对昆虫有较强的麻醉作用，还可_____霉菌生长。因此，细辛还可用于衣物驱虫，_____于一切棉毛织品化纤织品。

A 作用　　发挥　　克制　　适应

B 功能　　散布　　激发　　适合

C 功效　　散发　　抑制　　适用

D 特点　　弥漫　　溶解　　适宜

10. 太阳能是最清洁且_____的能源。广大沙漠地区空间_____，上空的云量又少，大部分太阳_____可以直达地面，在沙漠中设置太阳能电池板，_____太阳能，再好不过。科学家表示，_____现有技术，仅需撒哈拉沙漠10%的面积就能提供全世界所需的电力。

A 物美价廉　　宽敞　　反射　　收藏　　占据

B 无穷无尽　　辽阔　　辐射　　收集　　利用

C 难能可贵　　开阔　　注射　　保管　　实行

D 得天独厚　　广阔　　放射　　保卫　　调动

HSK 6급 미니 모의고사 1

阅读 **1.** A **2.** B **3.** A **4.** A **5.** D **6.** C **7.** A **8.** D **9.** C **10.** D

(지문 해석)

1. 물에 빠지는 사람 중 수영을 잘하는 사람이 적지 않고, 말에서 떨어지는 사람 중에서도 말을 잘 타는 사람이 있다. 경험이 물론 중요하지만, 그러나 요즘 사회는 날로 새로워져서, 만약 경험만 고수하면, 오히려 역경에 처하게 되고, 경험에 지치게 될 것이다.

2. 진화심리학에서는 유전자가 비슷한 사람과 결혼하면 자신의 유전자를 보존하고 또한 후대에 유전하기에 유리하다고 여긴다. 연구에서 발견하길, 사람들이 친구나 연인을 선택할 때, 유전자의 유사성은 선택 기준에서 3분의 1의 비중이 있고, 유전자가 비슷한 사람과 함께 지내면 또한 더욱 사이좋게 지낸다.

3. 매년 '추분' 절기로 정해진 '농민풍년절'은 중국에서 첫 번째로 오로지 농민을 위해 창립한 명절로, 명절 당일에는 전국적인 경축 활동이 개최되는데, 일반적으로 현지의 민속 문화를 결합하여 펼쳐지며, 가무 공연과 음식 시식 등을 포함한다.

4. 만담을 감상할 때, 관중들은 비록 직접적으로 연기자와 소통할 수 없지만, 웃음소리를 통해 자신의 태도를 표현할 수 있다. 만담의 공연과 감상 과정에서 연기자와 관중의 교류는 쌍방향의, 또한 밀접한 것이다. 이 특징은 그 특유의 대화 형식과 떼어놓을 수 없다. 이러한 형식은 관중의 참여 의식을 만족시켰고, 따라서 독특한 예술적 매력이 생겨났다.

5. 예금보험제도는 국가가 입법 형식을 통해 설립한 것으로, 그것은 개별 금융기구에 경영 위기가 나타났을 때 규정에 따라 예금자에게 즉시 상환하여 예금자의 권익을 보장해야 한다는 것을 명확하게 했다. 그것의 자금 출처는 주로 금융기구가 규정에 따라 납부한 보험료이다. 이 제도는 금융 체계의 안정성을 높일 수 있다.

6. 생활에서 모든 사람은 다른 사람의 환심을 얻기를 갈망한다. 모든 사람에게는 장점이 있고, 많이 격려하고 적게 질책하는 것은, 다른 사람에게도 자신에게도 모두 이로운 것이다. 우호적인 눈길로 타인을 대하는 법을 배워보는 것이 좋은데, 때로는 이런 애정이 타인의 운명을 바꿀 수도 있다.

7. 사람의 지능 발전 속도는 불균형한 것이다. 연구에서 밝히길, 초기 단계에서 얻은 경험이 많을수록 지능 발전이 빨라진다. 전문가는 취학 연령 전이 지능 발전에서 중요한 시기라고 지적했고, 또한 아기는 출생해서부터 4세까지 사실 이미 50%의 지능을 얻는다고 생각한다.

8. 전국민에게 책읽기를 보급하는 것에는 많은 방식이 있지만 독서회, 특히 그러한 개방적이고 분위기가 가벼운 독서회는 괜찮은 선택이며, 일반 대중에게 직관적이고 감성적인 영향력을 가지고 있다. 요 몇 년 텐진시에는 많은 서로 다른 형식의 독서회가 한꺼번에 나타났고, 시민들의 한결같은 호평을 받았다.

9. 전자주차요금납부 시스템이 전면적으로 보급된 후, 주차는 더욱 편리해졌고, 동시에 제멋대로 요금을 받는 문제를 피했다. 그러나 일부 나이가 비교적 많은 차주들에게 있어서, 스마트폰의 까다로운 조작 순서는 오히려 그들을 고민하게 만들었다. 따라서 전자주차요금납부 시스템의 보급은 장단점이 있다고 말할 수 있다.

10. 소위 '대인기피증'은 사교 장소에서 많은 사람들의 초점이 되는 것을 싫어하고, 낯선 사람과 지내면 매우 어색한 일종의 심리를 가리킨다. 경미한 정도의 '대인기피증'은 아직 명확한 교제 배척 행위가 나타나지 않고, 교제에 대한 영향이 결코 두드러지지 않아서, 사람들은 스스로 조절하는 것을 통해 증상을 완화할 수 있다.

HSK 6급 미니 모의고사 2

阅读　**1.**B　**2.**C　**3.**A　**4.**B　**5.**A　**6.**D　**7.**B　**8.**B　**9.**C　**10.**B

(지문 해석)

1. 풍력에너지는 재생 가능한 청결 에너지로서, 나날이 세계 각국의 중시를 받고 있다. 현재 풍력에너지는 발전 업계에 광범위하게 응용되고 있는데, 풍력을 이용하여 발전하면 환경 오염을 줄이고, 사람과 자연의 조화로운 공존을 촉진할 수 있다.

2. 7, 8월이면 적지 않은 여행객들이 연해 도시로 놀러 가는 것을 선택하여, 섬의 경치를 감상하고, 수영하고 해산물을 줍고 모래사장에서 게임을 하고, 현지의 특색 있는 해산물을 맛본다. 많은 사람들이 또한 어민의 집에 묵고 어민들과 함께 그물을 쳐서 고기를 잡으며, 다채로운 어민 가정의 풍토와 인심을 느껴본다.

3. 누군가 발견하길, 한 마리의 챔피언 경기용 비둘기는 하루 안에 600~900㎞ 밖으로부터 집으로 날아 돌아갈 수 있는데, 이러한 귀환 능력은 사람을 몹시 놀라게 한다. 사실상, 이 능력은 경기용 비둘기에만 제한되지 않고, 거의 모든 비둘기가 서식지로 돌아가는 능력을 가지고 있다.

4. 소독제는 바이러스를 죽일 수 있지만, 그러나 과도한 소독 효과는 '독을 투입하는 것'과 비슷하다. 맹목적으로 알코올 소독제를 뿌리면, 효과적으로 바이러스를 죽일 수 없을 뿐만 아니라, 인체를 해칠 수도 있다. 절대 다수의 소독제는 인체의 피부, 눈, 호흡기에 모두 서로 다른 정도의 자극성과 부식성이 있고, 심각할 때는 급성 중독을 일으킬 수도 있다.

5. '叫板'이라는 단어는 처음에 도전과 관계없이, 그것은 희극 공연에서 기원했다. '板'이 옛날에 가리킨 것은 박자였다. 희극은 노래를 하는 부분도 있고 대사를 말하는 부분도 있는데, 노래를 할 때는 악단의 반주가 있지만, 대사를 할 때는 없다. 따라서 배우는 곧 노래를 시작하려고 할 때, 악단이 한눈을 팔지 않도록, 음을 길게 끄는 방식을 취해 악단을 일깨웠다. 악단의 반주는 박자를 쳐야 하기 때문에, 그래서 이렇게 일깨워주는 것은 '叫板'이라 불렸다.

6. 최근 과학자들은 기계 생체모방 해파리를 발명했는데, 그것은 통신 시스템과 센서 기술을 갖추어서, 설령 좁은 공간 안에 있어도 동작이 **조화를 이루어** 사방으로 부딪히지 않는다. 미래에 이러한 생체모방 해파리는 기타 탐지 장치를 **결합하여**, 야외 환경에서 크게 실력을 과시하게 될 것이다.

7. 중국 고대의 화파는 **대체로** 예술전파와 지역단체로 나뉜다. 전자는 스승의 전수와 스타일의 영향 때문에 이루어진 화파로, 창시자의 화풍이 **무수한** 추종자들의 학습을 일으킨다. 반면 후자는 사상 풍격과 창작 조건이 서로 유사하여 형성된 **지역** 예술 집단으로, 단체의 활동 범위로 **이름을 짓는데**, 예를 들어 청나라의 경강파와 해파가 있다.

8. 소는 일반적인 가축 중에서 체형이 가장 크고 힘이 가장 강한 것으로, 이러한 직관적 느낌은 인류로 하여금 소에게 더 많은 함축된 뜻을 **부여하게** 했다. 일부 전설과 신화 속에서 소는 현자와 위인의 탈 것을 맡았다. 일상 생활 속에서 사람들은 '牛'자를 사용하여 매우 대단한 사람이나 사물을 **묘사하는** 것을 좋아하는데, 예를 들어 '이 사람은 대단해'라고 하며, 주식시장의 **형세가** 아주 좋을 때는 '牛市'라고 불린다.

9. '세신'은 일종의 중의 약재로서 풍을 제거하고 해열하는 등의 **효과가** 있다. 이 외에, 그것의 줄기는 맑고 향기로운 냄새를 **내뿜어** 곤충에 비교적 강한 마취 작용을 하며, 곰팡이가 생장하는 것을 억제할 수도 있다. 따라서 '세신'은 의류의 좀을 없애는 것에도 사용할 수 있고, 모든 면직물과 화학섬유 직물에 **사용하기에 적합하다**.

10. 태양 에너지는 가장 청결하고 게다가 **무궁무진한** 에너지이다. 넓은 사막 지역은 공간이 광활하며, 상공의 구름의 양이 또한 적고, 대부분의 태양 **방사**는 직접적으로 지면에 닿을 수 있어서, 사막에 태양 에너지 전지판을 설치하여 태양 에너지를 **수집하면** 더할 나위 없이 좋다. 과학자들은 현존하는 기술을 **이용하면**, 사하라사막의 10%의 면적만으로 전세계가 필요로 하는 전력을 제공할 수 있다고 말한다.

문장으로 끝내는
HSK
단어장

HSK 6급 필수 어휘
2500개

A

挨	āi	동 붙어 있다, 인접하다	638
癌症	áizhèng	명 암, 암의 통칭	639
爱不释手	àibú shìshǒu	성 너무나 좋아하여 차마 손에서 떼어 놓지 못하다	612
爱戴	àidài	동 추대하다, 우러러 섬기다	614
暧昧	àimèi	형 애매하다, 불확실하다	069
安宁	ānníng	형 마음이 편하다, 안정되다	116
安详	ānxiáng	형 차분하다, 점잖다	071
安置	ānzhì	동 잘 놓아 두다, 안치하다, 배치하다	023
按摩	ànmó	동 안마하다, 마사지하다, 안마, 마사지	157
案件	ànjiàn	명 법률상의 사건, 안건	007, 156, 324
案例	ànlì	명 사례, 사건·소송 등의 구체적인 예	021
暗示	ànshì	동 암시하다	162
昂贵	ángguì	형 가격이 치솟다, 비싸다	161
凹凸	āotū	형 울퉁불퉁하다	234
熬	áo	동 푹 삶다, 인내하다, 견디다	068
奥秘	àomì	명 신비, 비밀	235

B

巴不得	bābude	동 간절히 원하다, 몹시 바라다	159
巴结	bājie	동 권력에 아첨하다, 비위를 맞추다, 아부하다	166
扒	bā	동 뜯어 내다, 허물다, 벗기다	155
疤	bā	명 상처, 흉터	234
拔苗助长	bámiáo zhùzhǎng	성 일을 급하게 이루려고 하다가 도리어 일을 그르치다	153
把关	bǎ//guān	동 책임을 지다, 엄격히 심사하다	163
把手	bǎshou	명 손잡이, 핸들	637
罢工	bà//gōng	명 동맹 파업 동 동맹 파업하다	158
霸道	bàdào	명 패도 형 포악하다	065
掰	bāi	동 손으로 물건을 쪼개다	154
摆脱	bǎituō	동 (속박·규제·생활상의 어려움 등에서) 벗어나다	244
败坏	bàihuài	동 (명예·풍속 등을) 손상시키다, 망치다	245
拜访	bàifǎng	동 삼가 방문하다, 예방하다	066
拜年	bài//nián	동 세배하다, 새해 인사를 드리다	165
拜托	bàituō	동 부탁하다, 부탁드립니다	637

颁布	bānbù	동 공포하다, 반포하다	011
颁发	bānfā	동 (증서나 상장 따위를) 수여하다	527
斑	bān	명 얼룩 반점	016
版本	bǎnběn	명 판본	015
半途而废	bàntú érfèi	성 일을 중도에 그만두다	013
扮演	bànyǎn	동 ~역을 맡아 하다, 출연하다	014
伴侣	bànlǚ	명 배우자, 반려자	010
伴随	bànsuí	동 따라가다, 동행하다, 수반하다	524
绑架	bǎngjià	동 납치하다, 인질로 잡다	526
榜样	bǎngyàng	명 모범, 본보기	012
磅	bàng	명 파운드	528
包庇	bāobì	동 비호하다	521
包袱	bāofu	명 부담, 짐	551
包围	bāowéi	동 포위하다, 에워싸다	525
包装	bāozhuāng	동 (물건을) 포장하다	529
饱和	bǎohé	형 최고조에 달하다	535
饱经沧桑	bǎojīng cāngsāng	성 세상만사의 변화를 실컷 경험하다	071
保管	bǎoguǎn	동 보관하다	548
保密	bǎomì	동 비밀을 지키다	550
保姆	bǎomǔ	명 보모, 가정부	537
保守	bǎoshǒu	형 보수적이다 동 고수하다	545
保卫	bǎowèi	동 보위하다	609
保养	bǎoyǎng	동 보양하다, 양생하다, 수리하다, 정비하다	534
保障	bǎozhàng	동 보장하다, 보증하다	549
保重	bǎozhòng	동 건강에 주의하다, 몸조심하다	552
报仇	bào//chóu	동 복수하다, 원수를 갚다	547
报酬	bàochou	명 보수	522
报答	bàodá	동 보답하다, 은혜를 갚다	009
报复	bàofù	동 보복하다	523
报警	bào//jǐng	동 경찰에 신고하다, 급하게 신호를 보내다	538
报销	bàoxiāo	동 사용 경비를 청구하다	067
抱负	bàofù	명 포부	070
暴力	bàolì	명 폭력	076
暴露	bàolù	동 폭로하다, 드러내다	017, 481

曝光	bào//guāng	통 폭로되다, 노출되다	001
爆发	bàofā	통 폭발하다	004
爆炸	bàozhà	통 작렬하다, 폭발하다	002
卑鄙	bēibǐ	형 비열하다, 졸렬하다	003
悲哀	bēi'āi	형 슬프고 애통하다 명 비애, 슬픔	005
悲惨	bēicǎn	형 비참하다	005
北极	běijí	명 북극	019
贝壳	bèiké	명 조가비	012
备份	bèifèn	통 예비분으로 복제하다 명 백업	073
备忘录	bèiwànglù	명 비망록	018
背叛	bèipàn	통 배반하다, 배신하다	074
背诵	bèisòng	통 외우다, 암송하다	078
被动	bèidòng	형 피동적이다, 수동적이다	075
被告	bèigào	명 피고	533
奔波	bēnbō	통 분주히 뛰어다니다, 분주하다	536
奔驰	bēnchí	통 질주하다, 폭주하다	531
本能	běnnéng	명 본능	532
本钱	běnqián	명 본전, 원금	530
本人	běnrén	명 본인	080
本身	běnshēn	명 자신, 본인	540
本事	běnshi	명 능력, 재능	544
笨拙	bènzhuó	형 멍청하다, 우둔하다	079
崩溃	bēngkuì	통 붕괴하다	068
甭	béng	부 ~할 필요 없다, ~하지 마라	545
迸发	bèngfā	통 밖으로 내뿜다, 분출하다	386
蹦	bèng	통 뛰어오르다, 껑충 뛰다	077
逼迫	bīpò	통 핍박하다	167
鼻涕	bítì	명 콧물	542
比方	bǐfang	통 예를 들다	543
比喻	bǐyù	통 비유하다	519, 539
比重	bǐzhòng	명 비중	541
鄙视	bǐshì	통 경멸하다, 무시하다, 업신여기다	570
闭塞	bìsè	형 소식에 어둡다	571
弊病	bìbìng	명 결함, 문제점	574

弊端	bìduān	몡 폐단, 폐해	540
臂	bì	몡 팔	605
边疆	biānjiāng	몡 변방, 변경	571
边界	biānjiè	몡 경계선	607
边境	biānjìng	몡 국경 지대, 변경	604
边缘	biānyuán	몡 가장자리 부분, 가	068, 337
编织	biānzhī	동 엮다, 편직하다	635
鞭策	biāncè	동 독려하고 재촉하다, 채찍질하다	559
贬低	biǎndī	동 가치를 깎아 내리다	558
贬义	biǎnyì	몡 부정적이거나 혐오적인 의미	221
扁	biǎn	혱 평평하다, 납작하다	086
变故	biàngù	몡 변고, 재난	082
变迁	biànqiān	동 변천하다	085
变质	biàn//zhì	동 변질되다	088
便利	biànlì	혱 편리하다	081
便条	biàntiáo	몡 메모, 쪽지	587
便于	biànyú	동 ~에 편하다	486
遍布	biànbù	동 널리 퍼지다	546
辨认	biànrèn	동 식별하다	555
辩护	biànhù	동 변호하다	560
辩解	biànjiě	동 해명하다, 변명하다	087
辩证	biànzhèng	동 변증하다, 논증하다	031
辫子	biànzi	몡 땋은 머리, 변발	029
标本	biāoběn	몡 표본	554
标记	biāojì	몡 표기 동 표기하다	556
标题	biāotí	몡 표제, 제목	168
表决	biǎojué	동 표결하다	553
表态	biǎo//tài	동 태도를 표명하다	551
表彰	biǎozhāng	동 표창하다	527
憋	biē	동 답답하게 하다	557
别墅	biéshù	몡 별장	176
别致	biézhì	혱 독특하다	026
别扭	bièniu	혱 어색하다, 부자연스럽다	027
濒临	bīnlín	동 인접하다	019

冰雹	bīngbáo	명 우박	026
丙	bǐng	명 (천간의 셋째) 병, 세 번째	028
并非	bìngfēi	동 결코 ~하지 않다	258, 601
并列	bìngliè	동 병렬하다	579
拨	bō	동 젖히다, 배포하다, 켜다	630
波浪	bōlàng	명 파도	170
波涛	bōtāo	명 파도	090
剥削	bōxuē	동 착취하다	158
播种	bō//zhòng	동 씨를 뿌리다	089
伯母	bómǔ	명 백모, 큰어머니	234
博大精深	bódà jīngshēn	성 사상·학식이 넓고 심오하다	577
博览会	bólǎnhuì	명 박람회	093
搏斗	bódòu	동 격렬하게 싸우다	092
薄弱	bóruò	형 박약하다, 약하다	626
补偿	bǔcháng	동 손실, 손해를 보충하다	625
补救	bǔjiù	동 교정하다, 보완하다	171
补贴	bǔtiē	명 보조금 동 보조하다, 보태주다	094
捕捉	bǔzhuō	동 잡다, 붙잡다	095
哺乳	bǔrǔ	동 젖을 먹이다	172
不得已	bùdéyǐ	형 어쩔 수 없이	169
不妨	bùfáng	부 괜찮다, 무방하다	105
不敢当	bùgǎndāng	감당하기 어렵다	030
不顾	búgù	동 고려하지 않다, 꺼리지 않다	108
不禁	bùjīn	부 자기도 모르게	173
不堪	bùkān	동 감당할 수 없다	106
不可思议	bùkě sīyì	성 불가사의하다	579
不愧	búkuì	동 ~에 부끄럽지 않다	012
不料	búliào	부 뜻밖에, 의외에	109
不免	bùmiǎn	부 면할 수 없다, 피할 수 없다	626
不时	bùshí	부 자주, 종종	604
不惜	bùxī	동 아끼지 않다	581
不相上下	bùxiāng shàngxià	성 우열을 가릴 수 없다	578
不像话	bú xiànghuà	말이 안 된다, 이치에 맞지 않다	558
不屑一顾	búxiè yígù	거들떠볼 가치도 없다	586

不言而喻	bùyán éryù	(성) 말하지 않아도 안다	115
不由得	bùyóude	(부) 저절로, 자연히, 자기도 모르게	117
不择手段	bùzé shǒuduàn	(성) 목적을 달성하기 위하여 수단 방법을 가리지 않다	570
不止	bùzhǐ	(동) 멈추지 않다, 그치지 않다	111
布告	bùgào	(명) 게시문, 포고문	110
布局	bùjú	(명) 구도, 짜임새, 분포	114
布置	bùzhì	(동) 안배하다, 배치하다	633
步伐	bùfá	(명) 대오의 보조	113
部署	bùshǔ	(동) 배치하다, 안배하다	563
部位	bùwèi	(명) 부위	157

C

才干	cáigàn	(명) 능력, 재간	119
财富	cáifù	(명) 부(富), 자산	581
财务	cáiwù	(명) 재무	103, 350
财政	cáizhèng	(명) 재정	101
裁缝	cáifeng cáiféng	(명) 재봉사 (동) 재봉하다	605
裁判	cáipàn	(명) 심판 (동) 심판을 보다	096
裁员	cáiyuán	(동) 감원하다, 인원을 축소하다	101
采购	cǎigòu	(동) 구입하다, 구매하다	067
采集	cǎijí	(동) 채집하다, 수집하다	100
采纳	cǎinà	(동) 받아들이다, 수락하다, 채택하다	102
彩票	cǎipiào	(명) 복권	097
参谋	cānmóu	(명) 참모, 상담자 (동) 조언하다	120
参照	cānzhào	(동) 참조하다, 참고하다	098
残疾	cánjí	(명) 불구, 장애	099
残酷	cánkù	(형) 잔혹하다	122
残留	cánliú	(동) 잔류하다	123
残忍	cánrěn	(형) 잔인하다, 악독하다	118
灿烂	cànlàn	(형) 찬란하다	124
仓促	cāngcù	(형) 촉박하다, 황급하다	128
仓库	cāngkù	(명) 창고	561
苍白	cāngbái	(형) 창백하다, 파리하다	234

舱	cāng	명 객실, 선실, 선창	121
操劳	cāoláo	동 애써 일하다, 수고하다	536
操练	cāoliàn	동 훈련하다	424
操纵	cāozòng	동 제어하다	564
操作	cāozuò	동 조작하다	562
嘈杂	cáozá	형 떠들썩하다, 시끌벅적하다	565
草案	cǎo'àn	명 초안	011
草率	cǎoshuài	형 경솔하다	180
侧面	cèmiàn	명 옆면, 측면	126
测量	cèliàng	동 측량하다 명 측량, 측정	493, 605
策划	cèhuà	동 획책하다, 일을 꾸미다 명 기획자	179
策略	cèlüè	명 책략, 전술	132
层出不穷	céngchū bùqióng	성 끊임없이 나타나다	156
层次	céngcì	명 단계	133
差别	chābié	명 차이, 구별	134
插座	chāzuò	명 콘센트, 소켓	127
查获	cháhuò	동 수사하여 체포하다	163
岔	chà	동 화제를 바꾸다 명 분기점, 갈림길	136
刹那	chànà	명 찰나, 순간	155
诧异	chàyì	동 의아해하다, 이상해하다	129
柴油	cháiyóu	명 중유	130
搀	chān	동 부축하다, 섞다	131
馋	chán	형 게걸스럽다	135
缠绕	chánrào	동 둘둘 감다	184
产业	chǎnyè	명 산업	340
阐述	chǎnshù	동 명백하게 논술하다	126, 519
颤抖	chàndǒu	동 부들부들 떨다	178
昌盛	chāngshèng	형 창성하다, 흥성하다	177
尝试	chángshì	동 시도해 보다	555
偿还	chánghuán	동 진 빚을 상환하다, 갚다	141
场合	chǎnghé	명 특정한 시간, 장소	221, 223, 435
场面	chǎngmiàn	명 장면	138
场所	chǎngsuǒ	명 장소	139
敞开	chǎngkāi	동 활짝 열다	140

畅通	chàngtōng	형 원활하다, 잘 소통되다	531
畅销	chàngxiāo	형 잘 팔리다, 매상이 좋다	144
倡导	chàngdǎo	동 창도하다, 선도하다	137
倡议	chàngyì	동 제의하다, 제안하다	143
钞票	chāopiào	명 지폐, 돈	566
超越	chāoyuè	동 초월하다, 뛰어넘다	069
巢穴	cháoxué	명 (새나 짐승의) 집, 둥지, [비유] 소굴	589
朝代	cháodài	명 왕조의 연대, 조대	285, 611
嘲笑	cháoxiào	동 비웃다, 빈정거리다	559
潮流	cháoliú	명 조류	137
撤退	chètuì	동 철수하다, 퇴각하다	615
撤销	chèxiāo	동 없애다, 취소하다	569
沉淀	chéndiàn	동 침전하다, 가라앉다	573
沉闷	chénmèn	형 음울하다, 명랑하지 않다	610
沉思	chénsī	동 깊이 생각하다	634
沉重	chénzhòng	형 몹시 무겁다	122, 526
沉着	chénzhuó	형 침착하다	627
陈旧	chénjiù	형 낡다, 케케묵다	244
陈列	chénliè	동 진열하다	583
陈述	chénshù	동 진술하다	580
衬托	chèntuō	동 부각시키다, 돋보이게 하다, 받쳐주다	572
称心如意	chènxīn rúyì	성 마음에 꼭 들다	174
称号	chēnghào	명 칭호, 호칭	228
成本	chéngběn	명 원가, 자본금	175
成交	chéngjiāo	동 거래가 성립하다, 매매가 성립되다	582
成天	chéngtiān	명 하루 종일	523
成效	chéngxiào	명 효능, 효과	034
成心	chéngxīn	부 고의로, 일부러	116
成员	chéngyuán	명 성원, 구성원	415, 553
呈现	chéngxiàn	동 나타나다, 드러나다	064, 071
诚挚	chéngzhì	형 성실하고 진실하다, 진지하다	035
承办	chéngbàn	동 맡아 처리하다	036
承包	chéngbāo	동 청부 맡다, 하청을 받다	039
承诺	chéngnuò	동 승낙하다, 대답하다 명 승낙, 대답	461

城堡	chéngbǎo	몡 성, 성벽	033
乘	chéng	동 오르다, (교통수단 등에) 타다, 곱하다	037
盛	chéng	동 용기 등에 물건을 담다	038
惩罚	chéngfá	몡 징벌 동 징벌하다	521
澄清	chéngqīng	동 분명히 하다, 분명하게 밝히다	236
橙	chéng	몡 오렌지 나무	528
秤	chèng	몡 저울	528
吃苦	chī//kǔ	동 고생하다	172
吃力	chī//lì	혱 힘들다, 고달프다	626
迟钝	chídùn	혱 (행동, 생각, 반응, 감각 등이) 느리다, 굼뜨다	237
迟缓	chíhuǎn	혱 느리다, 완만하다	072
迟疑	chíyí	혱 망설이다, 머뭇거리다	589
持久	chíjiǔ	혱 오래 유지되다	045
赤道	chìdào	몡 적도	032
赤字	chìzì	몡 적자, 결손	101
冲动	chōngdòng	몡 충동 동 충동하다	125
冲击	chōngjī	동 세차게 부딪치다 몡 충격	040
冲突	chōngtū	동 충돌하다, 싸우다	604
充当	chōngdāng	동 맡다, 담당하다	149
充沛	chōngpèi	혱 넘쳐흐르다, 충족하다	191
充实	chōngshí	혱 충분하다 동 충족시키다	192
充足	chōngzú	혱 충족하다	240
重叠	chóngdié	동 중첩되다	190
崇拜	chóngbài	동 숭배하다	186
崇高	chónggāo	혱 숭고하다, 고상하다	226
崇敬	chóngjìng	동 숭배하고 존경하다	185
稠密	chóumì	혱 조밀하다, 촘촘하다	020
筹备	chóubèi	동 기획하고 준비하다	189
丑恶	chǒu'è	혱 추악하다, 더럽다	227
出路	chūlù	몡 발전의 여지, 출구	615
出卖	chūmài	동 판매하다	581
出身	chūshēn	~출신이다 몡 신분, 출신	134
出神	chū//shén	동 넋을 잃다	033
出息	chūxi	몡 전도, 발전성	209

初步	chūbù	혱 초보적인, 처음 단계의	229
除	chú	동 없애다, 제거하다, 나누다 전 ~을 제외하고	256, 615
处分	chǔfèn	동 처벌하다 명 처벌, 처분	550
处境	chǔjìng	명 처지, 환경	068, 343
处置	chǔzhì	동 처치하다, 징벌하다	225
储备	chǔbèi	동 비축하다, 저장하다 명 비축한 물건	112
储存	chǔcún	동 모아 두다 명 저장량	561
储蓄	chǔxù	동 저축하다, 비축하다 명 저금, 예금, 저축	357
触犯	chùfàn	동 저촉되다, 위반하다	169
川流不息	chuānliú bùxī	성 냇물처럼 끊임없이 오가다	194
穿越	chuānyuè	동 통과하다, 지나가다	197
传达	chuándá	동 전하다, 전달하다	110
传单	chuándān	명 전단지	198
传授	chuánshòu	동 전수하다, 가르치다	199
船舶	chuánbó	명 배, 선박	090
喘气	chuǎn//qì	동 호흡하다, 헐떡거리다	196
串	chuàn	양 꿰미	084
床单	chuángdān	명 침대보	123
创立	chuànglì	동 창립하다, 창설하다	200
创新	chuàngxīn	동 옛 것을 버리고 새 것을 창조하다 명 창의성	244
创业	chuàng//yè	동 창업하다	192, 264
创作	chuàngzuò	동 창작하다	260, 552
吹牛	chuī//niú	동 허풍을 떨다	193
吹捧	chuīpěng	동 치켜세우다	212
炊烟	chuīyān	명 밥 짓는 연기	289
垂直	chuízhí	혱 수직의	231
锤	chuí	명 쇠망치, 해머 동 쇠망치로 치다	232
纯粹	chúncuì	혱 순수하다	203
纯洁	chúnjié	혱 순결하다	204
慈善	císhàn	혱 동정심이 많다, 자선을 베푸는	207, 400
慈祥	cíxiáng	혱 자애롭다, 자상하다	199
磁带	cídài	명 녹음이나 녹화용 테이프	201
雌雄	cíxióng	명 자웅, 암컷과 수컷, [비유] 승패	414
次品	cìpǐn	명 질이 낮은 물건	556

次序	cìxù	몡 차례, 순서	206
伺候	cìhou	동 시중들다, 모시다	208
刺	cì	동 찌르다, 뚫다 몡 가시	202
从容	cóngróng	혱 침착하다, 태연하다, (경제적 혹은 시간상) 여유가 있다	164
丛	cóng	몡 덤불, 수풀	205
凑合	còuhe	동 모이다, 그런대로 ~할 만하다	230
粗鲁	cūlǔ	혱 거칠고 우악스럽다	167
窜	cuàn	동 마구 뛰어다니다, 달아나다	238
摧残	cuīcán	동 심한 손상을 주다	181
脆弱	cuìruò	혱 연약하다, 취약하다	182
搓	cuō	동 비비다, 비벼 꼬다, 문지르다	123
磋商	cuōshāng	동 반복하여 협의하다	160
挫折	cuòzhé	몡 좌절, 실패	183

D

搭	dā	동 널다, 설치하다	041
搭档	dādàng	동 협력 몡 협력자	043
搭配	dāpèi	동 배합하다, 조합하다	044
达成	dá//chéng	동 달성하다	160
答辩	dábiàn	동 답변하다	048
答复	dáfù	동 회답하다, 답변하다 몡 답변, 회답	042
打包	dǎ//bāo	동 포장하다	214
打官司	dǎ guānsi	소송하다, 고소하다	533
打击	dǎjī	동 타격을 주다, 공격하다	122
打架	dǎ//jià	동 싸우다, 다투다	550
打量	dǎliang	동 훑어보다, 살펴보다	239
打猎	dǎ//liè	동 사냥하다, 수렵하다	233
打仗	dǎ//zhàng	동 전쟁하다, 전투하다	109
大不了	dàbuliǎo	혱 대단하다, 굉장하다 부 기껏해야, 고작	240
大臣	dàchén	몡 대신	614
大伙儿	dàhuǒr	대 모두들	069
大肆	dàsì	부 제멋대로, 함부로	223
大体	dàtǐ	부 대체로	168
大意	dàyì	혱 부주의하다, 소홀하다	233

大致	dàzhì	부 대개, 대략	028
歹徒	dǎitú	명 나쁜 사람, 악인	092, 167, 526
代价	dàijià	명 대가	526
代理	dàilǐ	동 대리하다, 대신하다	224
带领	dàilǐng	동 인솔하다	235
怠慢	dàimàn	동 냉대하다, 푸대접하다	047
逮捕	dàibǔ	동 체포하다	017
担保	dānbǎo	동 보증하다, 담보하다	584
胆怯	dǎnqiè	형 겁내다, 무서워하다	608
诞辰	dànchén	명 탄신, 생일	213
诞生	dànshēng	동 탄생하다, 태어나다	524
淡季	dànjì	명 비성수기, 불경기 계절	215
淡水	dànshuǐ	명 담수, 민물	216
蛋白质	dànbáizhì	명 단백질	616
当场	dāngchǎng	부 당장	017
当初	dāngchū	명 당초, 그 전, 원래	013
当代	dāngdài	명 당대, 그 시대	211
当面	dāngmiàn	부 직접 마주하여	562
当前	dāngqián	명 현재	421
当事人	dāngshìrén	명 관계자, 당사자	560
当务之急	dāngwù zhījí	성 당장 급히 처리해야 하는 일	639
当选	dāngxuǎn	동 당선되다	567
党	dǎng	명 당, 정당	553
档案	dàng'àn	명 문서, 서류	568
档次	dàngcì	명 등급, 등차	151
导弹	dǎodàn	명 유도탄, 미사일	152
导航	dǎoháng	동 인도하다 명 내비게이션	032
导向	dǎoxiàng	동 유도하다 명 인도하는 방향	575
捣乱	dǎoluàn	동 교란하다	116
倒闭	dǎobì	동 도산하다	584
盗窃	dàoqiè	동 절도하다, 도둑질하다	156
稻谷	dàogǔ	명 벼	561
得不偿失	débù chángshī	성 얻는 것보다 잃는 것이 더 많다	576
得力	délì	형 유능하다	119

得天独厚	détiān dúhòu	(성) 우월한 자연 조건을 갖고 있다	592
得罪	dézuì	(동) 미움을 사다	591
灯笼	dēnglong	(명) 등롱, 초롱	084
登陆	dēng//lù	(동) 상륙하다, 육지에 오르다	104
登录	dēnglù	(동) 등록하다	516
蹬	dēng	(동) 밟다, 뻗다	520
等候	děnghòu	(동) 기다리다	042
等级	děngjí	(명) 등급, 차별	028
瞪	dèng	(동) 부라리다, 눈을 크게 뜨다	586
堤坝	dībà	(명) 댐과 둑	004
敌视	díshì	(동) 적대시하다, 적대하다	106
抵达	dǐdá	(동) 도착하다	086
抵抗	dǐkàng	(동) 저항하다, 대항하다	525
抵制	dǐzhì	(동) 거절하다, 배척하다, 억제하다	076
地步	dìbù	(명) 정도, 지경	142
地势	dìshì	(명) 지세	081
地质	dìzhì	(명) 지질	216
递增	dìzēng	(동) 점점 늘다, 점차 증가하다	175
颠簸	diānbǒ	(동) 흔들리다, 요동하다	136
颠倒	diāndǎo	(동) 뒤바뀌다, 전도되다	259
典礼	diǎnlǐ	(명) 식, 의식	189
典型	diǎnxíng	(명) 전형 (형) 전형적인	300
点缀	diǎnzhuì	(동) 단장하다, 꾸미다	205, 612
电源	diànyuán	(명) 전원	127
垫	diàn	(동) 깔다, 괴다 (명) 깔개, 매트	149
惦记	diànjì	(동) 늘 생각하다	222
奠定	diàndìng	(동) 다지다, 닦다	200
叼	diāo	(동) 입에 물다	217
雕刻	diāokè	(동) 조각하다 (명) 조각품	147
雕塑	diāosù	(명) 조소품	147
吊	diào	(동) 걸다, 매달다, 내려놓다	219
调动	diàodòng	(동) 이동하다, 바꾸다	220
跌	diē	(동) 쓰러지다, 넘어지다	640
丁	dīng	(명) 네 번째, 도막, 덩이	028

叮嘱	dīngzhǔ	동 신신당부하다	230
盯	dīng	동 주시하다, 응시하다	033
定期	dìngqī	형 정기의, 정기적인	637
定义	dìngyì	명 정의	519
丢人	diū//rén	동 체면을 잃다	511
丢三落四	diūsān làsì	성 흐리멍덩하다	018
东道主	dōngdàozhǔ	명 주인, 주최자	036
东张西望	dōngzhāng xīwàng	성 여기저기 두리번거리다	162
董事长	dǒngshìzhǎng	명 대표이사, 회장	083
动荡	dòngdàng	형 불안하다	156
动机	dòngjī	명 동기	514
动静	dòngjing	명 동정, 동태	515
动力	dònglì	명 동력	358, 588
动脉	dòngmài	명 동맥	636
动身	dòng//shēn	동 출발하다, 떠나다	520
动手	dòng//shǒu	동 하다, 손을 대다	589
动态	dòngtài	명 변화, 동태	504
动员	dòngyuán	동 전시 체제화하다, 동원하다	517
冻结	dòngjié	동 얼다, 얼리다	232
栋	dòng	양 동, 채	176
兜	dōu	명 주머니, 자루 동 싸다, 품다	499
陡峭	dǒuqiào	형 험준하다, 가파르다	497
斗争	dòuzhēng	동 투쟁하다, 싸우다 명 투쟁	045
督促	dūcù	동 감독하고 재촉하다, 독촉하다	476
毒品	dúpǐn	명 마약	530
独裁	dúcái	동 독재하다	126
堵塞	dǔsè	동 막히다, 가로막다	145
赌博	dǔbó	동 노름하다, 도박하다 명 도박	530
杜绝	dùjué	동 제지하다, 두절하다	479
端	duān	형 똑바르다, 곧다	038
端午节	Duānwǔjié	명 단오절, 단오	501
端正	duānzhèng	형 단정하다, 똑바르다 동 바로잡다	458
短促	duǎncù	형 매우 짧다, 급박하다	502
断定	duàndìng	동 단정하다, 결론을 내리다	169

断绝	duànjué	동 단절하다, 차단하다	159
堆积	duījī	동 쌓여 있다	561
队伍	duìwu	명 대오, 대열	125, 386
对策	duìcè	명 대책, 대응책	171
对称	duìchèn	형 대칭이다	457
对付	duìfu	동 대처하다, 다루다	063
对抗	duìkàng	동 대항하다, 저항하다	463
对立	duìlì	동 대립하다	503
对联	duìlián	명 대련	459
对应	duìyìng	동 대응하다 형 대응하는, 상응하는	151
对照	duìzhào	동 대조하다	477
兑现	duìxiàn	동 현금으로 바꾸다	461
顿时	dùnshí	부 갑자기, 곧바로, 바로	557
多元化	duōyuánhuà	동 다원화하다	478
哆嗦	duōsuo	동 떨다	480
堕落	duòluò	동 타락하다, 부패하다	474

E

额外	éwài	형 정액 외의	588
恶心	ěxin	동 속이 메스껍다, 혐오감을 일으키다	166
恶化	èhuà	동 악화되다	288, 639
遏制	èzhì	동 저지하다, 억제하다	639
恩怨	ēnyuàn	명 원한	140
而已	éryǐ	조 ~뿐이다	097
二氧化碳	èryǎnghuàtàn	명 이산화탄소	243

F

发布	fābù	동 선포하다	236
发财	fā//cái	동 큰돈을 벌다	570
发呆	fādāi	동 멍하다	247
发动	fādòng	동 시동을 걸다, 일으키다, 동원하다	514
发觉	fājué	동 알아차리다, 발견하다	069
发射	fāshè	동 발사하다	081
发誓	fāshì	동 맹세하다	545

发行	fāxíng	동 발행하다, 발매하다	248
发炎	fāyán	동 염증이 생기다	242
发扬	fāyáng	동 드높이다, 선양하여 발전시키다	211
发育	fāyù	동 발육하다	072
法人	fǎrén	명 법인	498
番	fān	양 회, 번	495
凡是	fánshì	부 무릇, 대체로 다, 모든	494
繁华	fánhuá	형 번화하다	064
繁忙	fánmáng	형 일이 많고 바쁘다	601
繁体字	fántǐzì	명 번체자	500
繁殖	fánzhí	동 번식하다	241
反驳	fǎnbó	동 반박하다	468
反常	fǎncháng	형 이상하다	472
反感	fǎngǎn	명 반감, 불만 동 반감을 가지다	198
反抗	fǎnkàng	동 반항하다	517
反馈	fǎnkuì	동 정보나 반응이 되돌아오다	100
反面	fǎnmiàn	명 뒷면, 부정적이거나 소극적인 일면	470
反射	fǎnshè	동 반사하다	471
反思	fǎnsī	명 반성 동 돌이켜 사색하다	095
反问	fǎnwèn	동 반문하다 동 반어로 묻다	466
反之	fǎnzhī	접 바꾸어서 말하면, 이와 반대로	055
泛滥	fànlàn	동 범람하다	050
范畴	fànchóu	명 범주, 범위	053
贩卖	fànmài	동 판매하다	530
方位	fāngwèi	명 방향, 위치	127
方言	fāngyán	명 방언	052
方圆	fāngyuán	명 주위, 주변의 길이, 네모와 원형	051
方针	fāngzhēn	명 방침	054
防守	fángshǒu	동 수비하다, 방어하다	467
防御	fángyù	동 방어하다	467
防止	fángzhǐ	동 방지하다	020
防治	fángzhì	동 예방 치료하다	606
访问	fǎngwèn	동 방문하다	400
纺织	fǎngzhī	동 방직하다	469

放大	fàng//dà	동 확대하다	465
放射	fàngshè	동 방사하다	473
飞禽走兽	fēiqín zǒushòu	명 금수, 조수	414
飞翔	fēixiáng	동 비상하다, 하늘을 빙빙 돌며 날다	057
飞跃	fēiyuè	동 비약하다, 급격히 발전하다	056
非法	fēifǎ	형 불법적인	021
肥沃	féiwò	형 비옥하다	091
诽谤	fěibàng	동 비방하다, 중상모략하다	060
肺	fèi	명 허파, 폐	639
废除	fèichú	동 폐지하다, 취소하다	061
废寝忘食	fèiqǐn wàngshí	성 침식을 잊다, 전심전력하다, 몰두하다	552
废墟	fèixū	명 폐허	002
沸腾	fèiténg	동 비등하다, 끓어오르다	573
分辨	fēnbiàn	동 분별하다, 구분하다	059
分寸	fēncun	명 분수, 한계, 한도	613
分红	fēn//hóng	동 이익을 분배하다	224
分解	fēnjiě	동 분해하다	413
分裂	fēnliè	동 분열하다, 결별하다 명 분열, 결별	062
分泌	fēnmì	동 분비하다	063
分明	fēnmíng	형 명확하다, 분명하다	193
分歧	fēnqí	명 불일치, 상이	631
分散	fēnsàn	형 분산하다, 흩어지다	632
吩咐	fēnfù	동 분부하다, 말로 시키다	537
坟墓	fénmù	명 무덤	619
粉末	fěnmò	명 가루, 분말	573
粉色	fěnsè	명 분홍색, 핑크색	149
粉碎	fěnsuì	형 산산조각나다, 박살나다 동 분쇄하다, 박살내다	170
分量	fènliàng	명 분량, 중량, 무게	528
愤怒	fènnù	형 분노하다	170
丰满	fēngmǎn	형 풍만하다, 포동포동하다	475
丰盛	fēngshèng	형 풍성하다, 성대하다	537
丰收	fēngshōu	명 풍작, 풍년 동 풍작을 이루다	089
风暴	fēngbào	명 폭풍, 폭풍우	181
风度	fēngdù	명 품격, 풍모	058

风光	fēngguāng	몡 풍경, 경치, 풍광	037
风气	fēngqì	몡 풍조, 기풍	510
风趣	fēngqù	몡 유머러스하다, 해학적이다	475
风土人情	fēngtǔ rénqíng	몡 지방의 특색과 풍습	611
风味	fēngwèi	몡 맛, 풍미	505
封闭	fēngbì	통 봉하다, 밀봉하다	241
封建	fēngjiàn	몡 봉건 제도 혱 봉건적인	085
封锁	fēngsuǒ	통 폐쇄하다, 봉쇄하다	508
锋利	fēnglì	혱 날카롭다, 뾰족하다	187
逢	féng	통 만나다, 마주치다	145
奉献	fèngxiàn	통 바치다, 공헌하다 몡 공헌, 이바지	509
否决	fǒujué	통 부결하다, 거부하다	512
夫妇	fūfù	몡 부부	014
夫人	fūrén	몡 부인	625
敷衍	fūyǎn	통 성의 없이 대하다, 그럭저럭 버티다	506
服从	fúcóng	통 따르다, 복종하다	563
服气	fúqì	통 복종하다, 따르다	507
俘虏	fúlǔ	몡 포로 통 포로로 잡다	504
符号	fúhào	몡 기호, 표기, 부호	251
幅度	fúdù	몡 폭, 너비	628
辐射	fúshè	통 복사하다, 방사하다 몡 복사, 방사	629
福利	fúlì	몡 복지, 복리	588
福气	fúqi	몡 복, 행운	174
抚摸	fǔmō	통 어루만지다, 쓰다듬다	618
抚养	fǔyǎng	통 부양하다, 기르다	536
俯视	fǔshì	통 굽어보다, 내려다보다	483
辅助	fǔzhù	통 협조하다, 보조하다 혱 보조적인, 부차적인	486
腐败	fǔbài	통 썩다, 부패하다 혱 진부하다, 타락하다	517
腐烂	fǔlàn	통 부패하다, 부식하다 혱 진부하다, 타락하다	088
腐蚀	fǔshí	통 부식하다, 썩어 문드러지다	481
腐朽	fǔxiǔ	통 썩다, 부패하다	488
负担	fùdān	몡 부담, 책임 통 부담하다, 책임지다	484
附和	fùhè	통 남의 언행을 따르다, 부화하다	482
附件	fùjiàn	몡 부품, 부분품	485

附属	fùshǔ	동 부속되다, 종속되다 형 부속의	487
复活	fùhuó	동 부활하다, 소생하다	379
复兴	fùxīng	동 부흥하다	064
副	fù	형 제2의, 보조의, 부, 부수적인 양 벌, 세트	250
赋予	fùyǔ	동 부여하다, 주다	518
富裕	fùyù	형 부유하다	146
腹泻	fùxiè	명 설사	254
覆盖	fùgài	동 덮다, 뒤덮다	253

G

改良	gǎiliáng	동 개량하다	252
钙	gài	명 칼슘	256
盖章	gài//zhāng	동 도장을 찍다, 날인하다	548
干旱	gānhàn	형 가물다, 메마르다	034
干扰	gānrǎo	동 방해하다	255
干涉	gānshè	동 간섭하다	062
干预	gānyù	동 관여하다, 간섭하다	383
尴尬	gāngà	형 (입장이) 곤란하다, 난처하다	377
感慨	gǎnkǎi	동 감격하다, 감개무량하다	619
感染	gǎnrǎn	동 감염되다, 전염되다	020
干劲	gànjìn	명 의욕, 열정	384
纲领	gānglǐng	명 강령, 대강	380
岗位	gǎngwèi	명 직장, 부서	535
港口	gǎngkǒu	명 항구, 항만	585
港湾	gǎngwān	명 항만	585
杠杆	gànggǎn	명 지레, 지렛대	486
高超	gāochāo	형 출중하다, 특출나다	381
高潮	gāocháo	명 고조, 절정	382
高峰	gāofēng	명 고봉, 절정	145
高明	gāomíng	형 고명하다, 빼어나다	491
高尚	gāoshàng	형 고상하다, 도덕적으로 고결하다	458
高涨	gāozhǎng	동 급증하다, 급상승하다	191
稿件	gǎojiàn	명 원고	078
告辞	gàocí	동 이별을 고하다	621

告诫	gàojiè	동 훈계하다, 타이르다	388
疙瘩	gēda	명 종기, 뾰두라지	184
鸽子	gēzi	명 비둘기	155
搁	gē	동 놓다, 두다	121
割	gē	동 절단하다, 자르다	385
歌颂	gēsòng	동 찬양하다, 찬미하다	510
革命	gémìng	동 혁명하다, 근본적으로 개혁하다 형 혁명적이다	070
格局	géjú	명 구조, 구성	392
格式	géshi	명 격식, 양식	459
隔阂	géhé	명 틈, 간격, 거리	055
隔离	gélí	동 분리시키다, 떼어놓다	508
个体	gètǐ	명 개인, 인간	389
各抒己见	gèshū jǐjiàn	성 각자 자기의 의견을 발표하다	551
根深蒂固	gēnshēn dìgù	성 기초가 튼튼하여 쉽게 흔들리지 않다	391
根源	gēnyuán	명 근원, 근본 원인	153
跟前	gēnqián	명 곁, 신변, 옆	238
跟随	gēnsuí	동 따르다, 동행하다	137
跟踪	gēnzōng	동 미행하다, 추적하다	387
更新	gēngxīn	동 경신하다	623
更正	gēngzhèng	동 정정하다, 잘못을 고치다	622
耕地	gēngdì	동 논밭을 갈다 명 경지, 전지	091
工艺品	gōngyìpǐn	명 공예품	026
公安局	gōng'ānjú	명 공안국, 경찰국	163
公道	gōngdao	형 공평하다, 공정하다	620
公告	gōnggào	명 공고, 공포	236
公关	gōngguān	명 공공관계	492
公民	gōngmín	명 국민, 공민	549
公然	gōngrán	부 공개적으로, 공공연히	129
公认	gōngrèn	동 공인하다, 모두가 인정하다	179
公式	gōngshì	명 공식	231
公务	gōngwù	명 공무	520
公正	gōngzhèng	형 공정하다	494
公证	gōngzhèng	동 공증하다	548
功劳	gōngláo	명 공로	513

功效	gōngxiào	명 효능, 효과	464
攻击	gōngjī	동 공격하다, 진공하다	106
攻克	gōngkè	동 점령하다, 정복하다	513
供不应求	gōngbú yìngqiú	성 공급이 수요를 따르지 못하다	112
供给	gōngjǐ	동 공급하다	535
宫殿	gōngdiàn	명 궁전	002
恭敬	gōngjìng	형 공손하다	396
巩固	gǒnggù	형 견고하다, 공고하다	518
共和国	gònghéguó	명 공화국	177, 590
共计	gòngjì	동 합계하다	480
共鸣	gòngmíng	명 공명, 공감, 동감	399
勾结	gōujié	동 결탁하다, 내통하다	397
钩子	gōuzi	명 갈고리	263
构思	gòusī	동 구상하다 명 구상	274
孤独	gūdú	형 고독하다, 외롭다	182
孤立	gūlì	동 고립하다, 고립시키다	277
姑且	gūqiě	부 잠시, 잠깐, 우선	131
辜负	gūfù	동 헛되게 하다, 저버리다	261
古董	gǔdǒng	명 골동품	022, 345
古怪	gǔguài	형 괴상하다, 괴이하다	275
股东	gǔdōng	명 주주, 출자자	103, 262
股份	gǔfèn	명 주, 주권, 주식	262
骨干	gǔgàn	명 골간	527
鼓动	gǔdòng	동 선동하다, 부추기다	384
固然	gùrán	접 비록 ~하지만	215
固体	gùtǐ	명 고체	276
固有	gùyǒu	형 고유의	257
固执	gùzhi	형 완고하다, 고집스럽다	258
故乡	gùxiāng	명 고향	117, 222
故障	gùzhàng	명 고장	630
顾虑	gùlǜ	동 고려하다, 걱정하다	259
顾问	gùwèn	명 고문	103
雇佣	gùyōng	동 고용하다	111
拐杖	guǎizhàng	명 지팡이	077

关怀	guānhuái	동 (윗사람이 아랫사람을) 관심을 갖고 보살피다, 배려하다	023
关照	guānzhào	동 돌보다, 보살피다	009
观光	guānguāng	동 관광하다	215
官方	guānfāng	명 정부 당국, 정부측	110
管辖	guǎnxiá	동 관할하다	271
贯彻	guànchè	동 관철시키다	267
惯例	guànlì	명 관례, 관행, 상규	266
灌溉	guàngài	동 관개하다, 논밭에 물을 대다	089
罐	guàn	명 단지, 항아리, 깡통	612
光彩	guāngcǎi	명 빛, 광채, 빛깔	329
光辉	guānghuī	명 찬란한 빛	473
光芒	guāngmáng	명 광선, 빛	124
光荣	guāngróng	형 영예롭다 명 영광	228
广阔	guǎngkuò	형 넓다, 광활하다	572
归根到底	guīgēn dàodǐ	성 근본으로 돌아가다	513
归还	guīhuán	동 돌려주다, 반환하다	568
规范	guīfàn	명 규범, 표준, 준칙	459
规格	guīgé	명 표준, 규격	268
规划	guīhuà	동 기획하다, 계획하다, 꾀하다	271
规章	guīzhāng	명 규칙, 규정, 장정	267
轨道	guǐdào	명 궤도, 궤적	607
贵族	guìzú	명 귀족	118
跪	guì	동 무릎을 꿇다	270
棍棒	gùnbàng	명 막대기, 방망이	269
国防	guófáng	명 국방	518
国务院	guówùyuàn	명 국무원	590
果断	guǒduàn	형 과단성이 있다	634
过度	guòdù	형 과도하다, 지나치다	115
过渡	guòdù	동 과도하다, 넘어가다	272
过奖	guòjiǎng	동 과찬하다	030
过滤	guòlǜ	동 거르다, 여과하다	273
过失	guòshī	명 잘못, 실수	511
过问	guòwèn	동 참견하다, 따져 묻다	383
过瘾	guò//yǐn	형 짜릿하다, 끝내주다, 만족하다	044

过于	guòyú	부 지나치게, 너무	626

H

嗨	hāi	감 어! 이봐!	394
海拔	hǎibá	명 해발	410
海滨	hǎibīn	명 해변, 바닷가	037
含糊	hánhu	형 모호하다, 애매하다	622
含义	hányì	명 함의, 내포된 뜻	278
寒暄	hánxuān	동 인사말을 나누다	279
罕见	hǎnjiàn	형 보기 드물다, 희한하다	554
捍卫	hànwèi	동 지키다, 수호하다	076
行列	hángliè	명 행렬, 행과 열	264
航空	hángkōng	형 항공의 명 항공	056
航天	hángtiān	형 우주 비행의 동 우주를 비행하다	093
航行	hángxíng	동 항행하다, 항해하다 명 항행	090
毫米	háomǐ	양 밀리미터	493
毫无	háowú	조금도 ～이 없다	104, 314, 395
豪迈	háomài	형 호탕하다	509
号召	hàozhào	동 호소하다 명 호소	398
耗费	hàofèi	동 들이다, 낭비하다	189
呵	hē	동 입김을 불다 의성 하하 [웃음소리]	624
合并	hébìng	동 합병하다, 합치다	502
合成	héchéng	동 합성하다	413
合伙	hé//huǒ	동 한패가 되다, 동업하다	401
合算	hésuàn	형 수지가 맞다	412
和蔼	hé'ǎi	형 상냥하다, 부드럽다	499
和解	héjiě	동 화해하다, 화의하다	415
和睦	hémù	형 화목하다, 사이가 좋다	389
和气	héqi	형 온화하다, 부드럽다	624
和谐	héxié	형 잘 어울리다, 조화롭다	389
嘿	hēi	감 야, 이봐 의성 헤헤	602
痕迹	hénjì	명 흔적, 자취, 자국	123
狠心	hěnxīn	형 모질다, 잔인하다	402
恨不得	hènbude	동 ～하지 못해 한스럽다	214

哼	hēng	동 신음하다, 콧노래 부르다 의성 힝, 흥	419
横	héng	형 가로의, 횡의, 동서방향의	607
轰动	hōngdòng	동 뒤흔들다, 들끓게 하다	021
哄	hōng	동 왁자지껄하다 의성 와, 왁자지껄	499
烘	hōng	동 말리다, 쪼이다	409
宏观	hóngguān	형 거시적	392
宏伟	hóngwěi	형 웅장하다, 웅대하다	148
洪水	hóngshuǐ	명 큰물, 홍수	004, 050
喉咙	hóulóng	명 목구멍, 인후	242
吼	hǒu	동 고함치다, 소리지르다	420
后代	hòudài	명 후대, 후세	199
后顾之忧	hòugù zhīyōu	성 뒷걱정, 뒷근심	422
后勤	hòuqín	명 후방 근무	424
候选	hòuxuǎn	동 임용을 기다리다	451
呼唤	hūhuàn	동 소리쳐 부르다, 부르다	420
呼啸	hūxiào	동 날카롭고 긴 소리를 내다	353
呼吁	hūyù	동 구하다, 청하다, 호소하다	076
忽略	hūlüè	동 소홀히 하다	424
胡乱	húluàn	부 함부로, 아무렇게나	543
胡须	húxū	명 수염	354
湖泊	húpō	명 호수	473
花瓣	huābàn	명 꽃잎	181
花蕾	huālěi	명 꽃봉오리, 꽃망울	205
华丽	huálì	형 화려하다	176
华侨	huáqiáo	명 화교	150
化肥	huàféi	명 화학비료	355
化石	huàshí	명 화석	051
化验	huàyàn	동 화학 실험을 하다	360
化妆	huà//zhuāng	동 화장하다	027
划分	huàfēn	동 나누다, 구획하다	098
画蛇添足	huàshé tiānzú	성 뱀을 그리는 데 다리를 그려 넣다	455
话筒	huàtǒng	명 마이크, 수화기	394
欢乐	huānlè	형 즐겁다, 유쾌하다	279
还原	huán//yuán	동 원상 회복하다	107

环节	huánjié	(명) 부분, 일환	502
缓和	huǎnhé	(동) 완화시키다	423
患者	huànzhě	(명) 환자, 병자	131
荒凉	huāngliáng	(형) 황량하다, 쓸쓸하다	210
荒谬	huāngmiù	(형) 엉터리이다, 터무니없다	463
荒唐	huāngtáng	(형) 황당하다	426
皇帝	huángdì	(명) 황제	014, 441
皇后	huánghòu	(명) 황후	014
黄昏	huánghūn	(명) 황혼	565
恍然大悟	huǎngrán dàwù	(성) 문득 모든 것을 깨치다	429
晃	huǎng huàng	(동) 번개같이 스쳐 지나가다, 눈부시게 빛나다 (동) 흔들다, 흔들리다	432
挥霍	huīhuò	(동) 돈을 헤프게 쓰다	357
辉煌	huīhuáng	(형) 휘황찬란하다, 눈부시다	033
回报	huíbào	(동) 보답하다	544
回避	huíbì	(동) 회피하다, 피하다	418
回顾	huígù	(동) 회고하다, 회상하다	392
回收	huíshōu	(동) 회수하다	300
悔恨	huǐhèn	(동) 후회하다, 뼈저리게 뉘우치다	393
毁灭	huǐmiè	(동) 훼멸시키다	589
汇报	huìbào	(동) 종합하여 보고하다	216
会晤	huìwù	(동) 만나다, 회견하다	061
贿赂	huìlù	(동) 뇌물을 주다	003
昏迷	hūnmí	(동) 혼미하다	515
荤	hūn	(명) 육류로 만든 고기 요리	044
浑身	húnshēn	(명) 전신, 온몸	178
混合	hùnhé	(동) 혼합하다, 함께 섞다	302
混乱	hùnluàn	(형) 혼란하다, 문란하다	206
混淆	hùnxiáo	(동) 뒤섞이다, 헷갈리다	190
混浊	hùnzhuó	(형) 혼탁하다	273
活该	huógāi	(동) ~한 것은 당연하다	209
活力	huólì	(명) 활력, 생기, 원기	386
火箭	huǒjiàn	(명) 로켓	303
火焰	huǒyàn	(명) 화염, 불꽃	108

火药	huǒyào	명 화약	428
货币	huòbì	명 화폐	285

J

讥笑	jīxiào	동 비웃다, 조소하다	608
饥饿	jī'è	형 배고프다	532
机动	jīdòng	형 발동기로 움직이는, 기동적인	284
机构	jīgòu	명 기구	207
机灵	jīling	형 영리하다, 똑똑하다	282
机密	jīmì	명 기밀, 극비	007, 281
机械	jīxiè	명 기계, 기계 장치	263
机遇	jīyù	명 기회, 시기	095
机智	jīzhì	형 기지가 있다	283
基地	jīdì	명 근거지, 기지	508
基金	jījīn	명 기금, 펀드	290
基因	jīyīn	명 유전자	301
激发	jīfā	동 불러일으키다	358
激励	jīlì	동 격려하다, 북돋워주다	588
激情	jīqíng	명 격정	359
及早	jízǎo	부 미리, 일찌감치	574
吉祥	jíxiáng	형 상서롭다, 길하다	304
级别	jíbié	명 등급, 단계	094
极端	jíduān	명 극단	277
极限	jíxiàn	명 극한	427
即便	jíbiàn	접 설령 ~하더라도	128
即将	jíjiāng	부 곧, 머지않아	036
急功近利	jígōng jìnlì	성 조급한 성공과 눈앞의 이익에만 급급하다	437
急剧	jíjù	부 급격하게, 급속히	325
急切	jíqiè	형 절박하다, 다급하다	238
急于求成	jíyú qiúchéng	성 객관적인 조건을 무시하고, 서둘러 목적을 달성하려 하다	449
急躁	jízào	형 조바심내다, 초조해하다	388
疾病	jíbìng	명 병, 질병	020
集团	jítuán	명 집단, 단체	546

嫉妒	jídù	⑧ 질투하다	299
籍贯	jíguàn	⑨ 원적, 출생지	298
给予	jǐyǔ	⑧ 주다, 부여하다	522
计较	jìjiào	⑧ 따지다, 계산하여 비교하다	140, 602
记性	jìxing	⑨ 기억력	078
记载	jìzǎi	⑧ 기재하다, 기록하다 ⑨ 기재, 기록	501
纪要	jìyào	⑨ 기요, 요록	306
技巧	jìqiǎo	⑨ 기교, 기예	285
忌讳	jìhuì	⑧ 금기하다, 꺼리다, 기피하다	237
季度	jìdù	⑨ 사분기, 분기	175
季军	jìjūn	⑨ 운동 경기 등의 3등	578
迹象	jìxiàng	⑨ 흔적, 자취	418
继承	jìchéng	⑧ 계승하다, 상속하다	576
寄托	jìtuō	⑧ 기탁하다, 의탁하다	286
寂静	jìjìng	⑱ 조용하다, 고요하다	565
加工	jiā//gōng	⑧ 가공하다	111
加剧	jiājù	⑧ 격화되다	288
夹杂	jiāzá	⑧ 혼합하다, 뒤섞다	360
佳肴	jiāyáo	⑨ 맛있는 요리	537
家常	jiācháng	⑱ 평상의, 보통의	505
家伙	jiāhuo	⑨ 놈, 녀석	116
家属	jiāshǔ	⑨ 가족	023, 408
家喻户晓	jiāyù hùxiǎo	⑳ 집집마다 다 알다	092
尖端	jiānduān	⑱ 첨단의	292
尖锐	jiānruì	⑱ (물건 혹은 소리가) 날카롭다, (지적이나 비판이) 예리하다	466
坚定	jiāndìng	⑱ 확고부동하다	113, 404
坚固	jiāngù	⑱ 견고하다	004
坚韧	jiānrèn	⑱ 강인하다, 단단하고 질기다	293
坚实	jiānshí	⑱ 견실하다	488
坚硬	jiānyìng	⑱ 견고하다, 단단하다	232
艰难	jiānnán	⑱ 곤란하다, 어렵다	068
监督	jiāndū	⑧ 감독하다 ⑨ 감독	284
监视	jiānshì	⑧ 감시하다	387
监狱	jiānyù	⑨ 감옥, 감방	523

煎	jiān	동 지지다, 부치다	316
拣	jiǎn	동 고르다, 선택하다	317
检讨	jiǎntǎo	동 검토하다, 깊이 반성하다	087
检验	jiǎnyàn	동 검증하다, 검사하다	366
剪彩	jiǎncǎi	동 기념 테이프를 끊다	298
简化	jiǎnhuà	동 간소화하다	500
简陋	jiǎnlòu	형 초라하다, 조촐하다	633
简体字	jiǎntǐzì	명 간화자, 간체자	500
简要	jiǎnyào	형 간결하고 핵심을 찌르는	083
见多识广	jiànduō shíguǎng	성 보고 들은 것이 많고 식견도 넓다	120
见解	jiànjiě	명 견해, 소견	491
见闻	jiànwén	명 견문	323
见义勇为	jiànyì yǒngwéi	성 정의로운 일을 보고 용감하게 뛰어들다	012
间谍	jiàndié	명 간첩	017
间隔	jiàngé	명 간격, 사이 동 간격을 두다	440
间接	jiànjiē	형 간접적인	370
剑	jiàn	명 칼, 검	202
健全	jiànquán	형 건강하고 온전하다, 완비하다	376
舰艇	jiàntǐng	명 함정	032
践踏	jiàntà	동 밟다, 디디다	402
溅	jiàn	동 (액체류가) 튀다	438
鉴别	jiànbié	동 감별하다, 구별하다	345
鉴定	jiàndìng	동 감정하다	268
鉴于	jiànyú	전 ~을 고려하여, ~을 감안하여	094
将近	jiāngjìn	동 거의 ~에 근접하다	427
将就	jiāngjiu	동 그런대로 ~을 할 만하다	308
将军	jiāngjūn	명 장군	109, 113, 489
僵硬	jiāngyìng	형 뻣뻣하다, 경직되다	157
奖励	jiǎnglì	동 장려하다, 표창하다 명 상, 상금	436
奖赏	jiǎngshǎng	동 상을 주다 명 포상, 장려	266
桨	jiǎng	명 노	425
降临	jiànglín	동 도래하다, 일어나다	610
交叉	jiāochā	동 교차하다	371
交代	jiāodài	동 넘겨주다, 인계하다	083

交涉	jiāoshè	⑧ 교섭하다, 협상하다	595
交易	jiāoyì	⑧ 교역하다, 매매하다 ⑲ 교역	582
娇气	jiāoqì	⑱ 여리다, 유약하다	598
焦点	jiāodiǎn	⑲ 초점, 집중	327
焦急	jiāojí	⑱ 초조하다	042
角落	jiǎoluò	⑲ 구석	121
侥幸	jiǎoxìng	⑱ 뜻밖에 운이 좋다	364
搅拌	jiǎobàn	⑧ 휘저어 섞다	367
缴纳	jiǎonà	⑧ 납부하다, 납입하다	595
较量	jiàoliàng	⑧ 겨루다	398
教养	jiàoyǎng	⑲ 교양	134
阶层	jiēcéng	⑲ 계층	134
皆	jiē	⑼ 모두, 전부	483
接连	jiēlián	⑼ 연거푸, 연이어	025
揭露	jiēlù	⑧ 폭로하다	324
节制	jiézhì	⑧ 통제관리하다, 절제하다	347
节奏	jiézòu	⑲ 리듬, 박자	237
杰出	jiéchū	⑱ 걸출한	636
结晶	jiéjīng	⑲ 결정	367
结局	jiéjú	⑲ 결국, 결과	015
结算	jiésuàn	⑧ 결산하다	350
截止	jiézhǐ	⑧ (일정 시간)까지 마감이다, (일정 시간)까지 이르다	229
截至	jiézhì	⑧ ~까지 마감이다	446
竭尽全力	jiéjìn quánlì	온 힘을 다 기울이다	560
解除	jiěchú	⑧ 제거하다, 풀다	617
解放	jiěfàng	⑧ 해방하다, 해방되다	045
解雇	jiěgù	⑧ 해고하다	142
解剖	jiěpōu	⑧ 해부하다	444
解散	jiěsàn	⑧ 해산하다, 흩어지다	600
解体	jiětǐ	⑧ 해체되다, 와해되다	342
戒备	jièbèi	⑧ 경비하다, 경계하다	328
界限	jièxiàn	⑲ 경계, 한도	332
借鉴	jièjiàn	⑧ 참고로 하다	252
借助	jièzhù	⑧ ~의 힘을 빌리다	555

金融	jīnróng	몡 금융	040
津津有味	jīnjīn yǒuwèi	성 흥미진진하다	154
紧迫	jǐnpò	혱 급박하다, 긴박하다	188
锦上添花	jǐnshàng tiānhuā	성 비단 위에 꽃을 수놓다, 금상첨화	539
进而	jìn'ér	젭 진일보하여	464
进攻	jìngōng	동 진공하다, 공격하다	467, 525
进化	jìnhuà	동 진화하다	460
进展	jìnzhǎn	동 진전하다 몡 진전	430
近来	jìnlái	몡 근래, 요즘	144
晋升	jìnshēng	동 승진하다, 진급하다	540
浸泡	jìnpào	동 담그다, 잠그다	316
茎	jīng	몡 식물의 줄기	390
经费	jīngfèi	몡 경비, 비용	141
经纬	jīngwěi	몡 날줄과 씨줄, 경도와 위도	032
惊动	jīngdòng	동 놀라게 하다	331
惊奇	jīngqí	혱 놀라며 의아해하다	086
惊讶	jīngyà	혱 의아스럽다, 놀랍다	329
兢兢业业	jīngjīng yèyè	성 신중하고 조심스럽게 맡은 일을 부지런하고 성실하게 하다	368
精打细算	jīngdǎ xìsuàn	성 세밀하게 계산하다, 면밀하게 계획하다	347
精华	jīnghuá	몡 정화, 정수	317
精简	jīngjiǎn	동 간소화하다, 정선하다	455
精密	jīngmì	혱 정밀하다	603
精确	jīngquè	혱 정밀하고 확실하다	605
精通	jīngtōng	동 정통하다	345
精心	jīngxīn	혱 정성을 들이다	529
精益求精	jīngyì qiújīng	성 훌륭하지만 더욱 더 완벽을 추구하다	260
精致	jīngzhì	혱 정밀하다, 정교하다	583
井	jǐng	몡 우물	316
颈椎	jǐngzhuī	몡 경추, 목등뼈	024
警告	jǐnggào	동 경고하다 몡 경고	419
警惕	jǐngtì	동 경계하다, 경계심을 갖다	504
竞赛	jìngsài	동 경쟁하다, 경기하다	245
竞选	jìngxuǎn	동 경선 활동을 하다	003
敬礼	jìng//lǐ	동 경례하다	334

敬业	jìngyè	동 자기 일에 최선을 다하다	437
境界	jìngjiè	명 경계	260
镜头	jìngtóu	명 렌즈, 장면, 화면	465
纠纷	jiūfēn	명 다툼, 분쟁	538
纠正	jiūzhèng	동 교정하다, 고치다	477
酒精	jiǔjīng	명 알코올	438
救济	jiùjì	동 구제하다	142
就近	jiùjìn	부 가까운 곳에	049
就业	jiùyè	동 취업하다	535
就职	jiùzhí	동 취직하다	476
拘留	jūliú	동 구류하다	456
拘束	jūshù	형 거북하다, 어색하다	334
居民	jūmín	명 주민	538
居住	jūzhù	동 거주하다	039
鞠躬	jū//gōng	동 허리를 굽혀 절하다	334
局部	júbù	명 국부, 부분	325
局面	júmiàn	명 국면	075
局势	júshì	명 형세, 정세	615
局限	júxiàn	동 국한하다 명 국한	126
咀嚼	jǔjué	동 씹다	154
沮丧	jǔsàng	형 낙담하다	511
举动	jǔdòng	명 동작, 행위	099
举世瞩目	jǔshì zhǔmù	성 전세계 사람들이 주목하다	327
举足轻重	jǔzú qīngzhòng	성 중요한 위치에 있어서 한쪽으로 조금만 치우쳐도 세력의 균형이 깨지다	492
剧本	jùběn	명 극본, 각본	552
剧烈	jùliè	형 극렬하다, 격렬하다	040
据悉	jùxī	동 아는 바에 의하면 ~라고 한다	533
聚精会神	jùjīng huìshén	성 정신을 집중하다	247
卷	juǎn juàn	동 말다, 휘말다 명 말아놓은 물건, 말이 명 서류, 문건, 시험지	405
决策	juécè	명 결정된 책략, 정책 결정	330
觉悟	juéwù	동 깨닫다	364
觉醒	juéxǐng	동 각성하다, 깨닫다	203
绝望	juéwàng	동 절망하다	183

倔强	juéjiàng	형 성격이 강하고 고집이 세다	591
军队	jūnduì	명 군대	075, 374, 424, 518, 627
君子	jūnzi	명 지위가 높은 사람, 군자, 나리	458

K

卡通	kǎtōng	명 만화, 카툰	290
开采	kāicǎi	동 채굴하다, 개발하다	049
开除	kāichú	동 제명하다, 자르다	563
开阔	kāikuò	형 넓다, 광활하다	490
开朗	kāilǎng	형 명랑하다, 활달하다	182
开明	kāimíng	형 깨어 있다, 진보적이다	453
开辟	kāipì	동 통하게 하다, 트이게 하다, 개발하다	091
开拓	kāituò	동 개척하다, 개간하다	430
开展	kāizhǎn	동 전개되다	502
开支	kāizhī	동 지불하다 명 지출, 비용	103
刊登	kāndēng	동 게재하다, 싣다, 등재하다	021
刊物	kānwù	명 간행물, 출판물	021
勘探	kāntàn	동 탐사하다, 조사하다	051
侃侃而谈	kǎnkǎn értán	성 당당하고 차분하게 말한다	482
砍伐	kǎnfá	동 (톱이나 도끼 등으로) 자르다, 베다	143
看待	kàndài	동 대하다, 다루다	031
慷慨	kāngkǎi	형 강개하다, 아끼지 않다	441
扛	káng	동 어깨에 메다	598
抗议	kàngyì	동 항의하다	054
考察	kǎochá	동 고찰하다	216
考古	kǎogǔ	동 고고학을 연구하다 명 고고학	022
考核	kǎohé	동 심사하다	180
考验	kǎoyàn	동 시험하다, 검증하다	295
靠拢	kàolǒng	동 접근하다, 근접하다	425
科目	kēmù	명 과목, 항목	190
磕	kē	동 부딪히다	640
可观	kěguān	형 대단하다, 굉장하다	566
可口	kěkǒu	형 맛있다	135

可恶	kěwù	형 싫다, 혐오스럽다	470
可行	kěxíng	동 실행할 만하다, 가능하다	322
渴望	kěwàng	동 갈망하다	052
克制	kèzhì	동 (감정 등을) 억제하다, 자제하다	434
刻不容缓	kèbù rónghuǎn	성 일각도 지체할 수 없다	606
客户	kèhù	명 이주자, 다른 곳에서 이주하여 온 사람	102
课题	kètí	명 과제, 프로젝트	519
恳切	kěnqiè	형 간절하다, 진지하다	226
啃	kěn	동 물어뜯다, 갉아먹다	254
坑	kēng	명 구멍, 구덩이 동 함정에 빠뜨리다	022
空洞	kōngdòng	형 내용이 없다, 공허하다	622
空前绝后	kōngqián juéhòu	성 이전에도 없었고 앞으로도 없다	372
空想	kōngxiǎng	동 공상하다 명 공상	443
空虚	kōngxū	형 공허하다	474
孔	kǒng	명 구멍	602
恐怖	kǒngbù	형 두렵다, 무섭다, 공포를 느끼다	178
恐吓	kǒnghè	동 으르다, 위협하다	395
恐惧	kǒngjù	동 겁먹다, 두려워하다	196
空白	kòngbái	명 공백, 여백	344
空隙	kòngxì	명 틈, 간격	323
口气	kǒuqì	명 어조, 말투	193
口腔	kǒuqiāng	명 구강	242
口头	kǒutóu	명 구두	319
口音	kǒuyīn	명 구음, 입소리	117
扣	kòu	동 채우다, 엎어놓다, 구류하다, 공제하다 명 매듭, 단추	435
枯萎	kūwěi	동 시들다, 마르다, 오그라들다	390
枯燥	kūzào	형 무미건조하다, 지루하다	314
哭泣	kūqì	동 흐느껴 울다	542
苦尽甘来	kǔjìn gānlái	성 고진감래, 고생 끝에 낙이 온다	183
苦涩	kǔsè	형 씁쓸하고 떫다, 괴롭다	273
挎	kuà	동 걸다, 끼다	111
跨	kuà	동 뛰어넘다, 건너뛰다	036, 607
快活	kuàihuo	형 즐겁다, 유쾌하다, 쾌활하다	343
宽敞	kuānchang	형 넓다, 드넓다	114

宽容	kuānróng	동 너그럽다, 포용력이 있다	624
款待	kuǎndài	동 환대하다, 정성껏 대접하다	066
款式	kuǎnshì	명 스타일, 타입, 양식, 격식	144
筐	kuāng	명 광주리, 바구니	219
旷课	kuàng//kè	동 무단 결석하다	550
况且	kuàngqiě	접 게다가, 더구나	287
矿产	kuàngchǎn	명 광산물	049
框架	kuàngjià	명 뼈대, 골격	488
亏待	kuīdài	동 푸대접하다	625
亏损	kuīsǔn	동 결손나다, 적자 나다	175
捆绑	kǔnbǎng	동 줄로 묶다	167
扩充	kuòchōng	동 확충하다, 늘리다	380
扩散	kuòsàn	동 확산하다, 퍼뜨리다	367
扩张	kuòzhāng	동 확장하다, 넓히다	336

L

喇叭	lǎba	명 나팔	331
蜡烛	làzhú	명 초, 양초	405
啦	la	조 '了(le)'와 '啊(a)'의 음이 합쳐진 어기조사	180
来历	láilì	명 내력, 경력, 배경	456
来源	láiyuán	명 출처, 근원	216
栏目	lánmù	명 란, 프로그램	611
懒惰	lǎnduò	형 게으르다, 나태하다	209
狼狈	lángbèi	형 매우 난처하다, 곤궁하다	480
狼吞虎咽	lángtūn hǔyàn	성 게걸스럽게 먹다	532
捞	lāo	동 건지다, 끌어올리다	316
牢固	láogù	형 견고하다	467
牢骚	láosāo	명 불평, 불만	632
唠叨	láodao	동 잔소리하다, 되풀이하여 말하다	472
乐趣	lèqù	명 즐거움, 기쁨	097
乐意	lèyì	동 ~하기를 원하다, ~하고 싶다	283
雷达	léidá	명 레이더	325
类似	lèisì	형 유사하다, 비슷하다	600
冷酷	lěngkù	형 냉혹하다, 잔인하다	339

冷落	lěngluò	형 쓸쓸하다, 적막하다 동 냉대하다, 푸대접하다	601
冷却	lěngquè	동 냉각하다, 냉각되다	573
愣	lèng	동 멍해지다, 어리둥절하다	196
黎明	límíng	명 여명, 동틀 무렵	565
礼节	lǐjié	명 예절	058
礼尚往来	lǐshàng wǎnglái	성 예의는 서로 오가는 것을 중시한다, 오는 정이 있으면 가는 정이 있다	431
里程碑	lǐchéngbēi	명 이정표	303
理睬	lǐcǎi	동 상대하다, 거들떠보다	212
理所当然	lǐsuǒ dāngrán	성 도리로 보아 당연하다	151
理直气壮	lǐzhí qìzhuàng	성 이유가 충분하여 하는 말이 당당하다	087
理智	lǐzhì	명 이성과 지혜	503
力求	lìqiú	동 적극적으로 추구하다, 온갖 노력을 다하다	171
力所能及	lìsuǒ néngjí	성 자기 능력으로 해낼 수 있다	030
力争	lìzhēng	동 매우 노력하다	265
历代	lìdài	명 역대	577
历来	lìlái	부 줄곧, 항상, 언제나	136
立场	lìchǎng	명 입장, 태도, 관점	512
立方	lìfāng	명 입방, 세제곱	276
立交桥	lìjiāoqiáo	명 입체 교차로	194
立体	lìtǐ	명 입체	471
立足	lìzú	동 발붙이다	362
利害	lìhai	형 이익과 손해	362
例外	lìwài	명 예외	403
粒	lì	명 알갱이 양 알	317
连年	liánnián	동 여러 해 동안 계속되다	052
连锁	liánsuǒ	형 연쇄적이다	363
连同	liántóng	접 ~과 함께	214
联欢	liánhuān	동 함께 모여 즐기다	452
联络	liánluò	동 연락하다, 접촉하다	055
联盟	liánméng	명 연맹, 동맹	415
联想	liánxiǎng	동 연상하다	176
廉洁	liánjié	형 청렴결백하다	614
良心	liángxīn	명 양심	343
谅解	liàngjiě	동 양해하다, 이해하여 주다	389

晾	liàng	동 쪼이다, 말리다	438
辽阔	liáokuò	형 끝없이 넓다	414
列举	lièjǔ	동 실례를 들다	285
临床	línchuáng	동 임상하다	636
淋	lín	동 젖다	480
吝啬	lìnsè	형 인색하다, 쩨쩨하다	199
伶俐	línglì	형 영리하다	072
灵感	línggǎn	명 영감	095
灵魂	línghún	명 영혼	378, 581
灵敏	língmǐn	형 영민하다, 재빠르다	311
凌晨	língchén	명 새벽녘, 동틀 무렵	520
零星	língxīng	형 산발적이다, 소량의	205
领会	lǐnghuì	동 깨닫다, 이해하다	543
领事馆	lǐngshìguǎn	명 영사관	194
领土	lǐngtǔ	명 영토	210
领悟	lǐngwù	동 납득하다, 터득하다	312
领先	lǐngxiān	동 앞서다, 리드하다	266
领袖	lǐngxiù	명 영수, 지도자	185
溜	liū	동 지치다, 타다, 뺑소니치다	217
留恋	liúliàn	동 차마 떠나지 못하다	505
留念	liúniàn	동 기념으로 남기다	621
留神	liú//shén	동 주의하다, 조심하다	337
流浪	liúlàng	동 유랑하다	039
流露	liúlù	동 무심코 드러내다	035
流氓	liúmáng	명 건달, 깡패	387
流通	liútōng	형 유통하다	564
聋哑	lóngyǎ	형 귀가 먹고 말도 못하다	417
隆重	lóngzhòng	형 성대하다	297
垄断	lǒngduàn	동 독점하다	564
笼罩	lǒngzhào	동 덮어 씌우다, 뒤덮다	289
搂	lǒu	동 껴안다, 품다	618
炉灶	lúzào	명 부뚜막	403
屡次	lǚcì	부 여러 번, 누차	230
履行	lǚxíng	동 이행하다, 실행하다	442

掠夺	lüèduó	동 빼앗다, 강탈하다	428
轮船	lúnchuán	명 기선	585
轮廓	lúnkuò	명 윤곽, 테두리	252
轮胎	lúntāi	명 타이어	086
论坛	lùntán	명 논단, 칼럼	053
论证	lùnzhèng	명 논증	315
啰唆	luōsuo	형 말이 많다, 수다스럽다, 일이 번잡스럽다	319
络绎不绝	luòyì bùjué	성 왕래가 빈번해 끊이지 않다	215
落成	luòchéng	동 준공되다, 낙성되다	365
落实	luòshí	동 실현되다, 구체화되다	267

M

麻痹	mábì	동 마비되다 형 경각심을 늦추다	270
麻木	mámù	형 마비되다, 저리다	005
麻醉	mázuì	동 마취하다	408
码头	mǎtóu	명 부두, 선창	425
蚂蚁	mǎyǐ	명 개미	589
嘛	ma	조 서술문, 기원문 끝에 쓰여 당연함을 나타냄	397
埋伏	máifú	동 매복하다	109
埋没	máimò	동 매몰되다, 묻히다	119
埋葬	máizàng	동 매장하다, 묻다	022
迈	mài	동 내디디다, 내딛다	113
脉搏	màibó	명 맥박	254
埋怨	mányuàn	동 탓하다, 불평하다	326
蔓延	mànyán	동 만연하다	289
漫长	màncháng	형 멀다, 길다, 지루하다	204
漫画	mànhuà	명 만화	470
慢性	mànxìng	형 만성의	072
忙碌	mánglù	동 서둘러 하다, 바쁘게 하다	230
盲目	mángmù	형 맹목적, 무작정	137
茫茫	mángmáng	형 아득하다, 망망하다	253
茫然	mángrán	형 망연하다, 멍하다	320
茂盛	màoshèng	형 우거지다, 무성하다	205
冒充	màochōng	동 사칭하다, 가장하다	456

冒犯	màofàn	동 무례하다, 불쾌하게 하다, 비위를 거스르다	006
枚	méi	양 매, 장, 개	161
媒介	méijiè	명 매개자, 매개물	351
美观	měiguān	형 보기 좋다, 예쁘다	114
美满	měimǎn	형 아름답고 원만하다	326
美妙	měimiào	형 아름답다, 훌륭하다	333
萌芽	méngyá	명 새싹, 맹아	426
猛烈	měngliè	형 맹렬하다, 세차다	525
眯	mī	동 눈을 가늘게 뜨다	147
弥补	míbǔ	동 메우다	376
弥漫	mímàn	동 자욱하다, 가득하다	428
迷惑	míhuò	동 미혹되다	328
迷人	mírén	동 사람을 홀리다, 마음을 끌다	227
迷信	míxìn	명 미신 동 미신을 믿다	378
谜语	míyǔ	명 수수께끼	429
密度	mìdù	명 밀도	361
密封	mìfēng	동 밀봉하다, 밀폐하다 형 밀봉한, 밀폐된	088
棉花	miánhua	명 목화, 목화솜	469
免得	miǎnde	접 ~하지 않도록	190
免疫	miǎnyì	동 면역이 되다	464
勉励	miǎnlì	동 격려하다, 고무하다	264
勉强	miǎnqiǎng	형 간신히 ~하다 동 강요하다	045
面貌	miànmào	명 용모, 생김새	478
面子	miànzi	명 체면, 면목	431
描绘	miáohuì	동 그리다, 묘사하다	359
瞄准	miáozhǔn	동 겨누다, 겨냥하다, 조준하다	238
渺小	miǎoxiǎo	형 미미하다, 매우 작다	572
藐视	miǎoshì	동 얕보다, 경시하다, 깔보다, 업신여기다	310
灭亡	mièwáng	동 멸망하다, 소멸시키다	019
蔑视	mièshì	동 멸시하다	373
民间	mínjiān	명 민간	110
民主	mínzhǔ	명 민주 형 민주적이다	126
敏捷	mǐnjié	형 민첩하다, 반응이 빠르다	202
敏锐	mǐnruì	형 예민하다	345

名次	míngcì	몡 순위, 등수	265
名额	míng'é	몡 정원, 인원 수	349
名副其实	míngfù qíshí	솅 명성과 실상이 서로 부합되다	262
名誉	míngyù	몡 명예, 명성	060
明明	míngmíng	뷔 분명히, 명백히	087
明智	míngzhì	휑 총명하다, 현명하다	132
命名	mìngmíng	됭 명명하다, 이름짓다	290
摸索	mōsuǒ	됭 모색하다	311
模范	mófàn	몡 모범	228
模式	móshì	몡 모식	574
模型	móxíng	몡 모형, 모본	471
膜	mó	몡 막, 막과 같이 얇은 물질	088
摩擦	mócā	됭 마찰하다	423
磨合	móhé	됭 길들다	043
魔鬼	móguǐ	몡 마귀, 악마	364
魔术	móshù	몡 마술	253
抹杀	mǒshā	됭 말살하다, 삭제하다	257
莫名其妙	mòmíng qímiào	솅 영문을 알 수 없다	275
墨水(儿)	mòshuǐ(r)	몡 먹물, 잉크	123
默默	mòmò	뷔 묵묵히, 말없이	208
谋求	móuqiú	됭 강구하다, 모색하다	415
模样	múyàng	몡 모양, 모습	027
母语	mǔyǔ	몡 모국어	150
目睹	mùdǔ	됭 직접 보다	217
目光	mùguāng	몡 시선, 눈길	035, 345
沐浴	mùyù	됭 목욕하다	315

N

拿手	náshǒu	휑 어떤 기술에 뛰어나다, 능하다	035
纳闷儿	nà//mènr	됭 답답하다, 궁금하다	472
耐用	nàiyòng	휑 오래 쓸 수 있다	268
南辕北辙	nányuán běizhé	솅 속으로는 남쪽으로 가려하면서 수레는 오히려 북쪽으로 간다, 행동과 목적이 상반된다	322
难得	nándé	휑 얻기 어렵다	192

难堪	nánkān	형 난감하다, 난처하다	466
难能可贵	nánnéng kěguì	성 쉽지 않은 일을 해내어 대견스럽다	059
恼火	nǎohuǒ	동 화내다, 노하다	188
内涵	nèihán	명 내포, 속뜻	283
内幕	nèimù	명 내막, 속사정	324
内在	nèizài	형 내재적인, 내재하는	227
能量	néngliàng	명 에너지, 능력	559
拟定	nǐdìng	동 입안하다, 초안을 세우다	011
逆行	nìxíng	동 역행하다	307
年度	niándù	명 연도	224
捏	niē	동 집다, 손으로 빚다	184
凝固	nínggù	동 응고하다	409
凝聚	níngjù	동 맺히다	600
凝视	níngshì	동 주목하다	147
拧	níng	동 짜다, 비틀다	438
宁肯	nìngkěn	부 차라리 ~할지언정	462
宁愿	nìngyuàn	부 설령 ~할지라도	591
扭转	niǔzhuǎn	동 교정하다, 바로잡다	439
纽扣儿	niǔkòur	명 단추	435
农历	nónglì	명 음력	304
浓厚	nónghòu	형 짙다, 농후하다	407
奴隶	núlì	명 노예	118
虐待	nüèdài	동 학대하다	118
挪	nuó	동 옮기다, 움직이다	131

O

哦	ó ò	감 어! 어머! 어허 [놀람, 찬탄] 감 아! 오! [납득, 이해]	433
殴打	ōudǎ	동 구타하다	269
呕吐	ǒutù	동 구토하다	130
偶像	ǒuxiàng	명 우상	186

P

趴	pā	동 엎드리다	542

排斥	páichì	동 배척하다	277
排除	páichú	동 제거하다, 없애다	360
排放	páifàng	동 배출하다, 방류하다	596
排练	páiliàn	동 무대연습을 하다, 리허설을 하다	452
徘徊	páihuái	동 배회하다, 왔다 갔다 하다	320
派别	pàibié	명 파별, 유파	503
派遣	pàiqiǎn	동 파견하다	417
攀登	pāndēng	동 등반하다	497
盘旋	pánxuán	동 선회하다	057
判决	pànjué	동 판결하다, 선고하다	494
畔	pàn	명 가장자리, 부근	041
庞大	pángdà	형 매우 크다	321
抛弃	pāoqì	동 버리다, 포기하다	208
泡沫	pàomò	명 거품, 포말	361
培育	péiyù	동 재배하다, 키우다	448
配备	pèibèi	동 배치하다	263
配偶	pèi'ǒu	명 배필, 배우자	453
配套	pèitào	동 하나의 세트로 만들다	471
盆地	péndì	명 분지	272
烹饪	pēngrèn	동 요리하다	587
捧	pěng	동 두 손으로 받쳐 들다	038
批发	pīfā	동 도매하다	412
批判	pīpàn	동 비판하다, 지적하다	099
劈	pī	동 쪼개다, 패다	164
皮革	pígé	명 피혁, 가죽	111
疲惫	píbèi	형 대단히 피곤하다	157
疲倦	píjuàn	형 피곤하다, 지치다	038
屁股	pìgu	명 엉덩이, 둔부	640
譬如	pìrú	동 예를 들다	256
偏差	piānchā	명 편차, 오차	104
偏见	piānjiàn	명 편견, 선입견	391
偏僻	piānpì	형 외지다, 궁벽하다	210
偏偏	piānpiān	부 기어코, 일부러, 굳이	188
片断	piànduàn	명 토막, 도막	280

片刻	piànkè	몡 잠깐, 잠시	634
漂浮	piāofú	통 뜨다	361
飘扬	piāoyáng	통 펄럭이다, 휘날리다	353
撇	piē piě	통 버리다, 제쳐두다, 뜨다, 푸다, 걷어내다 몡 삐침	373
拼搏	pīnbó	통 전력을 다해 분투하다	358
拼命	pīn//mìng	통 죽기살기로 하다	166
贫乏	pínfá	혱 빈궁하다, 가난하다	407
贫困	pínkùn	혱 빈곤하다, 곤궁하다	400, 571
频繁	pínfán	혱 잦다, 빈번하다	383
频率	pínlǜ	몡 빈도수	486
品尝	pǐncháng	통 맛보다	296
品德	pǐndé	몡 품성	458
品质	pǐnzhì	몡 품질, 질	059
品种	pǐnzhǒng	몡 품종	448
平凡	píngfán	혱 평범하다, 보통이다	239
平面	píngmiàn	몡 평면	344
平坦	píngtǎn	혱 평평하다	414
平行	píngxíng	혱 병행의	344
平庸	píngyōng	혱 평범하다, 예사롭다, 그저 그렇다	294
平原	píngyuán	몡 평원	410
评估	pínggū	통 평가하다	341
评论	pínglùn	통 평론하다, 논의하다	351
屏幕	píngmù	몡 스크린	178
屏障	píngzhàng	몡 장벽, 보호벽	346
坡	pō	몡 비탈, 언덕	420
泼	pō	통 뿌리다, 붓다	594
颇	pō	튀 꽤, 상당히	148
迫不及待	pòbù jídài	솅 일각도 지체할 수 없다	135
迫害	pòhài	통 박해하다	118
破例	pò//lì	통 상례를 깨다	350
魄力	pòlì	몡 박력	497
扑	pū	통 돌진하여 덮치다	108
铺	pū	통 깔다, 펴다	029
朴实	pǔshí	혱 소박하다, 꾸밈이 없다	293

朴素	pǔsù	⑱ 소박하다, 알뜰하다, 순박하다, 맹아상태의	510
普及	pǔjí	⑧ 보급되다, 확산되다	008
瀑布	pùbù	⑲ 폭포	593

Q

凄凉	qīliáng	⑱ 처량하다, 처참하다	343
期望	qīwàng	⑧ 기대하다, 바라다, 소망하다 ⑲ 희망, 기대, 바람	218
期限	qīxiàn	⑲ 기한, 시한	440
欺负	qīfu	⑧ 능욕하다, 업신여기다	401
欺骗	qīpiàn	⑧ 속이다, 사기치다	635
齐全	qíquán	⑱ 완전히 갖추다	263
齐心协力	qíxīn xiélì	㉟ 한마음 한뜻으로 함께 노력하다	041
奇妙	qímiào	⑱ 기묘하다, 신기하다	302
歧视	qíshì	⑧ 경시하다, 차별 대우하다 ⑲ 경시, 차별 대우	099
旗袍	qípáo	⑲ 치파오	457
旗帜	qízhì	⑲ 기, 깃발	353
乞丐	qǐgài	⑲ 거지	633
岂有此理	qǐyǒu cǐlǐ	㉟ 어찌 이럴 수가 있단 말인가?	401
企图	qǐtú	⑧ 의도하다, 기도하다 ⑲ 의도	463
启程	qǐchéng	⑧ 출발하다, 길을 나서다	621
启蒙	qǐméng	⑧ 계몽하다, 기초지식을 전수하다	248
启示	qǐshì	⑧ 계시하다 ⑲ 계시	278
启事	qǐshì	⑲ 광고, 공고	349
起草	qǐ//cǎo	⑧ 기초하다, 글의 초안을 작성하다	229
起初	qǐchū	⑲ 처음, 최초	501
起伏	qǐfú	⑧ 기복하다	050
起哄	qǐ//hòng	⑧ 소란을 피우다	377
起码	qǐmǎ	⑱ 기본직인	556
起源	qǐyuán	⑲ 기원 ⑧ 기원하다	015
气概	qìgài	⑲ 기개	293
气功	qìgōng	⑲ 기공	164
气魄	qìpò	⑲ 기백, 패기	507
气色	qìsè	⑲ 안색, 혈색	016

气势	qìshì	몡 기세	113
气味	qìwèi	몡 냄새	130
气象	qìxiàng	몡 기상	325
气压	qìyā	몡 기압	410
气质	qìzhì	몡 기질, 자질, 기개, 풍채	294
迄今为止	qìjīn wéizhǐ	톙 이전 어느 시점부터 지금에 이르기까지	546
器材	qìcái	몡 기자재, 기재	067
器官	qìguān	몡 기관	464
掐	qiā	동 꼬집다, 끊다	390
洽谈	qiàtán	동 협의하다, 상담하다	306
恰当	qiàdàng	톙 알맞다, 타당하다	249
恰到好处	qiàdào hǎochù	톙 말·행동 등이 꼭 들어맞다	044
恰巧	qiàqiǎo	뷔 마침, 때마침	586
千方百计	qiānfāng bǎijì	톙 갖은 방법을 다 써 보다	159
迁就	qiānjiù	동 타협하다, 끌려가다	065
迁徙	qiānxǐ	동 옮겨 가다	372
牵	qiān	동 끌다, 잡아 끌다	638
牵扯	qiānchě	동 연루되다, 관련되다	324
牵制	qiānzhì	동 견제하다	340
谦逊	qiānxùn	톙 겸손하다	396
签署	qiānshǔ	동 정식 서명하다	061
前景	qiánjǐng	몡 장래, 전망, 전경	359
前提	qiántí	몡 전제, 선결 조건	326
潜力	qiánlì	몡 잠재력	454
潜水	qiánshuǐ	동 잠수하다	121
潜移默化	qiányí mòhuà	톙 은연중에 감화되다	309
谴责	qiǎnzé	동 비난하다, 질책하다	310
强制	qiángzhì	동 강제하다, 강요하다	141
抢劫	qiǎngjié	동 강탈하다	156
抢救	qiǎngjiù	동 서둘러 구호하다, 구출하다	379
强迫	qiǎngpò	동 강요하다, 핍박하다	453
桥梁	qiáoliáng	몡 교량, 다리	050
窍门	qiàomén	몡 방법, 요량, 비결	587
翘	qiào	동 들리다, 휘다, 치켜들다	618

切实	qièshí	형 확실하다, 실제적이다	267
锲而不舍	qiè'ér bùshě	성 나태함 없이 끈기있게 끝까지 해내다	056
钦佩	qīnpèi	동 탄복하다, 경복하다	395
侵犯	qīnfàn	동 침범하다	310
侵略	qīnlüè	동 침략하다	514
亲密	qīnmì	형 사이가 좋다, 친밀하다	043
亲热	qīnrè	형 친밀하고 다정스럽다	638
勤俭	qínjiǎn	형 근검하다	479
勤劳	qínláo	형 열심히 일하다, 부지런히 일하다	510
倾听	qīngtīng	동 경청하다	491
倾向	qīngxiàng	동 기울다, 쏠리다	309
倾斜	qīngxié	형 경사지다	312
清澈	qīngchè	형 맑고 투명하다	593
清晨	qīngchén	명 일출 전후의 시간, 새벽녘	272
清除	qīngchú	동 깨끗이 없애다	439
清洁	qīngjié	형 깨끗하다, 청결하다	603
清理	qīnglǐ	동 깨끗이 정리하다	403
清晰	qīngxī	형 또렷하다, 분명하다	465
清醒	qīngxǐng	형 맑다, 또렷하다	408
清真	qīngzhēn	형 이슬람교의	296
情报	qíngbào	명 정보	352
情节	qíngjié	명 줄거리	547
情理	qínglǐ	명 이치, 사리	351
情形	qíngxíng	명 정황, 상황	606
晴朗	qínglǎng	형 쾌청하다	124
请柬	qǐngjiǎn	명 청첩장	047
请教	qǐngjiào	동 가르침을 청하다	396
请示	qǐngshì	동 지시를 바라다 명 지시 요청서	352
请帖	qǐngtiě	명 청첩장, 초대장	335
丘陵	qiūlíng	명 구릉, 언덕	050
区分	qūfēn	동 구분하다	556
区域	qūyù	명 구역, 지역	583
曲折	qūzhé	형 굽다, 구불구불하다	136
驱逐	qūzhú	동 쫓아내다	307

屈服	qūfú	(동) 굴복하다	462
渠道	qúdào	(명) 관개 수로, 경로, 방법	489
曲子	qǔzi	(명) 가곡, 노래	246
取缔	qǔdì	(동) 금지를 명하다, 단속하다	596
趣味	qùwèi	(명) 흥미, 흥취	314
圈套	quāntào	(명) 올가미, 계략	328
权衡	quánhéng	(명) 저울추와 저울대	362
权威	quánwēi	(명) 권위, 권위자	042
全局	quánjú	(명) 전체 국면	362
全力以赴	quánlì yǐfù	(성) 전력 투구하다	559
拳头	quántou	(명) 주먹	184
犬	quǎn	(명) 개	407
缺口	quēkǒu	(명) 결함, 흠집	375
缺席	quē//xí	(동) 결석하다	335
缺陷	quēxiàn	(명) 결함, 결점	465
瘸	qué	(형) 절뚝거리다, 절름거리다	077
确保	quèbǎo	(동) 확보하다, 확실히 보장하다	575
确立	quèlì	(동) 확립하다, 수립하다	336
确切	quèqiè	(형) 확실하다	341
确信	quèxìn	(동) 확신하다	601
群众	qúnzhòng	(명) 대중, 군중	003

R

染	rǎn	(동) 염색하다	239
嚷	rǎng	(동) 큰소리로 부르다, 고함을 치다, 소란을 피우다	195
让步	ràng//bù	(동) 양보하다	582
饶恕	ráoshù	(동) 용서하다	419
扰乱	rǎoluàn	(동) 혼란시키다, 어지럽히다	139
惹祸	rě//huò	(동) 화를 초래하다, 일을 저지르다	419
热泪盈眶	rèlèi yíngkuàng	(성) 매우 감격하다	117
热门	rèmén	(명) 인기 있는 것	369
人道	réndào	(명) 인도	211
人格	réngé	(명) 인격	558
人工	réngōng	(형) 인위적인, 인공의	413

人家	rénjia	때 남, 타인	166
人间	rénjiān	명 인간 사회, 세상	620
人士	rénshì	명 인사	095, 126
人为	rénwéi	형 인위적인 동 사람이 하다	302
人性	rénxìng	명 인성	257
人质	rénzhì	명 인질	167
仁慈	réncí	형 인자하다	441
忍耐	rěnnài	동 인내하다, 참다	427
忍受	rěnshòu	동 이겨내다, 참다, 견디다	106
认定	rèndìng	동 인정하다, 확신하다	422
认可	rènkě	동 승낙하다, 인가하다	494
任命	rènmìng	동 임명하다	306
任性	rènxìng	형 제멋대로 하다	258
任意	rènyì	형 조건 없는, 임의의	231
任重道远	rènzhòng dàoyuǎn	성 맡은 바 책임은 무겁고, 갈 길은 멀기만 하다	301
仍旧	réngjiù	부 여전히, 변함없이	211
日新月异	rìxīn yuèyì	성 나날이 새로워지다	478
日益	rìyì	부 날로, 나날이 더욱	043
荣幸	róngxìng	형 아주 영광이다	080
荣誉	róngyù	명 영예	527
容貌	róngmào	명 용모, 생김새	239
容纳	róngnà	동 수용하다, 넣다	321
容器	róngqì	명 용기	450
容忍	róngrěn	동 용인하다	065
溶解	róngjiě	동 용해하다	367
融化	rónghuà	동 녹다, 융해되다	409
融洽	róngqià	형 사이가 좋다	326
柔和	róuhé	형 연하고 부드럽다, 보드랍다	333
揉	róu	동 비비다, 주무르다	287
儒家	rújiā	명 유가	577
若干	ruògān	때 약간, 조금	015
弱点	ruòdiǎn	명 약점, 단점	257

S

撒谎	sā//huǎng	동 거짓말을 하다	498
散文	sǎnwén	명 산문	539
散布	sànbù	동 퍼뜨리다, 유포하다	236
散发	sànfā	동 퍼지다, 내뿜다	124
丧失	sàngshī	동 잃어버리다, 상실하다	082
骚扰	sāorǎo	동 소란을 피우다, 훼방놓다, 폐를 끼치다	418
嫂子	sǎozi	명 형수	010
刹车	shā//chē	동 브레이크를 밟다	086
啥	shá	대 [방언] 무엇, 무슨	515
筛选	shāixuǎn	동 체로 치다	349
山脉	shānmài	명 산맥	049
闪烁	shǎnshuò	동 번쩍번쩍하다	405
擅长	shàncháng	동 뛰어나다, 잘하다	635
擅自	shànzì	동 자기 멋대로 하다	125
伤脑筋	shāng nǎojīn	골치를 앓다	240
商标	shāngbiāo	명 상표	495
上级	shàngjí	명 상급	267, 352, 563
上进	shàngjìn	동 향상하다, 진보하다	544
上任	shàngrèn	동 부임하다, 취임하다	549
上瘾	shàng//yǐn	동 인이 박이다, 중독되다	079
上游	shàngyóu	명 (강의) 상류	148
尚且	shàngqiě	접 그럼에도 불구하고, 여전히	376
捎	shāo	동 인편에 보내다	214
梢	shāo	명 나무의 끝	155
哨	shào	명 호루라기, 보초	096
奢侈	shēchǐ	형 사치하다	176
舌头	shétou	명 혀	305
设立	shèlì	동 설립하다	013
设想	shèxiǎng	동 가상하다, 상상하다	426
设置	shèzhì	동 설립하다, 세우다	127
社区	shèqū	명 지역 사회	538
涉及	shèjí	동 관련되다	007
摄氏度	shèshìdù	양 섭씨	272, 594

申报	shēnbào	⑧ 서면으로 보고하다	313
呻吟	shēnyín	⑧ 신음하다	640
绅士	shēnshì	⑨ 신사	035, 058
深奥	shēn'ào	⑩ 심오하다, 깊다	278
深沉	shēnchén	⑩ 내색하지 않다, 깊다	399
深情厚谊	shēnqíng hòuyì	⑳ 깊고 돈독한 정	291
神经	shénjīng	⑨ 신경	270
神奇	shénqí	⑩ 신기하다, 기묘하다	327
神气	shénqì	⑧ 으스대다, 뽐내다 ⑩ 활기차다	193
神圣	shénshèng	⑩ 신성하다, 성스럽다	312
神态	shéntài	⑨ 표정과 태도	071
神仙	shénxiān	⑨ 신선	286
审查	shěnchá	⑧ 심사하다	456
审理	shěnlǐ	⑧ 심리하다	007
审美	shěnměi	⑨ 심미 ⑩ 심미적 ⑧ 아름다움을 감상하고 평가하다	309
审判	shěnpàn	⑧ 심판하다	521
渗透	shèntòu	⑧ 스며들다, 투과하다	480
慎重	shènzhòng	⑩ 신중하다	221
生存	shēngcún	⑨ 생존 ⑧ 생존하다	019
生机	shēngjī	⑨ 생기, 생명력, 생존의 기회	386
生理	shēnglǐ	⑨ 생리	444
生疏	shēngshū	⑩ 생소하다, 낯설다	334
生态	shēngtài	⑨ 생태	592
生物	shēngwù	⑨ 생물, 생물학	444, 460
生肖	shēngxiāo	⑨ 사람의 띠	015
生效	shēng//xiào	⑧ 효과가 나타나다	011
生锈	shēng//xiù	⑧ 녹이 슬다	481
生育	shēngyù	⑧ 출산하다, 아이를 낳다	054
声明	shēngmíng	⑧ 성명하다	526
声势	shēngshì	⑨ 명성과 위세	374
声誉	shēngyù	⑨ 명성, 명예	245
牲畜	shēngchù	⑨ 가축	321
省会	shěnghuì	⑨ 성도, 성(省) 소재지	271
胜负	shèngfù	⑨ 승부, 승패	416

盛产	shèngchǎn	동 대량으로 생산하다	210
盛开	shèngkāi	동 활짝 피다	205
盛情	shèngqíng	명 두터운 정, 후의	066
盛行	shèngxíng	동 성행하다	385
尸体	shītǐ	명 시체	444
失事	shī//shì	동 의외의 사고가 발생하다	136
失误	shīwù	명 실수 동 실수를 하다	046
失踪	shī//zōng	동 실종되다	275
师范	shīfàn	명 사범 학교, 모범	541
施加	shījiā	동 (압력이나 영향 등을) 주다	355
施展	shīzhǎn	동 발휘하다	070
十足	shízú	형 충분하다, 충족하다	113
石油	shíyóu	명 석유	112
时常	shícháng	부 늘, 자주, 항상	021
时而	shí'ér	부 때때로, 이따금	323
时光	shíguāng	명 시간, 광음	204
时机	shíjī	명 시기, 기회, 때	249
时事	shíshì	명 시사	351
识别	shíbié	동 식별하다, 변별하다	251
实惠	shíhuì	명 실리, 실익 형 실질적이다	144
实力	shílì	명 실력	578
实施	shíshī	동 실시하다, 실행하다	023
实事求是	shíshì qiúshì	성 실사구시	027
实行	shíxíng	동 실행하다	054
实质	shízhì	명 실질, 본질	063
拾	shí	동 줍다, 집다	300
使命	shǐmìng	명 사명, 명령	518
示范	shìfàn	명 시범 동 시범하다	562
示威	shìwēi	동 시위하다 명 시위, 데모	139
示意	shìyì	동 뜻을 표시하다	445
世代	shìdài	명 세대, 연대	177
势必	shìbì	부 반드시, 꼭, 필연코	088
势力	shìlì	명 세력	336, 517
事故	shìgù	명 사고	171

事迹	shìjì	몡 사적	092
事件	shìjiàn	몡 사건	245, 604
事态	shìtài	몡 사태, 정황	439
事务	shìwù	몡 사무, 업무	553
事项	shìxiàng	몡 사항	319
事业	shìyè	몡 사업	271, 576
试图	shìtú	동 시도하다	101
试验	shìyàn	동 시험하다, 실험하다	448
视力	shìlì	몡 시력	629
视频	shìpín	몡 영상 신호 주파수, 동영상	197
视线	shìxiàn	몡 시선, 눈길	382
视野	shìyě	몡 시야	490
是非	shìfēi	몡 시비	059, 259
适宜	shìyí	혱 알맞다 동 적합하다	361
逝世	shìshì	동 서거하다	207
释放	shìfàng	동 석방하다	243
收藏	shōucáng	동 수장하다, 소장하다	207, 554
收缩	shōusuō	동 수축하다	583
收益	shōuyì	몡 수익, 이득	224
收音机	shōuyīnjī	몡 라디오	300
手法	shǒufǎ	몡 기교, 수법	519
手势	shǒushì	몡 손짓, 손동작	445
手艺	shǒuyì	몡 손재간, 수공 기술	199
守护	shǒuhù	동 지키다, 수호하다	346
首饰	shǒushi	몡 머리 장식품, 장신구	320
首要	shǒuyào	혱 가장 중요하다	421
受罪	shòu//zuì	동 고생하다, 벌을 받다	242
授予	shòuyǔ	동 수여하다, 주다	228
书法	shūfǎ	몡 서예, 서법, 서도	133
书籍	shūjí	몡 서적, 책	510
书记	shūjì	몡 서기	330
书面	shūmiàn	몡 서면	160
舒畅	shūchàng	혱 상쾌하다, 유쾌하다	280
疏忽	shūhū	동 소홀히 하다 혱 부주의하다	046

疏远	shūyuǎn	형 소원하다 동 멀리하다	055
束	shù	동 묶다, 매다 양 묶음	390
束缚	shùfù	동 구속하다, 속박하다	244
树立	shùlì	동 수립하다, 세우다	442, 479
竖	shù	형 수직의, 세로의	346
数额	shù'é	명 일정한 수, 액수	313
耍	shuǎ	동 수단을 부리다, 놀리다	397
衰老	shuāilǎo	형 노쇠하다	534
衰退	shuāituì	동 쇠퇴하다, 쇠약해지다	040
率领	shuàilǐng	동 인솔하다, 이끌다	627
涮火锅	shuàn huǒguō	동 샤브샤브를 하다	044
双胞胎	shuāngbāotāi	명 쌍둥이	579
爽快	shuǎngkuài	형 시원시원하다, 호쾌하다	436
水利	shuǐlì	명 수리	148
水龙头	shuǐlóngtóu	명 수도꼭지	479
水泥	shuǐní	명 시멘트	599
瞬间	shùnjiān	명 순간	377
司法	sīfǎ	명 사법	011
司令	sīlìng	명 사령, 사령관	627
私自	sīzì	부 비밀리에, 사적으로	001
思念	sīniàn	동 그리워하다	399
思索	sīsuǒ	동 사색하다	429
思维	sīwéi	명 사유	031
斯文	sīwen	형 우아하다, 고상하다	035
死亡	sǐwáng	명 사망, 멸망 동 죽다, 사망하다	378
四肢	sìzhī	명 사지, 사체	079
寺庙	sìmiào	명 사원, 사찰, 절	286
饲养	sìyǎng	동 치다, 사육하다	407
肆无忌惮	sìwú jìdàn	성 제멋대로 굴고 전혀 거리낌이 없다	484
耸	sǒng	동 치솟다, 어깨를 추키다	365
艘	sōu	양 척	585
苏醒	sūxǐng	동 소생하다, 되살아나다	542
俗话	súhuà	명 속담	619
诉讼	sùsòng	동 소송하다, 고소하다	569

素食	sùshí	명 채식류의 먹거리 동 채식하다	534
素质	sùzhì	명 소양, 자질	616
塑造	sùzào	동 빚어서 만들다, 조소하다	470
算数	suàn//shù	동 말한 대로 하다	261
随即	suíjí	부 바로, 즉각	640
随意	suíyì	부 마음대로, 뜻대로	312, 558
岁月	suìyuè	명 세월	192
隧道	suìdào	명 굴, 터널	531
损坏	sǔnhuài	동 손상시키다, 훼손시키다	060
索取	suǒqǔ	동 받아내다, 요구하다, 받으려고 독촉하다	436
索性	suǒxìng	부 차라리, 아예	474

T

塌	tā	동 꺼지다	365
踏实	tāshi	형 마음이 놓이다, 편안하다	437
塔	tǎ	명 탑	365
台风	táifēng	명 태풍	104
太空	tàikōng	명 우주	303
泰斗	tàidǒu	명 권위자	080
贪婪	tānlán	형 매우 탐욕스럽다	433
贪污	tānwū	동 탐오하다	614
摊	tān	동 늘어놓다, 펼쳐 놓다	246
瘫痪	tānhuàn	명 마비 동 마비되다	208
弹性	tánxìng	명 탄성, 탄력성	348
坦白	tǎnbái	형 담백하다, 솔직하다 동 숨김없이 고백하다	634
叹气	tàn//qì	동 탄식하다	173
探测	tàncè	동 탐지하다, 관측하다	200
探索	tànsuǒ	동 탐색하다	235
探讨	tàntǎo	동 연구 토론하다	503
探望	tànwàng	동 방문하다, 문안하다	222
倘若	tǎngruò	접 만일 ~한다면	077
掏	tāo	동 꺼내다, 끄집어 내다	195, 499
滔滔不绝	tāotāo bùjué	성 끊임없이 계속되다	186
陶瓷	táocí	명 도자기	450

陶醉	táozuì	동 도취하다	255
淘汰	táotài	동 도태하다, 추려내다	085
讨好	tǎo//hǎo	동 비위를 맞추다, 환심을 사다. (주로 부정형으로 써서) 좋은 결과를 낳다	212
特长	tècháng	명 특기, 장기	265
特定	tèdìng	형 특정한	603
特意	tèyì	부 특별히, 일부러	587, 621
提拔	tíbá	동 발탁하다, 등용하다	180
提炼	tíliàn	동 추출하다, 정련하다	455
提示	tíshì	동 일러 주다, 힌트를 주다	282
提议	tíyì	동 제의하다	102
题材	tícái	명 제재	274
体裁	tǐcái	명 체재, 장르, 표현 양식	168
体积	tǐjī	명 체적	276
体谅	tǐliàng	동 이해하다, 양해하다	258
体面	tǐmiàn	명 체면, 체통	058
体系	tǐxì	명 체계	540
天才	tiāncái	명 천재	179
天赋	tiānfù	동 타고나다 명 천부적인 자질	299
天伦之乐	tiānlún zhīlè	성 가족이 누리는 단란함	218
天然气	tiānránqì	명 천연 가스	112
天生	tiānshēng	형 타고난, 선천적인	608
天堂	tiāntáng	명 천당, 천국	378
天文	tiānwén	명 천문	080, 200
田径	tiánjìng	명 육상경기	096
田野	tiányě	명 논과 밭, 들판	572
舔	tiǎn	동 핥다	305
挑剔	tiāoti	동 지나치게 트집잡다	443
条款	tiáokuǎn	명 조항	061
条理	tiáolǐ	명 조리, 순서	468
条约	tiáoyuē	명 조약	098
调和	tiáohé	동 골고루 섞다	631
调剂	tiáojì	동 조절하다, 조정하다	496
调节	tiáojié	동 조절하다	575
调解	tiáojiě	동 조정하다, 중재하다	569

调料	tiáoliào	몡 조미료, 양념	360
挑拨	tiǎobō	동 충동질하다, 부추기다	159
挑衅	tiǎoxìn	동 도발하다, 분쟁을 일으키다	129
跳跃	tiàoyuè	동 뛰어오르다, 도약하다	420
亭子	tíngzi	몡 정자	490
停泊	tíngbó	동 정박하다, 머물다	585
停顿	tíngdùn	동 중지되다, 멈추다	445
停滞	tíngzhì	동 정체되다, 침체하다	040
挺拔	tǐngbá	혱 우뚝하다, 곧추솟다	598
通货膨胀	tōnghuò péngzhàng	몡 통화 팽창, 인플레이션	496
通缉	tōngjī	동 지명수배하다	298
通俗	tōngsú	혱 통속적이다	031
通讯	tōngxùn	동 통신하다 몡 생생한 보도문	630
通用	tōngyòng	동 통용되다, 보편적으로 사용하다	500
同胞	tóngbāo	몡 동포	074
同志	tóngzhì	몡 동지	047
铜	tóng	몡 구리	481
童话	tónghuà	몡 동화	015
统筹兼顾	tǒngchóu jiāngù	솅 여러 방면의 일을 총괄적으로 계획하고 두루 살피다	507
统计	tǒngjì	동 통계하다 몡 통계	048
统统	tǒngtǒng	뷔 전부, 모두, 다	214
统治	tǒngzhì	동 통치하다, 지배하다	517
投机	tóujī	혱 견해가 일치하다	279
投票	tóu//piào	동 투표하다	003, 553
投诉	tóusù	동 고발하다, 하소연하다, 제소하다	363
投降	tóuxiáng	동 투항하다, 항복하다	074
投掷	tóuzhì	동 던지다, 투척하다	152
透露	tòulù	동 (정보나 의중 등을) 넌지시 흘리다, 드러나다, 암시하다	408
秃	tū	혱 머리카락이 없다	624
突破	tūpò	동 돌파하다	093
图案	tú'àn	몡 도안	457
徒弟	túdì	몡 제자	133
途径	tújìng	몡 경로, 방법	444
涂抹	túmǒ	동 칠하다, 바르다	599

土壤	tǔrǎng	명 토양, 흙	091
团结	tuánjié	동 단결하다, 뭉치다	517
团体	tuántǐ	명 단체	324, 600
团圆	tuányuán	동 흩어졌다가 다시 모이다	218
推测	tuīcè	동 추측하다, 헤아리다	630
推翻	tuī//fān	동 뒤집어엎다	070
推理	tuīlǐ	명 추리 동 추리하다	107
推论	tuīlùn	명 추론 동 추론하다	032
推销	tuīxiāo	동 판로를 확장하다	179
吞吞吐吐	tūntūn tǔtǔ	성 얼버무리다, 우물쭈물하다, 더듬거리다	580
托运	tuōyùn	동 탁송하다, 운송을 위탁하다	313
拖延	tuōyán	동 끌다, 지연하다, 연기하다	007
脱离	tuōlí	동 이탈하다, 벗어나다, (관계 등을) 끊다	125
妥当	tuǒdang	형 타당하다, 알맞다	383
妥善	tuǒshàn	형 나무랄 데 없다, 알맞다	548
妥协	tuǒxié	동 타협하다, 타결되다	591
椭圆	tuǒyuán	명 타원	155
唾弃	tuòqì	동 돌아보지 않고 버리다, 혐오하다	470

W

挖掘	wājué	동 캐다	022
娃娃	wáwa	명 어린애, 인형	149
瓦解	wǎjiě	동 분열하다, 무너지다, 붕괴하다	627
哇	wā	감 와!	288
歪曲	wāiqū	동 왜곡하다	060
外表	wàibiǎo	명 겉모습, 외모	227
外行	wàiháng	명 비전문가, 문외한	251
外界	wàijiè	명 외계, 외부	508
外向	wàixiàng	형 외향적이다	182
丸	wán	명 알, 환(丸)	305
完备	wánbèi	형 모두 갖추다, 완비되어 있다	599
完毕	wánbì	동 끝내다, 마치다	007
玩弄	wánnòng	동 희롱하다, 우롱하다	393
玩意儿	wányìr	명 완구, 장난감	412

顽固	wángù	옝 완고하다, 고집스럽다	195
顽强	wánqiáng	옝 완강하다	404
挽回	wǎnhuí	됭 만회하다, 돌이키다	249
挽救	wǎnjiù	됭 구해 내다, 구제하다	381
惋惜	wǎnxī	됭 애석해하다, 안타까워하다	620
万分	wànfēn	붜 대단히, 극히	529
往常	wǎngcháng	몡 평소, 평상시	261
往事	wǎngshì	몡 지난 일, 옛일	279
妄想	wàngxiǎng	됭 망상하다, 공상하다	062
危机	wēijī	몡 위기	040, 101
威风	wēifēng	몡 위풍, 위엄	420
威力	wēilì	몡 위력	152, 524
威望	wēiwàng	몡 위세와 명망	185
威信	wēixìn	몡 위신, 신망	442
微不足道	wēibù zúdào	셍 하찮아서 말할(언급할) 가치도 없다	629
微观	wēiguān	옝 미시의, 미시적이다	493
为难	wéinán	됭 난처하다, 난감하다	461
为期	wéiqī	됭 기한으로 하다	567
违背	wéibèi	됭 위반하다, 위배하다	596
唯独	wéidú	붜 오직, 홀로	247
维持	wéichí	됭 유지하다, 시키다	055, 522
维护	wéihù	됭 유지하고 보호하다, 옹호하다	518
维生素	wéishēngsù	몡 비타민	616
伪造	wěizào	됭 위조하다, 날조하다	298
委托	wěituō	됭 위탁하다, 의뢰하다	226
委员	wěiyuán	몡 위원	567
卫星	wèixīng	몡 위성	081
未免	wèimiǎn	붜 ~을(를) 면할 수 없다	180
畏惧	wèijù	됭 두려워하다, 무서워하다	395
喂	wèi	캄 야, 어이, 여보세요 됭 기르다, 사육하다, 먹이다	613
蔚蓝	wèilán	옝 (맑은 하늘처럼) 짙푸른, 쪽빛의	057
慰问	wèiwèn	됭 위문하다	417
温带	wēndài	몡 온대	592
温和	wēnhé	옝 온화하다, 부드럽다	592

文凭	wénpíng	몡 졸업 증서	008
文物	wénwù	몡 문물	207
文献	wénxiàn	몡 문헌	369
文雅	wényǎ	혱 품위가 있다	539
文艺	wényì	몡 문예, 문학과 예술	053
问世	wènshì	됭 세상에 나오다	213
窝	wō	몡 둥지, 둥우리	155
乌黑	wūhēi	혱 새까맣다, 아주 검다	618
污蔑	wūmiè	됭 모독하다, 중상하다	617
诬陷	wūxiàn	됭 무함하다, 사실을 날조하여 모함하다	523
无比	wúbǐ	혱 더 비할 바가 없다	122
无偿	wúcháng	혱 무상의	207
无耻	wúchǐ	혱 염치 없다	281
无动于衷	wúdòng yúzhōng	셍 당연히 관심을 가져야 할 일에 전혀 무관심하다	288
无非	wúfēi	붜 단지 ~할 뿐이다	097
无辜	wúgū	혱 죄가 없는 몡 무고한 사람	406
无精打采	wújīng dǎcǎi	셍 맥이 풀리다, 기운이 없다	173
无赖	wúlài	몡 무뢰한 혱 무뢰하다	591
无理取闹	wúlǐ qǔnào	셍 아무런 까닭 없이 남과 다투다	613
无能为力	wúnéng wéilì	셍 힘을 제대로 쓰지 못하다	461
无穷无尽	wúqióng wújìn	셍 무궁무진하다	581
无微不至	wúwēi búzhì	셍 배려하고 보살핌이 세심하고 주도면밀하다	009
无忧无虑	wúyōu wúlǜ	셍 아무런 근심이 없다	280
无知	wúzhī	혱 무지하다	286
武器	wǔqì	몡 무기	063, 524
武侠	wǔxiá	몡 무협	547
武装	wǔzhuāng	몡 무장	604
侮辱	wǔrǔ	몡 모욕 됭 모욕하다	006
舞蹈	wǔdǎo	몡 무도, 무용	237
务必	wùbì	붜 반드시, 꼭	384
物美价廉	wùměi jiàlián	셍 상품의 질이 좋고 값도 저렴하다	450
物业	wùyè	몡 가옥 및 시설, 설비, 부지, 부동산	595
物资	wùzī	몡 물자	564
误差	wùchā	몡 오차	493

误解	wùjiě	몡 오해 동 오해하다	423

X

夕阳	xīyáng	몡 석양	329
昔日	xīrì	몡 옛날, 이전, 석일	219
牺牲	xīshēng	동 희생하다, 대가를 치르다	432, 609
溪	xī	몡 개울	593
熄灭	xīmiè	동 꺼지다, 소멸하다	405
膝盖	xīgài	몡 무릎	270
习俗	xísú	몡 풍속, 습속	165
袭击	xíjī	동 습격하다, 기습하다	428
媳妇	xífu	몡 아내, 며느리	635
喜闻乐见	xǐwén lèjiàn	셩 기쁜 마음으로 듣고 보다	628
喜悦	xǐyuè	혱 기쁘다, 즐겁다	529
系列	xìliè	몡 계열	510
细胞	xìbāo	몡 세포	623
细菌	xìjūn	몡 세균	241
细致	xìzhì	혱 세밀하다, 정교하다	457
峡谷	xiágǔ	몡 협곡	197
狭隘	xiá'ài	혱 좁다	468
狭窄	xiázhǎi	혱 비좁다, 협소하다	289
霞	xiá	몡 노을	329
下属	xiàshǔ	몡 부하	083
先进	xiānjìn	혱 선진의, 진보적인	413
先前	xiānqián	몡 이전, 예전	516
纤维	xiānwéi	몡 섬유	469
掀起	xiān//qǐ	동 열다, 들어올리다	158
鲜明	xiānmíng	혱 명확하다, 뚜렷하다	431
闲话	xiánhuà	몡 잡담, 한담	259
贤惠	xiánhuì	혱 (여자가) 품성이 곱다	010
弦	xián	몡 현, 줄, 선, 활시위	375
衔接	xiánjiē	동 맞물리다, 이어지다	375
嫌	xián	몡 혐의, 의심	319
嫌疑	xiányí	몡 의심쩍음, 혐의	421

显著	xiǎnzhù	형 현저하다, 뚜렷하다	034
现场	xiànchǎng	명 현장	206
现成	xiànchéng	형 이미 갖추어져 있는, 기성의	287
现状	xiànzhuàng	명 현상, 현황	439
线索	xiànsuǒ	명 실마리, 단서	107
宪法	xiànfǎ	명 헌법	411
陷害	xiànhài	동 모함하다, 모해하다	397
陷阱	xiànjǐng	명 함정, 흉계	233
陷入	xiànrù	동 빠지다, 떨어지다	075
馅儿	xiànr	명 소 [만두나 떡 속에 넣는 재료]	287
乡镇	xiāngzhèn	명 소도시	571
相差	xiāngchà	동 서로 차이가 나다	272, 446
相等	xiāngděng	동 같다, 대등하다	344
相辅相成	xiāngfǔ xiāngchéng	성 서로 보완하고 도와서 일을 완성하다	380
相应	xiāngyìng	동 상응하다	411, 477
镶嵌	xiāngqiàn	동 끼워 넣다	161
响亮	xiǎngliàng	형 크고 맑다, 우렁차다	394
响应	xiǎngyìng	동 호응하다, 응하다	143
想方设法	xiǎngfāng shèfǎ	성 온갖 방법을 다 생각하다	625
向导	xiàngdǎo	명 가이드	311
向来	xiànglái	부 줄곧, 종래	079
向往	xiàngwǎng	동 열망하다	174
巷	xiàng	명 골목	289
相声	xiàngshēng	명 만담, 재담	201
削	xiāo	동 깎다, 벗기다, 잘라내다, 제거하다	187
消除	xiāochú	동 해소하다, 풀다	574
消毒	xiāo//dú	동 소독하다	637
消防	xiāofáng	명 소방	138
消耗	xiāohào	동 소모하다	374
消灭	xiāomiè	동 소멸시키다, 제거하다, 사라지다, 멸망하다	422
销毁	xiāohuǐ	동 소각하다	073
潇洒	xiāosǎ	형 자연스럽고 얽매이지 않고 멋스럽다, 스마트하다	343
小心翼翼	xiǎoxīn yìyì	성 엄숙하고 경건하다	022
肖像	xiàoxiàng	명 초상	250

效益	xiàoyì	몡 효과와 이익	447
协会	xiéhuì	몡 협회	512
协商	xiéshāng	동 협상하다	103
协调	xiétiáo	혱 어울리다 동 어울리게 하다, 조율하다	079
协议	xiéyì	동 협의하다	160
协助	xiézhù	동 협조하다	102
携带	xiédài	동 휴대하다	486
泄露	xièlòu	동 누설하다, 폭로하다	281
泄气	xiè//qì	동 공기가 새다, 자신감을 잃다	446
屑	xiè	몡 부스러기, 찌꺼기 혱 자질구레하다 동 ~할 만한 가치가 있다고 여기다	187
谢绝	xièjué	동 사절하다	400
心得	xīndé	몡 심득	358
心甘情愿	xīngān qíngyuàn	셩 기꺼이 원하다, 내심 만족해하며 기꺼이 원하다	536
心灵	xīnlíng	몡 심령, 마음	204
心态	xīntài	몡 심리 상태	153
心疼	xīnténg	동 아까워하다, 애석해하다	406
心血	xīnxuè	몡 심혈	189
心眼儿	xīnyǎnr	몡 내심, 마음속	602
辛勤	xīnqín	혱 부지런하다, 근면하다	089
欣慰	xīnwèi	혱 기쁘고 안심이 되다	454
欣欣向荣	xīnxīn xiàngróng	셩 활기차게 발전하다, 번영하다	064
新陈代谢	xīnchén dàixiè	몡 신진 대사	464
新郎	xīnláng	몡 신랑	638
新娘	xīnniáng	몡 신부	638
新颖	xīnyǐng	혱 새롭다, 신선하다	144
薪水	xīnshui	몡 봉급	318
信赖	xìnlài	동 신뢰하다, 신임하다	160
信念	xìnniàn	몡 신념, 믿음	404
信仰	xìnyǎng	몡 신앙	368, 474
信誉	xìnyù	몡 신망, 신용	356
兴隆	xīnglóng	혱 창성하다, 흥성하다	356
兴旺	xīngwàng	혱 창성하다	271
腥	xīng	혱 비린내가 나다	305

刑事	xíngshì	명 형사	225
行政	xíngzhèng	명 행정	590
形态	xíngtài	명 형태	276
兴高采烈	xìnggāo cǎiliè	성 매우 기쁘다	566
兴致勃勃	xìngzhì bóbó	성 흥미진진하다	201
性感	xìnggǎn	형 섹시하다	354
性命	xìngmìng	명 목숨, 생명	462
性能	xìngnéng	명 성능	531
凶恶	xiōng'è	형 흉악하다	462
凶手	xiōngshǒu	명 살인범, 살인자	169
汹涌	xiōngyǒng	동 물이 용솟음치다, 일렁이다	090
胸怀	xiōnghuái	명 흉금, 도량	140
胸膛	xiōngtáng	명 가슴, 흉부	202
雄厚	xiónghòu	형 풍부하다, 충분하다	340
雄伟	xióngwěi	형 웅대하고 위세가 넘치다	002
修复	xiūfù	동 수리하여 복원하다	516
修建	xiūjiàn	동 건조하다, 건설하다	004, 148
修养	xiūyǎng	명 수양, 교양	008
羞耻	xiūchǐ	형 수줍다, 부끄럽다	433
绣	xiù	동 수놓다, 자수하다	457
嗅觉	xiùjué	명 후각	311
须知	xūzhī	명 주의 사항	485
虚假	xūjiǎ	형 거짓의, 허위의	363
虚荣	xūróng	명 허영, 헛된 영화	433
虚伪	xūwěi	형 허위의, 거짓의	506
需求	xūqiú	명 수요, 필요	496, 575
许可	xǔkě	동 허가하다, 승낙하다	125
序言	xùyán	명 서문	168
畜牧	xùmù	동 축산하다, 목축하다	430
酗酒	xùjiǔ	동 주정하다, 취해서 함부로 행동하다	115
宣誓	xuānshì	동 선서하다	509
宣扬	xuānyáng	동 선양하다, 널리 알리다	223
喧哗	xuānhuá	형 떠들썩하다, 시끌벅적하다 동 떠들어대다	255
悬挂	xuánguà	동 걸다, 매달다	084

悬念	xuánniàn	몡 서스펜스 됭 염려하다	416
悬殊	xuánshū	휑 차이가 크다, 동떨어져 있다	446
悬崖峭壁	xuányá qiàobǐ	솅 깎아지른 듯한 절벽	337
旋律	xuánlǜ	몡 선율, 멜로디	255
旋转	xuánzhuǎn	됭 돌다, 회전하다	333
选拔	xuǎnbá	됭 선발하다	451
选举	xuǎnjǔ	됭 선거하다	567
选手	xuǎnshǒu	몡 선수	096
炫耀	xuànyào	됭 비추다, 과시하다	323
削弱	xuēruò	됭 약화되다, 약해지다	374
学说	xuéshuō	몡 학설	200
学位	xuéwèi	몡 학위	048
雪上加霜	xuěshàng jiāshuāng	솅 설상가상	146
血压	xuèyā	몡 혈압	315
熏陶	xūntáo	됭 훈도하다	294
寻觅	xúnmì	됭 찾다	320
巡逻	xúnluó	됭 순찰하다, 순시하다	307
循环	xúnhuán	됭 순환하다	333
循序渐进	xúnxù jiànjìn	솅 순차적으로 진행하다	449

Y

压迫	yāpò	됭 억압하다	158
压岁钱	yāsuìqián	몡 세뱃돈	165
压缩	yāsuō	됭 압축하다	485
压抑	yāyì	휑 답답하다, 억압하다	608
压榨	yāzhà	됭 압착하다	441
压制	yāzhì	됭 억제하다, 제지하다	152
鸦雀无声	yāquè wúshēng	솅 까마귀와 참새 소리마저 없다, 매우 고요하다	557
亚军	yàjūn	몡 제2위, 준우승	578
烟花爆竹	yānhuā bàozhú	몡 불꽃놀이, 폭죽	163
淹没	yānmò	됭 잠기다, 수몰되다	050
延期	yánqī	됭 연장하다, 늘리다	595
延伸	yánshēn	됭 펴다, 늘이다	607
延续	yánxù	됭 계속하다, 지속하다	340

严寒	yánhán	형 추위가 심하다	232
严禁	yánjìn	동 엄금하다	001
严峻	yánjùn	형 중대하다, 심각하다, 엄숙하다	338
严厉	yánlì	형 호되다, 매섭다	162
严密	yánmì	형 빈틈없다, 긴밀하다	508
言论	yánlùn	명 언론, 의견	221
岩石	yánshí	명 암석, 바위	170
炎热	yánrè	형 무덥다, 찌는 듯하다	610
沿海	yánhǎi	명 연해	104
掩盖	yǎngài	동 위에서 덮어 씌우다	227
掩护	yǎnhù	동 몰래 보호하다	075
掩饰	yǎnshì	동 덮어 숨기다, 감추다	198
眼光	yǎnguāng	명 시선, 눈길	443
眼色	yǎnsè	명 윙크, 눈짓	282
眼神	yǎnshén	명 눈빛, 눈의 표정	162
演变	yǎnbiàn	동 변화 발전하다	372
演习	yǎnxí	동 훈련하다, 연습하다	138
演绎	yǎnyì	동 벌여 놓다	547
演奏	yǎnzòu	동 연주하다	246
厌恶	yànwù	동 혐오하다	223
验收	yànshōu	동 검수하다	359
验证	yànzhèng	동 검증하다	231
氧气	yǎngqì	명 산소	243
样品	yàngpǐn	명 샘플, 견본	583
谣言	yáoyán	명 유언비어, 풍설	236
摇摆	yáobǎi	동 흔들거리다	084
摇滚	yáogǔn	명 로큰롤	299
遥控	yáokòng	동 원격 조종하다	637
遥远	yáoyuǎn	형 요원하다, 아득히 멀다	222
要点	yàodiǎn	명 요점	455
要命	yào//mìng	부 엄청, 아주 동 귀찮아 죽겠다	078
要素	yàosù	명 요소	332
耀眼	yàoyǎn	형 눈부시다	161
野蛮	yěmán	형 야만적이다, 미개하다	427

野心	yěxīn	몡 야심	105
液体	yètǐ	몡 액체	063
一度	yídù	한 번, 한 차례 閉 한때, 한동안	082
一帆风顺	yìfān fēngshùn	솅 일이 순조롭게 진행되다	295
一贯	yíguàn	옝 한결같다, 일관되다	065
一举两得	yìjǔ liǎngdé	솅 일거양득, 일석이조	024
一流	yīliú	옝 최상급의, 일류의	248
一目了然	yímù liǎorán	솅 한눈에 환히 알다	483
一如既往	yìrú jìwǎng	솅 지난날과 다름없다	029
一丝不苟	yìsī bùgǒu	솅 조금도 소홀히 하지 않다	046
一向	yíxiàng	閉 줄곧, 종래	012
衣裳	yīshang	몡 의상, 의복	029
依旧	yījiù	됭 여전하다, 의구하다	204
依据	yījù	됭 의거하다, 근거하다 몡 근거	225, 411
依靠	yīkào	됭 의존하다	530
依赖	yīlài	됭 의존하다	120
依托	yītuō	됭 의지하다, 기대다	039
仪器	yíqì	몡 측정 기구	562, 603
仪式	yíshì	몡 의식	297
遗产	yíchǎn	몡 유산	533
遗传	yíchuán	됭 유전하다	301
遗留	yíliú	됭 남겨 놓다, 남아 있다	308
遗失	yíshī	됭 유실하다, 잃어버리다	320
疑惑	yíhuò	됭 의심하다, 의심을 품다	491
以便	yǐbiàn	젭 ~하기 위하여	605
以免	yǐmiǎn	젭 ~하지 않도록	018
以往	yǐwǎng	몡 종전, 이전	574
以至	yǐzhì	젭 ~에 이르기까지, ~에 까지	150
以致	yǐzhì	젭 ~이(가) 되다, ~을 초래하다	196
亦	yì	閉 ~도 역시, 또한	506
异常	yìcháng	옝 심상치 않다, 이상하다	633
意料	yìliào	몡 예상, 예측	365
意识	yìshí	몡 의식	346
意图	yìtú	몡 의도, 기도	370

意味着	yìwèizhe	동 의미하다, 뜻하다	172
意向	yìxiàng	명 의향, 의도, 의사	300
意志	yìzhì	명 의지	404
毅力	yìlì	명 굳센 의지	497
毅然	yìrán	부 의연히, 결연히	108
翼	yì	명 날개, 깃	342
阴谋	yīnmóu	명 음모	397
音响	yīnxiǎng	명 음향	331
引导	yǐndǎo	동 인도하다	476
引擎	yǐnqíng	명 엔진	342
引用	yǐnyòng	동 인용하다	369
饮食	yǐnshí	명 음식	230
隐蔽	yǐnbì	동 은폐하다, 가리다	504
隐患	yǐnhuàn	명 잠복해 있는 병	516
隐瞒	yǐnmán	동 숨기다, 속이다	220
隐私	yǐnsī	명 사적인 비밀	001
隐约	yǐnyuē	형 희미하다, 흐릿하다	387
英明	yīngmíng	형 영명하다	330
英勇	yīngyǒng	형 용맹하다, 용감하다	092
婴儿	yīng'ér	명 영아, 젖먹이	542
迎面	yíngmiàn	부 정면으로	198
盈利	yínglì	명 이윤, 이익	628
应酬	yìngchou	동 응대하다, 접대하다	335
应邀	yìngyāo	동 초청에 응하다	047
拥护	yōnghù	동 옹호하다, 지지하다	185
拥有	yōngyǒu	동 보유하다, 소유하다	133, 262
庸俗	yōngsú	형 범속하다, 비속하다	274
永恒	yǒnghéng	형 영원히 변하지 않다	291
勇于	yǒngyú	동 용감하게 ~하다	244
涌现	yǒngxiàn	동 한꺼번에 나타나다	008
踊跃	yǒngyuè	형 열렬하다, 활기차다 동 펄쩍 뛰어오르다	551
用户	yònghù	명 사용자, 가입자	100
优胜劣汰	yōushèng liètài	성 우수한 것은 살아남고, 나쁜 것은 도태하다	460
优先	yōuxiān	동 우선하다	206

优异	yōuyì	(형) 특히 우수하다	597
优越	yōuyuè	(형) 우월하다	531
忧郁	yōuyù	(형) 우울하다, 침울하다	250
犹如	yóurú	(동) 마치 ~와(과) 같다	515
油腻	yóunì	(형) 기름지다, 느끼하다	484
油漆	yóuqī	(명) 페인트 (동) 페인트 등을 칠하다	366
有条不紊	yǒutiáo bùwěn	(성) 조리 있고 질서 정연하다	128
幼稚	yòuzhì	(형) 유치하다, 어리다	006
诱惑	yòuhuò	(동) 꾀다, 유혹하다	434
渔民	yúmín	(명) 어민	425
愚蠢	yúchǔn	(형) 우둔하다, 어리석다	468
愚昧	yúmèi	(형) 우매하다	391
舆论	yúlùn	(명) 여론	106
与日俱增	yǔrì jùzēng	(성) 날이 갈수록 많아지다	143
宇宙	yǔzhòu	(명) 우주	200, 235
羽绒服	yǔróngfú	(명) 다운 재킷	144
玉	yù	(명) 옥	412
预料	yùliào	(동) 예상하다 (명) 예상, 예측	379
预期	yùqī	(동) 예기하다, (사전에) 기대하다	322
预算	yùsuàn	(동) 예산하다	240
预先	yùxiān	(부) 사전에, 미리	141
预言	yùyán	(동) 예언하다	327
预兆	yùzhào	(동) 조짐을 보이다 (명) 전조, 징조	610
欲望	yùwàng	(명) 욕망	434
寓言	yùyán	(명) 우언	248
愈	yù	(부) ~하면 ~할수록 ~하다	112
冤枉	yuānwang	(형) 억울하다 (동) 억울한 누명을 씌우다	402
元首	yuánshǒu	(명) 국가 원수	129
元素	yuánsù	(명) 요소	256
元宵节	Yuánxiāojié	(명) 원소절	304
园林	yuánlín	(명) 원림, 조경 풍치림	084
原告	yuángào	(명) 원고	533
原理	yuánlǐ	(명) 원리	471
原始	yuánshǐ	(형) 원시의, 최초의	073

原先	yuánxiān	뎡 종전, 이전	002
圆满	yuánmǎn	혱 원만하다	304
缘故	yuángù	뎡 연고, 이유, 까닭	175
源泉	yuánquán	뎡 원천	593
约束	yuēshù	뚕 단속하다, 규제하다	310
乐谱	yuèpǔ	뎡 악보	246
岳母	yuèmǔ	뎡 장모	038
孕育	yùnyù	뚕 낳아 기르다, 생육하다	172
运算	yùnsuàn	뚕 연산하다, 운산하다	454
运行	yùnxíng	뚕 운행하다	284
酝酿	yùnniàng	뚕 술을 빚다	430
蕴藏	yùncáng	뚕 잠재하다, 매장되다	049
熨	yùn	뚕 다리다	314

Z

杂技	zájì	뎡 잡기, 곡예	452
杂交	zájiāo	뚕 교잡하다	448
砸	zá	뚕 찧다, 박다	375
咋	zǎ	뎅 어째서, 어떻게	203
灾难	zāinàn	뎡 재난, 재해	146
栽培	zāipéi	뚕 배양하다, 재배하다	355
宰	zǎi	뚕 죽이다, 도살하다	385
再接再厉	zàijiē zàilì	셍 더욱 더 힘쓰다	597
在意	zàiyì	뚕 마음에 두다, 개의하다	459
攒	zǎn	뚕 쌓다, 모으다	318
暂且	zànqiě	봄 잠시, 잠깐	617
赞叹	zàntàn	뚕 찬탄하다	037
赞助	zànzhù	뚕 찬조하다	240
遭受	zāoshòu	뚕 입다, 당하다	082, 580
遭殃	zāoyāng	뚕 재난을 입다	406
遭遇	zāoyù	뚕 (불행한 일 등을) 만나다	005
糟蹋	zāotà	뚕 낭비하다, 망치다	025
造型	zàoxíng	뎡 조형, 이미지, 형상	354
噪音	zàoyīn	뎡 소음	632

责怪	zéguài	동 원망하다, 나무라다	443
贼	zéi	명 도둑, 도적	269
增添	zēngtiān	동 더하다, 늘리다	259
赠送	zèngsòng	동 증정하다	026
扎	zā zhā	동 묶다, 매다 동 찌르다	029
扎实	zhāshi	형 견실하다, 견고하다	384
渣	zhā	명 찌꺼기, 침전물	273
眨	zhǎ	동 깜박거리다, 깜짝이다	181
诈骗	zhàpiàn	동 속이다, 갈취하다	580
摘要	zhāiyào	명 적요, 개요 동 적요하다	369
债券	zhàiquàn	명 채권	195
沾光	zhān//guāng	동 덕을 보다	296
瞻仰	zhānyǎng	동 우러러보다	080
斩钉截铁	zhǎndīng jiétiě	성 맺고 끊다, 단호하다	339
展示	zhǎnshì	동 전시하다, 드러내다	093
展望	zhǎnwàng	동 먼 곳을 보다	338
展现	zhǎnxiàn	동 드러내다, 나타나다	399
崭新	zhǎnxīn	형 참신하다, 아주 새롭다	450
占据	zhànjù	동 점거하다, 점유하다	541
占领	zhànlǐng	동 점령하다	336
战斗	zhàndòu	명 전투 동 전투하다	609
战略	zhànlüè	명 전략	322
战术	zhànshù	명 전술	328
战役	zhànyì	명 전역	074
章程	zhāngchéng	명 장정, 규정	229, 622
帐篷	zhàngpeng	명 장막, 천막, 텐트	041
障碍	zhàng'ài	명 장애물, 방해물	439
招标	zhāo//biāo	동 입찰 공고하다	376
招收	zhāoshōu	동 모집하다	487
朝气蓬勃	zhāoqì péngbó	성 생기가 넘쳐흐르다	386
着迷	zháo//mí	동 몰두하다, 사로잡히다	246, 475
沼泽	zhǎozé	명 늪, 습지	606
照样	zhàoyàng	동 어떤 모양대로 하다	191
照耀	zhàoyào	동 밝게 비추다	473

折腾	zhēteng	⑧ 고통스럽게 하다	191
遮挡	zhēdǎng	⑧ 막다, 차단하다	382
折	zhé	⑧ 꺾다, 끊다	390
折磨	zhémó	⑧ 고통스럽게 하다	203
侦探	zhēntàn	⑲ 탐정, 스파이	107
珍贵	zhēnguì	⑱ 진귀하다, 귀중하다	393
珍稀	zhēnxī	⑱ 진귀하고 드물다	554
珍珠	zhēnzhū	⑲ 진주	612
真理	zhēnlǐ	⑲ 진리	295
真相	zhēnxiàng	⑲ 진상, 실상	107
真挚	zhēnzhì	⑱ 성실하다, 참되다	506
斟酌	zhēnzhuó	⑧ 헤아리다, 짐작하다	370
枕头	zhěntou	⑲ 베개	024, 149
阵地	zhèndì	⑲ 진지	152
阵容	zhènróng	⑲ 진용	264
振奋	zhènfèn	⑱ 분기하다, 진작시키다	398
振兴	zhènxīng	⑧ 진흥시키다	340
震撼	zhènhàn	⑧ 뒤흔들다, 진동시키다, 감동시키다	138
震惊	zhènjīng	⑱ 깜짝 놀라게 하다, 경악하게 하다	514
镇定	zhèndìng	⑱ 차분하다, 태연하다	164
镇静	zhènjìng	⑱ 냉정하다, 침착하다	388
正月	zhēngyuè	⑲ 정월	304
争端	zhēngduān	⑲ 분쟁의 실마리	415
争夺	zhēngduó	⑧ 쟁탈하다, 다투다	533
争气	zhēngqì	⑧ 잘 하려고 애쓰다	357
争先恐后	zhēngxiān kǒnghòu	⑳ 뒤질세라 앞을 다투다	096
争议	zhēngyì	⑧ 쟁의하다	524
征服	zhēngfú	⑧ 정복하다	463
征收	zhēngshōu	⑧ 징수하다	489
挣扎	zhēngzhá	⑧ 발버둥치다	217
蒸发	zhēngfā	⑧ 증발하다	438
整顿	zhěngdùn	⑧ 정돈하다, 바로잡다	424
正当	zhèngdàng	⑱ 정당하다, (인품이) 바르고 곧다	489
正负	zhèngfù	⑲ 플러스 마이너스, 양전자와 음전자	416

正规	zhèngguī	📖 정규의, 표준의	498
正经	zhèngjing	📖 정직하다, 곧다, 정당하다	435
正气	zhèngqì	📖 공명정대한 태도	620
正义	zhèngyì	📖 정의	312
正宗	zhèngzōng	📖 불교의 정종, 정통파 📖 정통의	296
证实	zhèngshí	📖 실증하다, 사실을 증명하다	418
证书	zhèngshū	📖 증서, 증명서	527
郑重	zhèngzhòng	📖 정중하다	330
政策	zhèngcè	📖 정책	023
政权	zhèngquán	📖 정권	070
症状	zhèngzhuàng	📖 증상, 증후	254
之际	zhījì	📖 때, 즈음	018
支撑	zhīchēng	📖 버티다, 지탱하다	142
支出	zhī//chū	📖 지출하다 📖 지출	067
支流	zhīliú	📖 지류	371
支配	zhīpèi	📖 안배하다, 분배하다	318
支援	zhīyuán	📖 지원하다	447
支柱	zhīzhù	📖 지주, 받침대	368
枝	zhī	📖 가지	181
知觉	zhījué	📖 지각, 감각	270
知足常乐	zhīzú chánglè	사람은 만족스러우면 항상 즐겁다	105
脂肪	zhīfáng	📖 지방	256
执行	zhíxíng	📖 집행하다	128, 520
执着	zhízhuó	📖 고집스럽다, 집착하다, 융통성이 없다, 끝까지 추구하다	105
直播	zhíbō	📖 생방송을 하다 📖 생중계	197
直径	zhíjìng	📖 직경	493
侄子	zhízǐ	📖 조카	066, 130
值班	zhí//bān	📖 당번이 되다	348
职能	zhínéng	📖 직능, 직책과 기능	442
职位	zhíwèi	📖 직위	094
职务	zhíwù	📖 직무	617
殖民地	zhímíndì	📖 식민지	098
指标	zhǐbiāo	📖 지표, 수치	366
指定	zhǐdìng	📖 지정하다, 확정하다	498

指甲	zhǐjia	명 손톱	390
指令	zhǐlìng	명 지령	520
指南针	zhǐnánzhēn	명 나침반	555
指示	zhǐshì	동 가리키다, 지시하다	350
指望	zhǐwàng	동 기대하다, 바라다 명 기대, 가망, 희망	569
指责	zhǐzé	동 지적하다	511
志气	zhìqì	명 패기, 기개	209
制裁	zhìcái	동 제재하다	411
制服	zhìfú	명 제복	132
制约	zhìyuē	동 제약하다	338
制止	zhìzhǐ	동 제지하다	347
治安	zhì'àn	명 치안	139, 518
治理	zhìlǐ	동 통치하다	034
致辞	zhìcí	동 인사말을 하다	264
致力	zhìlì	동 힘쓰다, 전력하다	549
致使	zhìshǐ	동 ~를 초래하다	153
智力	zhìlì	명 지력, 지능	341
智能	zhìnéng	명 지능	292
智商	zhìshāng	명 지능지수	341
滞留	zhìliú	동 ~에 머물다	440
中断	zhōngduàn	동 중단하다, 중단되다	631
中立	zhōnglì	동 중립하다	351
中央	zhōngyāng	명 중앙, 정부	518
忠诚	zhōngchéng	형 충성하다, 충실하다	010
忠实	zhōngshí	형 충실하다	482
终点	zhōngdiǎn	명 종착점, 종점	086
终究	zhōngjiū	부 결국, 어쨌든	085
终身	zhōngshēn	명 평생, 종신	150
终止	zhōngzhǐ	동 마치다, 정지하다	582
衷心	zhōngxīn	형 충심의	177
肿瘤	zhǒngliú	명 종양	636
种子	zhǒngzi	명 종자, 열매	355
种族	zhǒngzú	명 종족, 인종	291
众所周知	zhòngsuǒ zhōuzhī	성 모든 사람이 다 알고 있다	541

种植	zhòngzhí	통 씨를 뿌리고 나무를 심다, 종식하다	469
重心	zhòngxīn	명 중심, 무게 중심	640
舟	zhōu	명 배	425
州	zhōu	명 주, 자치주	592
周边	zhōubiān	명 주변, 주위	194
周密	zhōumì	형 주밀하다, 꼼꼼하다	132
周年	zhōunián	명 주년	213
周期	zhōuqī	명 주기	623
周折	zhōuzhé	명 우여곡절	495
周转	zhōuzhuǎn	통 돌리다, 융통하다	447
粥	zhōu	명 죽	038
昼夜	zhòuyè	명 낮과 밤	379
皱纹	zhòuwén	명 주름	016
株	zhū	양 그루	205
诸位	zhūwèi	대 제위, 여러분	551
逐年	zhúnián	부 해마다	112
主办	zhǔbàn	통 주최하다	487
主导	zhǔdǎo	명 주도 통 주도하다 형 주도의	507
主管	zhǔguǎn	통 주관하다 명 주관자	584
主流	zhǔliú	명 주류	371
主权	zhǔquán	명 주권	062
主义	zhǔyì	명 (문예사조, 정치체제, 기풍을 가리키는) 주의	211
拄	zhǔ	통 짚다, 몸을 지탱하다	077
嘱咐	zhǔfù	통 분부하다, 당부하다	220
助理	zhùlǐ	형 보조하다 명 보조원	349
助手	zhùshǒu	명 조수	119
住宅	zhùzhái	명 주택	039
注射	zhùshè	통 주사하다	408
注视	zhùshì	통 주시하다	373
注释	zhùshì	통 주석하다 명 주석	477
注重	zhùzhòng	통 중시하다	431, 534
驻扎	zhùzhā	통 주둔하다, 주재하다	374
著作	zhùzuò	명 저서, 저작 통 저작하다	031
铸造	zhùzào	통 주조하다	285

拽	zhuài	동 잡아당기다	445
专长	zhuāncháng	명 특기, 특수 기능	078
专程	zhuānchéng	부 특별히	066
专利	zhuānlì	명 특허권	495
专题	zhuāntí	명 특별한 주제	611
砖	zhuān	명 벽돌	164, 365
转达	zhuǎndá	동 전달하다, 전하다	226
转让	zhuǎnràng	동 양도하다, 넘겨주다	584
转移	zhuǎnyí	동 전이하다, 옮기다	568
转折	zhuǎnzhé	동 방향이 바뀌다, 전환하다	183
传记	zhuànjì	명 전기	213
庄稼	zhuāngjia	명 농작물	025
庄严	zhuāngyán	형 장엄하다	509
庄重	zhuāngzhòng	형 장중하다	435
装备	zhuāngbèi	명 장비 동 탑재하다, 장치하다	121
装卸	zhuāngxiè	동 조립하고 해체하다	263
壮观	zhuàngguān	형 장관이다	371
壮丽	zhuànglì	형 웅장하고 아름답다	037
壮烈	zhuàngliè	형 장렬하다	432
幢	zhuàng	양 동, 채	599
追悼	zhuīdào	동 추도하다, 추모하다	501
追究	zhuījiū	동 추궁하다, 따지다, 규명하다	352
坠	zhuì	동 떨어지다, 추락하다, 매달리다 명 매달린 물건	233, 342
准则	zhǔnzé	명 준칙, 규범	489
卓越	zhuóyuè	형 탁월하다, 출중하다	451
着手	zhuóshǒu	동 착수하다	100
着想	zhuóxiǎng	동 생각하다, 고려하다	356
着重	zhuózhòng	동 치중하다, 강조하다	031, 622
琢磨	zhuómó	동 탁마하다, 다듬다	318
姿态	zītài	명 자태, 모습, 자세	598
资本	zīběn	명 자본	340
资产	zīchǎn	명 자산, 재산	416, 576
资深	zīshēn	형 경력이 오래된	381
资助	zīzhù	동 경제적으로 돕다	400

滋润	zīrùn	혱 촉촉하다, 촉촉하게 적시다	016
滋味	zīwèi	몡 맛	296
子弹	zǐdàn	몡 총알	432
自卑	zìbēi	혱 스스로 남보다 못하다고 느끼다	608
自发	zìfā	혱 자발적인	158
自力更生	zìlì gēngshēng	셩 자력갱생하다	544
自满	zìmǎn	혱 자만하다	597
自主	zìzhǔ	동 자주적이다	053
宗教	zōngjiào	몡 종교	223, 600
宗旨	zōngzhǐ	몡 종지, 주지, 취지	023
棕色	zōngsè	몡 갈색, 다갈색	239
踪迹	zōngjì	몡 종적	421
总而言之	zǒng'ér yánzhī	셩 총괄적으로 말하면	383
总和	zǒnghé	몡 총체, 총계	048
纵横	zònghéng	몡 종횡, 가로 세로	371
走廊	zǒuláng	몡 복도, 회랑	084
走漏	zǒulòu	동 누설하다	352
走私	zǒusī	동 밀수하다	225
揍	zòu	동 때리다, 치다	166
租赁	zūlìn	동 임차하다, 빌리다	114
足以	zúyǐ	부 충분히 ~할 수 있다	522
阻碍	zǔ'ài	동 가로막다	332
阻拦	zǔlán	동 저지하다	108
阻挠	zǔnáo	동 가로막다	054
祖父	zǔfù	몡 조부, 할아버지	026
祖国	zǔguó	몡 조국	509, 609
祖先	zǔxiān	몡 선조, 조상	091
钻研	zuānyán	동 깊이 연구하다	292
钻石	zuànshí	몡 금강석, 다이아몬드	161
嘴唇	zuǐchún	몡 입술	373
罪犯	zuìfàn	몡 죄인, 범인	521
尊严	zūnyán	혱 존엄하다	402
遵循	zūnxún	동 따르다	460
作弊	zuòbì	동 법이나 규정을 어기다, 부정행위를 하다	245

作废	zuòfèi	동 폐기하다	440
作风	zuòfēng	명 기풍, 태도	479
作息	zuòxī	동 일하고 휴식하다	348
座右铭	zuòyòumíng	명 좌우명	560
做主	zuòzhǔ	동 주인이 되다	269